当代西方
社会心理学
名著译丛

方文＿主编

偏见与沟通

When Groups Meet
The Dynamics of Intergroup Contact

[美]托马斯·佩蒂格鲁　琳达·特罗普＿＿著
(Thomas F. Pettigrew)　(Linda R. Tropp)

林含章＿译

中国人民大学出版社
· 北京 ·

当代西方社会心理学名著译丛（第二辑）
编委会

开启社会心理学的"文化自觉"

"当代西方社会心理学名著译丛"（第二辑）总序

　　只有一门社会心理学。它关注人之认知、情感和行为潜能的展现，如何受他人在场（presence of others）的影响。其使命是激励每个活生生的个体去超越约拿情结（Jonah Complex）的羁绊，以缔造其动态、特异而完整的丰腴生命。但他人在场，已脱离奥尔波特（Gordon W. Allport）原初的实际在场（actual presence）、想象在场（imagined presence）和隐含在场（implied presence）的微观含义，叠合虚拟在场（virtual presence）这种新模态，从共时-历时和宏观-微观两个维度得到重构，以涵括长青的研究实践和不断拓展的学科符号边界（方文，2008a）。社会心理学绝不是哪个学科的附属学科，它只是以从容开放的胸怀，持续融会心理学、社会学、人类学、进化生物学和认知神经科学的智慧，逐渐建构和重构自主独立的学科认同和概念框架，俨然成为人文社会科学的一门基础学问。

　　在不断建构和重构的学科历史话语体系中，社会心理学有不同版本的诞生神话（myth of birth），如 1897 年特里普利特（Norman Triplett）有关社会促进/社会助长（social facilitation）的实验研究、1908 年两本偶然以社会心理学为题的教科书，或 1924 年奥尔波特（Floyd H. Allport）的权威教材。这些诞生神话，蕴含可被解构的意识形态偏好和书写策略。援引学科制度视角（方文，2001），这门新生的社会/行为科学的学科合法性和学科认同，在 20 世纪 30 年代中期于北美得以完成。而北美社会心理学，在第二次世界大战期间及战后年代声望日盛，成就其独断的符号霸权。当代社会心理学的学科图景和演进画卷，舒展在此脉络中。

一、1967 年：透视当代社会心理学的时间线索

黑格尔说，一切哲学也就是哲学史。哲人道破学科史研究的秘密：滋养学术品位。但在社会科学/行为科学的谱系中，学科史研究一直地位尴尬，远不及人文学科。研究学科史的学者，或者被污名化——自身没有原创力，只能去总结梳理他人的英雄故事；或者被认为是学问大家研究之余的闲暇游戏，如对自身成长过程的记录。而在大学的课程设计中，学科史也只是附属课程，大多数被简化为具体课程中的枝节，在导论里一笔带过。

学科史研究对学术品位的滋养，从几方面展开。第一，它在无情的时间之流中确立学科演化路标：学科的英雄谱系和经典谱系。面对纷繁杂乱的研究时尚或招摇撞骗的学界名流，它是最简洁而高效的解毒剂。第二，它作为学科集体记忆档案，是学科认同建构的基本资源。当学子们领悟到自身正置身于那些非凡而勤奋的天才所献身的理智事业时，自豪和承诺油然而生。而学科脉络中后继的天才，就从中破茧而出。第三，它也是高效的学习捷径。尽管可向失败和愚昧学习，但成本过高；而向天才及其经典学习，是最佳的学习策略。第四，它还可能为抽象的天才形象注入温暖的感性内容。而这感性，正是后继者求知的信心和努力的动力。

已有四种常规线索、视角或策略，被用来观照当代社会心理学的演化：学科编年史，或者学科通史是第一种也是最为常用的策略；学派的更替是第二种策略；不同年代研究主题的变换是第三种策略；而不同年代权威教科书的内容变迁，则是第四种策略。

还有一些新颖的策略正在被尝试。支撑学科理智大厦的核心概念或范畴在不同时期杰出学者视域中的意义演化，即概念史或范畴史，是一种新颖独特但极富难度的视角；而学科制度视角，则以学科发展的制度建设为核心，也被构造出来（方文，2001）。这些视角或策略为洞悉学科的理智进展提供了丰厚洞识。

而历史学者黄仁宇先生则以核心事件和核心人物的活动为主线，贡献

了其大历史的观念。黄先生通过聚焦"无关紧要的一年"（A Year of No Significance）——1587 年或万历十五年（黄仁宇，2007），条分缕析，洞悉当时最强大的大明帝国若干年后崩溃的所有线索。这些线索，在这一年六位人物的活动事件中都可以找到踪迹。

剥离其悲哀意味，类似地，当代社会心理学的命运，也可标定一个"无关紧要的一年"：1967 年。它与两个基本事件和三个英雄人物关联在一起。

首先是两个基本事件。第一是 1967 年前后"社会心理学危机话语"的兴起，第二是 1967 年前后所开始的欧洲社会心理学的理智复兴。危机话语的兴起及其应对，终结了方法学的实验霸权，方法多元和方法宽容逐渐成为共识。而欧洲社会心理学的理智复兴，则终结了北美主流"非社会的"社会心理学（asocial social psychology），"社会关怀"成为标尺。而这两个事件之间亦相互纠缠，共同形塑了其当代理论形貌和概念框架（Moscovici & Marková，2006）。

还有三个英雄人物。主流社会心理学的象征符码，"社会心理学的教皇"（pope of social psychology）费斯廷格（Leon Festinger，1919—1989），在 1967 年开始对社会心理学萌生厌倦之心，正准备离开斯坦福大学和社会心理学。一年后，费斯廷格终于成行，从斯坦福大学来到纽约的新社会研究学院（New School for Social Research），主持有关运动视觉的项目。费斯廷格对社会心理学的离弃，是北美独断的符号霸权终结的先兆。

而在同一年，主流社会心理学界还不熟悉的泰弗尔（Henri Tajfel，1919—1982），这位和费斯廷格同年出生的天才，从牛津大学来到布里斯托大学。他从牛津大学的讲师被聘为布里斯托大学社会心理学讲席教授。

而在巴黎，和泰弗尔同样默默无闻的另一位天才莫斯科维奇（Serge Moscovici，1925—2014）正在孕育少数人影响（minority influence）和社会表征（social representation）的思想和研究。

从 1967 年开始，泰弗尔团队和莫斯科维奇团队，作为欧洲社会心理学理智复兴的创新引擎，在"社会关怀"的旗帜下，开始一系列独创性的研究。社会心理学的当代历史编纂家，会铭记这一历史时刻。当代社会心理学的世界图景从那时开始慢慢重构，北美社会心理学独断的符号霸权开始慢慢解体，而我们置身于其中的学科成就，在新的水准上也得以孕育和完善。

二、统一的学科概念框架的建构：解释水平

教科书的结构，是学科概念框架的原型表征。在研究基础上获得广泛共识的学科结构、方法体系和经典案例，作为学科内核，构成教科书的主体内容。教科书，作为学科发展成熟程度的重要指标，是学科知识传承、学术社会化和学科认同建构的基本资源和主要媒介。特定学科的学子和潜在研究者，首先通过教科书而获得有关学科的直观感受和基础知识。而不同年代权威教科书的内容变迁，实质上负载特定学科理智演化的基本线索。

在杂多的教科书当中，有几条标准可帮助辨析和鉴别其优劣。第一，教科书的编/作者是不是第一流的研究者。随着学科的成熟，中国学界以往盛行的"教材学者"已经淡出；而使他们获得声望的所编教材，也逐渐丧失价值。第二，教科书的编/作者是否秉承理论关怀。没有深厚的理论关怀，即使是第一流的研究者，也只会专注于自己所感兴趣的狭隘领域，没有能力公正而完备地展现和评论学科发展的整体面貌。第三，教科书的编/作者是否有"文化自觉"的心态。如果负荷文化中心主义的傲慢，编/作者就无法均衡、公正地选择研究资料，而呈现出对自身文化共同体的"单纯暴露效应"（mere exposure effect），缺失文化多样性的感悟。

直至今日，打开绝大多数中英文社会心理学教科书的目录，只见不同研究主题杂乱无章地并置，而无法明了其逻辑连贯的理智秩序。学生和教师大多无法领悟不同主题之间的逻辑关联，也无法把所学所教内容图式化，使之成为自身特异的知识体系中可随时启动的知识组块和创造资源。这种混乱，是对社会心理学学科身份的误识，也是对学科概念框架的漠视。

如何统合纷繁杂乱但生机活泼的研究实践、理论模式和多元的方法偏好，使之归于逻辑统一而连贯的学科概念框架？有深刻理论关怀的社会心理学大家，都曾致力于这些难题。荣誉最终归于比利时出生的瑞士学者杜瓦斯（Willem Doise）。

在杜瓦斯之前，美国社会心理学者，2007 年库利－米德奖（Cooley-Mead Award）得主豪斯也曾试图描绘社会心理学的整体形貌（House，1977）。豪斯所勾画的社会心理学是三头怪物：社会学的社会心理学（sociological social psychology，SSP）、实验社会心理学（experimental social psychology，ESP）和语境社会心理学或社会结构和人格研究（contextual social psychology，CSP；social structure and personality）。曾经被误解为两头怪物的社会心理学，因为豪斯更加让人厌烦和畏惧。

但如果承认行动者的能动性，即使是在既定的社会历史语境中的能动性，在行动中对社会过程和社会实在进行情景界定和社会建构的社会心理过程的首要性，就会凸显出来。换言之，社会心理过程在主观建构的意义上对应于社会过程。

杜瓦斯在《社会心理学的解释水平》这部名著中，以解释水平为核心，成功重构了社会心理学统一的学科概念框架。杜瓦斯细致而合理地概括了社会心理学解释的四种理想型或水平，而每种解释水平分别对应于不同的社会心理过程，生发相应的研究主题（Doise，1986：10－17）。

水平 1——个体内水平（intra-personal or intra-individual level）。它是最为微观也最为心理学化的解释水平。个体内分析水平，主要关注个体在社会情境中组织其社会认知、社会情感和社会经验的机制，并不直接处理个体和社会环境之间的互动。

以个体内解释水平为核心的**个体内过程**，可涵括的基本研究主题有：具身性（embodiment）、自我、社会知觉和归因、社会认知和文化认知、社会情感、社会态度等。

在这一解释水平上，社会心理学者已经构造出一些典范的理论模型，如：费斯廷格的认知失调论；态度形成和改变的双过程模型，如精致化可能性模型（elaboration likelihood model，ELM）与启发式加工－系统加工模型（heuristic-systematic model，HSM）；希金斯（Higgins，1996）的知识启动和激活模型。

水平 2——人际和情景水平（interpersonal and situational level）。它主要关注在给定的情景中所发生的人际过程，而并不考虑在此特定的情景之外个体所占据的不同的社会位置（social positions）。

以人际水平为核心的**人际过程**，可涵括的基本研究主题有：亲社会行为、攻击行为、亲和与亲密关系、竞争与合作等。其典范理论模型是费斯廷格的社会比较论。

水平 3——社会位置水平（social positional level）或群体内水平。它关注社会行动者在社会位置中的跨情景差异（inter-situational differences），如社会互动中的参与者特定的群体资格或范畴资格（different group or categorical membership）。

以群体水平为核心的**群体过程**，可涵括的基本研究主题有：大众心理、群体形成、多数人的影响和少数人的影响、权威服从、群体绩效、领导-部属关系等。其典范理论模型是莫斯科维奇有关少数人影响的众从模型（conversion theory）、多数人和少数人影响的双过程模型和社会表征论（Moscovici，2000）。

水平 4——意识形态水平（ideological level）或群际水平。它是最为宏观也是最为社会学化的解释水平。它在实验或其他研究情景中，关注或考虑研究参与者所携带的信念、表征、评价和规范系统。

以群际水平为核心的**群际过程**，可涵括的基本研究主题有：群际认知，如刻板印象；群际情感，如偏见；群际行为，如歧视及其应对，还有污名。

在过去的 40 年中，群际水平的研究已有突破性的进展。主宰性的理论范式由泰弗尔的社会认同论所启动，并深化到文化认同的文化动态建构论（dynamic constructivism）（Chiu & Hong，2006；Hong et al.，2000；Wyer et al. Eds.，2009）和"偏差"地图模型（BIAS map）（Cuddy et al.，2007；Fiske et al.，2002）之中。

社会理论大家布迪厄曾经讥讽某些社会学者的社会巫术或社会炼金术，认为他们把自身的理论图式等同于社会实在本身。英雄所见！杜瓦斯尤其强调的是，社会实在在任何时空场景下都是整体呈现的，而不依从于解释水平。社会心理学的四种解释水平只是逻辑工具，绝不是社会实在的四种不同水平；而每种解释水平，都有其存在的合理性，但都只涉及对整体社会实在的某种面向的研究；对于社会实在的整体把握和解释，有赖于四种不同的解释水平的联合（articulation；Doise，1986）。

这四种不同面向和不同层次的社会心理过程，从最为微观也最为心理学化的个体内过程，到最为宏观也最为社会学化的群际过程，是对整体的社会过程不同面向和不同层次的相应表征。

以基本社会心理过程为内核，就可以勾画社会心理学逻辑连贯的概念框架，它由五部分所组成：

（1）社会心理学的历史演化、世界图景和符号霸权分层。

（2）社会心理学的方法体系。

（3）不断凸现的新路径。它为生机勃勃的学科符号边界的拓展预留空间。

（4）基本社会心理过程。

（5）社会心理学在行动中：应用实践的拓展。

社会心理学的基础研究，从第二次世界大战开始，就从两个方面向应用领域拓展。第一，在学科内部，应用社会心理学作为现实问题定向的研究分支，正逐渐地把基础研究的成果用来直面和应对更为宏大的社会问题，如健康、法律、政治、环境、宗教和组织行为。第二，社会心理学有关人性、心理和行为的研究，正对其他学科产生深刻影响。行为经济学家塞勒（Richard H. Thaler，又译为泰勒）因有关心理账户和禀赋效应的研究而获得 2017 年诺贝尔经济学奖。这是社会心理学家在近 50 年中第四次获此殊荣［这里没有算上认知神经科学家奥基夫（John O'Keefe）和莫泽夫妇（Edvard I. Moser 和 May-Britt Moser）因有关大脑的空间定位系统的研究而获得的 2014 年诺贝尔医学或生理学奖］。在此之前，社会心理学家洛伦茨（Konrad Lorenz）、廷伯根（Nikolaas Tinbergen）和冯·弗里希（Karl von Frisch）因有关动物社会行为的开创性研究而于 1973 年分享诺贝尔医学或生理学奖。西蒙（Herbert A. Simon；中文名为司马贺，以向司马迁致敬）因有关有限理性（bounded rationality）和次优决策或满意决策（sub-optimum decision-making or satisficing）的研究而获得 1978 年诺贝尔经济学奖。而卡尼曼（Daniel Kahneman）则因有关行动者在不确定境况中的判断启发式及其偏差的研究，而与另一位学者分享 2002 年诺贝尔经济学奖。

在诺贝尔奖项中，并没有社会心理学奖。值得强调的是，这些荣膺大奖的社会心理学家，也许只是十年一遇的杰出学者，还不是百年一遇的天才。天才社会心理学家如费斯廷格、泰弗尔、莫斯科维奇和特里弗斯 （Robert Trivers） 等，他们的理论，在不断地触摸人类物种智慧、情感和欲望的限度。在这个意义上，也许任何大奖包括诺贝尔奖，都无法度量他们持久的贡献。但无论如何，不断获奖的事实，从一个侧面明证了社会心理学家群体的卓越成就，以及社会心理学的卓越研究对于其他人文社会科学研究的典范意义。

杜瓦斯的阐释，是对社会心理学统一概念框架的典范说明。纷繁杂乱的研究实践和理论模式，从此可以被纳入逻辑统一而连贯的体系之中。社会心理学直面社会现实的理论雄心由此得以释放，它不再是心理学、社会学或其他什么学科的亚学科，而是融会相关理智资源的自主学科。

三、当代社会心理学的主宰范式

已有社会心理学大家系统梳理了当代社会心理学的理智进展（如乐国安主编，2009；周晓虹，1993；Burke Ed.，2006；Kruglanski & Higgins Eds.，2007；Van Lange et al. Eds.，2012）。以杜瓦斯所勾画的社会心理学的概念框架为心智地图，也可尝试粗略概括当代社会心理学的主宰范式。这些主宰范式主要体现在方法创新和理论构造上，而不关涉具体的学科史研究、实证研究和应用研究。

（一）方法学领域：社会建构论和话语社会心理学的兴起

作为学科内外因素剧烈互动的结果，"社会心理学危机话语"在 20 世纪 60 年代末期开始登场，到 20 世纪 80 年代初尘埃落定（方文，1997）。在这段时间，社会心理学教科书、期刊和论坛中充斥着种种悲观的危机论，有的甚至非常激进——"解构社会心理学"（Parker & Shotter Eds.，1990）。"危机话语"实质上反映了社会心理学家群体自我批判意识的兴起。这种自我批判意识的核心主题，就是彻底审查社会心理学赖以发展的方法学基础即实验程序。

危机之后，社会心理学已经迈入方法多元和方法宽容的时代。实验的独断主宰地位已经消解，方法体系中的所有资源，正日益受到均衡的重视。不同理智传统和方法偏好的社会心理学者，通过理智接触，正在消解相互的刻板印象、偏见甚至是歧视，逐渐趋于友善对话甚至是合作。同时，新的研究程序和文献评论技术被构造出来，并逐渐产生重要影响。

其中主宰性的理论视角就是社会建构论（如 Gergen，2001），主宰性的研究路径就是话语社会心理学（波特，韦斯雷尔，2006；Potter & Wetherell，1987；Van Dijk，1993）和修辞学（rhetoric；Billig，1996），而新的研究技术则是元分析（meta-analysis；Rosenthal & DiMatteo，2001）。近期，行动者中心的计算机模拟（agent-based simulation；Macy & Willer，2002）和以大数据处理为基础的计算社会科学（computer social science）（罗玮，罗教讲，2015；Macy & Willer，2002）也开始渗透进社会心理学的研究中。

（二）不断凸显的新路径：进化路径、文化路径和社会认知神经科学

社会心理学一直不断地自我超越，以开放自在的心态融合其他学科的资源，持续拓展学科符号边界。换言之，社会心理学家群体不断地实践新的研究路径（approaches or orientations）。进化路径、文化路径和社会认知神经科学是其中的典范路径。

进化路径和文化路径的导入，关联于受到持续困扰的基本理论论争：是否存在统一而普遍的规律和机制以支配人类物种的社会心理和社会行为？人类物种的社会心理和社会行为是否因其发生的社会文化语境的差异而呈现出特异性和多样性？这个基本理论论争，又可称为普遍论-特异论（universalism vs. particularism）之论争。

依据回答这个论争的不同立场和态度的差异，作为整体的社会心理学家群体可被纳入三个不同的类别或范畴之中。第一个类别是以实验研究为定向的主流社会心理学家群体。他们基本的立场和态度是漠视这个问题的存在价值，或视之为假问题。他们自我期许以发现普遍规律为己任，并把这一崇高天职视为社会心理学的学科合法性和学科认同的安身立命之所。

因为他们持续不懈的努力，社会心理学的学子们在其学科社会化过程中，不断地遭遇和亲近跨时空的典范研究和英雄系谱。

第二个类别是以文化比较研究为定向的社会心理学家群体。不同文化语境中社会心理和社会行为的特异性和多样性，使他们刻骨铭心。他们坚定地主张特异论的一极，并决绝地质疑普遍论的诉求。因为他们同样持续不懈的努力，社会心理和社会行为的文化嵌入性（cultural embeddedness）的概念开始深入人心，并且不断激发文化比较研究和本土化研究的热潮。奇妙的是，文化社会心理学的特异性路径，从新世纪开始逐渐解体，而迈向文化动态建构论（Chiu & Hong，2006；Hong et al.，2000）和文化混搭研究（cultural mixing/polyculturalism）（赵志裕，吴莹特约主编，2015；吴莹，赵志裕特约主编，2017；Morris et al.，2015）。

文化动态建构论路径，关涉每个个体的文化命运，如文化认知和知识激活、文化认同和文化融合等重大主题。我们每个个体宿命地诞生在某种在地的文化脉络而不是某种文化实体中。经过生命历程的试错，在文化认知的基础上，我们开心眼，滋心灵，育德行。但文化认知的能力，是人类物种的禀赋，具有普世性。假借地方性的文化资源，我们成长为人，并不断地修补和提升认知力。我们首先成人，然后才是中国人或外国人、黄皮肤或黑白皮肤、宗教信徒或非信徒。

倚靠不断修补和提升的认知力，我们逐渐穿越地方性的文化场景，加工异文化的体系，建构生动而动态的"多元文化的心智"（multicultural mind；Hong et al.，2000）。异质的"文化病毒"，或多元的文化"神灵"，"栖居"在我们的心智中，而表现出领域-特异性。几乎没有"诸神之争"，她们在我们的心灵中各就其位。

这些异质的"文化病毒"，或多元的文化"神灵"不是暴君，也做不成暴君，绝对主宰不了我们的行为。因为先于她们，从出生时起，我们就被植入了自由意志的天赋。我们的文化修行，只是手头待命的符号资源或"工具箱"（Swidler，1986）。并且在行动中，我们练习"文化开关"的转换技能和策略，并累积性地创造新工具或新的"文化病毒"（Sperber，1996）。

第三个类别是在当代进化生物学的理智土壤中生长而壮大的群体，即进化社会心理学家群体。他们蔑视特异论者的"喧嚣"，而把建构统一理论的雄心拓展至包括人类物种的整个动物界，以求揭示支配整个动物界的社会心理和社会行为的秩序和机制。以进化历程中的利他难题和性选择难题为核心，以有机体遗传品质的适应性（fitness）为逻辑起点，从 1964 年汉密尔顿（W. D. Hamilton）开始，不同的宏大理论（grand theories）［如亲属选择论（kin selection/ inclusive fitness）、直接互惠论（direct reciprocal altruism）和间接互惠论（indirect reciprocal altruism）在利他难题上，亲本投资论（theory of parental investment；Trivers，2002）在性选择难题上］被构造出来。而进化定向的社会心理学者把进化生物学遗传品质的适应性转化为行为和心智的适应性，进化社会心理学作为新路径和新领域得以成就（如巴斯，2011，2015；Buss，2016）。

认知神经科学和社会认知的融合，催生了社会认知神经科学。以神经科学的新技术如功能性磁共振成像技术（fMRI）和正电子发射断层扫描技术（PET）为利器，社会认知的不同阶段、不同任务以及认知缺陷背后的大脑对应活动，正是最热点前沿（如 Eisenberger，2015；Eisenberger et al.，2003；Greene et al.，2001；Ochsner，2007）。

（三）个体内过程：社会认知范式

在个体内水平上，从 20 世纪 80 年代以来，以"暖认知"（warm cognition）或"具身认知"（embodied cognition）为核心的"社会认知革命"（李其维，2008；赵蜜，2010；Barsalou，1999；Barbey et al.，2005），有重要进展。其典范的启动程序（priming procedure）为洞悉人类心智的"黑箱"贡献了简洁武器，并且渗透在其他水平和其他主题的研究中，如文化认知、群体认知（Yzerbyt et al Eds，2004）和偏差地图（高明华，2010；佐斌等，2006；Fiske et al.，2002；Cuddy et al.，2007）。

卡尼曼有关行动者在不确定境况中的判断启发式及其偏差的研究（卡尼曼等编，2008；Kahneman et al. Eds.，1982），以及塞勒有关禀赋效应和心理账户的研究（泰勒，2013，2016），使社会认知的路径贯注在经济判断和决策领域中。由此,行为经济学开始凸显。

(四)群体过程:社会表征范式

人际过程的研究,充斥着杂多的中小型理论模型,并受个体内过程和群体过程研究的挤压。最有理论综合潜能的可能是以实验博弈论为工具的有关竞争和合作的研究。

当代群体过程研究的革新者是莫斯科维奇。从北美有关群体规范形成、从众以及权威服从的研究传统中,莫斯科维奇洞悉了群体秩序和群体创新的辩证法。莫斯科维奇的团队从 1969 年开始,在多数人的影响之外,专注少数人影响的机制。他以少数人行为风格的一致性为基础的众从模型(conversion theory),以及在此基础上所不断完善的多数人和少数人影响的双过程模型(如 De Deru et al. Eds., 2001;Nemeth, 2018),重构了群体过程研究的形貌。莫斯科维奇有关少数人影响的研究经历,佐证了其理论的可信性与有效性(Moscovici, 1996)。

而社会表征论(social representation)则是莫斯科维奇对当代社会心理学的另一重大贡献(Moscovici, 2000)。他试图超越北美不同版本内隐论(implicit theories)的还原主义和个体主义逻辑,解释和说明常识在社会沟通实践中的生产和再生产过程。社会表征论从 20 世纪 90 年代开始,激发了丰富的理论探索和实证研究(如管健,2009;赵蜜,2017;Doise et al., 1993;Liu, 2004;Marková, 2003),并熔铸在当代社会理论中(梅勒,2009)。

(五)群际过程:社会认同范式及其替代模型

泰弗尔的社会认同论(social identity theory, SIT)革新了当代群际过程的研究。泰弗尔首先奠定了群际过程崭新的知识基础和典范程序:建构主义的群体观、对人际-群际行为差异的精妙辨析,以及“最简群体范式”(minimal group paradigm)的实验程序。从 1967 年开始,经过十多年持续不懈的艰苦努力,泰弗尔和他的团队构造了以社会范畴化、社会比较、认同建构和认同解构/重构为核心的社会认同论。社会认同论,超越了前泰弗尔时代北美盛行的还原主义和个体主义的微观-利益解释路径,基于行动者的多元群体资格来研究群体过程和群际关系（布朗，2007；Tajfel，1970，1981；Tajfel & Turner，1986）。

在泰弗尔于1982年辞世之后，社会认同论在其学生特纳的领导下，有不同版本的修正模型，如不确定性-认同论（uncertainty-identity theory；Hogg，2007）和最优特异性模型（optimal distinctiveness model）。其中最有影响的是特纳等人的"自我归类论"（self-categorization theory；Turner et al.，1987）。在自我归类论中，特纳提出了一个精妙构念——元对比原则（meta-contrast principle），它是行为连续体中范畴激活的基本原则（Turner et al.，1987）。所谓元对比原则，是指在群体中，如果群体成员之间在某特定维度上的相似性权重弱于另一维度的差异性权重，沿着这个有差异的维度就会分化出两个群体，群际关系因此从群体过程中凸显。特纳的元对比原则，有两方面的重要贡献：其一，它完善了其恩师的人际-群际行为差别的观念，使之转换为人际-群际行为连续体；其二，它卓有成效地解决了内群行为和群际行为的转化问题。

但社会认同论仍存在基本理论困扰：内群偏好（ingroup favoritism）和外群敌意（outgroup hostility）难题。不同的修正版本都没有妥善地解决这个基本问题。倒是当代社会认知的大家费斯克及其团队从群体认知出发，通过刻板印象内容模型（stereotype content model，STM；Fiske et al.，2002）巧妙解决了这个难题，并经由"偏差"地图（BIAS map；Cuddy et al.，2007）把刻板印象（群际认知）、偏见（群际情感）和歧视（群际行为）融为一体。

典范意味着符号霸权，但同时也是超越的目标和击打的靶心。在社会认同范式的笼罩下，以自尊假设和死亡显著性（mortality salience）为核心的恐惧管理论（terror management theory，TMT）（张阳阳，佐斌，2006；Greenberg et al.，1997）、社会支配论（social dominance theory；Sidanius & Pratto，1999）和体制合理化理论（system justification theory；Jost & Banaji，1994）被北美学者构造出来，尝试替代解释群际现象。它有两方面的意涵：其一，它意味着人格心理学对北美社会心理学的强大影响力；其二则意味着北美个体主义和还原主义的精神气质期望在当代宏观社会心理过程中借尸还魂，而这尸体就是腐败达半世纪的权威人格论及其变式。

四、铸就中国社会心理学的"社会之魂"

中国当代社会心理学自 1978 年恢复、重建以来，"本土行动、全球情怀"可道其风骨。立足于本土行动的研究实践历经二十余载，催生了"文化自觉"的信心和勇气。中国社会心理学者的全球情怀，也从 21 世纪起开始凸显。

（一）"本土行动"的研究路径

所有国别中的社会心理学研究，首先都是本土性的研究实践。中国当代社会心理学的研究也不例外，其"本土行动"的研究实践，包括以下两类研究路径。

1. 中国文化特异性路径

以中国文化特异性为中心的研究实践，已经取得一定成就。援引解释水平的线索，可从个体、人际、群体和群际层面进行概要评论。在个体层面，受杨国枢中国人自我研究的激发，金盛华和张建新尝试探究自我价值定向理论和中国人人格模型；王登峰采用中文词汇学路径，构造了中国人人格结构的"大七模型"，以与西方的"大五模型"相区别；彭凯平的分析思维-辩证思维概念、侯玉波的中国人思维方式探索以及杨中芳的"中庸"思维研究，都揭示了中国人独特的思维方式和认知特性；刘力有关中国人的健康表征研究、汪新建和李强团队的心理健康和心理咨询研究，深化了对中国人健康和疾病观念的理解。而周欣悦的思乡研究、金钱启动研究和控制感研究，也有一定的国际影响。在人际层面，黄光国基于儒家关系主义探究了"中国人的权力游戏"，并激发了翟学伟和佐斌等有关中国人的人情、面子和里子研究；叶光辉的孝道研究，增进了对中国人家庭伦理和日常交往的理解。在群体层面，梁觉的社会通则概念，王垒、王辉、张志学、孙健敏和郑伯埙等有关中国组织行为和领导风格的研究，尝试探究中国人的群体过程和组织过程。而在群际层面，杨宜音的"自己人"和"关系化"的研究，展现了中国人独特的社会分类逻辑。沙莲香有关中国民族性的系列研究，也产生了重大影响。

上述研究增强了中国社会心理学共同体的学术自信。但这些研究也存在有待完善的共同特征。第一，这些研究都预设一种个体主义文化-集体主义文化的二元对立，而中国文化被假定和西方的个体主义文化不同，位于对应的另一极。第二，这些研究的意趣过分执着于中国文化共同体相对静止而凝固的面向，有的甚至隐含汉族中心主义和儒家中心主义倾向。第三，这些研究的方法程序大多依赖于访谈或问卷/量表。第四，这些研究相对忽视了当代中国社会的伟大变革对当代中国人心灵的塑造作用。

2. 稳态社会路径

稳态社会路径对理论论辩没有丝毫兴趣，但它是大量经验研究的主宰偏好。其问题意识，源于对西方主流学界尤其是北美社会心理学界的追踪、模仿和复制，并常常伴随中西文化比较的冲动。在积极意义上，这种问题意识不断刺激国内学子研读和领悟主流学界的进展；但其消极面是使中国社会心理学的精神品格，蜕变为北美研究时尚的落伍追随者，其典型例证如被各级地方政府所追捧的有关主观幸福感的研究。北美社会已经是高度稳态的程序社会，因而其学者问题意识的生长点只能是稳态社会的枝节问题。而偏好稳态社会路径的中国学者，所面对的是急剧的社会变革和转型。社会心理现象的表现形式、成因、后果和应对策略，在稳态社会与转型社会之间，存在质的差异。

稳态社会路径的方法论偏好，可归结为真空中的个体主义。活生生的行动者，在研究过程中被人为剔除了其在转型社会中的丰富特征，而被简化为高度同质的原子式的个体。强调社会关怀的社会心理学，蜕变为"非社会的"（asocial）社会心理学。而其资料收集程序，乃是真空中的实验或问卷调查。宏大的社会现实，被歪曲或简化为人为的实验室或田野中漠不相关的个体之间虚假的社会互动。社会心理学的"社会"之魂由此被彻底放逐。

（二）超越"怪异心理学"的全球情怀

中国社会"百年未有之大变局"，给中国社会心理学者提供了千载难逢的社会实验室。一种以中国社会转型为中心的研究实践，从 21 世纪开始焕发生机。其理论抱负不是对中西文化进行比较，也不是为西方模型提供中国样本资料，而是要真切地面对中国伟大的变革现实，以系统描述、理解和解释置身于转型社会的中国人心理和行为的逻辑和机制。其直面的问题虽是本土-本真性的，但由此系统萌生的情怀却是国际性的，力图超越"怪异心理学"［western，educated，industrialized，rich，and democratic（WEIRD）psychology；Henrich et al.，2010］，后者因其研究样本局限于西方受过良好教育的工业化背景的富裕社会而饱受诟病。

乐国安团队有关网络集体行动的研究，周晓虹有关农民群体社会心理变迁、"城市体验"和"中国体验"的研究，杨宜音和王俊秀团队有关社会心态的研究，方文有关群体符号边界、转型心理学和社会分类权的研究（方文，2017），高明华有关教育不平等的研究（高明华，2013），赵德雷有关社会污名的研究（赵德雷，2015），赵蜜有关政策社会心理学和儿童贫困表征的研究（赵蜜，2019；赵蜜，方文，2013），彭泗清团队有关文化混搭（cultural mixing）的研究，都尝试从不同侧面捕捉中国社会转型对中国特定群体的塑造过程。这些研究的基本品质，在于研究者对社会转型的不同侧面的高度敏感性，并以之为基础来构造自己研究的问题意识。其中，赵志裕和康萤仪的文化动态建构论模型有重要的国际影响。

（三）群体地图与中国体验等紧迫的研究议题

面对空洞的宏大理论和抽象经验主义的符号霸权，米尔斯呼吁社会学者应以持久的人类困扰和紧迫的社会议题为枢纽，重建社会学的想象力。而要滋养和培育中国当代社会心理学的想象力和洞察力，铸就社会心理学的"社会之魂"，类似地，必须检讨不同样式的生理决定论和还原论，直面生命持久的心智困扰和紧迫的社会心理议题。

不同样式的生理决定论和还原论，总是附身于招摇的研究时尚，呈现不同的恶人面目，如认知神经科学的殖民倾向。社会心理学虽历经艰难而理智的探索，终于从生理/本能决定论中破茧而出，却持续受到认知神经科学的侵扰。尽管大脑是所有心智活动的物质基础，尽管所有的社会心理和行为都有相伴的神经相关物，尽管社会心理学者对所有的学科进展有持续的开放胸怀，但人类复杂的社会心理过程无法还原为个体大脑的结构或功能。而今天的研究时尚，存在神经研究替代甚至凌驾完整动态的生命活动研究的倾向。又如大数据机构的营销术。据称大数据时代已经来临，而所有生命活动的印迹，通过计算社会科学，都能被系统挖掘、集成、归类、整合和预测。类似于乔治·奥威尔所著《一九八四》中老大哥的眼神，这是令人恐怖的数字乌托邦迷思。完整动态的生命活动，不是数字，也无法还原为数字，无论基于每个生命从出生时起就被永久植入的自由意志，还是自动活动与控制活动的分野。

铸就中国当代社会心理学的"社会之魂"，必须直面转型中国社会紧迫的社会心理议题。

（1）数字时代人类社会认知能力的演化。方便获取的数字文本、便捷的文献检索和存储方式，彻底改变了生命学习和思考的语境。人类的社会认知过程的适应和演化是基本难题之一。"谷歌效应"（Google effect；Sparrow et al.，2011）已经初步揭示便捷的文献检索和存储方式正败坏长时记忆系统。

（2）"平庸之恶"风险中的众从。无论是米尔格拉姆的权威服从实验还是津巴多的"路西法效应"研究，无论是二战期间纳粹德国的屠犹还是日本法西斯在中国和东南亚的暴行，无论是当代非洲的种族灭绝还是不时发生的恐怖活动，如何滋养和培育超越所谓"平庸之恶"的众从行为和内心良知，值得探究。它还涉及如何汇集民智、民情和民意的"顶层设计"。

（3）中国社会的群体地图。要想描述、理解和解释中国人的所知、所感、所行，必须从结构层面深入人心层面，系统探究社会转型中不同群体的构成特征、认知方式、情感体验、惯例行为模式和生命期盼。

（4）中国体验与心态模式。如何系统描绘社会变革语境中中国民众人心秩序或"中国体验"与心态模式的变迁，培育慈爱之心和公民美德，对抗非人化（dehumanization）或低人化（infra-humanization）趋势，也是紧迫的研究议程之一。

五、文化自觉的阶梯

中国社会"千年未有之变局"，或社会转型，已经并正在形塑整体中国人的历史命运。如何从结构层面深入人心层面来系统描述、理解和解释中国人的所知、所感及所行？如何把社会转型的现实灌注到中国社会心理学的研究场景中，以缔造中国社会心理学的独特品格？如何培育中国社会心理学者对持久的人类困扰和紧迫的社会议题的深切关注和敏感？所有这些难题，都是中国社会心理学者不得不直面的挑战，但同时也是理智复兴的机遇。

中国社会转型，给中国社会心理学者提供了独特的社会实验室。为了描述、理解和解释社会转型中的中国人心理和行为逻辑，应该呼唤直面社会转型的社会心理学的研究，或转型心理学的研究。转型心理学的路径，期望能够把握和捕捉社会巨变的脉络和质地，以超越文化特异性路径和稳态社会路径，以求实现中国社会心理学的理智复兴（方文，2008b，2014；方文主编，2013；Fang，2009）。

中国社会心理学的理智复兴，需要在直面中国社会转型的境况下，挖掘本土资源和西方资源，进行脚踏实地的努力。追踪、学习、梳理及借鉴西方社会心理学的新进展，就成为无法绕开的基础性的理论工作，也是最有挑战性和艰巨性的理论工作之一。

从前辈学者开始，对西方社会心理学的翻译、介绍和评论，从来就没有停止过。这些无价的努力，已经熔铸在中国社会心理学研究者和年轻学子的心智中，有助于滋养学术品位，培育"文化自觉"的信心。但翻译工作还主要集中于西方尤其是北美的社会心理学教科书。

教科书作为学术社会化的基本资源，只能择要选择相对凝固的研究发现和理论模型。整体研究过程和理论建构过程中的鲜活逻辑，都被忽略或遗弃了。学生面对的不是原初的完整研究，而是由教科书的编/作者所筛选过的第二手资料。期望学生甚至是研究者直接亲近代社会心理学的典范研究，就是出版"当代西方社会心理学名著译丛"的初衷。

本译丛第一辑名著的选择，期望能近乎覆盖当代西方社会心理学的主宰范式。其作者，或者是特定研究范式的奠基者和开拓者，或者是特定研究范式的当代旗手。从2011年开始出版和陆续重印的名著译丛，广受好评，也在一定意义上重铸了中文社会心理学界的知识基础。而今启动的第二辑在书目选择上也遵循了第一辑的编选原则——"双重最好"（double best），即当代西方社会心理学最好研究者的最好专著文本，尽量避免多人合著的作品或论文集。已经确定的名篇有《情境中的知识》（Jovchelovitch，2007）、《超越苦乐原则》（Higgins，2012）、《努力的意义》（Dweck，1999）、《归因动机论》（Weiner，2006）、《欲望的演化》（Buss，2016）、《偏见》（Brown，2010）、《情绪感染》（Hatfield et al.，1994）、《偏见与沟通》（Pettigrew & Tropp，2011）和《道德与社会行为的调节》（Ellemers，2017）。

正如西蒙所言，没有最优决策，最多只存在满意决策。文本的筛选和版权协商，尽管尽心尽力、精益求精，但总是有不可抗力而导致痛失珍贵的典范文本，如《自然选择和社会理论》（Trivers，2002）以及《为异见者辩护》（Nemeth，2018）等。

期望本名著译丛的出版，能开启中国社会心理学的"文化自觉"。

鸣谢

从2000年开始，我的研究幸运地持续获得国家社会科学基金（2000，2003，2008，2014，2020）和教育部人文社会科学重点研究基地重大项目基金（2006，2011，2016）的资助。最近获得资助的是2016年度教育部人文社会科学重点研究基地重大项目"阻断贫困再生产：儿童贫困后效、实验干预与政策反思"（项目批准号为16JJD840001）和2020年度国家社会科学基金　般项目"宗教和灵性心理学的跨学科研究"（项目批准号为20BZJ004）。"当代西方社会心理学名著译丛"（第二辑），也是这些资助项目的主要成果之一。

而近20年前有幸结识潘宇博士，开始了和中国人民大学出版社的良好合作。潘宇博士，沙莲香先生的高徒，以对社会心理学学科制度建设的激情、承诺和敏锐洞察力，给我持续的信赖和激励。本名著译丛从最初的构想、书目选择到版权事宜，她都给予了持续的支持和推动。而中国人民大学出版社的张宏学和郦益在译丛出版过程中则持续地贡献了智慧和耐心。

最后衷心感谢本译丛学术顾问和编辑委员会所有师友的鼎力支持、批评和建议，也衷心感谢所有译校者的创造性工作。

方文

2020 年 7 月

参考文献

巴斯．（2011）．欲望的演化：人类的择偶策略（修订版；谭黎，王叶译）．北京：中国人民大学出版社．

巴斯．（2015）．进化心理学：心理的新科学（第 4 版；张勇，蒋柯译）．北京：商务印书馆．

波特，韦斯雷尔．（2006）．话语和社会心理学：超越态度与行为（肖文明等译）．北京：中国人民大学出版社．

布朗．（2007）．群体过程（第 2 版；胡鑫，庆小飞译）．北京：中国轻工业出版社．

方文．（1997）．社会心理学百年进程．社会科学战线（2），248-257．

方文．（2001）．社会心理学的演化：一种学科制度视角．中国社会科学（6），126-136+207．

方文．（2008a）．学科制度和社会认同．北京：中国人民大学出版社．

方文．（2008b）．转型心理学：以群体资格为中心．中国社会科学（4），137-147．

方文．（2014）．转型心理学．北京：社会科学文献出版社．

方文．（2017）．社会分类权．北京大学学报（哲学社会科学版），54（5），80-90．

方文（主编）．（2013）．中国社会转型：转型心理学的路径．北京：中国人民大学出版社．

高明华．（2010）．刻板印象内容模型的修正与发展：源于大学生群体样本的调查结果．社会，30（5），200-223．

高明华．（2013）．教育不平等的身心机制及干预策略：以农民工子女为例．中国社会科学（4），60-80．

管健．（2009）．社会表征理论的起源与发展：对莫斯科维奇《社会表征：社会心理学探索》的解读．社会学研究（4），232－246．

黄仁宇．（2007）．万历十五年（增订本）．北京：中华书局．

卡尼曼，斯洛维奇，特沃斯基（编）．（2008）．不确定状况下的判断：启发式和偏差（方文等译）．北京：中国人民大学出版社．

李其维．（2008）．"认知革命"与"第二代认知科学"刍议．心理学报，40（12），1306－1327．

罗玮，罗教讲．（2015）．新计算社会学：大数据时代的社会学研究．社会学研究（3），222－241．

梅勒．（2009）．理解社会（赵亮员等译）．北京：北京大学出版社．

泰勒．（2013）．赢者的诅咒：经济生活中的悖论与反常现象（陈宇峰等译）．北京：中国人民大学出版社．

泰勒．（2016）．"错误"的行为：行为经济学的形成（第2版，王晋译）．北京：中信出版集团．

吴莹，赵志裕（特约主编）．（2017）．中国社会心理学评论：文化混搭心理研究（Ⅱ）．北京：社会科学文献出版社．

乐国安（主编）．（2009）．社会心理学理论新编．天津：天津人民出版社．

张阳阳，佐斌．（2006）．自尊的恐惧管理理论研究述评．心理科学进展，14（2），273－280．

赵德雷．（2015）．农民工社会地位认同研究：以建筑装饰业为视角．北京：知识产权出版社．

赵蜜．（2010）．以身行事：从西美尔风情心理学到身体话语．开放时代（1），152－160．

赵蜜．（2017）．社会表征论：发展脉络及其启示．社会学研究（4），222－245＋250．

赵蜜．（2019）．儿童贫困表征的年龄与城乡效应．社会学研究（5），192－216．

赵蜜，方文．（2013）．社会政策中的互依三角：以村民自治制度为例．社会学研究（6），169－192．

赵志裕，吴莹（特约主编）．（2015）．中国社会心理学评论：文化混搭心理研究（Ⅰ）．北京：社会科学文献出版社．

周晓虹．（1993）．现代社会心理学史．北京：中国人民大学出版社．

佐斌，张阳阳，赵菊，王娟．（2006）．刻板印象内容模型：理论假设及研究．心理科学进展，14（1），138－145．

Barbey, A., Barsalou, L., Simmons, W. K., & Santos, A. (2005). Embodiment in religious knowledge. Journal of Cognition & Culture, 5 (1-2), 14-57.

Barsalou, L. W. (1999). Perceptual symbol systems. Behavioral & Brain Sciences, 22 (4), 577-660.

Billig, M. (1996). Arguing and thinking: A rhetorical approach to social psychology (New ed.). Cambridge University Press.

Brown, R. (2010). Prejudice: It's social psychology (2nd ed.). Wiley-Blackwell.

Burke, P. J. (Ed.). (2006). Contemporary social psychological theories. Stanford University Press.

Buss, D. M. (2016). The evolution of desire: Strategies of human mating. Basic Books.

Chiu, C. -y., & Hong, Y. -y. (2006). Social psychology of culture. Psychology Press.

Cuddy, A. J., Fiske, S. T., & Glick, P. (2007). The BIAS map: Behaviors from intergroup affect and stereotypes. Journal of Personality & Social Psychology, 92 (4), 631-648.

De Dreu, C. K. W., & De Vries, N. K. (Eds.). (2001). Group consensus and minority influence: Implications for innovation. Blackwell.

Doise, W. (1986). Levels of explanation in social psychology. (E. Mapstone, Trans.). Cambridge University Press.

Doise, W., Clémence, A., & Lorenzi-Cioldi, F. (1993). The quantitative analysis of social representations. (J. Kaneko, Trans.). Harvester Wheatsheaf.

Dweck, C. S. (1999). Self-theories: Their role in motivation, personality and development. Psychology Press.

Eisenberger, N. I. (2015). Social pain and the brain: Controversies, questions, and where to go from here. Annual Review of Psychology, 66, 601-629.

Eisenberger, N. I., Lieberman, M. D., & Williams, K. D. (2003). Does rejection hurt? An fMRI study of social exclusion. Science, 302 (5643), 290-292.

Ellemers, N. (2017). Morality and the regulation of social behavior: Group as moral anchors. Routledge.

Fang, W. (2009). Transition psychology: The membership approach. Social Sciences in China, 30 (2), 35-48.

Fiske, S. T., Cuddy, A. J., Glick, P., & Xu, J. (2002). A model of (often mixed) stereotype content: Competence and warmth respectively follow from perceived status and competition. Journal of Personality & Social Psychology, 82 (6), 878 - 902.

Gergen, K. J. (2001). Social construction in context. Sage.

Greenberg, J. , Solomon, S. , & Pyszczynski, T. (1997). Terror management theory of self-esteem and cultural worldviews: Empirical assessments and conceptual refinements. In P. M. Zanna (Eds.), Advances in experimental social psychology (Vol. 29, pp. 61 - 139). Academic Press.

Greene, J. D. , Sommerville, R. B. , Nystrom, L. E. , Darley, J. M. , & Cohen, J. D. (2001). An fMRI investigation of emotional engagement in moral judgment. Science, 293 (5537), 2105 - 2108.

Hatfield, E. , Cacioppo, J. T. , & Rapson, R. L. (1994). Emotional contagion. Cambridge University Press.

Henrich, J. , Heine, S. J. , & Norenzayan, A. (2010). The weirdest people in the world?. Behavioral & Brain Sciences, 33 (2 - 3), 61 - 83.

Higgins, E. T. (1996). Activation: Accessibility, and salience. In E. T. Higgins & A. Kruglanski (Eds.), Social psychology: Handbook of basic principles (pp. 133 - 168). Guilford.

Higgins, E. T. (2012). Beyond pleasure and pain: How motivation works. Oxford University Press.

Hogg, M. A. (2007). Uncertainty-identity theory. Advances in Experimental Social Psychology, 39, 69 - 126.

Hong, Y. -y. , Morris, M. W. , Chiu, C. -y. , & Benet-Martínez, V. (2000). Multicultural minds: A dynamic constructivist approach to culture and cognition. American Psychologist, 55 (7), 709 - 720.

House, J. S. (1977). The three faces of social psychology. Sociometry, 40 (2), 161 - 177.

Jost, J. T. , & Banaji, M. R. (1994). The role of stereotyping in system-justification and the production of false consciousness. British Journal of Social Psychology, 33 (1), 1 - 27.

Jovchelovitch, S. (2007). Knowledge in context: Representations, community and culture. Routledge.

Kahneman, D. , Slovic, P. , & Tversky, A. (Eds.). (1982). Judgment under uncertainty: Heuristics and biases. Cambridge university press.

Kruglanski, A. W. , & Higgins, E. T. (Eds.). (2007). Social psychology: Handbook of basic principles. Guilford.

Liu, L. (2004). Sensitising concept, themata and shareness: A dialogical perspective of social representations. Journal for the Theory of Social Behaviour, 34 (3), 249 – 264.

Macy, M. W. , & Willer, R. (2002). From factors to actors: Computational sociology and agent-based modeling. Annual Review of Sociology, 28, 143 – 166.

Marková, I. (2003). Dialogicality and social representations: The dynamics of mind. Cambridge University Press.

Morris, M. W. , Chiu, C. -y. , & Liu, Z. (2015). Polycultural psychology. Annual Review of Psychology, 66, 631 – 659.

Moscovici, S. (1996). Foreword: Just remembering. British Journal of Social Psychology, 35, 5 – 14.

Moscovici, S. (2000). Social representations: Explorations in social psychology. Polity.

Moscovici, S. , & Marková, I. (2006). The making of modern social psychology: The hidden story of how an international social science was created. Polity.

Nemeth, C. (2018). In defense of troublemakers: The power of dissent in life and business. Basic Books.

Ochsner, K. N. (2007). Social cognitive neuroscience: Historical development, core principles, and future promise. In A. W. Kruglanski & E. T. Higgins (Eds.), Social psychology: Handbook of basic principles (pp. 39 – 66). Guilford.

Parker, I. , & Shotter, J. (Eds.). (1990). Deconstructing social psychology. Routledge.

Pettigrew, T. F. , & Tropp, L. R. (2011). When groups meet: The dynamics of intergroup contact. Psychology Press.

Potter, J. , & Wetherell, M. (1987). Discourse and social psychology: Beyond attitudes and behaviour. Sage.

Rosenthal, R. , & DiMatteo, M. (2001). Meta-analysis: Recent developments in quantitative methods for literature review. Annual Review of Psychology, 52, 59 – 82.

Sidanius, J. , & Pratto, F. (2001). Social dominance: An intergroup theory of social hierarchy and oppression. Cambridge University Press.

Sparrow, B. , Liu, J. , & Wegner, D. M. (2011). Google effects on memory: Cognitive consequences of having information at our fingertips. Science, 333 (6043), 776 – 778.

Sperber, D. (1996). Explaining culture: A naturalistic approach. Blackwell.

Swidler, A. (1986). Culture in action: Symbols and strategies. American Sociological Review, 51 (2), 273 – 286.

Tajfel, H. (1970). Experiments in intergroup discrimination. Scientific American, 223 (5), 96 – 103.

Tajfel, H. (1981). Human groups and social categories: Studies in social psychology. Cambridge University Press.

Tajfel, H., & Turner, J. C. (1986). The social identity theory of inter-group behavior. In S. Worchel & L. W. Austin (Eds.), Psychology of intergroup relations (pp. 7 – 24). Nelson-Hall.

Trivers, R. (2002). Natural selection and social theory: Selected papers of Robert Trivers. Oxford University Press.

Turner, J. C., Hogg, M. A., Oakes, P. J., Reicher, S. D., & Wetherell, M. S. (1987). Rediscovering the social group: A self-categorization theory. Blackwell.

Van Dijk, T. A. (1993). Elite discourse and racism. Sage.

Van Lange, P. A. M., Kruglanski, A. W., & Higgins, E. T. (Eds.). (2012). Handbook of theories of social psychology. Sage.

Weiner, B. (2006). Social motivation, justice, and the moral emotions: An attributional approach. Erlbaum.

Wyer, R. S., Chiu, C. -y., & Hong, Y. -y. (Eds.). (2009). Understanding culture: Theory, research, and application. Psychology Press.

Yzerbyt, V., Judd, C. M., & Corneille, O. (Eds.). (2004). The psychology of group perception: Perceived variability, entitativity, and essentialism. Psychology Press.

中文版序言

    对于现在全球范围内的群际冲突和偏见，最佳群际接触比任何时候都要更重要。这是因为，这样的接触是社会心理学所发现的群际偏见的最佳解药。因此，我们很荣幸可以将本书介绍给中文世界的读者。

托马斯·佩蒂格鲁（**Thomas F. Pettigrew**）

序 言

　　群际接触理论在作为社会科学的社会心理学领域占据核心地位。自从这个领域关注社会情境中的个人以及群体，不同群体的人们之间的接触就成为其基本关切之一。

　　群际接触不仅有其特殊的理论重要性，而且对很多实践和应用问题都有关键影响。平权运动、移民、街区和学校的反种族隔离，以及其他重要的社会政策都不可避免地涉及广泛的群际接触。这在北美洲以及欧洲都引发了相关话题的大量公众思考以及争议，从大众传媒的讨论到美国最高法院的意见均是如此。不幸的是，这些思考大多忽视了这个话题的广泛研究文献。事实上，本书所呈现的压倒性证据，支持将接触作为一种减轻群际冲突的良方，并且反驳了认为群际接触是群际冲突的原因的公众讨论。

　　因此，我们希望通过此论文集达到两个目标。第一，我们希望将全世界的社会科学家们所进行的关于这个议题的几百个相关研究整合在一起。这样的整合可以为社会科学内建立一个以实证为基础的群际接触理论打下基础。我们会详细说明群际接触的典型效应，说明这些效应何时会发生、如何发生，以及群际接触何时无法得到积极效应，其原因何在。我们还会详细考虑到针对这个理论的许多批评。第二，我们希望本论文集可以对更有知识性的公共讨论做出贡献。

　　这次的出版为两位作者长达13年的漫长研究计划画上了句号。对于第一作者，这代表了半世纪抱负的达成。群际接触理论最初是由他在哈佛大学的研究生导师戈登·奥尔波特（Gordon Allport）1954年出版的经典且影响广泛的著作《偏见的本质》（*The Nature of Prejudice*）中提出的。本书的第一作者作为一名美国弗吉尼亚州人，对于与从小经常见到的种族偏见和种族歧视斗争的方式非常感兴趣，因此自然被群际接触理论的前景所吸引，并决定在 1955 年自己的博士阶段师从奥尔波特本人研究这个理论。距离本书出版，这已经是半个多世纪以前的事情了。

从最初对群际接触产生兴趣到本书的出版之所以间隔了这么长时间，是因为在这个领域缺乏足够多严谨的研究。另外，可以对文献进行严谨、定量评估的元分析技术直到 20 世纪后四分之一的时间才出现，而这是对传统的定性、主观的文献回顾的一个很大改进。到 20 世纪 90 年代，他终于可以完成他一直想要做的事情，即对此领域内现在存在的大量社会科学研究文献进行严谨和细致深入的定量回顾。他希望回答一个很久以来争论不休的问题：群际接触，是否像其批评者所说的那样，通常会导致更多的偏见与不信任？或者，是否像其支持者所说的那样，通常会减少偏见与不信任？

得益于美国国家科学基金会（National Science Foundation, SBR-9709519）的研究补助，我们使用元分析进行了 8 年的艰苦研究。如果不是两位合作者的密切合作，本研究或许就不能完成了。本书的第一作者近期获得了荣誉退休教授的荣誉，第二作者在本课题于 1998 年启动时，在加利福尼亚大学圣克鲁兹分校的社会心理学系攻读博士学位。第二作者成长于印第安纳州的加里市，这是一个中西部的钢铁工业重镇。她希望研究结构性的不平等对群际接触有什么样的影响，以及如何在跨群体友谊当中跨过群体差异的壁垒。第一作者与第二作者一起分析和评估了几百篇相关的研究，有些是已发表的，有些是未发表的。很重要的是，我们得到了一群热心的本科生的帮助，他们收集了其中的很多文章，同时学习元分析技术。也许最重要的是，我们共同拥有为群际接触理论找到严谨、科学的研究基础，并且为其发挥在现实世界中促进群体关系上的潜力而奋斗的热情。

托马斯·佩蒂格鲁（Thomas F. Pettigrew）

加利福尼亚大学圣克鲁兹分校

琳达·特罗普（Linda R. Tropp）

马萨诸塞大学阿默斯特分校

致　谢

　　我们要感谢很多人为本书的出版提供了宝贵的帮助。本书的第一作者特别感激德国马尔堡菲利普大学（Philipps University Marburg）心理学系的社会心理学分部。在过去的十年中，乌尔里希·瓦格纳（Ulrich Wagner）教授带领的这个小组允许他参加其密集的群际接触研究计划。瓦格纳和罗尔夫·范·迪克（Rolf van Dick）教授（现就任于德国法兰克福歌德大学Goethe University at Frankfurt am Main，Germany）、奥利弗·克里斯特（Oliver Christ）博士、约斯特·斯泰尔梅克（Jost Stellmaker）博士以及现在就任于德国比勒费尔德（Bielefeld）的比勒费尔德大学的安德烈亚斯·齐克（Andreas Zick）教授成为研究同事和密友。读者将在我们对德国概率调查数据的许多阐述中看到这项工作的结果。

　　我们也对威廉·海特迈尔（Wilhelm Heitmeyer）教授的慷慨表示感谢，他允许我们在整本书中使用他对德国人口的严格概率调查报告。在大众和科德宝基金会（Volkswagen and Freudenberg Foundations）的资助下，比勒费尔德大学的海特迈尔（2002，2003，2005）领导着有史以来规模最大的关于社会科学中群际偏见的长期研究之一。他的 10 年项目定期为国家调查补充新的概率样本，并对 2002 年第一个样本的受访者进行重复调查。其中一些研究侧重于群际接触，对我们的分析特别重要。海特迈尔的支持使我们有可能对本书中讨论的接触理论的许多关键方面进行新的分析。

　　我们也感谢哈佛大学的罗伯特·帕特南（Robert Putnam）教授、布鲁金斯学会（Brookings Institute）的乔纳森·罗思韦尔（Jonathan Rothwell）博士和马里兰大学的埃里克·乌斯兰纳（Eric Uslaner）教授对第十一章提供了有益的意见。

第二作者还要感谢德国耶拿（Jena）的弗里德里希·席勒大学（Friedrich Schiller University）冲突与合作国际研究生院授予她奖学金，在此期间她撰写和修订了本书中的几章。我们还要感谢休·杜瓦尔（Sue Duval）、布莱尔·约翰逊（Blair Johnson）、戴维·肯尼（David Kenny）和杰克·韦威亚（Jack Vevea）的统计建议和指导，以及鲁珀特·布朗（Rupert Brown）、杰克·多维迪奥（Jack Dovidio）、塞缪尔·盖特纳（Samuel Gaertner）、迈尔斯·休斯通（Miles Hewstone）、布赖恩·马伦（Brian Mullen）、乌尔里希·瓦格纳（Ulrich Wagner）和斯蒂芬·赖特（Stephen Wright）的深思熟虑，在这个为期13年的项目的许多工作阶段中提供反馈和评论。

我们还要感谢克里斯汀·戴维斯（Kristin Davies）和阿特·阿伦（Art Aron）整理了第八章中报道的关于友谊的元分析数据，感谢我们许多敬业的研究助手，没有他们，我们将无法完成这个重大项目：丽贝卡·博伊斯（Rebecca Boice）、杰弗里·伯考（Geoffrey Burcaw）、苏珊·伯顿（Susan Burton）、达西·卡布拉尔（Darcy Cabral）、罗伯特·章（Robert Chang）、丹尼尔·谢伦（Daniel Cheron）、瓦妮莎·李（Vanessa Lee）、金伯利·林肯（Kimberly Lincoln）、彼得·莫尔（Peter Moore）、丹妮尔·默里（Danielle Murray）、尼尔·中野（Neal Nakano）、马克西·尼贝尔（Maxi Nieber）、拉金德尔·萨姆拉（Rajinder Samra）、迈克尔·萨雷特（Michael Sarette）、克里斯蒂娜·施米特（Christine Schmitt）、阿曼达·斯托特（Amanda Stout）和吉娜·维托里（Gina Vittori）。我们在整本书中引用的元分析得到了美国国家科学基金会（SBR-9709519）的部分支持，第一作者和史蒂芬·赖特是这个项目的共同研究者。

目　录

第一章
群际接触理论的起源

　　美国历史上发生过的最糟糕的种族暴乱之一，是 1943 年发生在底特律的种族暴乱。但是当黑人以及白人暴徒们涌入街道的时候，彼此认识的黑人和白人不但克制住了暴力，而且往往互相帮助。汽车厂的工人以及大学学生一直肩并肩地工作和学习。一户户家庭庇护起受到暴动者威胁的其他种族的邻居们，而且彼此是好朋友的那些黑人和白人对对方给予了格外保护（Lee & Humphrey，1968）。

　　面对群际斗争，这样的人际人道主义并不少见。例如，在 20 世纪 90 年代，我们惊恐地目睹了波斯尼亚和黑塞哥维那展开的"种族清洗"（Oberschall，2001）。在这片原南斯拉夫的土地上，笼罩着种族屠杀的恐惧。但是很少人注意到，许多来自各个种族的当地家庭会藏起生命受到威胁的、对立种族的家庭好友。

　　类似地，以色列雅法（Jaffa）的一条阿拉伯人和犹太人混居的街道上，在 2000 年 10 月频繁地发生街区惨剧。一个族群会突袭另一个族群，随之而来的是突然的洪水。一位犹太母亲和她的孩子们被上涨的洪水困在了自己的公寓里。一个住在同一栋公寓的邻居阿拉伯家庭，不顾洪水，拆掉窗户上的围栏，救出了这位母亲和她的两个孩子（Copans，2000）。

　　我们来看看奥利纳（Oliner，2004）以及奥利纳等人（Oliner and Oliner，1988）对于在犹太人大屠杀期间的犹太人救助者的研究。这些不知疲倦的调查者访谈了超过 600 位欧洲天主教徒，而且聚焦于超过 400 位在战争期间救助过犹太人的拯救者。对比群体则是既没有拯救过犹太人也没有参与抵抗的旁观者。这两群人的差异究竟在何处？

2   这些拯救者并不符合西方世界广泛存在的"英雄"形象，即在经典动作片《正午》（*High Noon*）中那种孤身一人对抗作恶者的社会边缘人。拯救者不仅仅是旁观者，他们住在农场或者小村庄中，这样的环境有很强的共同体之感，也更容易隐藏那些被追捕的人。拯救者们受益于更具支持性的网络，包括家庭成员，绝望的人更经常向他们求助。在战后，这些拯救者通常从事更高地位的职业，而且比起旁观者来，他们在社区中更加活跃。

群际接触在这样的行为中起到的重要作用远不止于减少偏见。正如接触理论会预测的那样，拯救者与旁观者相比，在战前就以各式各样的身份与犹太人进行更频繁的接触（Oliner & Oliner, 1988, p. 275）。因此，他们更经常拥有犹太人朋友（$p < 0.000\ 1$）、邻居（$p < 0.006$）以及同事（$p < 0.03$）。另外，他们不仅与犹太人的接触更多，他们的朋友也更广泛多样。当被问到"你在成长过程中是否有与自己社会阶层不同的亲密朋友？"，62%的拯救者回答有，而仅有36%的旁观者如此回答（Oliner & Oliner, 1988, p. 304）。[①]

这个令人惊讶的例子让我们对群际接触作为抗击群体之间的偏见和敌意的良方有了更多希望。很多评论家对于群际接触促进群际关系的潜力都抱有积极的看法。群际整合的倡导者中一个常见的重复出现的论调是"只要我们能把不同群体中的人们聚在一起"，我们就可以达到促进群体之间关系的目标。不幸的是，达到群际接触的积极效应并不总是这么简单。

让我们仔细考虑这个议题。非裔美国人和欧洲裔美国人在美国南部比在美国的其他地区有更多的接触。但是，美国南部的种族压迫比其他地区更加严重。在南非，非洲黑人以及欧洲裔白人的后代比起在非洲的其他地区，彼此居住得更加接近，但是这个国家正在经受严重的种族冲突。从这

---

① 不幸的是，原始研究并未将犹太朋友与社会阶层数据区分开。但是犹太朋友的可比百分比要小得多。因此，即使在极不可能的情况下，即所有犹太朋友都被记录为来自不同的社会阶层，来自不同社会阶层的非犹太好友的剩余数据的差异仍然接近显著（$p < 0.10$）。

些例子里，似乎看上去如果人们之间的接触更多，结果是更多而不是更少的偏见和冲突。有些观察者确实得出了这样的结论（例如，Baker，1934），但这种观点和接触自身就是治愈偏见和群际冲突的灵丹妙药的假说一样是荒谬的（Hewstone，2003）。

在本书中，我们会证明群际接触确实通常能够减少群际偏见和敌意，但并不总是这样，也不是在所有条件下都可以实现这一点。尽管社会科学的很多分支都对群际接触感兴趣（例如，Blake，2003；Crain & Weisman，1972；Mutz，2002），但社会心理学是热情地专注于研究群际接触的复杂效应的学科。这也是我们在本书中将会详细描述的研究。

❖ 群际接触理论的历史发展

3

早期思考及实践

那么，当群体互动的时候会发生什么？理论家和从业者在能够引领他们的研究基础出现之前很久就开始思考群际接触的效应了。19 世纪的思潮由社会达尔文主义（social Darwinism）主导，态度较为消极。特别是，耶鲁大学的社会学家及圣公会主教威廉·格雷厄姆·萨姆纳（William Graham Sumner，1906）认为，群体之间的接触几乎不可避免地会导致冲突。他认为，对外群体的敌意仅仅是由于内群体的优越感而产生的。由于萨姆纳还相信大多数群体认为自己优于其他群体，因此他的理论将群体间的敌对和冲突视为接触的自然且不可避免的结果。更多近期的观点也做出了类似的预测（参见 Jackson，1993；Levine & Campbell，1972）。

20 世纪的作者继续在没有经验证据的情况下对群际接触进行推测。一些人坚持认为，即使在平等的条件下，种族之间的接触也只会滋生"猜疑、恐惧、怨恨、骚扰，有时甚至是公开冲突"（Baker，1934，p. 120）。这些作家中的许多人，如萨姆纳本人一样，并不很隐晦地捍卫南方当时在学校、社区和公共设施中实行的严格种族隔离模式。但是第二次世界大战之后的作者们的看法更为乐观。因此，莱特（Lett，1945，p. 35）认为，以共同的目标共享种族间的经验会产生"相互理解和尊重"。相反，当群体"相互隔离"时，布拉梅尔德（Brameld，1946，p.245）写道，"偏见和冲突就像疾病一样增长"。

第一个试图实现广泛群际接触的努力出现在第二次世界大战后，这是在阿道夫·希特勒给偏见赋予了一个极坏的名声之后。为了谴责美国的种族和宗教偏见，人们发起了一场普遍的运动。它被称为"人际关系运动"（human relations movement），旨在消除偏见并纠正负面的刻板印象。然而，这种尝试尽管出发点很好，却是天真的。这场运动完全相信要相互教育种族群体，并使不同的群体互动。它不直接寻求在增进群际接触以及与工作、住房和教育方面的歧视做斗争所必要的体制变革，从而避免了争议。相反，这场运动将大量精力投入于在每年 2 月庆祝兄弟会周，并为所有团体举办每年聚会一次的兄弟会晚宴。

4　　　这场运动的指导前提是，偏见主要源于无知。按照这样的逻辑，如果我们能够跨过群体边界进行接触并彼此了解，我们将发现我们共有的人性。德雷克和凯顿（Drake & Cayton，1962，p.281）指出，该运动预示着"'种族之间的相互了解'的一种［几乎］神秘的信念……"

可以肯定的是，无知是群际关系的一个因素（Stephan & Stephan，1984）。但是，仅凭这一因素并不能解释导致群体之间存有偏见的许多情况和体制障碍。此外，该运动不了解群际接触效应的复杂性和可变性，而这正是本书重点关注的问题。

群际接触的早期研究

无论如何，人际关系运动的这些最初努力引发了社会心理学家和社会学家对群际接触的早期调查。由于这些领域对群际关系、社会互动以及情境塑造行为的力量的重视，对该主题的研究兴趣有所增长且符合逻辑。亚拉巴马大学的研究人员属于最早间接地研究接触的影响的一批人（Sims & Patrick，1936）。他们的初步结果并不令人鼓舞，但应该强调的是，他们的研究并未直接测量群际接触。每年，随着来自北方的学生进入种族严格隔离的南方大学，他们对黑人的反对态度都在增强。由于当时大学的教职员工和学生主体是白人，因此北方学生可能与同龄的黑人和政府部门的黑人接触很少，更有可能只遇到地位较低的黑人。他们还受到当时亚拉巴马州极度种族主义的规范的影响。

后来的研究在更直接、更有利的情况下研究了黑人与白人的接触。在1948年对商船队进行反种族隔离（desegregation）之后，在船上和海上工会中的黑人和白人海员之间建立了紧密的联系（Brophy，1945）。因此，白人海员与黑人一起进行的航行越多，他们的种族态度就变得越积极。但是他们的种族偏见并没有随着一次跨种族航行而完全消失。我们在图1.1中看到的几乎是线性的效果：一次又一次，白人海员跨种族航行经历越多，他们表达的反对黑人的偏见就越少。

同样，凯法特（Kephart，1957）发现，与黑人同事一起工作的费城白人警察在种族观点上与其他白人警察截然不同。他们较少反对与黑人队友组队、让黑人加入他们以前的全白人警察区，也较少抗拒从有资格的黑人警官那里接受命令。

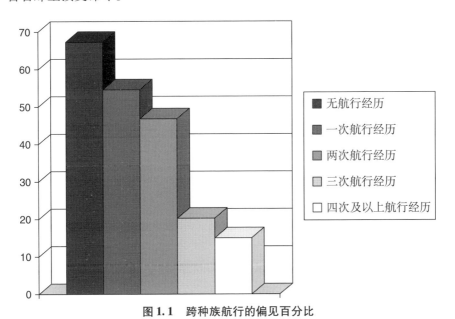

图1.1　跨种族航行的偏见百分比

［改编自 Brophy（1945，表9，p.462）］

戈登·奥尔波特（Gordon Allport）为这项早期研究做出了贡献（Allport & Kramer, 1946)。他与当时的研究生伯纳德·克雷默（Bernard Kramer）一起，测试了达特茅斯学院和哈佛大学的平等身份接触对非犹太人大学生的反犹太态度的影响。如图1.2所示，几乎又出现了线性的负向效应：非犹太学生与犹太人接触的状态越平等，他们报告的反犹太偏见就越少。

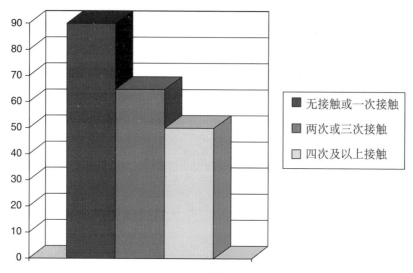

图1.2　平等地位接触的偏见百分比

［改编自 Allport and Kramer（1946，表8，p. 23）］

随着这些早期研究数量的增加，社会科学研究委员会要求康奈尔大学的社会学家小罗宾·威廉姆斯（Robin Williams, Jr.）审查有关群际关系的研究。威廉姆斯（1947）的专著《减少群体间的紧张关系》（*The Reduction of Intergroup Tensions*）针对群际关系提供了102个可检验的"命题"，其中包括群际接触理论的初步表述。他强调说，许多变量会影响接触对偏见的影响效果，例如参与者的相对地位、社会环境、先前偏见的程度、接触的持续时间以及在这种情况下群体之间的竞争程度。他特别强调，在以下情况下，接触的积极作用会最大化：（1）两个群体具有相似的地位、兴趣和任务，（2）这种情况促进了个体之间的密切接触，（3）参与者不符合对其群体的刻板印象，（4）这些活动跨越群体界限。这份最初声明显然是群际接触理论的首次正式陈述。威廉姆斯精明地预见了我们将在本书中讨论的许多群际接触研究的发现，尽管这些预见尚属初步。

但是在这些早期研究中，存在着涉及自我选择和因果方向的潜在问题。例如，最初可能是宽容的白人海员与黑人海员签约，宽容的白人警察选择与黑人同事共事，而与犹太人处于同等地位的白人学生在群际接触之前已经更加宽容了。在判断群际接触的效果时，必须始终牢记这一因果方向问题。接触是真的减少了偏见，还是更宽容的人会寻求接触，还是双向的？纵向研究表明，两种因果路径的强度大致相同（Binder et al.，2009；Sidanius，Levin，Van Laar，& Sears，2008），尽管一些工作表明，接触引发偏见减少的路径可能更强（参见 Dhont，Van Hiel，& Roets，under review-b；Pettigrew，1997a）。在本书中，我们将讨论因果方向的关键问题。

1949 年，塞缪尔·斯托弗（Samuel Stouffer）和他的同事们的深度研究《美国士兵》（The American Soldier），首次对群际接触的影响进行了大规模的现场测试。斯托弗使用巧妙的准实验设计（quasi-experimental design），证明了在 1944—1945 年寒冷的冬天，比利时东部绝望的突出部战役中，与非裔美国人士兵并肩作战的经历极大地改变了美国白人士兵的态度。在南方人和北方人、军官和士兵中都发现了这些态度的改变。但不幸的是，这些新态度只限于战斗情况，而没有推广到非战斗情况。我们将在第三章中回到这个重要的泛化问题。

受威廉姆斯的著作和斯托弗的结论的启发，研究开始更严格地检验该理论。公共住房供给的现场研究提供了最有力的证据。这项工作标志着大规模的现场研究进入了北美社会心理学。在这项工作中最引人注目的例子中，多伊奇和柯林斯（Deutsch & Collins，1951）使用准实验设计采访了不同公共住房供给项目中的白人家庭主妇。纽瓦克市（Newark）的两个住房供给项目将黑人和白人居民分配到不同建筑物中的公寓里，纽约市的两个类似的住房供给项目则通过不考虑种族或个人偏好的公寓分配方式来废除居民的种族隔离。废除种族隔离的住房项目中的白人妇女报告了积极得多的与黑人邻居的接触，因此，她们对黑人邻居的尊重程度更高，对跨种族住房的支持也更高。

威尔纳、沃克利和库克（Wilner，Walkley，& Cook，1955）进行的公共住房供给的进一步研究再现并扩展了这些研究结果。他们发现种族间接触的亲密性是促进积极影响的关键因素。白人居民中只有三分之一的人表现出了良好的种族态度，他们除了随意的问候外没有与非裔美国人的邻居互动。但是，在与黑人邻居进行街头交谈的白人居民中，有一半持积极态度，其中有四分之三的人与黑人邻居进行了许多类型的互动。简而言之，那些表现得像友邻的白人，感觉上也更像邻居。我们将在第六章中看到，行为改变导致态度改变的这个顺序是至关重要的，通过这种手段，最佳的群际接触可以产生积极的影响。

沃克斯（Works，1961）的后续研究表明，非裔美国人可能会出现类似的接触效应模式。他发现，公共住房供给中平等地位的跨种族接触与黑人居民对白人邻居的更积极的感受和态度有关。但是，在第九章和第十一章中，我们会注意到多数群体和少数群体成员之间的接触效果存在一些系统性差异，并讨论少数群体可能出现的一些意料之外的接触后果。

8　奥尔波特影响力广泛的"群际接触假设"

20 世纪 50 年代的学术氛围为奥尔波特的思想提供了基础和背景。借助这些早期调查，他于 1954 年在他有名的著作《偏见的本质》（*The Nature of Prejudice*）（Allport，1954）中介绍了最有影响力的群际接触效应的陈述。在这本书有关群际接触的一章（第六章）中，奥尔波特通过提出他的"群际接触假设"来设定社会心理学研究的议程。这一章的 24 个注释揭示了直接塑造奥尔波特公式的原因。他很清楚威廉姆斯的最初陈述。他引用了布罗菲、斯托弗和住房计划研究。但是他也依靠博士生的工作——伯纳德·克雷默（1950）和芭芭拉·麦肯齐（Barbara MacKenzie，1948）。而且，由于坚信个人文档和个案方法的丰富性，他还在哈佛大学年度偏见研讨班上引用了学生为他写的关于个人群际接触经验的论文。

尤其是从学生论文中，奥尔波特注意到了群际接触的对比效果，即通常会减少，但有时会加剧偏见。因此，他着眼于研究可以最大限度地减少偏见的接触情境的特征。具体来说，他提出的部分观点如下：

> 在追求共同目标的过程中，多数群体和少数群体之间基于平等地位的接触可以减少偏见（除非深深扎根于个人的性格结构）。如果这

种接触得到机构的支持（例如，法律、习俗或当地氛围）的认可，并且如果这种接触能导致两个群体成员之间的共同利益和共同人性的感知，则效果会大大增强。（Allport，1954，p. 281）

　　受奥尔波特观点的启发，研究人员继续在各种情况、群体和社会中测试接触理论。的确，如图1.3所示，自奥尔波特的书1954年出版以来，每个十年里群际接触研究的数量都稳步增长。接触研究的迅速发展，除了使他的指导假说成形外，还反映了另外两个趋势：社会心理学和社会科学领域总体上在扩大，接触假设在最初提出时的民族和种族以外的许多领域开始得到检验。

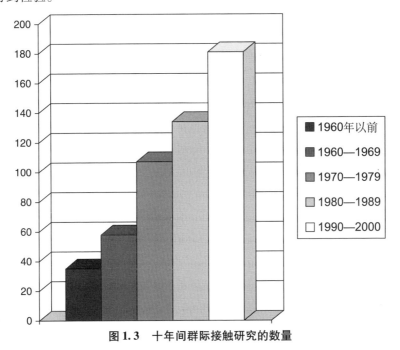

图1.3　十年间群际接触研究的数量

［改编自 Pettigrew and Tropp（2006，pp. 771 – 783）］

　　确实，我们多年的广泛搜索发现了515个测试了群际接触的效果的研究（Pettigrew & Tropp，2006）。这些调查的范围从在美国学习的中国学生（Chang，1973）和在南非的异族工作者（Bornman & Mynhardt，1991），到在土耳其学习的德国儿童（Wagner, Hewstone, & Machleit，1989）以及渐渐了解越南移民的澳大利亚人和美国人（McKay & Pittam，1993；Riordan，

1978）。这些多样化的研究还包括对老年人（Caspi，1984）、心理疾病患者（Desforges et al.，1991）、同性恋者（Herek & Capitanio，1996）、躯体失能者（Amsel & Fichten，1988）、艾滋病患者（Werth & Lord，1992），甚至计算机程序员（McGinnis，1990）态度的研究。此外，这项工作采用了多种研究方法，包括田野（Sherif et al.，1961）、档案（Fine，1979）、调查（Pettigrew，1997a；Sigelman & Welch，1993）和实验室（Cook，1978，1984；Desforges et al.，1991）技术。这些广泛的研究在超过 36 个国家和地区进行，极大地拓宽了我们对接触效应和群际接触理论的潜在应用的理解。

尽管关于群际接触的研究非常丰富和广泛，但一些批评家仍然认为接触理论是幼稚的（例如，McGarry & O'Leary，1995；McGarty & de la Haye，1997；Ray，1983）。有时人们会错误地认为群际接触理论提出了几乎所有 *10* 接触都不可避免地使得偏见减少，但是该理论从未进行过这样的表述（Hewstone，2003）。半个多世纪以前，威廉姆斯和奥尔波特提出的初步声明激发了几代人的研究，这些研究取得了许多惊人的进展。现在，我们认识到群际接触通常有积极的作用并提供了一种有希望的方法，但是它的作用也非常复杂（Brown & Hewstone，2005；Pettigrew，1998）。

❖ 本书重点

我们编写此书的目的是，部分基于我们自己对群际接触效应的元分析，总结和群际接触有关的大量研究文献的发现。此外，我们将描述这项工作如何与群际关系这个广阔领域中新兴的观点相吻合。通过这样做，我们力求为读者提供关于群际接触的性质，以及有助于其产生多种影响的许多重要因素的更透彻和细致入微的理解。

首先，我们综合了关于群际接触的数以百计的相关研究的结果。在第二章中，我们根据 20 世纪进行的所有可获得的和相关的已发表或未发表的研究，评估了群际接触对偏见的总体效应。我们讨论群际接触与偏见之间关系的一般模式，并呈现旨在处理与群际接触效应相关的许多经验和方法上的复杂性的研究发现。

第三章考虑泛化问题，这是将接触研究应用到社会政策中的一个极其关键的问题。在这一章中，我们研究了与作为个人的某群体成员进行接触的积极效应，能够推广到新情况、这个外群体的别的未知成员，甚至没有参与到接触中的其他外群体的多种方式。接下来，第四章考虑了一个相关的问题，即群际接触的效应有多普遍。我们将看到，在世界各地以及从实验室到老年人之家、心理疾病治疗中心以及种族混合的学校和社区的各种环境中，都可以发现接触的显著效应。此外，广泛的研究表明，群际接触对于许多类型的目标都存在积极作用，远远超出了最初提出该理论的种族和种族背景。

在第五章中，我们要问：群际接触何时会产生积极影响？尽管前面的章节谈到了群际接触效应的普遍性，但这一章重点关注的是促进积极接触效应的确切条件。具体来说，我们深入回顾了威廉姆斯和奥尔波特最初提出的情况条件，并讨论了我们的元分析发现和其他经验证据支持或不支持这些较早争论的方式。

接下来我们要问，群际接触如何以及怎样影响群体的态度。第六章讨论了接触减少偏见的过程，特别着重于这个过程中的一些中介变量，例如对外群体了解的增加、焦虑的减少、鼓励观点采择，以及共情。我们还考虑了其他可能的中介变量，例如行为改变、重新评估内群体以及感知新的群际规范。这一章还将讨论有关所谓"有调节的中介效应"（moderated mediation）的最新研究。特别是，我们将考虑群体成员身份的显著性如何调节诸如焦虑减少之类的中介效应。

另一个问题涉及群际接触是否可以有效减少偏见的各个方面。在第七章中，我们研究了与偏见的各个组成部分相关的接触效应的进一步变异性。在这个过程中，我们将展示如何通过区分偏见的情感和认知维度来解决关于接触效应的较早争议。我们总结了大量的发现，这些结果表明，群际接触对偏见的情感维度（例如喜好、情绪）的预测比对偏见的认知维度（例如观念、刻板印象）的预测效力更强。这种差异很重要，因为与刻板印象相比，情感一般可以更好地预测出人们之后对外群体的行为（Stangor, Sullivan, & Ford, 1991；Talaska, Fiske, & Chaiken, 2008）。此外，这一章鼓励我们不仅仅将偏见的减少作为接触的结果，也去考虑群际接触的其他重要结果，例如对外群体的更多信任。

第八章重点讨论最有效的接触形式：跨群体友谊。它通过强调跨群体友谊的亲近和亲密在促进积极的接触效果中所发挥的特殊作用，扩展了我们对情感过程的关注。最近的研究发现，当接触涉及跨越群体边界的紧密友谊时，群际接触效果会明显增强。这一章将同时介绍元分析的发现和其他研究的实例，这些实例显示了跨群体友谊的特殊优势，即使这种友谊只是和一个拥有外群体朋友的同群体之人成为朋友，即间接或扩展的接触形式。

第九章探讨了接触对多数群体和少数群体成员产生相似或不同影响的程度。几位理论家提出，即使在接触情境中存在地位平等的情况下，先前存在的地位差异也严重限制了接触改善群际关系的潜力（例如，Foster & Finchilescu，1986；Robinson & Preston，1976）。使用我们的元分析结果和其他近期研究，我们将显示，接触对多数地位群体的效应往往明显强于少数地位群体。我们还讨论了少数群体和多数群体的成员对接触以及他们的群际关系可能有不同的看法，并且探讨积极的群际接触对这些群体成员的不同含义。

在第十章中，我们探讨在涉及许多其他预测因素的多元环境中，群际接触对预测个体偏见的重要性。通过使用有关移民态度的德国调查数据，来自不同社会科学领域的大多数预测指标在预测对移民的态度方面都具有预测效力。但即使在这些预测指标之中，与该国移民的接触经验仍然对德国受访者的移民态度产生了重要而显著的积极影响。

第十一章讨论了群际接触理论所遇到的主要批评。这些批评主要来自政治学领域和见证了激烈民族冲突的国家和地区，许多批评家提出了有趣和有启发性的观点，迫使我们在考虑群际接触在减少群际紧张关系中的作用时具有更广阔的视野。这一章将总结和批判关键的批评论点。

当然，并非所有的群际接触都会减少偏见。第十二章探讨了负面接触，它可能加剧群体间的偏见、敌对和冲突。尽管远没有正面接触常见，但负面的群际接触确实会发生。在这部分我们将会发现，涉及高度威胁的非自愿接触代表了负面的群际互动的常见原型。

最后，第十三章总结了迄今为止我们从接触研究中学到的知识，展望了群际接触的研究和理论的未来，并考虑了这项研究的政策含义。

群际接触是否通常减少群际偏见?

　　在其最基本的形态上，群际接触理论主张，我们可以通过鼓励群体之间的互动来减少群体间的偏见。尽管我们在本书中探讨了接触效应的许多注意事项和其复杂性，但接触理论的这一基本论述得到了不断发展的研究基础的充分支持。确实，在过去的几十年中，数百项研究表明，群际接触可以减少偏见（有关综述参见 Pettigrew & Tropp, 2006）。

　　一个特别值得注意的研究实例是使用了美国加利福尼亚大学洛杉矶分校的2 000多名本科生的数据，对接触效应进行的为期四年的纵向研究（Levin, Van Laar, & Sidanius, 2003；Sidanius et al.，2008；Van Laar, Levin, Sinclair, & Sidanius, 2005）。这项广泛的研究表明，族裔群体之间有意义的接触，无论是由学生自己报告还是通过随机分配不同族裔的室友而得到的接触，都预测了种族间偏见的显著减少。宾德尔等人（Binder et al.，2009）在德国、比利时和英国的中学生中进行的为期六个月的跨国纵向研究中观察到了类似的趋势。这些作者证明，更多的接触会使得偏见减少，特别是当接触本质上是亲密的之时更是如此。东特、鲁茨和范耶尔（Dhont, Roets, and Van Hiel, under review-a）使用比利时年轻成年人的样本再次重复了这一结果，即接触具有随时间推移而产生的减少偏见的能力。

　　然而，关于群际接触通常会产生积极的群际结果的程度，研究文献中仍存在大量争论。许多研究者的综述为群际接触理论提供了支持，他们得出的结论是，群际接触通常可以有效减少群体间的偏见（Cook, 1984；Harrington & Miller, 1992；Jackson, 1993；Patchen, 1999；Pettigrew, 1971, 1986）。

14 然而，其他综述认为，由于一系列复杂因素，群际接触的结果可能更加混杂。例如，斯蒂芬（Stephan, 1987）强调了群际接触减少偏见的潜力，同时也强调了接触环境、所研究的群体以及所涉个体的特征都可能调节群际接触与偏见之间的关系（另见 Patchen, 1999；Pettigrew, 1998；Riordan, 1978）。

同时，有关群际接触可以减少群际偏见的潜力，研究文献的其他主观评论也更为关键。尽管许多综述表明，群际接触可以潜在地改善个体之间的态度，但一种普遍的批评是，群际接触几乎不能减少对整个外群体的偏见（Amir, 1976；Forbes, 1997, 2004；Rothbart & John, 1985）。几位理论家也对研究文献中研究的质量和可用性提出了批评，这些研究可以为群际接触理论提供支持。例如，麦克伦登（McClendon, 1974）写道"接触研究相当简单，缺乏严谨性"（p. 47）。因此，他得出的结论是，阅读这种接触文献"不会使得（一个人）期待偏见的普遍减少"（p. 52）。同样，福特（Ford, 1986）在对关于群际接触的 53 篇论文的述评中断言，对群际接触理论的支持充其量"还为时过早"，因为现有的研究"严重不足以"（p. 256）表示人们在日常生活中会经历群际接触。与这些观点一致的是，最近的评论提出"显示群际接触存在积极、消极或不存在效应的研究数量大致相等"（Rothbart & John, 1993, p. 43），以致"……接触理论家的最初希望未能实现"（Hopkins, Reicher, & Levine, 1997, p. 306）。

❖ 群际接触的元分析：20 世纪的研究

从这些不同的角度来看，关于群际接触促使群际偏见减少的潜力，研究文献并没能给我们一个清晰的观点。据我们所知，还没有研究者试图将构成研究文献的全部范围内的所有研究的总体接触效应量化。因此，我们试图通过进行元分析来做到这一点，以便可以就群际接触影响的性质和方向得出更坚实的结论。

为了进行元分析，研究人员试图找到针对特定主题进行的所有研究。
15 然后，他们在统计学上将结果汇总，以检查效应的总体模式，并发现可能

增强或抑制那些效应的其他变量（Johnson & Eagly，2000；Rosenthal，1991）。对于我们的分析，我们专注于找到探讨群际接触与偏见之间关系的研究，力图比过去的述评更具有结论性地评估群际接触是否通常与群际偏见的减少相关。

元分析的纳入标准

我们使用几种标准来决定某些研究是否适合纳入元分析。第一，我们只考虑群际接触作为预测群际偏见的自变量的情况。这意味着我们排除了将接触视为因变量的研究，例如那些解释了群际接触如何或为何发生的研究。因此，入选的研究包括检验群际接触对偏见的因果关系的实验研究，以及检验群际接触作为偏见的相关因素或者预测因素的问卷调查研究。

第二，要纳入研究范围，研究必须涉及某种程度的跨群体直接互动，也就是说不同群体的成员要在某个时刻实际进行面对面接触。这种直接接触可以在研究中直接观察到（如在实验室进行的实验研究，或在野外进行的观察研究），也可以由参与者自己报告这种接触（典型的情况是调查研究）。相应地，该规则使我们排除了间接测量接触的研究，例如仅向参与者提供关于外来群体的信息或仅使用接近性的测量来推断跨群体互动的研究，因为这些测量不能保证不同群体的成员确实发生了相互接触。

第三，我们只纳入了明确涉及接触且这种接触发生在明确定义的群体成员之间的研究，以确保我们能够考察群际的结果而不是人际的结果。此外，我们仅纳入了评估的结果指标在个体水平上测量的研究，以及有比较数据的研究，以便我们可以评估个人的偏见分数的变化与他们的接触经历相关的部分。

搜索相关研究

我们使用了广泛的程序来寻找要纳入元分析的相关研究。首先，我们检索了心理学（PsychLIT 和 PsycINFO）、社会学（SocAbs 和 SocioFile）、政治学（GOV）和教育学（ERIC）的数据库，此外还审查了在 2000 年之前在普通研究期刊上发表的论文（当前目录）以及文献的摘要（UMI 论文摘要）。在这些搜索中，我们使用了 54 个不同的搜索词，范围从单个单词（例如"接触""跨种族"）到组合词（例如"失能 + 接触"）。在整个数据库中，我们使用这些术语按"标题词""关键词"和"主题"进行搜索，以最大限度地提高我们找到所有相关作品的机会。按照约翰逊和伊格利（Johnson & Eagly, 2000）描述的"下降方法"，我们还使用社会科学引文索引（Social Sciences Citation Index）检查了那些引用了影响深远的接触研究的后续论文。为了确定其他论文，我们还给发表过相关著述的研究人员写了个人信件或电子邮件，通过心理学家的电子网络索要材料，并搜集了这些研究的参考文献和接触文献先前的文献综述。

通过这些努力，我们发现了总共 515 项研究（包括 713 个独立样本）符合我们的纳入标准（有关此数据集中研究的完整列表，参见附录 A）。这些研究的时间跨度从 20 世纪 40 年代初到 2000 年，共代表了来自 38 个国家和地区的 25 万多名研究参与者的反应。大多数研究和样本来自过去 30 年（出版年份中位数 = 1986）发表的期刊文章，其中略多于一半的样本（51%）关注种族或族裔目标群体。对于这些变量和其他变量，两个独立的编码者获得了高信度的评级，每个变量的 kappa 值均大于 0.80，所有编码变量的平均 kappa 均值为 0.86。

分析程序

在我们的分析中，我们使用皮尔逊相关系数 r 作为效应大小的主要指标。负值 r 表示较高的群际接触与较低程度的偏见之间存在关联，较大的 r 值表示群际接触与偏见之间的关联更强。效应大小也由其方差的倒数加权，因此，更可靠的样本将成比例地对我们的平均效应做出更大的贡献（参见 Lipsey & Wilson, 2001）。这样的程序可确保为含有大量参与者的研究赋予更大的权重。

我们还对分析所基于的数据进行了两次更正。首先，我们对七个非常大的样本的样本大小设置上限，以防止在分析中它们的结果得到过多权重。具体而言，我们使用了 5 000 的样本量作为基于研究的分析上限，3 000 的样本量作为基于样本的分析上限，2 000 的样本量作为基于测试的分析上限。我们还对 17 个仅报告"非显著"结果而没有提供更详细的统计信息的样本进行了包含和非包含的两种分析，因为将这些情况包括在内可能会导致对效应的低估（Johnson & Eagly，2000；Rosenthal，1991）。

我们还从三个不同的分析水平分析了我们的数据。在研究水平上进行的分析代表了每篇论文中报告的所有数据的总体效应。在样本水平上进行的分析代表了每篇论文所报告的每个独立样本的总体效应。由于研究通常包含多个样本，因此在样本水平上的分析数据可提供大量案例，以进行更详细的效果比较。在测试水平上进行的分析表示对群际接触与偏见之间关系的每个单独测试的效应。在测试水平上的分析数据可提供更多个案进行仔细比较。但是，由于来自同一样本的多个测试违反了独立性的统计假设，因此当只能在该水平上测量变量时，我们将检验作为分析单位。

尽管大多数先前在社会心理学中进行的元分析研究都依赖固定效应模型（fixed effects models，参见 Johnson & Eagly，2000），但鉴于构成相关研究文献的接触研究之间存在很大差异，因此我们在分析中采用了随机效应模型（random effects model）。随机效应模型假设个案间效应的某些差异本质上是随机的，因此来自我们无法轻易识别的来源（参见 Hedges，1994；Hedges & Olkin，1985；Lipsey & Wilson，2001；Mosteller & Colditz，1996；Raudenbush，1994；Rosenthal，1995）。因此，当个案差异很大并且效应可能由多种因素决定时（参见 Cook et al.，1992），随机效应方法是更可取的，正如我们在群际接触文献中所发现的那样。随机效应模型在报告具有统计学意义的检验中相对保守，这种方法的另一个优势是它可以将发现泛化到其他研究中去，而不仅仅是包含在分析中的那些研究。

一般研究结果

总体而言，元分析的结果表明，较高水平的群际接触通常与较低水平的群际偏见相关。确实，有 94% 的研究表明群际接触与偏见之间存在反比关系。因此，为了将结果的展示简化，在本章及后续章节中，均值效应将显示为绝对值的相关性，其中较大的值表示群际接触与群际偏见减少之间的关系更紧密。

图 2.1 表示的是在研究、样本和测试水平上的平均效应。对研究、样本和测试的接触-偏见相关性的平均值的平均估计，在进行和不进行数据校正的情况下几乎相同。在所有三个分析水平中，我们都发现较高的群际接触与较低的群际偏见相关，并且效应的大小对应大约 −0. 21 的 r 值，这在 0. 000 1 的置信度水平上显著。因此，我们观察到群际接触与偏见之间，在三个不同的分析水平上都一致地存在相对中等但有意义的关系。尽管接触-偏见关系的一致性令人信服，但我们仍必须考虑是否会因与抽样程序和参与者选择相关的偏见而破坏我们对总体效应的解释。

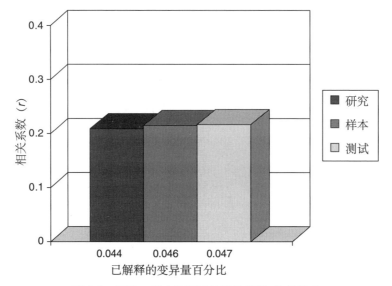

图 2.1　研究、样本和测试的平均接触-偏见效应

处理抽样程序中的潜在偏差

我们对结果的解释所面临的主要潜在威胁是我们是否可能只识别出了一部分接触研究以纳入我们的分析（参见 Rosenthal, 1991）。例如，可能是我们无法在研究文献中找到所有的接触研究，而只有我们发现的那些研究倾向于显示出群际接触与偏见之间的显著关系。但是，我们使用多种方法对取样偏差进行了多次测试，这些测试的结果表明，我们观察到的接触-偏见关联无法简单地通过取样偏差来解释。

19

首先，我们使用罗森塔尔（Rosenthal，1991）的故障安全指数（fail-safe index）进行了测试，以确定如果要接触和偏见之间的平均关系不存在，即将接触-偏见效应的显著性水平提高到高于 0.05 的置信度水平的话，需要增加多少个额外的样本。根据该指数，需要添加 1 200 多个没有发现接触与偏见之间存在关系的样本，以消除我们在分析中观察到的显著的平均接触效应。应当指出的是，这个数字大大超过了我们为了检验接触-偏见效应而耗费六年时间寻找到的 713 个样本。

测试取样偏差的其他方法包括在效应量和样本量之间进行相关分析，并使用这两个变量创建散点图。这些测试基于以下原理：较大的样本可提供更可靠的结果。因此，效应量和样本量之间的非显著相关性以及案例在这两个变量之间的对称、漏斗形分布表明取样偏差是最小的（Light & Pillemer，1984）。通过使用我们数据集中的 713 个独立样本的接触-偏见效应量，我们发现效应量与样本量之间的关系并不显著（$r = -0.02$，$p =$

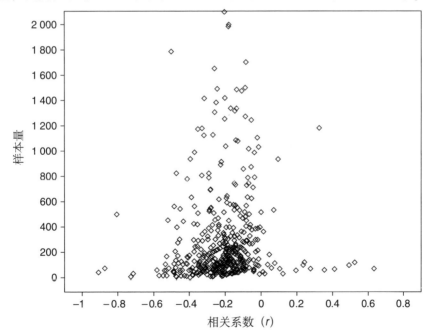

图 2.2 接触-偏见效应的散点图

［改编自 Pettigrew and Tropp（2006）］

0.67）。此外，如图 2.2 所示，按样本量绘制的接触-偏见相关性散点图显示，效应的分布类似于漏斗，并且很好地以 r 值 -0.21 为中心分布，这对应了我们全面分析当中的总体平均效应大小。

探索出版偏差的可能性

对我们对这些结果的解释的另一个主要潜在威胁涉及出版偏差（publication bias）的可能性（Begg, 1994; Rosenthal, 1991）。具体而言，具有统计学意义的发现的接触研究可能更倾向于被提交并发表在学术期刊上，从而导致已发表的研究构成所有实际进行的接触研究当中一个有偏见的子集。在社会科学和医学研究文献中，我们都经常观察到这种出版偏差（例如，Coursol & Wagner, 1986; Dickersin, 1997; Dickersin, Min, & Meinert, 1992; Easterbrook, Berlin, Gopalan, & Mathews, 1991; Glass, McCaw, & Smith, 1981; Lipsey & Wilson, 1993; Rotton, Foos, Van Meek, & Levitt, 1995; Shadish, Doherty, & Montgomery, 1989; Sommer, 1987）。因此，对接触文献的述评可能会高估其影响，因为他们非常依赖已发表的研究工作。

对出版偏差进行估计可能很困难，但是近年来我们已经使用了许多方法来解决该问题。杜瓦尔和特威迪（Duval & Tweedie, 2000a, 2000b）开发的一种称为"剪补"技术（"trim-and-fill" technique）的方法通过调整漏斗图的不对称性来检测丢失研究的可能性。使用该技术的结果表明，我们的元分析数据库中大约缺少 72 个样本（占 10.3%）。一旦这些样本能补充进我们的数据库，我们的平均效应大小估计 r 值将增加到 -0.245，其中 95% 的置信区间为 -0.231 和 -0.258，相比于图 2.1 中所示的平均效应还要大。

韦威亚和赫奇斯（Vevea & Hedges, 1995）的一般线性模型（general linear model）方法更着重于小型研究的缺失，这是一种相对保守的方法，因其有可能高估出版偏差（Sterne & Egger, 2000）。使用此方法进行的分析表明，我们的元分析数据库缺少许多较小效应的小型研究，并且一旦将这些小型研究考虑在内，接触与偏见之间就不再存在显著关系。但是，即使采用这种方法，进一步的分析也表明，对于那些具有组间设计和更严格控制的样本，调整后的平均效应大小的确在 0.05 的置信度上达到了统计显著性（参见 Pettigrew & Tropp，2006）。

　　测试出版偏差的更直接的方法是比较来自公开来源（例如学术期刊和书籍）和未公开来源（例如博士学位论文、硕士学位论文、会议论文和其他未公开手稿）的接触研究的效应大小。因此，我们竭尽全力从未公开来源收集数据，最后总共收集了 88 个未公开的接触研究。如图 2.3 所示，未发表研究的接触–偏见平均效应实际上比已发表研究的接触–偏见平均效应稍大，而不是更小，尽管这个平均效应上的差异并未达到显著（均值 r = -0.237 与 -0.211，$p = 0.14$）。因此，在许多不同的测试中，我们的结果表明出版偏差不会对我们对所观察到的效应的解释构成重大威胁，从而增强了我们的信心，即群际接触通常确实与群际偏见程度较低相关。

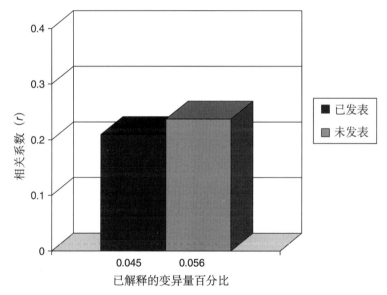

图 2.3　已发表和未发表的研究的接触–偏见平均效应

参与者选择的作用

　　可能影响我们对结果的解释的另一个因素涉及被试是否选择参与接触的程度（参见 Link & Cullen，1986；Wilson，1996）。例如，可能只有宽容的人寻求与其他群体的接触，而有偏见的人则避免与其他群体的接触（参见 Pettigrew，1998）。

先前的接触研究已经使用了几种方法论方法来解决选择问题。在某种程度上，横截面数据（cross-sectional data）的统计模型已比较了相互的路径，以估计与接触减少偏见的程度相比，偏见减少接触的程度如何。这样的模型表明，有偏见的人确实避免了群际接触（例如，Binder et al.，2009；Herek & Capitanio，1996；Pettigrew，2008），但是从接触到偏见减少的路径通常更强（例如，Butler & Wilson，1978；Pettigrew，1997a；Powers & Ellison，1995；Van Dick et al.，2004）。纵向数据分析还显示，随着时间的流逝，接触可以减少偏见，尽管这些研究还经常表明，两种因果路径具有近似相等的强度（Binder et al.，2009；Eller & Abrams，2004；Levin et al.，2003；但请参见 Dhont et al.，under review-b 的内容，该文献显示了接触减少偏见路径的更大力量）。

此外，相关的实验研究会随机分配被试与同群体或跨群体的伙伴进行友好的互动。随机设计消除了谁参与或不参与群际接触的选择偏差的可能性。实验研究还表明，接触可以减少偏见，并有助于达到其他积极的群际结果（例如，Page-Gould，Mendoza-Denton，& Tropp，2008；Wright，Aron，& Brody，2008；Wright，Aron，& Tropp，2002；Wright，Brody，& Aron，2005；Wright & Van der Zande，1999）。结合起来看，这些发现提供了令人信服的证据，证明在被试选择之外，群际接触也可以减少偏见。

在当前的分析中，我们通过对样本进行编码来对被试进行选择的程度进行元分析，以分析被试对于参与接触是否毫无选择余地、有部分选择余地或完全自主选择。图 2.4 给出了结果。总体而言，毫无选择余地的样本（均值 $r = -0.280$）显示出比被试有部分选择余地的样本［均值 $r = -0.190$，$Q_B(1) = 20.58$，$p < 0.0001$］或完全自主选择的样本［均值 $r = -0.218$，$Q_B(1) = 8.98$，$p < 0.01$］更大的平均效应大小。但是，毫无选择余地的研究的质量也往往更高，一旦我们控制了研究质量的四个指标（参见下一节），选择和效应大小之间的关联就不再重要。这些分析表明，在我们观察群际接触与偏见之间的关系时，被试的选择权不太可能成为产生重大影响的关键因素，不过我们将在第十二章中讨论这种趋势的例外情况。

23

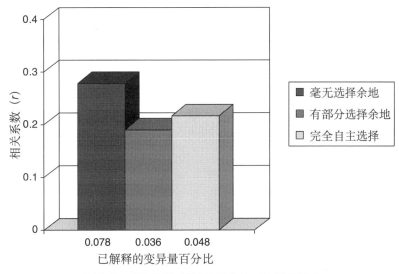

图2.4 平均接触-被试选择余地对偏见的影响

在此，重要的是要注意，尽管我们发现与被试选择权无关的积极接触效应，但这并不一定意味着群体之间的接触总是很容易的。接触可能会引起焦虑和压力（Stephan & Stephan，1985），最初对接触的焦虑可能会促使人们尝试避免与其他群体的成员互动（Plant & Devine，2003）。在第六章中，我们将更深入地探讨焦虑在群际接触效应中的作用。

但是，我们在这里提出这个问题是为了强调，即使在接触可能具有挑战性或困难的情况下，这种接触仍然可以减少偏见和促进其他积极成果。舒克和法齐奥（Shook & Fazio，2008）提供了一个明确的例子。他们研究了白人大学生在大学第一学期被随机分配一位白人或非裔美国人室友的经历和态度。在一个学期的过程中，被分配了非裔美国室友的白人大学生发现，与那些被分配了白人室友的白人大学生相比，他们的室友关系不那么令人满意，参与程度和愉快程度也较低（另见Towles-Schwen & Fazio，2006）。鉴于大多数白人学生最初缺乏跨种族经验，这一发现不足为奇。然而，随着时间的流逝，与非裔美国人室友配对的白人学生表现出的自动激活的种族偏见减少（另见Dunton & Fazio，1997），以及与白人室友配对 *24* 的白人学生相比，群际焦虑小幅度降低。总之，这些发现十分重要，它们揭示了即使不是出于选择而进行群际接触，接触可能带来独特的挑战和障碍，仍然可以有效地减少群际偏见。

方法与研究质量

尽管如此，除了我们已经解决的与被试选择有关的问题外，人们仍然可能倾向于从方法论的角度质疑我们的效应。例如，如果我们认为接触与偏见之间的关系确实存在，那么我们应该期望更加严格的研究能够产生特别强烈的接触效果。因此，我们研究了与许多研究质量的方法学指标相关的接触-偏见效应的大小。

首先，我们对样本进行研究设计编码，以检查接触-偏见效应是否会因研究中使用的是实验、准实验、调查或现场研究方法而有所不同。如图 2.5 所示，与准实验程序（均值 $r = -0.237$）相比，当研究采用实验程序时，我们通常会观察到更强的效应（均值 $r = -0.336$），涉及调查和其他现场研究方法的程序（均值 $r = -0.204$；$p < 0.001$）也一样。

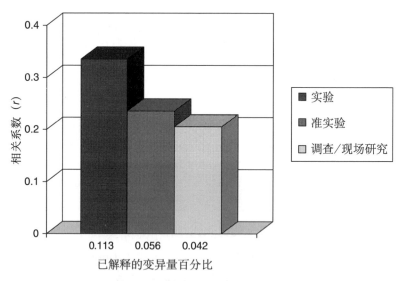

图 2.5　研究设计的平均偏见效应

我们还检查了每个样本中用于统计比较的对照组的种类。虽然每个实验或准实验都将被试分配到进行接触的某个实验条件下，但我们发现，根据这些群体中的被试是否事先与相关的外群体接触，对照条件存在很大差异。一些对照组的被试事先没有过这类接触，而另一些被试有很多事先接触经验，这种差异性使得我们很难通过比较实验条件和对照条件来确定是否已经达到了有意义的接触效应。因此，我们对样本按照无对照组（即被试内设计）、对照组没有事先接触、对照组有一些事先接触、对照组有广泛的事先接触进行了编码。

　　总体而言，实验的被试内设计的样本显示出平均效应大小（均值 $r = -0.221$），与所有被试间设计的样本总和的平均值（均值 $r = -0.217$；$p = 0.79$）没有显著差异。然而，如图 2.6 所示，在被试间设计的那些样本中，我们观察到接触与偏见之间的关系明显更强，因为对照组的事先接触水平较低。换句话说，对照组越恰当和严格，接触的减少偏见的效应就越强。

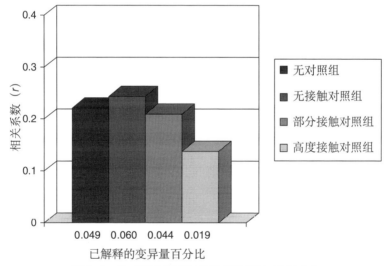

图 2.6　按对照组类型划分的平均接触-偏见效应

　　此外，我们还研究了与评估接触和偏见的方法的信度（reliability）有关的接触-偏见效应的强度。首先，我们比较了使用单条目测量、信度低或未知的多条目测量、信度高的多条目测量，以及实验操纵的样本中接触的效应。图 2.7 显示，与使用信度低的单条目或多条目测量来评估接触相比，使用信度更高的指标（信度很高的量表和实验操控）评估接触时，接触与偏见之间的关系更强。

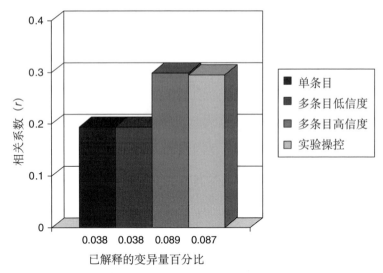

图 2.7 接触测量的不同信度对应的平均接触-偏见效应

我们还比较了使用单项量表、信度低或未知的多项量表、信度高的多项量表或另一种高信度的测量工具（观察者评分高且评分者信度高）来测量偏见的样本的效应大小。与先前的发现相似，图 2.8 显示，当使用信度更高的方法评估偏见时，接触与偏见之间的关系是更紧密的。

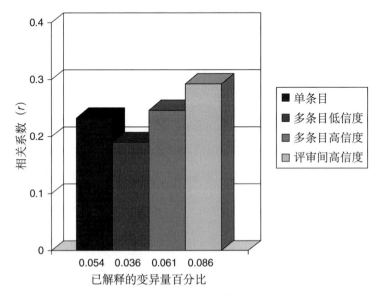

图 2.8 偏见测量的不同信度对应的平均接触-偏见效应

　　为了进一步证明这些方法论上的预测指标的综合重要性，我们组织了 77 个样本的子集，这些样本使用了高信度的接触和偏见测量，以及接触极为有限的对照组。该严格子集的平均接触-偏见相关性（均值 $r = -0.323$）远大于余下的那些不那么严格的样本的平均值（均值 $r = -0.202$；$p < 0.0001$）。因此，在信度和研究质量的多个指标中，我们始终发现，测量工具和研究程序越严格，就越能清楚地看到，群体之间的接触越多，偏见程度就越低。

❖ 结论

　　我们和其他人的研究结果（例如，Binder et al.，2009；Shook & Fazio，2008；Sidanius, Levin, Van Laar, & Sears, 2008；Van Laar et al.，2005）共同为一个基础观念提供了有力支持，即群体间的接触可以有效减少偏见。我们的元分析结果进一步表明，接触的这种整体效应无法用出版偏差、被试选择或取样偏差来解释，并且以更高的严谨程度进行的研究会得到更强的效应。

　　尽管如此，仍需要进行更多的检查以确保接触对偏见的影响在本质上是群际的，也就是说，表明接触正在改变总体上对外群体的态度，而不仅仅是改变对与我们接触的个别外群体成员的态度。在下一章中，我们将讨论泛化在群际接触效应中的作用，并将探讨这些问题。

第三章
群际接触效应是否能够泛化？

　　群际接触的实践和理论重要性在很大程度上取决于接触的效应如何较好地泛化（generalize）到整个外群体、其他情况，甚至不参与接触的其他外群体。如果积极的群际接触的效应不能泛化到超出接触情境本身和接触的直接参与者的范围，那么这种互动的社会价值显然就没有什么意义。

　　有两个可以抑制正向接触效应的泛化的基本过程。一个过程涉及与归类相关的心理因素。"是的，我喜欢那些人，"然后经常反复出现的是，"但他们肯定与这个群体中的其他人不同。"奥尔波特（1954）将其称为"重新围栏"（re-fencing），也就是说，我们把在接触情境下我们喜欢的外群体成员从其群体中排除，并在归类上将其与我们对整个外群体的负面看法完全区分开。这个过程往往涉及人格因素。例如，在威权主义量表上得分高的人更有可能使用这种围栏技术来保护他们的群际偏见不被改变（Adorno, Frenkel-Brunswik, Levinson, & Sanford, 1950）。

　　导致群际接触不能从当前情境更进一步泛化的另一个过程涉及社会规范（social norms）。反对接触带来的态度改变的这种规范是如此之强，以至于人们在不同的社会环境中以相互矛盾的方式进行思考和做出行为，甚至意识不到存在不一致。例如，在20世纪60年代的民权运动之前，西弗吉尼亚州的黑人和白人煤矿工人通常在地下有效地并肩工作。但是，当从地下矿井里出来后，他们各自回到隔离开的住房里，而不去质疑其地下和地面之上的规范执行行为的前后矛盾之处（Minard, 1952）。

　　同样，在20世纪50年代的印第安纳州一家炼钢厂中，黑人和白人是 *30*

同一个反种族隔离的工会的成员，并且合作良好（Reitzes，1953）。只有12%的白人工人表示对非裔美国同事的接受度很低。参与工会活动最多的那些人对工会的支持不种族隔离的规范响应最快。但正是这同一批白人工人也生活在全白人的种族隔离的社区中，其中许多属于亲种族隔离的社区。确实，在工作中接受黑人的人中有84%都非常抗拒在社区中有黑人居住。而且又一次，邻里关系最密切的人的抗拒程度最强。

在上述这些案例当中，工人们都只是遵循民权运动前的社会规范。在矿场和工会中，平等的种族接触是常态，而在住房方面种族隔离在很大程度上是不受挑战的规范期望。因此，种族隔离主义规范严重限制了接触效应的跨情境泛化。同样，美国南部和南非的黑人、白人，以及北爱尔兰的天主教徒和新教徒之间已有数百年的交往，但是传统上这些地区实行严厉的种族隔离政策，这严重限制了我们在第二章中讨论的典型的积极群际接触的效应。

因此，我们必须仔细检查，以了解我们的元分析所揭示的积极接触效应是否通常会超出接触本身而泛化。泛化的例子可以有多种形式。这些形式包括群际接触是否在不同的分析水平和情境下，甚至对未参与接触的外群体都能够产生一致的积极影响。我们首先使用元分析数据测试这些形式的泛化。

❖ 泛化到整个外群体——接触效应的初级转移

我们研究的第一种形式涉及跨不同分析级别的泛化，即接触效应的初级转移（primary transfer）。这是指与一个或多个外群体成员的接触经验所产生的积极效应可以在多大程度上泛化到对整个外群体的更积极态度。有可能我们在全面分析中观察到的显著的接触-偏见关联仅仅反映的是一部分研究的结果，这些研究评估的是对与之发生接触的个别外群体成员的偏见，而不是超出接触范围、影响对整个外群体的态度的程度。接触理论的批评者经常提出这一重要问题。这样的批判性观点提出，这种接触很可能有效地改善了个体之间的态度，但不太可能有效地改善群体之间的态度

31

（参见 Amir，1976；Rothbart & John，1985）。

　　一种普遍的批评是，重新围栏和其他认知障碍几乎完全阻碍了群际接触的积极效应泛化到对整个群体上去。但是请注意，这种批评主要集中在认知方面，而倾向于忽略情感过程，这是我们在第七章中将要深入探讨的问题。罗特巴特和约翰（Rothbart & John，1993；p. 43）总结了这个推理路径："……对类别成员的有利判断会推广到整个类别吗？这个问题的答案是一个程度很强烈的'几乎不会'，因为很明显，大量的研究都很少或完全没有出现泛化。"如果罗特巴特和约翰是对的，那么接触理论作为改善群际态度和关系的一种策略，其价值将是有限的。

　　因此，我们试图确定研究文献中的接触研究实际上在多大程度上调研了这种形式的泛化，以及这种研究通常揭示的接触效应的种类（见图 3.1）。作为第一步，我们对在元分析中的 1 351 个测试进行了编码，以查看其结果指标是否评估了（1）对与之发生接触的个别外群体成员的偏见，或（2）对整个外群体的偏见。总体而言，我们发现，在我们的分析中，只有 152 个测试中的偏见测量涉及对接触情境中的外群体成员的态度。相比之下，我们分析中的绝大多数测试（1 164 个）的偏见测量对象是对于 *32*

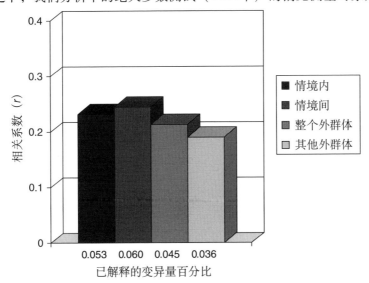

图 3.1　按对照组类型划分的平均接触-偏见效应

整个外群体的。显然，罗特巴特、约翰和这些文献先前的其他审阅者在写到接触研究很少揭示出群体层面的任何泛化时，忽视了这么多的测试的存在。

在比较这些不同类型结果的效应大小时，我们发现对于测量针对整个外群体的整体偏见的接触研究（整体 $r = -0.21$）来说，其接触的平均效应和针对接触情境下的涉及的单个外群体成员的偏见研究（均值 $r = -0.23$；$p = 0.33$）在大小上没有显著差异。总之，这些结果强烈表明，与单个外群体成员的接触所产生的积极效应，确实通常可以泛化成为对整个外群体的更为积极的态度。

这项元分析发现具有理论和实践上的重要性。从理论上讲，群际接触的显著归类模型（salient categorization model）认为，当群体成员身份在接触情境下显著时，对整个外群体的泛化效果最好（Brown & Hewstone，2005；Hewstone & Brown，1986）。我们将在第五章中详细讨论此模型和其他模型。但是，在这一点上，我们可以断言，大量证据支持显著归类的重要性。例如，当参与者被视为典型的群体成员时（Brown，Vivian，& Hewstone，1999；Johnston & Hewstone，1992；Voci & Hewstone，2003；Weber & Crocker，1983；Wilder，1984）以及当参与者在接触过程中高度意识到自己的群体成员身份时（Brown et al.，2001），接触效应往往最强。在实践上，我们的发现表明这种泛化是很普遍的，并且大多数群际接触情境都涉及群体成员身份的显著性和对群体成员身份的认识。

❖ 跨不同情境的泛化

群际接触的效应是否也会在各种情境下普遍存在？关于这种形式的泛化的问题源自社会心理学的悠久传统，该传统指出了情境对于塑造人们的态度和行为的重要性（Lewin，1951；Milgram，1974；Ross & Nisbett，1991）。

在我们的分析中，只有 17 个研究衡量了关于不同情境下的偏见测量，即实验被试在工作地点、学校和自己的社区中可能遇到外群体成员的不同情境，以此检验接触效应。图 3.1 显示了与上述平均效应相关的这些情境的平均效应。这些测试的平均接触–偏见效应（均值 $r = -0.24$）与单个接触情境之内对外群体成员个体的偏见的平均效应相当（均值 $r = -0.23$，$p = 0.79$）。这个结果提供了更多证据，表明由接触引起的态度变化不限于发生接触的情境。正如我们在煤矿和钢铁厂的例子中所看到的那样，群际规范的惊人差异可以阻止这一过程。但通常情况下，接触的积极效应可能会泛化到最初的接触情境之外，进而影响人们在各种情境中对外群体成员的态度。

群际接触理论的最彻底的检验之一专门针对情境的泛化进行了研究（Cook，1984）。领军的接触理论家和研究员斯图亚特·库克（Stuart Cook）设计了一个实验室实验，以直接测试他的接触理论版本。在两项研究中，他招募了美国南部偏见极强的白人女大学生参加 40 个不同的实验阶段。库克的实验情境通过相互依赖的合作任务来确保局势中的地位平等，要求白人受访者在友好、无威胁的情况下与黑人学生（实验者的同盟者）合作，这很可能会发展出跨种族的友谊。

在这两项研究中，库克的初步结果均为积极的。和通常情况下一样，跨种族接触减少了种族偏见。然后，他在几个月后测试了在非实验室环境中这些接触效应的情境泛化，该情境与原始实验情境大相径庭。在大多数偏见测量上，相比没有经历过实验接触的对照组，他的两项研究的实验组再次显示出明显更少的偏见。显然，情境泛化出现了，并持续了一段时间。

❖ 对其他外群体的泛化：次级转移效应

泛化的另一种形式涉及与一个外群体的个体成员的接触是否可能扩散为对未参与接触的其他外群体的更积极态度。我们将此现象称为次级转移效应（the secondary transfer effect，Pettigrew，2009），因为它是在从接触参与者泛化到整个群体的初级转移效应之后产生的。

起初看来，接触的能力似乎不太可能实现这种超远端的改变。但是，如果这种次级转移效应确实发生，那么它显然会大大增强群际接触改变态

34 度的可能性。考虑到它的状态存疑以及可能的理论和政策重要性，我们将
深度探索这第三种类型的泛化。

　　这种扩展形式的泛化可以基于几个过程。第一，与去偏狭化（depro-
vincialization，Pettigrew，1997a，1998）的概念相一致，我们的群际态度可
能发生变化不仅是由于与外群体的直接接触，也是由于这种接触鼓励我们
重新评估自己的群体。在这个过程发生的范围内，它应该使我们在看待其
他群体的方式上变得不那么偏狭。因此，它指的是群际接触扩大了我们的
经验的可能性；我们了解到，除了我们熟悉的内群体采取的文化标准和应
对方式之外，还存在群体用来应对世界的其他文化标准以及其他方式。这
并不意味着我们一定会贬低我们的群体。但是正如布鲁尔（Brewer，2008）
所描述的那样，这种去偏狭化过程在考虑到外群体存在的情况下我们如何
看待自己群体的过程中引入了更大的复杂性。

　　第二，社会心理学早就知道，许多不同类型的偏见通常是互相高度正
相关的（例如，Adorno et al.，1950；Allport，1954；Cunningham，Nezlek，&
Banaji，2004；Zick et al.，2008）。因此，对某个外群体有偏见的个人很可
能对一系列其他外群体也抱有偏见。考虑到各种偏见联系在一起，一种基
于群体的偏见的减少可能有助于减少相关的偏见。

　　因此，我们将泛化分析扩展到包括次级转移效应的检验，次级转移效
应的重点是减少对并没有参与接触的其他外群体的偏见。我们总共确定了
18 个对其他外群体的泛化测试，但不包括佩蒂格鲁（Pettigrew，1997a）提
供的研究，这个研究将在本章后面讨论。这 18 个测试产生了显著的平均接
触-偏见效应，大小为 $r = -0.19$（$p < 0.001$）。而且，如图 3.1 所示，这
种泛化到未参与接触的其他外群体的平均效应与对参与接触的单个外群体
成员的态度的平均效应没有显著差异（均值 $r = -0.23$；$p = 0.41$）。

　　有一系列研究为这种次级转移效应提供了支持。让我们回顾第一章中
描述的大屠杀救助者的调查（Oliner & Oliner，1988）。那些在第二次世界
大战期间拯救了犹太人的勇敢的欧洲人，在儿童时期就与非犹太人的不同
社会阶层的人有了更多的接触。我们还要考虑魏格特（Weigert，1976）对
驻扎在德国的美国黑人士兵的研究。那些与美国白人士兵接触更多的黑人

士兵倾向于认为，他们比其他黑人士兵更少遭到德国人歧视。因此，与美国白人的更多接触，与对没有参与初始接触的德国人的更友好判断有关。但是这里存在一个解释问题。造成这种结果的原因可能仅仅是与白人士兵 *35* 有更多接触的黑人士兵也与德国人也有了更多接触。想要得到关于次级转移效应的确凿证据，就要求对与别的外群体的任何直接接触进行控制。

克莱门特、加德纳和斯迈思（Clement, Gardner, & Smythe, 1977）进行的一项研究可以回应这个问题。这些作者研究了游览魁北克市对 379 名英语区加拿大八年级学生的群际刻板印象的影响。他们在出游前后对孩子进行了测试，并将他们的数据与未出行的对照组儿童进行了比较。不出所料，那些与魁北克居民有最多接触的人表现出对法裔加拿大人的更积极看法。但是，有趣的是，他们还透露了与他们没有接触过的欧洲法国人的更积极看法。在这个例子中，孩子们极不可能与来自法国的法国人直接接触。

从法裔加拿大人到欧洲法国人的这种延伸充其量仅是最小的延伸。因此，我们转向卡迪斯（Caditz, 1975）进行的一项更不寻常的研究。她测试了 204 名美国人，这些人是洛杉矶一个自由党政治组织的成员。她发现，那些在宗教或族裔上非常多样化的群体的成员比其他自由党的研究被试更有可能支持各种种族政策的议题，例如种族融合的学校、住房和工作。

卡迪斯研究具有启发性，但缺乏足够的控制，对立的解释也能够成立。因此，我们转向对大概率国家样本进行调查以获取更多证据。威尔逊（1996）对 1990 年一般社会调查及其成年非犹太裔和非西班牙裔白人美国人的概率子样本进行了次级分析。他发现，那些在多个机构中与非裔美国人接触过的受访者表示，对黑人的刻板印象较少，与黑人的社会距离也较小。与黑人有过接触的人也显示出对其他三个少数族裔（犹太裔美国人、拉丁裔美国人和亚裔美国人）的相似的积极效应。

但是，这些研究中明显的次级转移效应是不是仅仅反映了宽容的人与所有类型的外群体更多接触的这种总体趋势？正如我们在整本书中重复阐述的，许多研究已经显示出这种反向因果关系的效应，即持偏见的个体倾向于避免与外群体的接触（Binder et al. , 2009；Butler & Wilson, 1978；Levin et al. , 2003；Pettigrew, 1997a, 2009；Powers & Ellison, 1995；Sidanius et al., 2008；Van Dick et al., 2004）。显然，接触与偏见的关系是复杂且双向的。但是，要得出可能的解释，我们必须关注这个问题：次级转移效应是否在很大程度上反映了双向现象，即更宽容的人们进行更多的群际接触，并且对各种外群体都怀有更少的偏见？

　　横向研究证据

为了研究这个问题，我们首先尝试对关键的人口统计变量进行控制的粗略检验，以限制双向偏差的可能性。两次概率调查已进行了此类检验。一个初步检验分析了 1988 年从法国、英国、荷兰和德意志联邦共和国等七个国家的概率样本中调查的 3 800 名受访者的自陈报告（Pettigrew，1997a）。分析表明，拥有移民朋友与对各种外群体的好感度评分存在相关（$p < 0.001$），其中有些外群体甚至是在该国极为少见的，例如法国的土耳其人或德国的西印度人。这些欧洲人事先与这些群体接触过的可能性很小。有趣的是，结果还表明，对其他移民群体（黑人：$r = 0.18$；东南亚人：$r = 0.18$；印度人：$r = 0.18$；北非人：$r = 0.17$；土耳其人：$r = 0.16$；西印度人：$r = 0.15$）的次级转移效应最强，并且在三个非移民群体（犹太人：$r = 0.12$；南欧：$r = 0.10$；北欧：$r = 0.07$）中最弱。即使控制了如下七个相关的控制要素，这些结果还是出现了：政治保守主义、群体相对剥夺、政治利益、民族自豪感、城市主义、教育和年龄。

哈（Ha, 2008）扩展了这项工作。他使用了两个美国成年人的全国样本，发现拥有多种族朋友的人对移民者的态度更加积极。但是，他们对移民政策的态度只出现了部分改变。拥有多样化的朋友的人往往反对对移民者的法律地位进行严格审查，但是他们并不一定支持允许更多移民进入美国的更自由的政策。重要的是，这些结果甚至在控制了 13 个其他变量之后仍然成立：教育、年龄、种族、性别、收入、宗教、政治利益、政党、政治保守主义、民族自豪感、生活满意度、普遍信任和失业经历。因为横跨一系列群体并广泛控制了许多变量，这些欧美样本使人们开始质疑这种可能性，即次级转移效应完全是由于宽容的人们寻求更多接触而产生的。

世界其他地方的许多调查研究也得出了类似的发现，这些研究的特殊优势在于它们表明，对接触中的外群体态度的改变会对次级转移效应有影响。在迈尔斯·休斯通（Miles Hewstone）的领导下，牛津大学团队对接触的次级转移效应进行了最彻底的研究（参见 Hewstone et al.，2008；Tausch et al.，2010）。

借助来自塞浦路斯、北爱尔兰和美国的数据，他们已经证明了在多种情境下次级转移效应的存在。在他们的第一项研究中，希腊裔塞浦路斯人和土耳其裔塞浦路斯人的横断面概率样本显示，互相的接触泛化到了改善有关希腊和土耳其国民的态度。这个效应明显是由接触减少了他们对塞浦路斯外群体的偏见作为中介的。北爱尔兰六个城镇的天主教徒和新教徒居民组成了这个团队另一个横断面设计中的第二项研究。再一次，跨群体的接触减少了他们的教派偏见，这种减少对他们对少数族裔的偏见的减少起到了明显的中介作用。

37

第三项调查发生在得克萨斯州的美国白人受访者当中。研究者使用横断面设计，但同时控制了社会的期望和与第二个外群体的先前接触，再次发现了次级转移效应，并证明对接触中的外群体偏见的减少起到了中介作用。具体来说，那些拥有拉丁裔朋友的被试总体上对拉丁裔持积极态度，对越南和东印度移民也持积极态度。这些研究人员除了展示在多种情境中存在接触效应外，还强调了在次级转移过程中，对被接触群体的态度改变起到的是中介作用，这一点很重要。

纵向研究证据

次级转移效应的这些重复发现和中介作用的证明非常引人注目。但我们必须承认，这些分析仍然基于横断面数据，并且无法验证次级转移过程中的因果关系。但是，一些纵向研究解决了这一问题，并为次级转移效应提供了更有力的证据。

例如，埃勒和艾布拉姆斯（Eller & Abrams，2004）使用纵向田野数据检验了次级转移效应。他们发现，英国大学生样本中与法国人有过积极的接触并建立了友谊的成员，在六个月后不仅对法国人的评价更好，而且对阿尔及利亚人的评价也更为良好。次级转移效应的确认主要是通过与法国人之间温暖亲切的情感联系作为中介的。但是同样，我们必须小心地对这些发现进行解释。当英国学生访问法国并结识法国人时，他们可能也遇到了阿尔及利亚人。

牛津研究小组进行的另一项研究通过对北爱尔兰贝尔法斯特的天主教徒和新教徒进行随机抽样来克服这一局限性，其纵向设计由相隔一年的两次问卷调查组成（参见 Hewstone et al. , 2008；Tausch et al. , 2010）。该测试纳入了三个重要的控制因素：受访者之前的种族接触，以及他们在第一次调查时的教派态度和种族态度。再一次，出现了次级转移效应。通过减少他们的教派偏见这个重要的中介作用，邻里间的跨教派接触也减少了他们的种族偏见。

38

或许对次级转移效应的最强有力的确认来自群际接触的最广泛和详细的研究之一。如前所述，这项令人印象深刻的研究在四年期间使用了五个数据收集点，并在加利福尼亚大学洛杉矶分校（UCLA）招收了 2 000 多名本科生受访者（Levin et al. , 2003；Sidanius et al. , 2008；Sidanius, Van Laar, Levin, & Sinclair, 2004；Van Laar et al. , 2005；Van Laar, Levin, & Sidanius, 2008）。这种广泛的纵向设计可以直接测试接触与偏见之间的因果关系。这项研究引以为傲的还有其使用了随机分配不同种族室友的实验设计方法。尽管大多数接触研究只对两个群体进行检查，这项研究检验的是四个群体：拉丁裔、非裔、亚裔和欧裔美国人。此外，UCLA 的调查测量了情感、认知和行为相关的因变量。简而言之，这项工作为将来的研究提供了一个模型，因为它使用特定机构环境中多个群体的纵向数据来测试累积效应。

这些研究人员发现，进行调查的四年间存在显著的相互的接触效应：族裔间的友谊减少了偏见，而最初的群体内偏见和群体间焦虑导致更少的跨群体的朋友。与以前的横向研究不同，该纵向研究发现这两种效应的大小大致相等。最近对欧洲学校学生进行的纵向研究证实了大致相同的效应大小（Binder et al. , 2009）。但是，如前所述，比利时最近对跨群体友谊的研究发现，"接触以减少偏见"是更强的途径（Dhont et al. , under review-b）。

　　UCLA 的研究人员还发现了实质性的次级转移效应。来自不同种族的随机分配的室友通常会减少受访者的外群体偏见，即使对于室友关系中并未涉及的外群体也是如此。尤其是，有黑人或拉丁裔室友的学生对这两个群体的偏见都较小。范拉尔及同事（Van Laar et al.，2005）认为，这反映了以下事实：在研究的四个群体中，这两个群体的地位最低。也就是说，尽管黑人和拉丁裔学生来自不同的亚文化，但他们在 UCLA 校园和整个社会中都共有被歧视的经验。这种明显的共性可能会极大地促进接触效应在这两个群体之间的扩散。

　　但是有一个明确的例外。与亚裔美国人室友住在一起的学生对亚裔美国人的偏见较少，但实际上对其他群体的负面态度增加了。研究人员推测这是由于朋辈社会化引起的（Van Laar et al.，2005，p. 340）。也就是说，亚裔美国人学生作为一个群体，对其他群体抱有最强的偏见，他们可能影响了白人室友的群际态度。这个例外对于我们的分析十分重要，因为它表明次级转移效应是有其局限性的。现在，我们将通过新的研究来探索这些局限性。

次级转移效应可能的调节特征

　　尽管这些累积的结果支持次级转移效应的存在，但我们必须详细研究另一个问题。正如欧洲研究（Pettigrew，1997a）中指出，并且可能与 UCLA 研究（Sidanius et al.，2008）有关的那样，刺激泛化梯度（stimulus generalization gradient）可能正在起作用。对于与受访者所接触的群体相似或重叠的群体，次级转移效应似乎更强，而与所接触的群体不同的群体的次级转移效应则较弱。但是"相似性"是很难定义的概念。除其他定义外，它还可以反映对群体的感知刻板印象、对群体经验的感知相似性，或者一个人根据其自身的个人经验对群体的事先联想。

　　我们通过德国三个国家概率电话问卷调查以及三个时间点的纵向同组研究（panel study），在对次级转移效应的进一步检验中探索了这些可能性。这些调查是威廉·海特迈尔（Wilhelm Heitmeyer）领导的为期 10 年的大型偏见项目的一部分（2002，2003，2005），并在整本书中都有涉及（有

39

关这些数据的更广泛分析，参见 Pettigrew，2009）。这些对没有移民背景的德国公民的问卷调查包括用于衡量与外国居民的积极接触的三个条目，以及对五个不同群体的偏见程度：外国居民、穆斯林、犹太人、无家可归者以及男同性恋者和女同性恋者（参见附录 B）。

表 3.1 提供了与外国居民的积极接触和对各种外群体的偏见得分之间的零级相关性。我们可以看出几种趋势。第一，两个相隔两年的独立概率样本的结果非常相似且稳定。第二，对年龄、教育程度和性别这三种社会人口变量进行控制并没有明显减少这种相关性。

第三，可能的次级转移效应在各种外群体中以不同的强度出现。有趣的是，他们对犹太人的反对态度较弱或前后矛盾，而对穆斯林的则最强。刺激泛化似乎在此过程中起作用。我们反复看到，对于与发生接触的外群体更为密切相关的外群体，次级转移效应通常最强（例如，与法裔加拿大人接触后对欧洲法国人的态度改变；参见 Clement et al.，1977）。在德国的环境中，德国人对穆斯林群体的看法与对外国居民的看法之间可能存在相当多的重叠，外国居民这一类别主要由土耳其移民代表（Pettigrew，Wagner，& Christ，2007b）。相比之下，外国居民与犹太人之间不存在这种高度的对应关系。

表 3.1 与外国居民的积极接触和对各种外群体的偏见得分之间的零级相关性

偏见对象	原始相关系数		加入控制变量后	
	2002	**2004**	**2002**	**2004**
外国居民	− 0.41 **	− 0.41 **	− 0.36 **	− 0.36 **
穆斯林	− [a]	− 0.38 **	− [a]	− 0.34 **
犹太人	− 0.15 **	− 0.10 **	− 0.11 **	− 0.06 *
流浪者	− 0.23 **	− 0.22 **	− 0.21 **	− 0.20 **
同性恋者	− 0.23 **	− 0.22 **	− 0.20 **	− 0.20 **

注意：控制变量包括年龄、学历和性别。
a 在 2002 年的调查中未询问这些项目。
* $p < 0.05$；** $p < 0.01$。

介于这两个极端之间的是与无家可归者、男同性恋者和女同性恋者有关的结果。这些效应反映了在 UCLA 研究中针对拉丁美洲人和非裔美国人所观察到的影响，因此，污名化程度大致相同的群体中可能会出现类似的次级转移效应。因此，我们对次级转移效应的后续分析着重于与居留外国人的接触和对无家可归者与同性恋者的偏见之间的关系。这两类人显示出一致和可比的次级转移效应，并且与接触群体（外国居民）的重叠很少。

到目前为止，我们讨论的证据强烈表明，有两个因果过程在起作用，这反映出在群际接触研究中反复出现的双向现象。因此，与一个外群体的接触改善了对相关的外群体的看法，这其中似乎存在次级转移效应。但是，还有一个很强的选择性因素，这种因素指的是，不宽容的人更有可能避免与外群体接触，并且对外群体普遍持有偏见。因此，我们必须小心控制该选择性因素。我们可以预期，比起之前的无法控制这种选择性偏差的调查研究，控制后的次级转移效应将会更小。为了直接检验这种可能性，我们需要纵向数据。而且幸运的是，我们拥有 2002 年、2003 年和 2004 年的德国纵向同组调查数据。

表 3.2 检验的是与外国人的接触与第二年的反同性恋或反无家可归者的偏见之间的联系是否是由在发生接触的那一年中针对外国人的偏见作为中介的。换句话说，接触者最初对外国人的偏见的减少会蔓延到第二年对同性恋和无家可归者的偏见的减少吗？在表 3.2 左栏中的所有四个检验中，Sobel 检验显示出很强的中介作用。在其中三个检验中，从接触外国人到对同性恋或无家可归者的偏见的直接路径并不显著。简而言之，与外国人的接触与减少对其他群体的偏见之间的关系完全由最初对外国人发生的态度变化起中介作用。一年后，这种转变已经"潜移默化"了，并且减少了对另外两个未参与初始群际接触的群体的偏见。

表 3.2　在控制或没有控制先前偏见的情况下进行次级转移效应的 Sobel 检验

	Sobel 检验	控制先前偏见后
2002 年对外国人的偏见作为中介变量： 　　2002 年与外国人的接触对 2003 年对男同性恋的偏见的效应 　　2002 年与外国人的接触对 2003 年对流浪者的偏见的效应	9. 65 *** 6. 67 ***	4. 58 *** 2. 83 **
2003 年对外国人的偏见作为中介变量： 　　2003 年与外国人的接触对 2004 年对男同性恋的偏见的效应 　　2003 年与外国人的接触对 2004 年对流浪者的偏见的效应	9. 03 *** 8. 67 ***	2. 47 * 7. 38 **

注意：样本量大小为 732 到 796。

*　$p < 0.05$；**　$p < 0.01$；***　$p < 0.001$。

但是这些测试无法控制可能的选择性偏差。可以想象，那些表现出对同性恋者和无家可归者的宽容的德国受访者本身偏见程度就较轻。因此，表 3.2 右栏中的 Sobel 检验显示了中介检验，同时控制了前一年的对同性恋者或无家可归者的偏见。在所有四种情况下，Sobel 检验继续表明，对外国人的偏见的减少是起到了显著的中介作用的。可以预料的是，接触-偏见关联具有双向性，控制较早的偏见通常会降低 Sobel 检验的结果，但在所有情况下它们仍然保持显著。

表 3.2 中的结果为次级转移效应的存在提供了有力的支持。但是我们在讨论实际因果关系时必须谨慎，这是社会科学中最困难的概念之一（Pettigrew，1996）。尽管如此，我们发现了支持由次级转移背后的因果序列基础的假设的研究结果。首先，这些测试持续了整整一年，因此我们知道针对同性恋和无家可归者的偏见的评估是在假定因果变量（接触和减少的对外国人的偏见）之后进行的。其次，在消除选择偏差的可能性的情况下，我们还可以确保这些数据不会因双向影响而失真。

间接接触的次级转移效应

阿斯布罗克等（Asbrock et al. , under review）检查这些转移效应是否对间接以及直接的群际接触都适用，由此进一步扩展了这些分析。他们使用德国 2004 年的调查并发现，这种效应实际上确实表现在间接接触上：在这种间接接触中，研究参与者有一个内群体的朋友，这个朋友有一个外群体的朋友。实际上从某种意义上说，这个效应甚至比直接接触更强。阿斯布罗克及其同事证明，直接接触的次级转移效应在很大程度上仅限于那些与接触者在热情和能力方面的刻板印象（stereotype）相似的群体，热情和能力是刻板印象内容模型的两个维度（Fiske, Cuddy, Glick, & Xu, 2002）。但是间接接触的泛化没有受到这种局限性的制约。间接接触的次级转移效应扩展到了测试的所有外群体上，这很大程度上是基于规范效应。换句话说，看到自己的内群体朋友有一个外群体朋友，可以改变人们感知到的关于群际互动的规范，并将之扩大到普遍的外群体中。

次级转移效应背后的过程

在推测潜在的次级转移效应的基本过程时，我们可以将其视为长期以来对态度如何相互关联的社会心理关注的特例。关于这个问题的早期工作强调的是认知过程的一致性和失调的解释。最近的研究则通过评估条件解释来强调情感过程。

认知方法始于麦圭尔（McGuire, 1960a, 1960b）关于三段论态度变化的研究。他证明了一种态度上的转变会使得一周后逻辑上相关但未提及的态度发生转变。实际上，许多研究已经注意到这些转移效应的时间延迟（例如，Watts & Holt, 1970）。一个类似的现象是，在试图抑制对外群体的负面刻板印象的过程中出现的"反弹"效应（rebound effects）。这种抑制常常导致以后不仅对原始外群体而且对其他外群体也有更大的偏见（Gordijn et al., 2004）。这表明，在转移效果建立之前，需要花费时间让人逐渐意识到这种不一致。

43

让我们来看一下赖利和佩蒂格鲁（Riley & Pettigrew, 1976）的概率调查研究。他们发现，在得克萨斯白人中，1968 年马丁·路德·金博士（Dr. Martin Luther King Jr.）的悲剧性遇刺与对正式和非正式的跨种族接触的态度变得更友好有关。最初人们对亲密接触的态度并没有改变。然而，三个月后，这些变化"渗透进来了"。现在，那些早先显示出仅对正式和非正式接触的态度有所改变的人们，对亲密接触也出现了更友好的看法。这项研究还发现了"反天花板"效应（"counter-ceiling"effect），即那些最初对跨种族交往表现出最友好观点的得克萨斯白人在金被谋杀后变得比其他类型的人更为友好。

类推到德国的研究结果，我们可以推测，反外国人偏见的最初减少与他们对无家可归者的消极看法之间出现了失调。但是，在时间延迟之后，这种失调接下来使得他们对无家可归者的偏见减少。我们还注意到了德国纵向同组数据中的"反天花板"效应，即最初宽容度最大的那些人表现出最大的次级转移效应。

最近，在社会影响和态度改变的特殊领域也出现了相同的基本问题，这些领域也强调认知因素。尽管主要关注对比问题，但这项工作的发现为接触的次级转移效应提供了启示。关于少数群体影响力的大量研究提供了一个相关的例子（Martin & Hewstone，2008；Wood et al.，1994）。研究反复表明，少数群体影响在间接测量而非直接测量中体现得最为明显。这是指少数群体的影响力在与他们直接呼吁的内容仅存在间接相关的问题上表现得最为明显。

马丁（Martin）和休斯通（2008，p. 293）提供了一个令人注目的例子。他们发现，少数群体倡导自愿安乐死后，出现了对堕胎态度的持续性变化这一间接影响。尽管这两个问题看似几乎不相关，但实则存在联系，因为受访者们认为它们都与生活中的控制和神圣性有关。同样，阿尔瓦罗和克兰诺（Alvaro and Crano，1997）在研究少数群体的影响时，发现枪支管制与禁止同性恋士兵之间存在联系。这一发现暗示了意识形态在建立态度之间的联系方面起到的作用。在这种情况下，美国的"男子气概"意识形态将反控枪观点与对同性恋者的偏见结合在一起。

如德国数据所示，间接影响可能出现在两个在心理上（如果不是在逻辑上）相互关联的态度领域之间。少数群体的独特性及其地位是间接影响过程中的重要因素（Alvaro & Crano，1997）。次级转移效应似乎也是这种情况。作为主要的中介变量，与第一个外群体的初始有利接触的新颖性和强度决定了其效应转移到未参与接触的第二个外群体的潜力。

同样，规范压力通常涉及少数群体影响的现象，即多数群体倾向于避免公开地与少数群体影响源保持一致（Wood et al.，1994）。规范还与次级转移接触效应有关，但方式稍微有些不同。例如，如果在德国对无家可归者的敌对态度特别强烈且符合规范，我们很可能就不会发现对外国居民的态度发生了积极转变，并且这种积极变化转移到了减少对无家可归者的偏见上。此外，间接接触的广泛次级转移效应似乎是由规范性变化所塑造的。

另外一种相当不同的解释方式来自情感转移而非认知转移的可能性。评价性条件作用（evaluative conditioning）会伴随性地引起喜爱程度的变化（例如，De Houwer，2007；De Houwer，Thomas，& Baeyens，2001；Walther，

2002）。在这种范式中，沃尔瑟（Walther，2002） 为"传播态度效应"
（spreading attitude effect） 提供了有力的证据，"传播态度效应"非常类似
于群际接触的次级转移效应。毕竟，正如第六章将要证明的那样，群际接
触对偏见的效应主要是通过情感过程来控制的，这通常涉及减轻焦虑和增
强共情（Eller & Abrams，2004；Pettigrew & Tropp，2008；Tropp & Pettigrew，
2004，2005a；Van Laar et al.，2008）。

　　沃尔瑟通过五项研究证明，由于先前的学习，情感价值被转移到了先
前与条件刺激相关的人脸上。人们无须意识到这其中的联系，而这一点与
一致性和失调的解释方式大相径庭。正如沃尔瑟（2002） 正确指出的那
样，"很多有偏见的人都从未遇到过他们的反感对象。取而代之的是，态
度通常是基于对类似态度物体的先前经验、二手信息或纯粹的联想"
（p. 921）。

　　她进一步证明，"态度扩散效应"（spreading attitude effect） 不那么容
易消亡，可以通过限制认知资源来增强这种效应，并且可以应用于积极和
消极的情感转移。本章中呈现的数据集中于接触的积极的次级转移效应，
其中，对接触的外群体的偏见最初会减少，而这种偏见的减少会扩散，从
而减少对未接触的外群体的偏见。但是沃尔瑟的最后一点提出了消极的次
级转移效应的可能性。据我们所知，没有研究直接调查高度负面的群际接
触的次级转移效应。

　　但是，我们确实有证据表明，集体威胁而非群际接触，可以引起偏见
向一系列群体的蔓延。例如，恐怖主义袭击会导致集体威胁水平升高。这
可以触发对袭击者的偏见，然后通过次级转移把这种更强烈的偏见施加到
无关的少数群体身上。2004 年西班牙的马德里，对市郊通勤火车的毁灭性
恐怖袭击导致了西班牙人观念的大变化，就说明了这种现象。随着火车炸
弹袭击，出现了威权主义的升高和自由价值的倒退。在西班牙，人们不仅
对目标人群阿拉伯人，而且对完全无关的一个少数群体，即犹太人，也产
生了更强烈的偏见（Echebarria-Echabe & Fernandez-Guede，2006）。

　　这种从一种偏见到另一种偏见的转移（无论是群际接触的积极影响，
还是集体威胁的消极影响），反映了不同类型的偏见之间的紧密联系（Zick

et al. , 2008）。我们需要更全面地了解此过程，并且有关该主题的其他研究将需要进行像 UCLA 研究那样的纵向研究和实验研究。尤其是，群际接触的次级转移效应可能是沃尔瑟（2002）态度扩散效应的特例的这种有趣可能性值得进一步研究关注。

❋ 结论

与批评者的主张相反，有力的证据表明，群际接触效应通常以重要的方式普遍存在。尽管这种泛化既有认知方面的阻碍，也有规范方面的阻碍，但本章表明，对于在三个重要方向上传播的接触效应有广泛的研究支持。

第一种，群际接触效应能够从对直接接触的外群体成员的更有利的态度扩展到对整个外群体的更有利的态度。我们已经注意到，这种泛化是在积极的群际接触之后例行发生的。正是这种现象使群际接触在理论上和实践上都变得重要。

即使根据这一研究证据，也可以认为这种泛化是不合理的。毕竟，遇到的少数几个外群体成员不可能是整个外群体的代表样本。诚然，我们的思维确实采用了试图组织信息并且常常抗拒变化的认知结构（参见 Hamilton，1981）。但我们也可以考虑一下，在接触之前，关于群体成员的知识库可能会由于曝光（exposure）很少或仅与他们有间接体验而受到限制。这样，与外群体成员的接触实际上可以为我们提供获得有关外群体成员信息的机会，并增强我们收集此类信息的动力（参见 McClelland & Linnander, 2006）。因此，就像当我们根据刻板印象或有限的信息对群体进行初步判断时"仓促得出结论"一样，我们在见到并喜欢这个群体中的几个成员的基础上，也得出了关于整个群体的不同结论。

第二种，群际接触效应也倾向于在各种情况下普遍存在。这种现象也很关键。如果我们改变的态度仅限于接触发生的具体情况，那将是高度限制性的。尽管这种现象尚未引起应有的研究关注，但我们的元分析结果以及库克的令人印象深刻的发现，为群际接触效应的情境泛化的广泛存在提供了有力的支持。

第三种类型的泛化是理论角度最新颖的一种，这也是本章的大部分内容所关注的：接触效应的泛化可以减少对未参与外群体的偏见。我们将此现象称为"次级转移效应"。

在回顾了许多研究并分析了德国的概率调查数据之后，我们得出结论，直接和间接接触都存在次级转移效应。刺激泛化梯度似乎是通过热情和能力的刻板印象方面的相似性以及外群体目标的污名化（stigma）而起作用。因此，我们注意到，当参与的和未参与的外群体之间存在文化相似性甚至重叠时，例如从法裔加拿大人泛化到法裔欧洲人（Clement et al.，1977）或在德国样本（Pettigrew，2009）中从对外国居民的态度泛化到对所有穆斯林的态度，这时的效应是最大的。UCLA 研究对拉丁美洲人和非裔美国人以及我们对无家可归者和同性恋者的态度所发现的次级转移效应的融合表明，污名化程度也增强了这种效应。

但是，群际接触研究文献中，为次级转移效应提供了最可靠的证据的是 UCLA 研究的纵向、室友实验数据。即使在这里，也没有发现所有群体都出现效应。与亚裔美国人室友住在一起的学生对其他少数族裔的偏见更多而不是更少。

但是，仍然存在与第二个外群体提前接触的可能性的问题。我们注意到，这里回顾的一些研究仅在我们假设以前没有这种接触的情况下才支持接触的次级转移效应的存在（例如，Eller & Abrams，2004）。但是其他研究基本上否定了这种可能的错误来源（Clement et al.，1977；Pettigrew，1997a）。关于这一点，最有说服力的是两项牛津研究，这两项研究直接控制与第二个外群体的先前接触，并仍获得很强的次级转移效应（参见 Hewstone et al.，2008）。遵循这一指导，在这一领域的未来研究应始终检查这种可能性。

另一个可能的错误来源涉及社会赞许性（social desirability）问题。也许在这些有关偏见的调查中，许多受访者对各种各样的外群体提供了宽容的回答，只是因为这被视为在社会上适当的规范行为。幸运的是，牛津大 *47* 学团队在得克萨斯州进行的一项研究通过使用缩减版的克罗恩-马洛社会赞许性量表（Crowne-Marlowe scale of social desirability, Crowne & Marlowe, 1960）明确控制了这种可能性，并且仍然获得了效果。①

在下一章中，我们将通过检查这个现象的普遍性，继续对群际接触效应的可泛化性进行研究。群体之间的接触，在有不同目标群体和环境的世界不同地区，在不同年龄的受访者之间，以类似的方式进行？

---

① 人们可以质疑群际接触的自我报告的有效性。但是东特、鲁茨和范耶尔（Dhont, Roets, and Van Hiel, under review-a）发现，他们的自评接触测量与观察者的评分高度相关（$r = +0.71$）。

群际接触的效应是普遍的吗?

在上一章中,我们研究了群际关系的积极效应是否可以在不同的分析水平和不同的情况下得到泛化,并且可以扩展到不直接参与接触的群体。一个与之密切相关的问题是,我们观察到的群际接触效应是否可以合理地应用到经过深入研究的情境之外的情境中。

鉴于现有的研究文献,有几个原因使我们倾向于质疑群际接触的影响范围。我们的元分析数据集中包含的70%以上的研究是在美国进行的。这些调查中有许多涉及美国黑人与美国白人之间的接触,反映出群际关系研究中经常出现的普遍偏见(参见 Oliver & Wong,2003)。此外,元分析中三分之一的研究考察的是教育环境中接触的影响,并且三分之一以上是利用大学生的便利样本进行的(参见 Paluck & Green,2009;Sears,1986)。因此,人们可能会质疑,群际接触的典型效应是否会很大程度上局限于美国教育机构中发生的种族间的接触。

为了回应这种有限可能性是否成立的问题,本章在广泛的背景下比较了接触对偏见的效应。在这里,我们评估了在世界不同地区、不同目标群体、不同环境以及不同年龄组的受访者中,通常观察到的积极的接触效应的程度。

❖ 世界不同地区的群际接触效应

首先,我们探讨了进行研究的不同地理区域之间,接触–偏见效应是否存在系统性的变化。我们有72%的样本来自美国，不到8%的样本来自非洲、亚洲和拉丁美洲。尽管按地理区域进行细致的分析是最理想的状态，但这种研究案例的分布限制了我们可以通过元分析检查此问题的详细程度和清晰程度。因此，我们将接触效应分为六个地理区域：美国（501 个样本）、欧洲（80 个样本）、加拿大（21 个样本）、澳大利亚和新西兰（16 个样本）、以色列（24 个样本），以及非洲、亚洲和拉丁美洲（54 个样本）。

图4.1 显示了六个区域的平均接触-偏见相关性。初步分析表明，这六个地理区域在平均效应上彼此之间没有显著差异（$p = 0.87$）。同样，更集中的比较发现，在美国（均值 $r = -0.215$）和其他国家（均值 $r = -0.217$；$p = 0.90$）收集的样本，平均接触-偏见效应没有显著差异。特别要注意的是，只有两个地区产生的平均效应低于美国。因此，我们的发现表明，通过接触减少偏见的可能性并不局限于任何特定的地理区域。确实，在世界许多地方，我们已经发现了群际接触的显著积极效应，包括马来西亚的华裔学生和马来学生之间（Rabushka，1970）、中东的以色列青少年和巴勒斯坦青少年之间（Maoz，2000）、孟加拉国的印度教徒和穆斯林成年人之间（Islam & Hewstone，1993），以及其他冲突地区，如北爱尔兰（Hewstone et al.，2006）和南非（Dixon et al.，2010a；Luiz & Krige，1985）等。

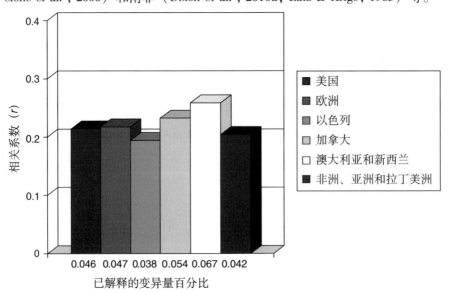

图4.1　按地区划分的平均接触-偏见效应

❖ 跨不同目标群体的群际接触效应

图4.2提供了各种目标群体之间的平均接触-偏见效应。最常研究的目标是种族和族裔群体（362个样本）。这些样本加在一起得出的平均效应大小 r 为 -0.214，与我们进行全面分析时的平均接触-偏见效应的大小相匹配。更广泛地说，我们始终观察到接触与偏见之间存在显著关联，尽管关联的程度因不同的目标而有所不同。

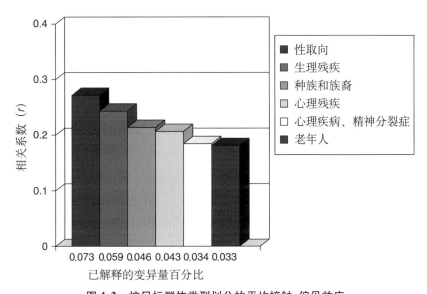

图4.2 按目标群体类型划分的平均接触-偏见效应

当目标涉及生理残疾或心理残疾的人时，也会出现类似的平均接触效应（均值分别为 $r = -0.243$ 和 -0.207）。例如，克卢尼斯-罗斯和奥米拉（Clunies-Ross and O'Meara, 1989）评估了一项旨在改善澳大利亚小学四年级生对残疾同龄人态度的计划。一半的四年级儿童被随机分配参加该计划，并与年龄相仿的智力障碍儿童一起参加娱乐活动（计划组），而另一半则没有参加（对照组）。与对照组的儿童及自己的前测分数相比，参加该计划的儿童对残疾同伴的态度有所改善，并且这些积极的态度在计划结束后的三个月内得以保持。在其他有关儿童对残疾人的态度的研究中，也获得了类似的结果，包括赞比亚（Ronning & Nabuzoka，1993）和英国（Maras & Brown，1996）的小学生以及在合作群体与智力障碍同龄人一起工作（Ballard, Corman, Gottleib, & Kaufman, 1977）并担任导师的年龄较大的儿童（Fenrick & Petersen，1984）。

然而最惊人的发现是，针对目标人群为男同性恋和女同性恋的样本出现了最强的平均接触效应（均值 $r = -0.271$）。确实，该平均效应明显大于其他所有样本的平均效应（均值 $r = -0.211$；$p < 0.05$）。格雷戈里·赫雷克（Gregory Herek）及其同事（例如，Herek，1988；2002；Herek & Capitanio，1996；Herek & Gonzalez-Rivera，2006）就针对性少数群体的态度进行了许多问卷调查，并持续地发现相对较大的接触效应。例如，在对讲英语的美国异性恋者的概率样本进行的两阶段纵向电话调查中，赫雷克和卡皮塔尼奥（Herek and Capitanio，1996）发现，这些人与男同性恋者的接触和对他们的积极态度之间的相关性为 $+0.38$。间隔一年的两次调查的交叉分析进一步重现了接触与态度的相互关系：接触产生了更多积极态度，而积极态度又产生了更多接触。

尽管我们并不知道任何直接研究此问题的研究，但我们可以假设为什么与同性恋接触的平均效应相对于其他接触效应更大。一种可能性是，在我们的元分析数据集所代表的所有目标群体中，男同性恋者和女同性恋者是群体的定义性和污名化的特征可能会被隐藏的主要群体。因此，他们通常可以选择向谁透露其群体成员身份，并选择在群际关系中揭示其群体成员身份的时间点（参见 Herek，2003；Quinn，2006）。一方面，我们可能期望同性恋者和异性恋者通常，或至少在最初时，会在异性恋者不了解同性恋者性取向的情况下相遇。或者，在持续的友谊或家庭关系的背景下，人们与之保持亲密关系的人，可能仅在较晚的人生阶段才确认或认同自己的少数性取向。无论是哪种情形，只有在同性恋者在群际关系中获得足够的信任和安慰后，他们可能才会选择向其异性恋的朋友或家庭成员透露其性取向（参见 Herek，2003 的扩展讨论）。反过来，已经感觉与同性恋者很亲密并在关系中有所付出的异性恋的朋友或家庭成员，可能会对于自己持有的反同性恋偏见感到更加矛盾，并有可能更积极地遏制他们先前对同性恋

53

所持有的普遍偏见。在这方面，我们需要进行纵向研究，以更直接地测试这些和其他可能的解释，以说明在同性恋与异性恋的朋友关系中异常强烈的接触效应。

相比之下，对于目标群体涉及心理疾病患者或老年人群的样本，其平均效应却弱得多（均值分别为 $r = -0.184$ 和 -0.181）。总之，这两个目标群体的平均接触效应明显小于所有其他样本的平均接触效应（均值 $r = -0.221$；$p < 0.05$）。至少有两种类型的解释可能有助于解释这些较弱的效应，其中一种涉及研究基础，另一种涉及两组的普遍刻板印象。

研究解释涉及的是得出这些结果的研究类型。对心理疾病态度的调查通常会从在机构环境中与心理疾病患者一起工作的医院工作人员、护士或其他卫生从业人员（例如，Weller & Grunes，1988）中抽取受访者样本，或安排研究的受访者探视在机构居住的心理疾病患者。由于研究受访者可能结识患有严重心理疾病或心理功能水平下降的个体，因此这种接触可能不太理想。但即使在这种情况下，也可以观察到一些高度积极的接触效应。例如，霍尔茨贝格和格维茨（Holzberg and Gewitz，1963）让 59 位大学生受访者从事心理疾病患者研究，并与专业人员讨论患者的问题。与同等水平的对照组相比，这项为期一年的计划使他们对心理疾病的态度产生了重大的积极改变（$r = -0.53$）。

类似地，一种涉及老年人作为目标人群的接触研究，让儿童、青少年或大学生去访问老年人护理机构。对于年幼的孩子，这样的流程其实有些吓人，实际上会增加偏见。泽费尔特（Seefeldt，1987）让学龄前儿童一周一次去疗养院拜访体弱的老年人，持续一年时间。与对照组相比，这些孩子对老人以及他们自己的变老态度更加消极（$r = +0.35$）。然而，对学龄前儿童的其他研究表明，当他们在各种角色和非威胁性情况下见到老人时，与老人的定期接触具有明显的积极作用（例如，Caspi，1984；Dellman-Jenkins，Lambert & Fruit，1991）。

对年轻人和老年人之间的接触最敏锐的研究来自杰克·哈伍德（Jake Harwood）、迈尔斯·休斯通及其同事（例如，Harwood, Hewstone, Paolini, & Voci，2005；Harwood, Raman, & Hewstone，2006；Tam et al.，2006）。他们

54 发现，与祖父母有密切关系的孩子表现出较少的内隐和外显的年龄歧视。具体而言，与祖父母和其他老人的接触量预测了孩子的内隐年龄态度。但是，与对老年人的较低的外显偏见有关的则是这种接触的质量。有趣的是，自我表露以及祖父母谈论他们自己的过去也增强了接触的积极作用。

我们还可以根据关于这两个群体的普遍刻板印象来解释图 4.2 中心理疾病患者和老年人的趋势。正如我们将在第六章中详细讨论的那样，互动焦虑是群际接触中至关重要的变量。大量研究强调了不确定性如何在群际接触中引发焦虑感（例如，Stephan, Stephan, & Gudykunst, 1999）。不确定性这个主题通常被表达为与心理疾病患者接触的关注点，因为关于他们的刻板印象经常把他们描述为危险且行为不可预测的（Corrigan, Watson, & Ottati, 2003；Penn et al., 1994）。特别是在看似危险或充满威胁的情况下，预测他人态度和行为过程中的不确定性可能会引起极大的焦虑（Gudykunst, 1985；Stephan et al., 1999）。反过来，这种焦虑可能会使得人们避免与心理疾病患者接触（Corrigan et al., 2003）或抑制已发生的接触所带来的潜在的积极影响（Pettigrew & Tropp, 2008）。

与之截然不同的刻板印象有助于解释我们观察到的与老年人接触的一些较弱的趋势。尽管老年人和心理疾病患者都容易被消极看待，且被认为在一定程度上能力受损（Cuddy, Norton, & Fiske, 2005；Hummert, 1990），但老年人通常被视为脆弱的人群，而不是危险的具有威胁性的人群（Hummert, 1990）。确实，老年人倾向于得到温暖对待，并且更有可能激发他人的怜悯，而不是恐惧（参见 Cuddy et al., 2005；Fiske et al., 2002）。因此，与老年人的接触效应可能较弱，这是因为对老年人的最初态度通常就包括了温暖的感情。换句话说，可能存在一种天花板效应，使接触更难增强已经很积极的态度。同样，需要进一步的研究来探索这种解释和其他可能的解释。

❖ 跨不同场景的群际接触效应

接下来，我们考虑发生接触的即时场景。通过再次使用我们的元分析

数据,图4.3描绘了从各种接触设置中收集的样本的平均接触-偏见相关 *55*
性。研究最广泛的接触场景(即组织、教育和居住环境)始终显示出显著
的平均接触-偏见效应(均值 r 从 -0.202 到 -0.224;$p < 0.001$)。请注
意,此类场景通常会提供长期的接触,使跨群体的友谊得以发展,正如第
八章将介绍的,这是效应最强的接触类型。与我们先前在第三章中描述的
对各种情况的泛化测试相似,这些结果表明,可以在广泛的机构场景中实
现接触的积极作用。

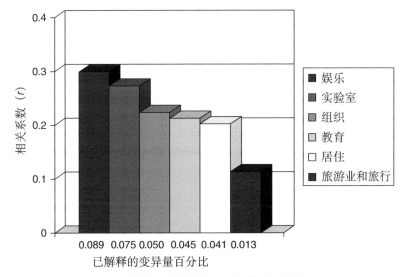

图 4.3   按接触场景划分的平均接触-偏见效应

此外,我们发现在娱乐和实验室情境中出现的接触甚至会产生更强的
效应,它们共同提供的平均接触-偏见相关性为 -0.287($p < 0.001$)。该
平均效果明显大于其他所有的接触场景(均值 $r = -0.211$;$p < 0.01$)。

这些结果并不令人惊讶。实验室研究是受控的情况,实验人员会仔细
确定最佳条件。同样,娱乐情境通常提供参与令人愉快的合作性活动的机
会,而这是一种特别强大的接触方式,通常满足奥尔波特的所有最佳条
件。运动队(athletic teams)就是一个很好的例子(Patchen, 1982, 1999)。
在争取胜利时,由不同群体组成的团队彼此需要,并且必须共同努力以实
现各群体共同的目标,这正是奥尔波特(1954)和谢里夫(Sherif, 1966)

强调的合作性相互依存。

56　　　相反，群体之间的被动接触似乎没有什么价值。我们观察到在旅游业和旅行场景中接触的平均效应最弱（均值 $r = -0.113$），但即使这种最低程度的接触的效应也在 0.05 的置信度上达到统计学意义上的显著。尽管如此，旅游业和旅行的平均接触效应远小于其他所有场景的总和（均值 $r = -0.217$；$p < 0.01$）。这个结果也不足为奇。很多旅行都涉及新地点观光，而不是在不那么表面的水平上与人相识。就像在旅游团常听到的抱怨说："今天是星期四，所以一定在巴黎！"

　　　两项研究的结果都凸显了这种接触经验的差异，这两项研究都是在激烈冲突地区进行的。在 1979 年以色列与埃及之间的《埃以和约》（1979 Peace Treaty）之后，阿米尔和本·阿里（Amir and Ben-Ari，1985）研究了以色列人在短暂访问埃及之前和之后对埃及人的群际态度。即使这是一种非常肤浅的接触形式，也产生了负向的接触-偏见关联（$r = -0.09$），尽管它是我们元分析研究中较弱的影响之一。相比之下，由于 20 世纪 90 年代初期种族紧张局势高涨，伊斯兰姆和休斯通（Islam & Hewstone，1993）对孟加拉国印度教徒和穆斯林的研究显示出更大的接触-偏见关联（$r = -0.49$），这很可能是由于他们仔细衡量了群体之间的"高质量"接触，即被评为亲密、友好和合作性的接触。

　　　与图 4.3 中的例子相比，实质性的旅行（例如长期留学计划）可能会产生更显著的积极效应。例如，一项对 223 名在美国的大学就读的卡塔尔学生的调查（Kamal & Maruyama，1990）显示，与美国人有更多接触的人更有可能对美国人普遍持积极态度，并相信美国人对阿拉伯人有更积极的态度（另见 Ibrahim，1970）。

　　　但是，即使有这样令人鼓舞的例子，留学的研究结果仍然参差不齐。在某种程度上，这些参差不齐的发现可能是由于我们的元分析数据集中的 13 种旅游业和旅行样本的海外交换研究的质量不同。例如，即使是精心设计的有对照组的调查，也可能依赖于回顾性数据，受访者仅在返回家园后才报告对东道国的态度（例如，Carlson & Widaman，1988）。

　　　海外研究领域发现混杂的研究结果的另一个明显的原因是，出国留学者的实际经历也相差很大。这个领域中一个特别有见地的研究通过群际接触理论的角度检验了这种不同经历（Stangor, Jonas, Stroebe, & Hewstone, 1996）。这些研究人员深入地研究了在德国或英国学习一年的美国大学生,分别在他们出发前及返回之后进行了研究,返回之后的研究有两次。总体结果是对东道国的态度转变得更加消极,尽管他们的平均态度评级仍然很高。这意味着,对积极评价的减少主要是由天花板效应造成的,也就是说,这些自发选择（发生接触）的美国学生在出国留学之前就表现出了极其积极甚至不切实际的态度,因此几乎没有空间让这种态度变得更积极。

57

　　然而,即使在这种情况下,斯坦戈尔（Stangor）等人（1996）观察到接触再次起到减少偏见的作用。那些报告说与德国人或英国人在一起时间最多的美国学生,其群际态度比其他学生更积极。那些在离境时报告说与德国或英国朋友建立了亲近关系的人,对东道国的态度更加积极,对东道国人民之间的差异也更加了解。

　　总体而言,图4.3中总结的发现表明,在广泛的社会场景中,接触的影响在很大程度上是一致的,并且是重要的。同时,我们的结果确实揭示了各种场景下接触效应的变化,这表明存在其他的调节因素在起作用。正如我们将在第八章中讨论的那样,最近有关群际接触的研究表明,亲近的、跨群体的友谊特别可能产生积极的接触效应（另见 Brown & Hewstone, 2005;Pettigrew, 1997a）。但是,紧密接触的机会因环境而异,有限的接触机会和经验将限制其促进群际态度发生积极变化的能力（参见 Pettigrew, Wagner, Christ, & Stellmacher, 2007c）。

❖ 跨不同年龄群体的群际接触效应

　　我们还必须考虑不同午龄组的研究受访者之间的接触效应是否会有所不同。在种族和族裔关系的背景下,孩子们很小的时候就意识到存在群体差异（Aboud, 1988;Goodman, 1952;Hirschfeld, 1996;Porter, 1971）,他们正在发展中的对不同种族和族裔群体的看法也会受到与他们接触的人的影响和塑造（参见 Aboud, Mendelson, & Purdy, 2003;Ellison & Powers,

1994；Killen，Crystal，& Ruck，2007a）。儿童对其他种族和族裔的态度在进入童年中期时会变得更加积极（Bigler & Liben，1993；Katz & Zalk，1978），因为他们变得更有能力接受他人的观点并认识到群体内部和群体之间的人与人之间的异同（Doyle & Aboud，1995）。同时，随着儿童年龄的增长，群体间的态度可能会变得更难改变（参见 Aboud & Levy，2000；Banks，1995；Killen et al.，2007b）。

58

因此，我们检查了不同年龄段的群际接触与偏见之间的关系是否存在差异（见图4.4）。具体来说，我们在元分析中对样本进行了编码，以区分受访者是儿童（12 岁或以下，$n = 82$），青少年（13～17 岁，$n = 114$），大学生（18～21 岁，$n = 262$）或成年人（21 岁以上，$n = 238$）。儿童（均值 $r = -0.239$），青少年（均值 $r = -0.208$）和大学生（均值 $r = -0.231$）样本的接触-偏见效应彼此间没有显著差异。同时，儿童样本的效应要比成年人样本的效应略强（$p < 0.06$），大学生样本的效应要显著强于成年人样本的效应（均值 $r = -0.197$，$p < 0.05$）。这种大学生样本比成年人有更强的平均效应的趋势与西尔斯（Sears，1986）的观点一致，他认为大学生的态度通常比年纪更大的成年人的态度更灵活，更易于改变。

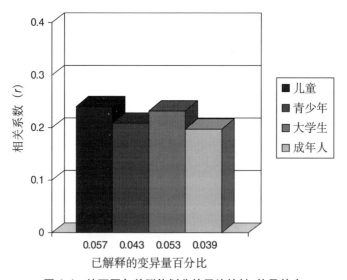

图 4.4　按不同年龄群体划分的平均接触-偏见效应

　　此外，虽然接触通常在各个年龄段都有效，但儿童的平均效应稍强一些，表明接触可能在较小的年龄特别有影响。对于年轻人而言，群际接触可以作为形成和发展群际态度的形成性经验。与这种观点一致的是，一些研究表明，青年时期的群际接触可以预测以后生活中偏见水平的降低，尽管此类研究通常必须依靠儿童接触的回顾性报告，例如，伍德和松莱特纳（Wood and Sonleitner，1996）分析了来自 292 位美国白人成年人的面对面访谈的数据。在访谈中，受访者被要求报告他们在儿童时代（即在他们的学校、社区、教堂和社区组织中）与黑人的接触程度，并配合一些关于反对黑人的偏见的测量。研究者们表明，儿童时期报告的更多接触预测了他们作为成年人对黑人更低的偏见程度。同样，埃默森、金布罗和扬西（Emerson，Kimbro，and Yancey，2002）对白人、黑人和拉丁裔受访者进行了调查，发现那些以前曾身处种族多样化的学校和社区的人更有可能在成年后报告种族多样化的友谊网络和社会纽带。克雷恩和韦斯曼（Crain and Weisman，1972）的研究表明，尽管通常经历过种族隔离的街区和小学，但报告曾在儿童时期与白人一起玩耍的非裔美国人，成年以后对白人的反感较弱。

　　这些发现既强调了早期接触经验的重要性，又强调了社会环境的影响，年轻人很可能是在这种社会环境中经历接触的。研究人员特别强调了学校环境在塑造群际态度和减少偏见中所起的关键作用（例如，Damico，Bell-Nathaniel，& Green，1981；Khmelkov & Hallinan，1999；Patchen，1982；Schofield，1978）。尽管儿童的发展受到许多社会因素的影响（Malecki & Demaray，2002），但孩子们生活中的很大一部分都是在学校度过的，并持续许多年，这为他们提供了有助于他们理解社会规范和在与他人建立关系的过程中了解自我的经验（Hiner，1990）。因此，我们试图对涉及学校环境中儿童和青少年的元分析数据进行更细致的分析。

　　我们首先选择了检查儿童和青少年的接触-偏见关系的 198 个样本。大约一半的样本（$n = 97$；49%）涉及与来自不同种族和族裔的青少年之间的接触。在剩余的 101 个样本中，有 24 个涉及青少年和老年人之间的接触，有 43 个涉及有或没有生理残疾的青少年之间的接触，有 29 个涉及有或没有心理残疾或心理疾病的青少年之间的接触。初步比较显示，涉及种族和族裔接触的青少年样本的平均效应（均值 $r = -0.228$）实际上与涉及与其他目标群体接触的青少年样本的平均效应（均值 $r = -0.219$; $p > 0.10$）基本相等。

此外，大多数儿童和青少年样本在学校环境中检查了接触效应（57%）。因此，我们检验了学校和其他群际环境下的样本接触的效应是否基本一致。结果表明，在学校环境中收集的 113 个样本（均值 $r = -0.231$）和在居住、娱乐或其他环境中收集的余下 85 个样本（均值 $r = -0.214$）之间，平均的接触-偏见关联没有显著差异（$p > 0.50$）。对于学校中的儿童和青少年样本，无论是涉及种族和族裔的接触（$n = 57$，平均值 $r = -0.231$），还是涉及与其他目标群体的接触（$n = 56$，均值 $r = -0.235$），我们都发现了类似的结果（$p > 0.90$）。因此，儿童和青少年之间的接触所产生的积极效应似乎对于许多种类的群体来说是相当的，而不是限于任何一种情况，并且在不同群体的年轻人相互接触的范围内也是如此。

❖ **结论**

当然，接触研究没有在所有国家和地区研究这个现象，也没有研究对所有可能的目标群体、环境和人群的效应。但是，我们的元分析综述结合了在 38 个不同国家和地区收集的数据，并进行了涉及各种人群和环境以及不同年龄受访者的检验。总的来说，我们的元分析发现提供了令人信服的证据，表明群际接触对于减少各种群际情况下的偏见普遍有用。可以预见的是，接触和偏见之间的关联在不同背景下的强度是可以变化的，但接触与偏见之间的基本关系仍然惊人地一致：群际接触越多，群际偏见的减少幅度就越大。

第五章
群际接触何时可以减少偏见？

到目前为止，我们的元分析发现表明，群际接触通常会促进不同年龄层和不同群体的人以及在各种环境和背景下的人的群际偏见的减少。但是我们仍然可能想知道，是否可以使用某些策略来最大限度地利用群体之间的接触来减少偏见。

❈ 奥尔波特的最佳条件

半个多世纪以前，戈登·奥尔波特就此问题发表了最具影响力的声明。如第一章所述，奥尔波特（1954）提出，如果接触情境体现四个条件，则群际接触将减少偏见：（1）群体之间的地位平等；（2）共同目标；（3）群体之间的合作；（4）接触得到机构支持（institutional support）。从奥尔波特时代开始进行的研究通常支持这四个关键条件的重要性，正如我们将在以下各节中看到的那样。

情境中的地位平等

"平等地位"通常很难定义，研究人员以多种方式使用了该术语（Riordan，1978）。从奥尔波特的角度来看，至关重要的是，尽管在更广泛的社会中可能存在不平等，但在接触情境之内，这些群体都被赋予平等的地位（Cohen，1982；Riordan & Ruggiero，1980；Robinson & Preston，1976）。例如，可以通过给每个群体的成员提供平等的参加活动、提供意见、做出决定并获得对可用资源的访问的机会，来在接触情境中建立平等的地位。作为这样做的结果，这两个群体都有机会、能力和力量来塑造互动规则。

一些作家还强调，群体应该在进入接触情境时具有平等的地位（Brewer & Kramer, 1985; Foster & Finchilescu, 1986）。但是大量研究表明，即使在群体最初处于不同地位时，在接触情境中建立平等地位也可以帮助减少偏见，正如种族融合的学校环境中所发现的那样（例如，Patchen, 1982; Schofield & Eurich-Fulcer, 2001）。我们将在第九章中回到这个问题。

一致的目标

有效的接触还需要使各群体具有兼容的目标，共同努力，并为实现群体共有的目标做出承诺。当不同群体的成员有共同的目标时，他们倾向于以更友好的方式行事，并且倾向于相互支持（Johnson & Johnson, 1984; Johnson, Johnson, & Maruyama, 1983）。运动队是共同目标如何减少偏见并促进群体之间更积极关系的一个典型例子（Chu & Griffey, 1985; Kearney, 2007）。包含不同群体成员的团队必须找到一种相互合作并相互依赖的方法，以便取得成功并实现他们的共同目标。

群际合作

达成共同目标与奥尔波特的第三个条件紧密相关，因为朝着共同目标努力的尝试应在合作而不是竞争的情况下进行。在他们经典的夏令营研究中，谢里夫等人（1961）通过首先让露营者群体相互竞争来证明这一原则，这激起了一个群体对另一群体的冲突和敌意。然后，研究人员制造了一系列情况，其中要求各群体共同努力以实现使两个群体都受益的共同目标（例如修复公共供水并在联合野餐的途中帮忙发动卡车）。这种相互依存的合作活动减少了群体之间的冲突和敌对，而这些改善反过来又使跨越群体界限的积极人际关系和友谊得以发展。

63　　有关群际合作的好处的更多证据来自一项旨在提高学生在学校的学习和社会经验的合作学习计划（参见 Aronson & Gonzalez, 1988; Brewer &

Miller, 1984；Johnson et al. , 1983；Schofield, 1989；Slavin, 1983）。一个著名的例子是阿伦森（Aronson）及其同事开发的"拼图教室"（jigsaw classroom）方法（Aronson et al. , 1978；Aronson & Gonzalez, 1988；Aronson & Patnoe, 1997）。在这样的教室中，老师将课程计划分成较小的部分，并将不同种族的学生群体分入"精通"群体，他们的任务是充分学习课程的一部分，以便能够将其教给班上的其他孩子。然后，教师将班级重组为"拼图"群体，每个"拼图"群体包括来自每个"精通"群体的一名代表。因此，每个学生都有责任向"拼图"群体中的其他学生教授他们所学的课程。通过让每个学生为群体的成功做出独特贡献，不同群体的学生必须合作和相互依存，才能掌握所有课程材料。

阿伦森和他的同事使用这种方法发现，与传统班级的孩子相比，拼图班的孩子对来自不同种族的学生，彼此的态度更加积极。而且，这种方法在全球的儿童中都产生了积极的效果，包括澳大利亚（Walker & Crogan, 1998）、日本（Araragi, 1983）以及美国（Aronson & Gonzalez, 1988）的儿童。

机构支持

作为第四个条件，奥尔波特提出，在机构的支持下，同等地位、合作性质的接触发生时，群际接触的积极作用将最大化。这些主管部门建立了接受不同群体成员的规范，以及如何与他们互动的指南（Yarrow, Campbell, & Yarrow, 1958）。关于机构支持效果的大量证据来自对学校中种族间接触的研究。例如，当学校的校长和管理者似乎重视积极的群际关系时，来自不同种族群体的孩子往往会相处得更好，并寻求更多的互动（例如，Longshore & Wellisch, 1981；Wellisch, Marcus, MacQueen, & Duck, 1976）。同样，当他们认为老师赞成跨种族接触时，白人孩子会发展出更加积极的跨种族态度，并且可能变得更不回避与黑人同学的接触（Patchen, 1982）。有关机构支持重要性的平行证据来自军队接触研究（Landis, Hope, & Day, 1984），组织环境（例如，Kalev, Dobbin, & Kelly, 2006；Morrison & Herlihy, 1992）以及宗教社群（例如，Parker, 1968）。

64

早期有威廉姆斯（1947），后来有许多其他人提出了其他促进因素。其中一些重新陈述了奥尔波特的条件。例如，谢里夫对"群体相互依存"的强调实质上是结合了奥尔波特的关注共同目标以及不存在群体间竞争这两个条件。特别是，作者们经常强调接触的潜在可能性，以促进群体间的相识和友谊（Amir, 1976; Cook, 1984; Pettigrew, 1997a, 1998）。我们将在第八章详细研究这一重要条件。

但是这里描述的四个核心条件构成了奥尔波特对群际接触理论的基本贡献的基础。尽管没有在《偏见的本质》（Allport, 1954）中直接列出，但这本书关于接触的论点后来由佩蒂格鲁（1971）与奥尔波特协商提炼了出来。尽管可以分别描述这四个条件，但必须注意，奥尔波特认为这些条件是减少偏见的相互关联的因素。确实，在群体之间建立平等地位很可能需要机构当局的支持。鼓励群体朝着共同目标努力也应涉及某种程度的合作性的相互依存（参见 Walker & Crogan, 1998）。因此，我们在预测接触减少偏见的能力时共同和独立地检查了奥尔波特的条件。

❖ 测试奥尔波特的最佳群际接触条件的效应

鉴于奥尔波特的条件在群际接触理论和研究的发展中起着核心作用，我们试图使用我们的元分析数据集评估其有效性。第一步，我们尝试评估每项研究的接触情境中是否存在奥尔波特的四个条件中的任何一个。但是，现有接触研究文献中的两个棘手的特征对我们的努力造成了破坏。

首先，在对论文进行初审时，我们意识到元分析中包括的大多数接触研究实际上都没有提供有关接触发生条件的详细信息。研究人员通常提供有关如何测量接触以及参与接触的样本的基本信息，但是只有一小部分研究描述了为接触建立的明确的规范、标准或准则。

其次，在那些确实提供了更加详细的信息的研究中，在研究中如何实施的这部分通常与奥尔波特的条件混合在一起。这些研究并非为了检验群际接触理论本身，而是来自其他学科，涉及对旨在改善群际关系的项目进行评估。可以理解的是，此类研究纳入了多个积极因素以最大限度地提高项目的成功率。例如，弗里德曼（Friedman，1975）描述了一个项目，其中有生理残疾和没有生理残疾的六年级儿童在四个月的时间内通过轮流访问彼此的学校进行互动。他们在一系列主题（例如营养、生态）的共同活动上合作和相互依赖，所有儿童都可以为活动主题贡献自己的技能。这些群体还在教师的直接监督下发展起了自己的活动项目，教师们在实施该计划之前已经接受了培训。显然，人们采用了各种策略来营造一种气氛，在这种气氛中，所有儿童都可以通过合作、共同努力受到欢迎、支持和做出贡献。但是在这样的研究中，如何在奥尔波特的特定标准之间划定界限呢？

全局性测试奥尔波特的条件

因此，我们开始使用更具全局性的指标对样本进行评级来进行分析：样本是否对接触情境进行了明确的结构化安排，以接近所有或大多数奥尔波特的最佳条件。在这里，我们不需要接触情境专门对应奥尔波特的每一个条件。相反，我们对样本进行了评估，以确定是否已经为了最大限度地提高接触的积极效应，而做出明确的努力来构建符合奥尔波特主张的接触情境。这样的全局性评级实际上相比于我们最初的方法，为检验群际接触理论提供了更直接的方式，因为奥尔波特认为他的四个条件应该整合并一起实施，而不是被视为完全独立的因素。

然后，使用此编码变量，我们比较了那些是或者不是明确地对接触环节进行了设计以满足奥尔波特条件的样本之间的接触-偏见关联的大小。如图 5.1 所示，接触和偏见减少之间的平均关联性对于 134 个接触是明确地为符合奥尔波特条件而设计的样本来说（均值 $r = -0.287$），这些样本与其余的 562 个样本的平均效应（均值 $r = -0.204$；$p < 0.001$）相比要强得多。用方差解释，结构化接触的影响几乎是其余样本的两倍（0.082 与 0.042）。

我们必须认识到，这种比较是在样本之间进行的，其中一类样本中，我们有信息显示接触的条件是明确结构化以符合奥尔波特的条件的，而另一类样本则没有此类信息。尽管我们理想的比较应该在有和没有奥尔波

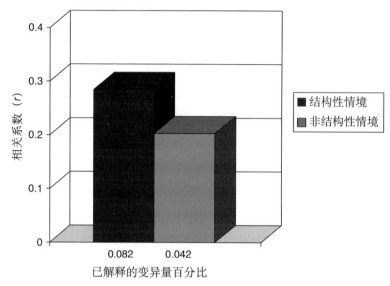

图5.1　不同接触条件下的平均接触-偏见效应

特条件的研究间进行，但是我们的元分析数据不允许进行这种比较。因此，有可能存在一些剩余的样本，可能涉及近似奥尔波特条件的接触。如果是这样，在有和没有奥尔波特最佳条件的情况下，样本之间的效应差异可能更大。但是，这些数据强烈表明，如果我们有直接证据表明接触情境是根据奥尔波特的条件来进行结构化的，则该接触特别有可能显著减少偏见。

此外，有可能不是因为奥尔波特的条件，而是因为进行对比的这134个样本的方法学特征，产生了增强的接触效应。我们通过使用奥尔波特条件的全局性指标和方法论上最强的调节变量（即研究设计、接触和偏见测量的信度，以及对照组的充分性）作为接触-偏见效应的预测因子进行了回归分析，从而检验了这种可能性。初步的相关性显示，具有结构化程序的样本实际上确实倾向于采用更严格的研究设计（$r = 0.570$；$p < 0.001$）、更可靠的接触和偏见指标（$r = 0.390$ 和 0.102，$p < 0.01$）以及更合适的对照组进行比较（$r = 0.095$；$p < 0.05$）。另外，如表 5.1 所示，回归分析的结果表明，该接触的信度评级、偏见测量的信度和对照组的充分性均对预测更强的接触-偏见效应做出了重要贡献。尽管如此，即使在控制了这

些重要的方法学变量之后，我们的奥尔波特条件的全局性指标仍然是更强有力的接触-偏见效应的重要预测指标。

表 5.1   按样本预测接触-偏见效应大小的逆方差加权回归模型总结

预测变量	B	SE	β	z	p
研究类型	0.001	0.017	0.002	0.035	0.972
自变量质量	− 0.088	0.018	− 0.206	− 4.775	0.000
因变量质量	− 0.031	0.014	− 0.084	− 2.231	0.026
对照组类型	0.034	0.010	0.121	3.303	0.001
结构性项目	− 0.053	0.024	− 0.099	− 2.219	0.027
R^2	0.10 ***				
Q_{Model}	77.29 ***				
k	696				

数据来源：改编自 Pettigrew 和 Tropp（2006）。

注：B = 原始回归系数；SE = 回归系数的标准误差；β = 标准化回归系数；z = 回归系数的 z 检验；p = z 检验的概率；R^2 = 得到解释的方差占比；Q_{Model} = 检验回归模型是否解释了效应大小之间可变性的显著部分（参见 Wilson，2002）；k = 分析中包含的样本数。此分析通过使用 Fisher 的 z 转换 r 值方式来进行。该分析的随机效应方差成分（基于 Fisher 的 z 变换的 r 值）为 0.020。

* $p < 0.05$；** $p < 0.01$；*** $p < 0.001$。

综上，这些发现提供了有关奥尔波特条件在通过群际接触减少偏见中的全局性作用方面的重要见解。与大部分群际接触文献保持一致（参见 Allport，1954；Pettigrew，1998），对于接触情境经过精心构建以满足奥尔波特最佳条件的样本，我们观察到的平均效应大小明显更高。此外，多变量模型表明，结构化接触预测了更强的接触-偏见效应，超越由多个研究严密性指数可以解释的效应大小。因此，我们的结果表明，在接触环境中建立奥尔波特的最佳条件通常会增强群际接触的积极影响。

然而，我们的发现也表明，奥尔波特的条件对于群际接触以取得积极结果并非至关重要。事实上，即使在一些样本中没有直接证据表明奥尔波特的条件是否得到满足，我们也一贯观察到接触和偏见之间存在的显著关系。与其他最近的实证进展一致，这些发现指出，接触减少偏见的能力，其背后的基本过程涉及熟悉性培养喜爱（liking）的倾向。霍曼斯（Homans，1950）强调，并由扎伊翁茨（Zajonc，1968）用实验方法证明，这一现象可以推导出如下预测：在多样的情境下，群际接触都可以诱导人们产生喜爱。研究一致地发现与一系列目标之间的接触和对这些目标的喜爱之间存在关系（例如，Bornstein，1989；Harmon-Jones & Allen，2001；Lee，2001），并且这种关系在不同的研究环境下都存在（例如，Moreland & Zajonc，1977；Zajonc & Rajecki，1969）。此外，研究表明，接触产生的喜爱程度的增加可以泛化到相关但未知的目标上的更大喜爱程度（Rhodes，Halberstadt，& Brajkovich，2001）。这可与我们在第二章中讨论的接触泛化到对未知的外群体成员的效应相媲美。泽布罗维茨、怀特和维内克（Zebrowitz，White，and Wieneke，2008）的进一步研究支持了我们的假设，即单纯曝光效应（mere exposure effect）是群际接触效应的基础。他们发现，仅仅看到其他种族的人的面孔就会增加对这个种族的陌生人的喜爱。

这些单纯曝光效应的结果也可能有助于解释为什么奥尔波特的最佳条件似乎对接触产生的积极效应不那么重要。虽然在我们的分析中的 713 个样本中，94% 的样本显示群际接触和偏见之间存在负向关系，但只有 19% 的样本涉及符合奥尔波特条件的结构化的接触情境。我们的元分析数据集中的两个案例在这里特别能够说明这一点。范迪克（Van Dyk，1990）发现，非洲农村讲荷兰语的白人家庭主妇当中，与非洲家庭佣工有密切接触的那些人对非洲人普遍表现出更友善的态度。这个研究是在南非种族隔离政策（apartheid）最紧张的最后阶段进行的，这种高度紧张的接触局势显然违反了奥尔波特的关键条件。记得我们在上一章中提到的克雷恩和韦斯曼（1972）的研究，这个研究表明尽管经历过种族隔离的街区生活和小学生活，但儿童时期曾与白人孩子一起玩耍的成年的非裔美国人报告说，他们对白人的反感态度较弱。与这些例子一样，我们元分析数据集中的许多其他研究明显缺乏奥尔波特积极接触效应的关键条件，但仍然报告了偏见的减少。因此，我们应该认为奥尔波特的条件在产生群际接触的积极效应方面是促进性的而不是必要的。

让我们强调这种对促进性和必要条件之间进行区分的理论的重要性。早期接触理论的一个最严重的弱点是，随着大量必要条件的积累，该理论将标准定得过高，而且有变得毫无意义的风险（Pettigrew，1986）。几乎没有任何实际情况能够满足为接触所规定的所有条件，从而产生积极的影响。但是，作为促进性的调节变量，这些因素有助于进一步指定何时我们可以预期来自群际接触的不同效应。

对奥尔波特条件的单独检验

根据这一全局性发现，我们使用 134 个包含结构化接触的样本对奥尔波特的条件进行了更细致的评分和分析。尽管在这些情况下，接触条件通常一起实施，但我们使用"是"或"否"评级来辨别每个程序是否清晰和明确地（1）在接触情境中建立了各群体之间的平等地位，（2）让参与者关注共同目标，（3）强调合作环境，（4）表明对接触的机构支持。两位独立评委对这些变量的评分是可靠的，kappa 系数介于 0.76 和 0.97 之间，kappa 系数中位数为 0.84。

我们很快注意到，所有这些案例都被评为存在机构支持——这一毫不意外的发现，实际上通过实施旨在促进奥尔波特条件的结构化方案而得到保证。鉴于此评估变量缺乏可变性，我们比较了被评定为具备或不具备剩余三个条件（即平等地位、共同目标和合作）的样本之间的平均效应。这些检验显示，对具备和不具备平等地位、共同目标或合作评级的样本的平均接触-偏见效应没有显著差异。然而，更进一步的分析表明，平等地位、共同目标和合作评级彼此高度相关（r 从 0.51 到 0.63；$p < 0.001$），该分析使用的子集中 72% 的样本被评定为至少具备奥尔波特的四个最佳条件中的三个。因此，我们进行了额外的回归分析，其中我们研究了平等地位、共同目标和合作作为接触-偏见效应的预测变量的效应大小。模型显示，这三个条件在作为预测变量同时输入时（系数 β 范围从 0.02 到 0.18；$p > 0.15$）或与我们的方法论调节变量（β 范围从 0.05 到 0.06；$p > 0.50$）一起单独输入时，都未显示出显著影响。

鉴于这三个条件中没有一个是显著、独立的预测变量，我们测试了机构支持在预测接触-偏见效应方面是否可以发挥特殊作用。在此分析中，将评级为仅具有机构支持（$k = 31$）的样本与评级为具备两个或更多的奥尔波特的条件（$k = 103$）的样本以及我们的分析中的其余样本（$k = 564$）进行比较。结果表明，仅具备机构支持（均值 $r = -0.286$）的样本的平均效应与具备两个或更多的奥尔波特的条件（均值 $r = -0.290$；$p = $

0.93）的样本的平均效应没有显著差异，而这两个群体在我们的分析中表现出明显强于其余样本（均值 $r = -0.204$；相应的 $p < 0.05$ 和 $\tilde{p} < 0.001$）的效应。

虽然本分析提供的是相对粗糙的检验，但其结果表明，机构支持可能是促进积极接触效应的一个特别重要的条件。同时，必须指出，我们的机构支持评级是在结构化方案的背景下进行的，这些方案旨在为积极的群际接触提供最佳条件。因此，虽然机构支持似乎起着关键作用，但我们不应孤立地设想或实施这一条件。在竞争或不平等地位条件下对接触的机构支持很容易加强群体之间的敌意，从而减少通过接触取得积极成果的可能性（参见 Sherif，1966）。因此，与奥尔波特的最初论点一致，我们认为，最佳接触条件还是最应该被视为一起运作以促进群际积极成果的一个概念，而不是被视为完全独立的几个因素。

我们对接触条件的概念化补充了格林、亚当斯和特纳（Green, Adams, and Turner，1988）的早期工作，他们开发了一个多维度量表来评估在学校环境中对种族氛围的感知。这些作者使用 3 300 名美国中学生的数据和 43 个条目的最终题库确定了四个因素——平等地位、相互依存、制度规范和潜在熟悉性（acquaintance potential）——与早期接触理论家如奥尔波特（1954）和库克（1984）等的著作直接对应。此外，虽然其量表包括四个可以通过经验区分的维度，但当所有四个因素合并为一个总体量表时，得到的内部一致性系数是大大加强的，从而使这些作者得出如下结论："在更高的抽象层次上，条目反映了相同的结构"（p. 248）。

尽管如此，仍有研究证据表明，在我们预测群际成果的努力下，保持四个条件之间的区别是有用的。例如，莫利纳和维蒂格（Molina and Wittig，2006）使用格林等人（1988）的种族氛围量表的改编版本，从美国初中生和高中生的四个大型样本中收集数据。这些作者发现，在四个分量表之间存在中等的正相关关系，其中平等地位和机构支持之间显示出最强烈的关联。此外，当作为预测变量同时输入模型中时，潜在熟悉性成为情感性偏见最有力的预测变量，而相互依存则成为同属一个内群体的感情的最强有力的预测指标。

科沙特和范迪克（Koschate and Van Dick，under review）也建议将奥尔波特的条件视为相对独立的因素。他们建议将合作视为接触条件对偏见的效应的中介变量，而不是作为最佳条件之一。他们对在德国一家大型公司内组成48个不同工作组的工人样本进行了检验。他们发现，这四种接触条件彼此关系薄弱，而且相互依存和平等地位尤其有可能预测更低的偏见程度。

然而，科沙特和范迪克也发现，官方支持可以预测合作，但不能预测群际偏见。这种不寻常的结果可能反映了两个因素。第一，官方支持是通过询问官方本身来衡量的，因此这种自利性偏差很可能引入了测量误差。第二，在南非、北爱尔兰和美国南部等社会冲突的背景下，官方支持最为重要。在这些环境中，偏见和歧视可能是传统和预期的规范，除非有直接的官方支持来加以制止。

综上，奥尔波特的条件在效果方面的这些差异表明，应更多地注意实施条件的背景，并注意我们因执行这些条件而寻求改变的具体结果。例如，可以理解的是，更高的相互依存程度会预测学校中共同认同感的增强（Molina & Wittig，2006），以及减少在联合项目上共同合作的工作小组中成员们的偏见（Koschate & Van Dick，under review），而潜在熟悉性更可能预测一个人对与其他群体成员有关的感觉（Molina & Wittig，2006）。今后要探索奥尔波特条件的效应是否存在潜在差异的研究，应该在研究每种条件与相关结果之间的对应关系时更加谨慎。

更广泛地说，我们的元分析发现也为我们如何将群际接触的条件进行概念化提出了新的方向。自从奥尔波特时代以来，接触条件的探索主要集中在积极因素的作用上，声称这些对于实现偏见的减少至关重要。的确，奥尔波特（1954）本人认为，偏见会自然地在群体之间发生，并且接触具有减少或加剧这种偏见的潜力。因此，他试图找出积极的调节因素，以最大限度地提高接触减少偏见并促进其他积极的群际成果的可能性。相反，我们的元分析结果迫使我们逆转这种方法。我们始于这样一个预测，即在所有条件相同的情况下，群际接触通常会减少偏见。从这一点来看，接触-偏见关联的方向和大小的变化将取决于一系列积极或消极的调节因素存在与否。

通过以这种方式重新定义接触理论，我们无意暗示群体之间的接触将会必然地减少群体间的偏见。可以理解的是，一系列负面因素可能会抑制接触改善群体之间关系的能力，例如持续的暴力、恐怖主义威胁或对有限资源的竞争（参见 Amir，1969；Corkalo et al.，2004；McCauley，Worchel，Moghaddam，& Lee，2004）。然而，即使在这种极端情况下，群体之间的积极接触也可能有助于减少进一步发生群体间暴力的可能性，并促进更加积极和更具合作性的群际关系（更深度的讨论请参见 Hewstone et al.，2008）。因此，我们认为与其继续保持对积极因素的关注，不如将更多的研究注意力转移到可以阻止积极接触效应出现的负面因素上，这是第十二章的重点。

❖ 接触的客观条件与主观反应

此外，我们建议，未来的研究应超越理论的传统重点，即接触情境的客观特征，并进一步考虑人们对接触情境的主观反应。到目前为止，我们的研究表明，奥尔波特的条件的客观成立对于促进积极的群际关系并不是必不可少的。但是，对改善群际关系来说，至关重要的可能是人们在多大程度上认为这些条件被与之互动的外群体成员重视和内化。

新兴的群际研究已经开始关注群体成员跨群体互动时的关切和预期（Devine & Vasquez，1998；Shelton，Richeson，& Vorauer，2006；Tropp，2006；Vorauer，2006）。大部分研究都指出，人们对于被外群体成员拒绝的担忧会加剧他们回避接触的倾向并破坏他们对未来接触的兴趣（例如，Plant & Devine，2003；Shelton & Richeson，2005；Tropp & Bianchi，2006），并且当接触发生时会引起更多的敌对反应（Butz & Plant，2006）。但是，这些研究很少涉及相对于奥尔波特最佳接触条件而言，这类担忧预测群际结果的程度。此类研究至关重要，因为即使人们试图在接触情境中创造最佳条件，不同群体的成员对这些接触条件的主观感知仍可能大相径庭，并被他们对群际关系的已有看法所引导（参见 Cohen，1982；Robinson & Preston，1976）。

莫利纳和维蒂格（2006；另见 Molina，Wittig & Giang，2004）提供了一个值得注意的研究实例，将主观感知与奥尔波特的条件的作用联系起来。他们研究了对接触条件的感知（例如平等地位、相互依存、机构支持）和同伴之间跨种族互动的开放性（例如潜在熟悉性；参见 Cook，1984；Cook & Sellitz，1955）的程度等，是否能预测对其他种族群体的偏见和兴趣。莫利纳和维蒂格在四项针对中学生和高中生的不同样本的研究中发现，感知到的开放性预示着学生自身偏见态度的显著减少，以及参与未来接触的意愿的增强。因此，不仅可以通过客观地了解接触情境来减少偏见，还可以通过减轻小组成员的顾虑并增强他们在接触中对于被接纳的主观感受，将偏见减少。

❈ 群体成员身份的显著性在群际接触中的作用

关注人们的主观反应可能是一种特别有效的策略，可以鼓励人们进行接触并增强他们的接触体验。但是，从这种接触泛化到对整个外群体都出现态度的积极转变的能力仍部分取决于在发生群际接触时的群体成员身份究竟有多显著。

正如我们在第三章对泛化的较早讨论中所提到的，群际研究人员长期以来一直在争论群体成员身份显著性（group membership salience）在促进群际接触取得积极结果方面的作用。一方面，布鲁尔和米勒（Brewer and Miller，1984；另见 Miller，2002）指出，强调群体差异，尤其是在群际接触的早期阶段这样强调，会导致更大的紧张感和对群体之间冲突的感知。因此，他们建议通过去类别化（decategorization）过程降低群体成员身份的显著性。去类别化策略旨在通过更好地感知外群体的变异性来区分外群体成员（Harrington & Miller，1992），并通过将注意力放在外群体成员们的个人特性上（Fiske & Neuberg，1999）以及分享个人相关信息（Miller，2002）等方式来将外群体成员个体化（personalize）。通过去类别化过程降低群体成员身份的显著性，人们可以开始超越基于群体成员身份来感知外群体成

员，这种变化应该能最大限度地减少群际接触过程中的紧张和冲突
（Bettencourt，Brewer，Rogers-Croak，& Miller，1992；Miller，Brewer，& Ed-
wards，1985）。

另一方面，休斯通和布朗（1986；另见 Brown & Hewstone，2005）认
为，只有在与外群体成员的积极接触经历被视为本质上是群际的情况下，
群际态度才会发生更广泛的转变。因此，他们支持归类模型（model of cat-
egorization），即在群际接触期间增强并保持群体成员身份的显著性。因为
群体成员身份的显著性增强，所以与单个外群体成员的接触的积极效应更
有可能泛化到整个外群体。这个观点得到了可观的支持，他们和其他研究
者显示，在接触过程中提高群体成员身份的显著性时，积极的群际态度得
到了更大程度的泛化（例如，Brown et al.，1999；Brown，Eller，Leeds，&
Stace，2007；Van Oudenhoven，Groenewoud，& Hewstone，1996；Voci & Hew-
stone，2003）。

佩蒂格鲁（1986，1998）认识到这两种方法各自的优点，因此建议从
顺序视角进行研究。在接触的最初阶段，群体成员身份的显著性降低可能
有助于减轻群际紧张，并促进群体成员做出相互了解的努力。然后，一旦
接触建立起来并且跨群体的关系开始发展，就应该重新引入群体成员身份
的显著性，以便由接触引起的态度上的积极转变可以泛化到群际水平。重
要的是，这种顺序视角得益于其和与社会归类相关的理论原理的整合（例
如，Brown & Hewstone，2005；Brown & Turner，1981；Miller，2002），以及随
着群际关系的不断发展，对群体成员的主观体验的关注（例如，Devine &
Vasquez，1998；Tropp，2006）。

随着时间的流逝，重新归类（recategorization）的过程也可能出现，由
此最初分属不同群体的成员开始认识到他们在包括这两个群体在内的上级
类别（superordinate category）中的共有成员身份（Gaertner & Dovidio，
2000）。盖特纳、多维迪奥及同事在实验室和田野环境中进行了许多研究，
结果表明，重新归类可以改善群际态度（例如，Gaertner & Dovidio，2000；
Gaertner，Dovidio，& Bachman，1996；Gaertner et al.，1994；Gaertner，Mann，
Murrell，& Dovidio，1989）。当发生重新归类时，由于归类过程与支配其他

形式的内群体偏见的过程相同，因此人们对此前属于外群体的成员的态度变得更加积极。但是，取决于子群体和上级类别的相对显著性，发生在上级级别上的归类可能难以维护，或者在群体发生接触时可能无法始终成功实现（Hornsey & Hogg，2000；Dovidio，Gaertner，& Saguy，2009）。

的确，人们经常将自己的原始群体身份与上级群体身份一起维护。这样的双重认同（dual identity）是可能的，因为两个认同通常在不同的级别上运作。一个人可以是法国裔加拿大人或苏格兰裔美国人，两个认同之间没有任何冲突。实际上，在容易接受这种双重认同的社会中，这种类别被公认为独立的子群体。但是，盖特纳和多维迪奥（2000，p. 50）指出，双重认同可能是"一把双刃剑"。尽管双重认同可以促进群体之间的和谐，但在发生群际冲突时，双重认同也可能增强单独的子群体认同的显著性，如北爱尔兰和原南斯拉夫的暴力爆发所证明的那样。

群体成员身份的显著性可以通过多种方式引入到接触情境中。例如，实验研究通过操纵感知到的群体成员典型性（Brown et al.，1999，Study 1；Ensari & Miller，2002，Study 1；Wilder，1984），或只是在发生互动之前提醒人们有关群体成员身份的信息（Ensari & Miller，Study 2；Hornsey & Hogg，2000；Van Oudenhoven et al.，1996），来提高群体成员身份的显著性。其他研究使用更主观的方法评估了显著性，例如询问人们在群际情境中对群体成员身份的意识（例如，Mendoza-Denton，Page-Gould，& Pietrzak，2006；Pinel，2002），他们对与之发生互动的外群体成员在多大程度上是其群体的典型成员的感知程度（例如，Islam & Hewstone，1993），或与外群体成员进行互动时提及群体成员身份的频率（例如，Brown et al.，1999，Study 2；Brown et al.，2001）。

可以想象，群体成员身份的显著性这个变化中的概念会根据触发它的群际接触的阶段和性质而引起不同的反应。回到顺序模型，在群际关系建立的初期强调群体差异可能会特别具有威胁性（例如，Islam & Hewstone，1993），而一旦建立了某种程度的融洽和信任，讨论群体差异可能会有助于建立跨群体的亲密感和理解力（参见 Nagda，2006；Tropp，2008）。

此外，较大的情境变量也可能影响我们在群际环境中对群体成员身份显著性的理解和响应方式。例如，如果我们认为可能被拒绝或被区别对待，我们可能会不希望别人根据我们的群体成员身份来理解我们（Frey & Tropp，2006）。但是，如果我们认为自己的群体被归入了更广泛的社会类别（例如，Crisp, Stone, & Hall, 2006；Hornsey & Hogg, 2000），或者觉得我们群体的经历可能被无视或忽略（例如，Eggins, Haslam, & Reynolds, 2002；Tropp & Bianchi, 2007），我们就可能希望自己的群体成员身份得到认可。因此，这部分研究表明，群体成员身份的显著性对于将群际接触带来的积极成果泛化出去是很重要的，但是必须密切关注在群际情境下，群体成员身份的显著性是如何建立的，以及其主观体验是怎样的（Tropp & Bianchi，2007）。

❖ 结论

总而言之，理论和实证研究已经确定了接触情境的几个特征，这些特征促进了群际偏见的进一步减少。与奥尔波特（1954）的观点一致，我们的元分析工作表明，群体之间的平等地位、共同目标、合作和机构支持等条件可以增强接触减少偏见的能力。但是，与其将这些条件视为必要条件，将它们描述为增强积极接触效果的促进条件更合适。此外，其他研究也强调了显著性在鼓励态度上的积极变化，并使这种积极变化超越接触情境本身，减少了对外群体的整体偏见。我们坚决支持此领域的工作。但是我们也鼓励研究人员根据是将这些因素评估为接触情境的客观特征还是人们对这些情况的主观反应，来探索接触效应的进一步潜在差异。

第六章
群际接触如何减少偏见？

　　让我们继续探讨在首次遇到不同群体的情况下接触的主观反应。假设你的整个童年发生在一个受限的、同质化的环境中，缺乏任何多样性，你的朋友、邻居和学校同学都来自和你一样的国籍、宗教、种族和社会阶层。现在想象一下，当你后来遇到那些非常不同的人时，你会感觉如何——那些和你一生中认识的人形成鲜明对比的人。

　　一开始你很有可能会感到相当焦虑和不舒服。你会意识到，除了一些粗略的群体刻板印象之外，你几乎对这些不同的人们一无所知，你也不知道他们对这个世界有着何种思考和感受。他们会接受还是拒绝你？他们会认为你对他们和他们的群体抱有偏见吗？他们通常会如何看待你的群体？如果他们用你不知道的语言说话，他们在谈论你吗？如果你不熟悉他们的风俗习惯，你应该怎么做？可以理解的是，你可能会变得焦虑，并谨慎行事。

　　这些正是社会心理学家为了解群际接触如何产生前几章中描述的积极效应，而进行深入研究的变量：群际了解、焦虑和共情。直截了当的想法是，成功的群际接触将为人们提供有关外群体的有用知识，减少人们在群际接触中的焦虑，并帮助人们站在外群体成员的角度，同情他们的担忧。这种想法假设这样的改变将反过来减少偏见，并增加有意义、互相信任的群际关系出现的可能。

　　换言之，这些过程将作为群际接触和减少偏见之间的积极关系的中介变量。图 6.1 说明了此普遍的中介过程。在图中，群际接触与偏见结果呈负相关（路径 C），而群际接触与上文提出的中介变量呈正相关（路径 A）。与群际接触一样，这些中介变量也与偏见有负相关（路径 B）。如果这些变量显著预测偏见（路径 B），同时它削弱了群际接触和偏见之间的直接关系的强度（路径 C），那么这些变量就是接触-偏见关联的中介变量。简而言之，中介变量通过它与接触、偏见二者的联系，以及它解释接触-偏见关联中很大一部分的能力来帮助解释群际接触是怎样减少偏见的。

要了解这三个我们感兴趣的中介变量——了解、焦虑和共情——在多大程度上有助于解释接触通常如何减少偏见，我们首先需要估计每个中介变量在路径 A、B 和 C 中的表现。鉴于研究文献当中不同的研究在探索接触-偏见关联的潜在中介变量的时候，检查的是不同的变量，这要求我们（1）找到那些三个中介变量至少检验了其中之一的研究，并（2）获得用于估计每个所检查的中介变量的三条路径强度的系数。

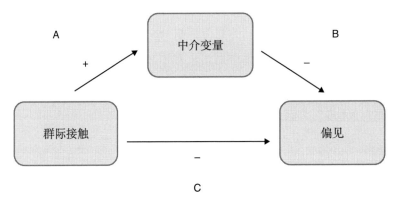

图 6.1　中介过程的图示

为此，我们首先使用第二章中描述的相同的元分析过程扩展了我们的数据库。幸运的是，鉴于近年来群际接触受到的强烈研究关注，我们能够收集到足够数量的研究来进行这些中介分析（Pettigrew & Tropp，2008）。我们在 2005 年 6 月对研究文献的搜索中发现了 11 项研究，其中包含 17 个独立样本和 2 543 名受访者，这些研究检测了了解的中介过程。我们还发现 45 项研究检测了焦虑减少的中介过程，其中有 60 个独立样本和 13 343 名受访者。此外，我们确定了包含 14 个独立样本和 2 362 名受访者的 9 项研究，这些研究测试了观点采择（perspective-taking）（认知移情）或共情

（情感同理心）作为中介变量的作用（参见 Davis，1983）。由于它们在研究文献中的稀缺性，加上这些共情成分经常是联系在一起的（参见 Duan & Hill，1996），我们把这些研究结合在一起来检测共情的中介的过程。总之，我们共发现了 54 个相关的研究，其中包含 91 个独立样本。请注意，对潜在的中介变量进行的检测当中所包含的受访者数，远远大于检测中介效应所需的人数（Fritz & MacKinnon，2007）。

下一步是获得这些相关系数均值，并使用三个饱和结构方程模型（即模型中包含所有三条路径），获得相应的系数。这一步骤对于在保持路径 C 的系数不变（即接触到偏见的路径。参见 Premack & Hunter，1988；Shadish，1996）的情况下，确定路径 B 的系数（中介变量到偏见的路径）是必要的。我们使用随机效应模型来估计系数（有关进一步详情，参见 Pettigrew & Tropp，2008）。在以下的几个小节中，我们将详细论述关于检验的每个中介变量的概念背景和分析。

❖ 对外群体的强化的一般了解作为中介变量

早期理论家的最初想法是，群际接触有助于了解外群体，而这种新知识又被假定为可以减少偏见（参见 Allport，1954）。这种强调与 20 世纪中叶美国的流行思想是一致的。正如第一章所述，二战后的"人际关系运动"主张开展正式的群际接触，例如每年 2 月在黑人历史月（Pettigrew，2004a）期间举行的兄弟会晚宴。回想一下，这些聚会的明确想法是，这种互动将允许不同的群体相互了解，并看到它们其实有多相似。人们希望，这样的过程可以产生更强的群际接纳。

请注意，这种方法侧重于将信息的一般传输作为减少偏见的手段，同时基本上否认了实际的群体差异的存在。但我们早些时候指出，这些善意的努力回避了对综合学校和平权行动等有争议的问题的探索。毫不奇怪，*80*兄弟会晚宴和类似的努力证明，在改善国家层面的群际问题方面，这些努力的价值并不很大。然而，该运动直接影响到美国的社会心理学，并且在 20 世纪后期的大部分时间里，接触研究一直遵循奥尔波特（1954）对于一般了解的强调,他认为一般了解是一个主要的中介变量。

但是这个假设是正确的吗?增强对外群体的了解是群际接触的可以促进偏见减少的一个宝贵结果吗?我们从其他研究中了解到,无知会导致群际偏见,纠正信息有助于改善群际态度(Stephan & Stephan,1984)。在这里,我们来考察关于增强对外群体的了解本身,是否是接触效应的重要中介。

图 6.2 提供了一个初始答案。[①] 将检验"了解"这个变量的 17 个独立样本的结果进行平均,我们发现接触确实增强了对外群体的了解(路径A,+0.22)。但是,增强了解充其量对偏见的减少只有轻微影响(路径B,−0.08)。鉴于此元分析测试中包括的受访者数量众多,这些系数在0.000 1 的置信度水平上具有统计显著性。但是,了解对接触效应的中介作用似乎不大。请注意,图 6.2 中的接触-偏见系数仅从 0.30 降至 0.28。显然,群际接触通常能增强这种了解,但问题是,了解的增强似乎对偏见的减少只产生很小的影响。

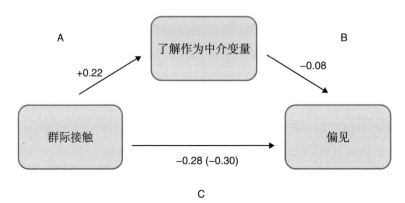

图 6.2 增强了解作为接触-偏见关联的中介变量

① 这些分析中的接触-偏见关联远大于我们在第二章中所述的群际接触效应的更大的元分析中观察到的平均效应 $r = -0.21$。效应大小上的差异反映了这样一个事实,即这些中介研究有一半是在 2000 年之后进行的,并未包括在我们的早期工作中。我们之前的分析发现,接触和偏见之间的平均效应大小在 1970 年以后每十年都有增加,这在很大程度上是因为最近的群际接触研究使用了更严格的研究方法(参见 Pettigrew & Tropp,2006)。这种趋势在 2000 年以后的研究中仍在继续。

❖ 减少焦虑作为中介变量

最近，研究人员一直在检测接触-偏见关联的其他潜在中介变量。斯蒂芬等人（Stephan & Stephan, 1985）在一篇被大量引用的论文中，将注意放在了威胁在群际接触和相应的焦虑唤醒中的关键作用。受他们工作启发的研究反复表明，群际接触通常可以减少群体间的威胁和焦虑（Blascovich et al. , 2001；Page-Gould et al. , 2008；Paolini, Hewstone, Cairns, & Voci, 2004；Pettigrew, 1998；Stephan et al. , 1999, 2002；Voci & Hewstone, 2003）。

考虑一下布拉斯科维奇（Blascovich）及其同事在加利福尼亚大学圣塔芭芭拉分校进行的一项开创性实验的发现（Blascovich et al. , 2001）。这些作者表明，在实验室环境中，与生理上受到污名化的同伴进行互动会激起威胁和焦虑反应，这些反应以三种不同方式（生理、行为和主观）进行测量。此外，在另一项单独的研究中他们发现，与非裔美国人以前进行过跨种族接触的白人和没有这种先前接触经历的白人相比，与非裔美国人进行交流时，其生理压力和自我报告的焦虑水平明显更低。

类似地，使用皮质醇反应性作为压力的生理指标，佩奇-古尔德等人（Page-Gould et al. , 2008）通过实验证明，在白人和拉丁裔大学生彼此反复接触会面的过程中，双方应激反应显著减弱。到第三次接触会面时，随机分配与跨群体伙伴互动的受访者的焦虑反应，和分配与同群体伙伴互动的受访者的焦虑反应相当。此外，与跨群体伙伴配对的人通常在随后的每天日记中报告的焦虑水平要低于分配到同一群体伙伴的人。

但是，这种焦虑现象作为接触效应的中介变量有多重要？通过对研究此问题的研究进行元分析，我们得出图 6.3 所示的系数。与图 6.2 中描述的了解变量的路径不同，焦虑减少的路径 A 和路径 B 的系数都很大。即使在将路径 C 输入模型后，路径 B 仍然保持强效应；确实，路径 C 代表的直接接触-偏见的路径会因路径 B 的加入而减弱。这些结果共同表明，群际接触有助于减少焦虑，而焦虑程度的降低又预测了偏见水平的降低。根据

这些估计，焦虑减少起到的中介作用似乎占了接触对偏见的效应的近三分
82   之一。

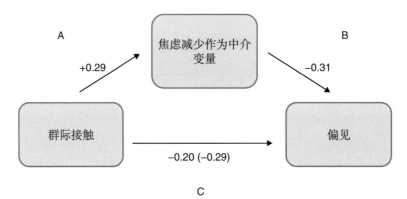

图 6.3　焦虑减少作为接触-偏见关联的中介变量

❊ 共情作为中介变量

堪萨斯大学的巴特森（Batson）和他的同事进行了一系列令人印象深
刻的研究，重新激发了社会心理学对共情（empathy）的兴趣（例如，Bat-
son, Ahmad, & Stocks, 2004；Batson, Lishner, Cook, & Sawyer, 2005）。在
一组研究中，巴特森等人（1997b）引发了对受污名化群体的目标（例如
一个患有艾滋病的年轻妇女、一个无家可归的人）的共情，并发现它改善
了受访者对整个群体的态度。在对这种现象的一个更极端的检验中，这
些作者使受访者对受高度污名化的群体的一个成员（即一个被定罪的杀
人犯）产生了共情，这个群体很可能会引起敌对情绪，但检验仍然显示
出这种效果。在实验后立即进行测试时，在高共情和低共情的控制组之
间仅出现了细微的差异。但是在 1~2 周后，出现了更大的、统计学上显
著的差异，以至于对单个杀人犯充满同情心的受访者对整个杀人犯群体
都持更积极的态度。

受这项工作的启发，研究已将共情视为群际接触与偏见之间联系的可
能中介。群际接触，尤其是涉及亲近的、跨群体友谊的接触，可能使人们

能够从外群体成员的角度出发思考问题，并同情他们。这种新的思考角度反过来可能有助于改善群际态度，从而在接触减少偏见的过程中起到中介作用。

与这种观点一致的是，特纳、休斯通和沃奇（Voci）（2007）的调查研究表明，接触过程中的自我表露（self-disclosure）可以通过增加对亚洲人的共情，来预测英国白人高中生对亚洲人的更低的反亚裔偏见。韦肖、西克里斯特和保卢奇（Vescio, Sechrist & Paolucci, 2003）进行的实验研究表明，促使人们进行观点采择是如何促进更友好的种族态度的。与此类似，加林斯基和莫斯科维茨（Galinsky & Moskowitz, 2010）的实验表明，观点采择可以减少有意识和无意识的对外群体的刻板印象加工，并增加自我和外群体（在这个例子中，外群体是老年人）的表征之间的重叠。此外，他们使用泰弗尔（Tajfel, 1970）著名的最小群体范式，证明观点采择可以通过增强对外群体的评估来减少内群体偏向。另一项研究表明，观点采择可以提高多数群体成员参加反对针对同性恋和黑人的仇恨犯罪的集体行动的意愿（Mallett, Huntsinger, Sinclair, & Swim, 2008a）。

这些研究结果与紧密相关的其他研究可以很好地吻合。例如，麦克法兰德（McFarland, 2010）使用学生和成人样本，发现即使在控制了偏见与社会支配倾向、威权主义之间的强烈相关之后，移情与偏见也存在负相关。此外，霍德森（Hodson, 2008）发现，具有较高的社会支配倾向的白人，移情的增强也在与黑人的更多接触和更低的群际偏见之间的关系上起到了中介作用。东特和同事（Dhont et al., under review-b）发现，密切的跨种族友谊改变了他们研究中年轻的成年受访者对种族群体的总体看法。他们证明，接触减少了对外群体的实在论看法，即认为外群体成员在本质上具有共同的内在特质。这种思维，和偏见以及与共情完全相反的情感紧密相关。

这些无数的例子所描述的趋势，与我们在以移情为中介变量的元分析测试中观察到的更广泛的趋势是一致的。如图 6.4 所示，共情是接触-偏见关联的重要中介。与焦虑减少的中介作用相比，数据表明大约 30% 的接触-偏见关联的效应是通过共情来起中介作用的。

　　根据图 6.2 至图 6.4 所示的结果，我们可以采用 Sobel 检验来评估所考虑的三个中介过程的规模和统计显著性（Preacher & Hayes, 2004; Preacher & Leonardelli, 2006; Sobel, 1982）。所有三个中介变量都显示出显著的中介作用。尽管了解的中介效应（约 5%）受到了解与偏见之间较小的平均负相关的限制，但 Sobel 中介检验仍非常显著（$Z = -3.87$, $p < 0.001$）。对焦虑减少（31%，$Z = -26.55$, $p < 0.000\,1$）和共情（30%，$Z = -12.43$, $p < 0.000\,1$）的 Sobel 检验得到了更强的接触-偏见关联的中介效应。

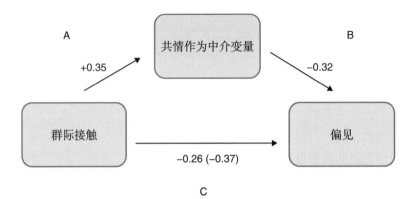

图 6.4　共情作为接触-偏见关联的中介变量

　　为了进一步检查这些结果，我们仅使用均质的样本重复了整个分析。

84　我们通过约翰逊（Johnson, 1993）的 DSTAT 程序确定了同质样本。我们一步一步地去除了最极端的离群值，直到我们的 9 个子集的每一个都获得同质性为止（参见 Hedges & Olkin, 1985）。[①] 这些额外的分析很有价值，因为它们仅关注样本中的一部分子集，这部分样本子集的均值效应围绕着均值周围的变化，并不比仅凭抽样误差所预期的变化大。这种方法消除了对随机效应模型的需求，并通过删除离群值来解决离群值的问题。

　　使用这种方法，我们的初步发现得到了证实。即使为了实现齐性（homogeneity）而必须减少样本量，对三个中介变量中的每一个的 Sobel 检

───────────────

　　① 使用同质性统计量 Q 检验效应大小的每个子集的同质性，该统计量具有近似的卡方分布，自由度为 $k-1$，其中 k 是效应大小的数量（Hedges & Olkin, 1985）。当 Q 不再显著时（$p > 0.05$），同质性的零假设不能被拒绝。

验仍然显著:了解($Z = -3.64$,$p < 0.001$),焦虑减少($Z = -13.44$,$p < 0.000\,1$)和共情($Z = -9.87$,$p < 0.000\,1$)。尽管移情和焦虑减少远比了解重要,但三者都仍能部分解释接触减少偏见的效应。

❖ 检验中介变量之间的关系

尽管如此,我们提供的数据到目前为止还是有一点点欺骗性的,因为它们并未表明这些中介过程如何共同起作用。一些研究检验了其中两个中介变量,只有一个研究三个变量全部都检验了。这个问题很重要,因为三个中介变量本身是相互关联的。在少数几个将两个或三个中介变量用于同一样本的研究中,焦虑与了解($r = -0.24$;$k = 7$,$N = 1\,367$)和共情($r = -0.32$;$k = 8$,$N = 1\,636$)都呈负相关。然而,了解和共情无关($r = +0.05$,$k = 2$,$N = 704$)。

我们只有九个样本可以用来测试一个饱和路径模型,该模型同时使用焦虑和共情作为接触-偏见关联的中介。图 6.5 给出了结果,所有路径均表示为标准化 beta,在 $p < 0.001$ 的置信度上具有统计学意义。请注意,尽管焦虑和共情是显著负相关的,但这两个变量独立且显著地对接触-偏见关联进行中介作用。

根据我们对第五章的顺序过程的讨论,这些中介变量可能是依次地起作用。在群际接触的初始阶段,焦虑减少可能是最关键的(Blascovich et al.,2001;Page-Gould et al.,2008),这就使得当群体首次聚集在一起时,去类别化成为一种特别有用的策略(Brewer & Miller,1984)。相比之下,随着群体成员开始彼此更多地互相自我表露、分享经验和观点,共情的增强可能会随着持续的接触和焦虑的减少而变得更加重要(Turner et al.,2007)。在这一个阶段,重新引入群体类别化对于确保这些个人接触的积极效应转化为使人更能移情和改善群际态度的能力而言尤其重要。确实,沃奇和休斯通(2003;另见 Harwood et al.,2005)的重要发现表明,接触通常可以有效地减少群际焦虑感,而在群体类别化非常重要的情况下尤其明显。

更严格的因果关系操作是可能的，在这种操作中初始的焦虑必须先通过群际接触得到控制和减少，其后共情才可以有效地发展起来并得到提升，然后对偏见起到减少的作用。先前的研究表明，群际环境中的焦虑会导致人们更多地依赖刻板印象，并且对外群体成员有较差的印象（例如，Wilder，1993；Wilder & Shapiro，1989），这些研究结果证明了这种可能性。可以使用纵向调查方法（Binder et al.，2009；Sidanius et al.，2008）以及实验方法（例如，Blascovich et al.，2001；Page-Gould et al.，2008）来测试这种因果的顺序。我们需要更多的纵向和实验性工作来了解这些焦虑减少和共情过程是如何协同起作用的。

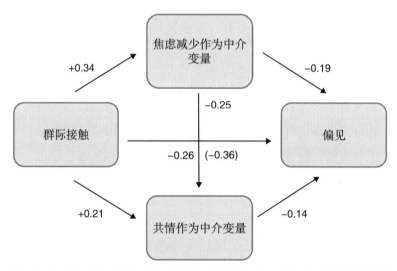

图 6.5 包括焦虑减少和共情作为接触-偏见关联的中介变量的饱和路径模型

❖ 此分析的潜在局限性

我们在讨论这些结果的更广泛含义之前，必须考虑该分析的几个潜在局限性。第一个问题是，我们使用了一种相对较新的分析形式，即把来自多个元分析的数据汇总在一起来发展结构方程模型（structural equation models）从而确定中介效应。沙迪什（Shadish，1996）在承认其有用性的同时，强调了该方法的两个潜在问题。首先，当用不同的样本子集来估计同一中介效应检验中的系数时，可能会出现困难。通过采用相同的独立样本集合来分析每个中介检验的所有三条路径，我们避免了这个问题。同时，对于三个独立的中介检验，我们确实使用了有些不同但重叠的样本集。因此，三个中介变量之间发现的效应大小差异可能在很小程度上反映了每种中介分析中样本的某种程度的不同。

第二个问题涉及效应的齐性。沙迪什（1996）指出，如果可以在样本之间实现效应的齐性，也就是说，如果测试每个中介路径的不同样本所估计的相关系数大小相似，那就是最优的。与大多数元分析数据集一样，没有一个原始子集显示出齐性效应。因此，我们还计算了只使用齐性的数据子集时的中介路径。我们看到这个分析过程产生了非常相似的结果模式。到目前为止，对外群体的一般了解仍然是所测试的三个中介变量中最薄弱的一个。尽管齐性测试消除了离群值带来的问题，但在相同的中介分析中，它们必然涉及较少的样本量以及略有不同的样本集合。尽管如此，结果的可比性仍为我们的基本发现提供了更多的信心。

还有第三个问题，涉及的是文献中可用于进行这些分析的样本数量相对较少。我们有信心，这些研究和样本囊括了 2005 年 6 月底之前的绝大多数相关案例。请注意，参与每个潜在中介变量的效应计算的人数远远大于检测中介效果所需的人数（Fritz & MacKinnon, 2007）。尽管如此，为了最大限度地纳入案例，我们仍按照第二章中概述的程序努力收集了相关的未发表的研究。总而言之，17 个了解样本中的 5 个，60 个焦虑减轻样本中的 14 个和 14 个共情样本中的 10 个在进行分析时尚未发表。

这些未发表的案例为我们提供了机会来检验我们的数据中的出版偏差。正如先前在第二章中讨论的那样，出版偏差对于元分析和定性评价始终都构成威胁。具体来说，我们测试了发表状态是否调节了接触与偏见之间、接触与每个中介变量之间以及每个中介变量与偏见之间的中介路径。假如发表样本的系数显著更大，就表明存在出版偏差。

涉及了解和共情的六个路径的已发表样本和未发表样本之间的比较显示没有显著影响（$p > 0.10$）。在焦虑的检验中，出版状态只能调节其中一个途径，即接触与焦虑的关系，但与出版偏差所预测的方向相反。具体而言，在 13 个未发表的样本中，接触和焦虑的关联性显著更强（均值 r = －0.36；p =0.05），而在 47 个发表的样本中（均值 r = －0.28）要弱一些。但是，无论样本是已发表（均值 r = ＋0.38）还是未发表（均值 r = ＋0.41），焦虑与偏见的关联性并没有显著差异。鉴于人们普遍担心的是已发表研究的平均效应估计会大于未发表研究的平均效应（参见 Coursol & Wagner，1986；Dickersin，1997），这些结果表明，在研究了解、焦虑减少和共情的中介作用的接触研究中，没有明显的出版偏差。[①]

另一个令人担忧的问题是，我们不能直接从这些发现中推断出因果关系。我们知道，双向联系存在于接触和偏见之间的复杂关系中，而这一点我们在这里没有考虑。正如我们经常指出的那样，研究表明，偏见可以限制群际接触，而同时接触可以减少偏见。尽管如此，从接触到偏见的路径通常要强于或等于从偏见到接触的路径（参见 Binder et al.，2009；Butler & Wilson，1978；Dhont et al.，under review-b；Irish，1952；Pettigrew，1997a；Powers & Ellison，1995；Sherif，1966；Van Dick et al.，2004；Van Laar et al.，2008；Wilson，1996）。

最后的一点局限性是，在群际接触与偏见之间复杂的关系中还存在着更多的中介变量和调节变量，范围超过我们在这个研究中检验的三个变量（参见 Brown & Hewstone，2005；Stephan，1987）。尽管我们检验的中介变量，尤其是焦虑减少和共情已经证明很重要，但在接触到偏见的关系中仍然存在无法解释的巨大变异性。为了预测更多的剩余方差，必须考虑其他中介变量。

❖ 群际接触的更多中介变量

除了着重讨论上面讨论过的情感过程（并在第七章和第八章中进一步

---

① 通过对出版偏差进行六次比较（三个中介变量中的每一个都有两条中介途径），有 26% 的可能性可预计其中一项比较会仅仅因为偶然而在 0.05 水平上显著，这一事实进一步加强了这一结论。

讨论），我们还提出了研究人员应寻求的四个其他方向，以找出接触-偏见关联中的其他中介变量。这些方向包括：（1）学习外群体的文化；（2）改变群际行为；（3）重构群际关系；（4）感知群际规范的转变（参见 Blanchard, Lilly, & Vaughn, 1991；De Tezanos-Pinto, Brown, & Bratt, 2010；Frey & Tropp, 2006；Pettigrew, 1998）。

学习外群体的文化

我们在上文提到，与外群体互动所获得的一般了解本身并不是接触对偏见影响的主要中介变量。但是，此检验中使用的研究在如何定义与所发生的接触有关的"了解"方面差异很大。例如，一项研究检查了有关心理疾病的一般了解（Holmes et al., 1999）；另一项研究检查的是从演讲中收集的关于种族的一般了解（Hatanaka, 1982）；还有一项研究评估了关于艾滋病和艾滋病病毒的一般了解，而没有直接提及艾滋病患者（Robbins, Cooper, & Bender, 1992）。

早期对了解的关注（Allport, 1954）认为，了解外群体将抵制负面刻板印象，从而减少偏见。但是，有一系列的认知机制使我们否认或通过巧辩消解掉那些驳斥我们偏见性思维的证据（Pettigrew, 1979；Rothbart & John, 1985）。确实，与我们的偏见相矛盾的信息通常很难被接受。

但是我们有理由相信对学习过程进行更直接的检验很重要。在群际关系的背景下，了解和学习的理解方式也有不同（参见 Migacheva, Tropp, & Crocker, in press）。一种主要的可能性是学习特定的文化信息，而不仅仅是一般信息，以此作为改善群际态度的一种手段。史蒂芬等人（Stephen and Stephen, 1984）研究了新墨西哥州的初中学生，他们发现，接触使盎格鲁儿童得以更多地了解拉丁裔文化。这种新的文化理解反过来产生对拉丁裔同学的更积极的态度。

这些技术通常取得的积极结果表明，更多地学习群体文化可以改善群际态度（参见 Gudykunst, 1986；Kim & Gudykunst, 1988）。这些方法中最突出的是文化同化项目（Culture Assimilator program），这是特里安迪斯（Triandis, 1994）开发的一项巧妙技术。一个示例项目如下：

　　　　想象自己是一个工厂的领班。你注意到，每次与西班牙裔工人讲话时，他都会低头。他为什么坚持这样做？他是分心、恐惧、尊重还是敌对？你认为最可能的原因是什么？

（Triandis, 1994, pp. 278 – 279）

　　如果被试选择分心、恐惧或敌对，程序会告诉他们他们的回答不正确，并要求他们选择另一种可能性。当他们选择尊重时，程序会告诉他们这个答案是正确的，并提供支持数据。在验证样本中，有85%的西班牙裔工人选择了这个正确答案，相比之下，非西班牙裔工头只有36%选择了这个答案。文化同化项目包括来自不同文化背景的人们的许多此类片段，每个片段都涉及严重的文化误解。事实证明，该技术在各种环境下均可有效地教授另一种文化的主观要素（例如，Stephan & Stephan, 1984），而受训练者则不再那么民族中心主义和偏颇。

　　但是，请注意，文化同化是通过认知过程起作用的，并非旨在直接改变行为或情感过程。正如特里安迪斯（1994，p. 280）总结的那样，"同化训练会增加认知的复杂性。认知的复杂性使得人们可能将另一文化群体的主观文化视为'正当'，从而减少偏见"。因此，作为认知过程，它既不会缩短人们偏好的与外群体之间的社交距离，也不会增加对外群体的喜爱。因此，相关研究说明，还应关注通过跨文化接触来改善态度的行为和情感过程，这些关注同样也是有价值的（参见 Gudykunst, 1986；Spencer-Rodgers & McGovern, 2002）。

　　文化适应和跨文化沟通方面的研究已经开始探索跨文化沟通的过程是如何影响人们对不同文化群体的态度的（参见 Berry, 2006；Dihn & Bond, 2008）。此外，古迪孔斯特（Gudykunst）和他的同事们强调，学习如何在不同文化下掌握关系是非常重要的，并且在能力和沟通效率方面的提升能够减轻对跨文化接触的焦虑（Gudykunst & Hammer, 1988；Stephan et al., 1999），以及增强对与其他文化群体成员互动的兴趣和对他们抱有的积极的看法（Lee & Gudykunst, 2001）。同样，新兴的社会心理学研究表明，对于能够在跨群体互动中有效行动的期待，可以减少我们的焦虑感和避免发生群际接触的倾向（Butz & Plant, 2006；Plant, Butz, & Tartakovsky,

2008）。此外，通过生活中的接触和适应外国文化进行多元文化学习，甚至可以促进创造性（Maddux & Galinsky, 2009）。

但是，某些类型的了解可能会产生不利影响。了解自己的内群体是如何伤害和歧视外群体的，这会适得其反，它可能导致集体内疚感，而这通常会增加偏见。通过对非土著（白人）智利人和马普切（Mapuche）土著学生的两次纵向研究，扎格夫卡、冈萨雷斯、布朗和曼齐（Zagefka, Gonzalez, Brown, & Manzi, under review）发现，群际接触可以增强多数群体的自我评估的了解程度，进而增加内疚感、群体显著性、群际焦虑感，最后增加偏见。这种由更多了解触发的内疚感链条可能可以部分解释我们普遍发现的了解的有限作用。相比之下，在马普切人受访者那里，出现的是不满但不是内疚，这反映的是我们通常发现的模式，即更多的了解与更少的焦虑和偏见相关。因此，特定类型的了解，尤其是涉及文化的了解，是可以减少偏见的；某些类型，例如有关过去的外群体虐待的历史信息，可能会加剧偏见。

总之，这些研究脉络表明，关于学习与外群体相关的内容在群际接触中的中介作用，还有很多要理解的方面。群际学习可能包括认知、情感和行为过程，这些过程涉及我们对群体差异的理解以及我们成功地驾驭跨群体互动的感知能力。因此，未来的调查将不仅仅是获得对群体成员的一般了解，而应从中受益，从多方面检验群际文化学习效应，以及它如何形成人际交往对偏见的影响。

变化的群际行为

传统观点认为，想要人们出现新的行为就必须对他们进行说服，态度改变必须先于行为改变。但是数百项社会心理学研究确实已经显示出正好相反的因果顺序：*行为改变通常是态度改变的先兆*（回顾请参见 Olson & Stone, 2005）。

这个顺序对于群际接触效应很重要。涉及新规范的新情况要求我们采取不同的行为并服从新的期望。当这些期望包括对外群体成员的接纳时，这种接纳行为本身就会产生态度变化。许多研究都表明，将多元文化主义意识形态（multiculturalism）注入群际情境可以减轻群际偏见的内隐和外显两种形式（Correll, Park, & Smith, 2008；Richeson & Nussbaum, 2004；Wolsko, Park, Judd, & Wittenbrink, 2000）。此外，与处在种族同质性群体中的人相比，种族异质性群体中的白人可以交换更广泛的信息，并更全面地处理这些信息，在关于群体差异的和种族相关的敏感的讨论中，他们也更开放（Sommers, 2006；Sommers, Warp, & Mahoney, 2008）。这些趋势表明，当我们面对倡导种族多样性和包容性的新期望时，我们的旧偏见可能会与我们的新行为发生怎样的冲突。接下来，我们可以通过改变我们以前的态度来解决在这种新情况下引起的认知失调（Aronson, 1997）。因此，结构化的最佳群际接触提供了一种行为改变的方式，即新的行为导致了态度的改变。

在此，重要的是要注意，偏见态度的改变可能是我们在群际环境中参与和行动的副产品。例如，尽管学生在合作的工作群体中的主要目标是学习课程资料，但在多种族的群体中工作后，他们常常表现出更多的跨种族友谊选择（Aronson & Bridgeman, 1979；Aronson & Patnoe, 1997；Slavin, 1979）。在黑人队友比例较高的运动队中进行团队活动的白人学生运动员对黑人的态度总体上更为积极，并且对给予合格的少数族裔学生奖学金优先权表示更多的支持（Brown et al., 2003）。在军队中也观察到了类似的趋势，与黑人一起工作使许多白人在下班后与黑人保持积极的接触，这也预测了他们更加积极的群际态度（Butler & Wilson, 1978）。

行为改变的这些积极影响也得益于重复接触。由于重复本身会导致更大的喜好（Zajonc, 1968；Zebrowitz et al., 2008），重复接触的经历很可能使以前陌生的群体间的交流显得更加自在和正常。随着时间的流逝，以前的"新"情况似乎是符合规范的并且是"正确的"，即"事情应该如此"。在某种程度上这是基于这样的事实，即拥有更多积极的群际经验，我们就能更多地预见与外群体成员的积极关系，而不是自动预料与他们之间关系的最糟糕的情况（参见 Frey & Tropp, 2006；Tropp, 2008）。确实，一组有趣的研究表明，跨群体的互动通常比我们预期的更为积极（Mallett, Wilson, & Gilbert, 2008b）。

最近的研究还表明，可以通过使人们专注于与外群体成员的相似性来提高人们的接触期望（Mallett et al.，2008b），或者在与未知的外群体成员进行互动之前，让人们专注于他们的跨群体友谊（Page-Gould，Mendoza-Denton，Alegre，& Siy，2010）。此外，重复的接触和对以前积极接触的提醒可以使我们对能够成功引导跨群体人际交往抱有更强的效能感（Butz & Plant，2006）。通常，这种增强的自信心可以预测更强的接触倾向性（参见 Plant & Devine，2003）。因此，重复的积极接触经历，应该可以通过引起我们对未来接触的期望和意愿的转变来减少偏见，并更广泛地改善群际关系（Tropp，2003，2008）。

感知群际规范的变化

群际接触的这种积极影响可能会进一步增强，使得我们因这种新行为而获得重复奖励。在这里，我们感知到的认可或不认可我们与其他群体接触的规范，可能是激发群际态度和行为的强大动力（Blanchard et al.，1991；Minard，1952；Pettigrew，1959，1991）。

埃德蒙兹和基伦（Edmonds & Killen，2009）发现，认为其父母具有负面的种族态度的黑人和白人青少年，不太可能在他们的跨种族关系中经历亲密，例如与另一个种族的人约会或带一个跨种族的朋友到自己家中。米加切娃和特罗普（Migacheva & Tropp，2008）研究了黑人和白人初中学生之间的类似关系，并询问他们的接触经历和感知到的内群体伙伴间存在的规范。他们发现，群际交往与结交跨群体朋友的愿望之间的关系是由感知到的群体内规范来起中介作用的。更具体地说，在那些认为自己种族群体的朋友也希望拥有跨群体朋友的学生中，更多的接触预测了结交跨群体朋友的渴望。

我们在间接或延伸接触的情况下也观察到了类似的结果（Wright et al.，2008；Wright，Aron，McLaughlin-Volpe，& Ropp，1997）。当看到自己群体的成员与外群体成员接触时，我们就会改变自己对内群体规范是什么的看法。即使没有直接的接触经验，这种对群体准则的看法的改变也可以减轻人们对外群体的偏见（Pettigrew et al.，2007c；Wright et al.，1997），并提高人们对未来接触的期望（Gómez, Tropp, & Fernandez, in press）。特纳、休斯通、沃奇和沃诺法库（Vonofakou）（2008）研究了感知到的内群体和外群体规范，认为这是英国白人大学生对印度裔英国人的间接接触和群际态度之间的潜在中介。他们发现，感知到的内群体规范和外群体规范都在间接接触与群际态度之间的关系上起到了显著的中介作用，这超出了群际焦虑的中介作用所能预测的范围。

93 我们知道各种形式的替代接触（vicarious contact），即使通过看电视，也可以削弱偏见并减少经常伴随跨种族接触而来的焦虑（例如，Fujioka, 1999；Gómez & Huici, 2008；Graves, 1999；Herek & Capitanio, 1997；Mazziotta, Mummendey, Wright, & Jung, 2010；Schiappa, Gregg, & Hewes, 2005, 2006）。这个过程的一部分涉及对规范变化的感知，而另一部分则由元刻板印象的积极变化作为中介，元刻板印象（meta-stereotype）指的是个体认为外群体是如何看待自己的内群体的（Gómez & Huici, 2008；Vorauer, Main, & O'Connell, 1998）。

德·特萨诺斯-平托（De Tezanos-Pinto）及其同事（2010）在研究挪威青少年对土耳其、巴基斯坦和印度移民的态度时获得了相似的发现。这些研究者表明，直接接触是通过焦虑减少来起中介作用的，但是间接接触是通过焦虑减少和对群体规范的感知的变化这二者来起中介作用的。因此，新兴的研究已经开始揭示，规范通常在直接和间接的接触形式中都起着重要的中介作用，而未来的工作必须增进我们对它们的作用过程的了解。

重新建构群际关系

积极接触效应的第四个中介过程涉及重新建构我们对群际关系的看待方式。这可能涉及多个方面，包括我们如何评估与其他群体有关的内群体（Pettigrew, 1997a），我们在自己的群体与其他群体之间看到多少重叠（Aron & McLaughlin-Volpe, 2001；Wright et al., 2008），以及我们对自己的群体和其他群体同属一个更广泛、共有的上级类别的认可程度（Gaertner & Dovidio, 2000）。

　　尽管这些不同方面提出的途径有些许不同，但它们的共同点是，当人们改变对内群体与外群体之间关系的理解时，他们就可以实现积极的群际关系（更深入的讨论请参见 Frey & Tropp，2006）。我们开始意识到，本群体的规范和习俗并不是管理人们的社会世界的唯一方法，这种观点使我们在与其他群体之间的关系中变得不那么专横（Pettigrew，1997a）。我们不断拓宽对自己的群体成员身份的看法，并使其变得更加复杂（Brewer，2008；Gaertner & Dovidio，2000）。反过来，这些趋势可以引导我们将多样性和与外群体的接触视为更有价值和更重要的（参见 Adesokan，Van Dick，Ullrich，& Tropp，in press；Tropp & Bianchi，2006；Van Dick et al.，2004），而且我们觉得自己应该像对待自己群体的成员那样对待其他群体的成员（Aron et al.，2004）。这样的过程也使我们能够辨别外群体成员们之间的差异。现在我们可以认识到，我们早就知道的本群体内部存在的差异性，外群体成员之间也有（Islam & Hewstone，1993；Oaker & Brown，1986；Paolini et al.，2004）。

　　这种重组过程的很大一部分通常也包括因为与外界的互动更多，所以与内群体的接触减少。怀尔德和汤普森（Wilder & Thompson，1980）发现，群体内的接触影响了对外群体的偏见。在使用学生受访者的实验中，他们使群体内接触与群际接触这两个变量共变。虽然群体内接触对内群体评价没有影响，但群体内接触的减少本身会产生对外群体偏见的减少。在先前描述的大型 UCLA 研究中（Levin et al.，2003；Sidanius et al.，2008），我们通过纵向调查数据在不同种族的大学生样本中重复了这一实验发现。

　　这种现象还强调了重要的一点，即对内群体的态度与对外群体的态度不构成零和关系。也就是说，人们并不需要通过贬低自己的群体来实现对外群体更积极的看法。我们通常可以继续高度评价自己的群体，同时逐渐喜欢上并欣赏其他群体（Duckitt，Callaghan，& Wagner，2005）。而且，在第十一章要讨论的某些条件下，甚至可能发展出相反的趋势。也就是说，我们既可以更少地考虑内群体，同时也可以更少地考虑外群体（Putnam，2007）。这个经过证明的过程反转了萨姆纳（Sumner，1906）曾被广泛取信并在第一章中描述的论文中的观点。回想一下，他认为几乎所有群体在文化上都是以民族为中心的，而这种内群体的强化实际上确保了对外群体的拒绝和群际冲突的增强。不同的社会科学学科使用各种研究方法进行的反复研究使得人们驳回了这一论点（Brewer，1999；Brewer & Campbell，1976；Pettigrew，2004b；Putnam，2007）。

❖ 结论

总体而言，通过使用元分析和结构方程模型，我们的分析证明了群际接触效应对偏见的两个主要中介变量的作用。焦虑减少至关重要，并且很可能开启了整个过程。一旦我们的焦虑感减少并且在群际环境中变得自在，我们就可以开始有效地与其他群体的成员建立联系。共情过程似乎同样重要，因为随着我们变得更有能力感知外群体成员如何看待和感受世界，偏见就减少了。的确，约翰·肯尼迪总统在1963年著名的种族关系演说中提到了这一过程，他向白人美国人呼吁"站在非裔美国人的立场想问题"。

95 虽然焦虑减少和共情有助于解释群际接触效应，但关于将对外群体的一般了解作为中介变量的初始观念被证明只是次要的。更丰富、更直接的知识的文化概念化似乎可能在未来的研究中具有更强的中介作用。但是，即使这三个中介变量也仅解释了接触过程的一部分。像大多数现象一样，我们对群际接触的了解越多，它似乎就越复杂，需要更多的研究来了解其他运作过程。我们提出了四种广泛的可能性，包括学习外群体的文化、改变群际行为、感知群际规范的转变以及重构群际关系。

第七章
群际接触是否减少偏见的所有方面？

　　除了探索接触减少偏见的途径外，我们还必须考虑我们通过群际接触来减少的"偏见"的种类。具体地说，当我们把群体和群体放在一起的时候，希望达到什么目的？我们是要寻求改变人们对其他群体的看法，他们和他们的群体对别的群体的感受，还是他们认为其他外群体应该得到怎样的对待？定义我们对群际接触的成果应达到何种目标是有关键的重要性的，但这个问题经常被忽略。

　　社会心理学研究表明，人们可以通过多种方式来定义态度，这被普遍认为是一个多维构念。态度具有认知成分（例如思想和观念）、情感成分（例如感觉和评估），有时甚至具有行为成分（例如预期行为；参见 Breckler & Wiggins，1989；Eagly & Chaiken，1993；Ostrom，1969；Zanna & Rempel，1988）。在偏见态度的背景下，研究人员同样区分了认知维度，包括一个人对一个群体的看法、刻板印象、判断（Ashmore & Del Boca，1981；Katz & Hass，1988；Ostrom，Skowronski，& Nowak，1994）和情感维度，情感维度涉及一个人对一个群体的感情和情感反应（Esses，Haddock，& Zanna，1993；Smith，1993；Stangor et al.，1991；Wagner & Christ，2007）。

　　令人惊讶的是，大多数群际接触文献在努力确定接触效应的过程中，既没有认识到也没有区分开这些完全不同的结果类型。相反，正如第一章所述，几十年来学界一直在辩论的是群际接触能否导致偏见的显著减少（例如，Ford，1986；Jackson，1993；Pettigrew，1971；Riordan，1978；Rothbart & John，1985）。

98　　　我们怀疑，这些观点的分歧大部分源于过分强调群际接触是否减少偏见这个一般性问题。因此，我们探讨偏见的不同维度如何与群际接触产生不同的关系（相关讨论参见 Brigham，1993）。更具体地说，我们认为接触文献的不同分支侧重于群际关系的不同维度，并且根据第六章对中介作用的讨论，我们提出，情感维度对于理解群际接触和偏见之间的联系至关重要。在这一部分，我们回顾支持这一预测的研究文献。

❖ 认知过程和减少偏见的潜力

　　　20 世纪 70 年代，对群际过程的认知导向的研究蓬勃发展，反映出心理学对认知的普遍重视。这个年代的研究强调分类在刻板印象中的作用（Hamilton，1981；Hamilton，Stroessner，& Driscoll，1994），也强调认知功能作为社会感知和群际偏见的基础（Rothbart & Lewis，1994）。这一新兴的对认知的强调标志着先前对动机和情感的关注发生了显著转变（深度讨论参见 Pettigrew，1997b，2004a）。

　　　由于与刻板印象和归类相关的僵化认知过程，研究人员开始质疑与个别外群体成员的正面接触经验是否会泛化为对整个外群体的更积极的看法（Rothbart & John，1985；Wilder，1986）。如第三章所述，罗斯巴特和约翰（1985）在推进这一观点方面表现突出。他们提出，泛化在很大程度上受认知过程的制约，这些认知过程协调着群体的刻板印象特征和属于该群体的个人的特征之间的关系（另见 Rothbart，1996；Rothbart & John，1993）。他们论点的一个基本前提是，当将个人视为潜在的群体代表时，人们给予那些符合群体刻板印象的人更多的权重，而对那些不符合群体刻板印象的人给予较少的权重（但见 Rojahn & Pettigrew，1992）。因此，当人们被要求对该群体做出判断时，具有与群体刻板印象一致特征的个人比没有这些特征的人更有可能被人们视为群体"代表"（参见 Rothbart，Sriram，& Davis-Stitt，1996）。

　　　反过来，这种关于感知和归类过程的理论化，使得许多社会心理学家质疑，是否与一个群体的个人成员的积极的接触经验确实有助于对群体这

个整体产生更积极的看法（Rothbart & John，1985，1993；Wilder，1986）。 *99*
根据这一推理逻辑，当我们收到一些与群体刻板印象矛盾的个性化信息
时，我们更有可能以积极的态度看待群体成员，但我们也更不可能把他们
看作是他们群体的典型代表。显然，这一进程将严重限制将在个人水平上
发生的任何积极变化泛化到对整个群体的看法的积极变化中的能力。因
此，虽然群际接触可能使得群体成员以积极的态度看待对方，但可以想
象，这种个性化的接触体验也可能限制泛化的潜在能力（Rothbart，1996；
Rothbart & John，1985；Wilder，1984）。这一观点强调了群体成员身份的显
著性在群际接触中的重要性（参见 Brown & Hewstone，2005；Brown et al.，
1999），我们在第三章里提出过这一点。

❖ 情感过程和减少偏见

与这种对认知过程的关注相反，对群际关系中情感过程的研究往往对
将积极接触经验进行泛化的可能性更为乐观。自 20 世纪 80 年代以来，社
会心理学家扩大了关于偏见和群际关系的理论和研究范围，以便对情感和
动机的作用给予更多的关注（参见 Mackie & Hamilton，1993；Mackie &
Smith，1998；Pettigrew，1997b，2004a）。由大卫·汉密尔顿（David Hamil-
ton）编辑的两本关于刻板印象的开创性著作强调了这个已经拖延太久的更
正。在《刻板印象和群际行为的认知过程》（*Cognitive Processes in Stereoty-
ping and Intergroup Behavior*，Hamilton，1981）中，感情（affect）只被简短
提及，情绪和情感甚至没有收录在索引里。12 年后，《感情、认知和刻板
印象》（*Affect，Cognition，and Stereotyping*，Mackie & Hamilton，1993）以感
情的作用为中心。在这本书中，艾略特·史密斯（Eliot Smith，1993）甚至
将偏见定义为"一种社会情绪，其体验与群体成员的社会身份有关，以外
群体为目标"（p.304）。一系列使用各种方法的实证工作支持了感情对偏
见的影响至关重要（Dijker，1987；Edwards & von Hippel，1995；Esses et
al.，1993；Pettigrew，1997a，1997b；Stangor et al.，2001；Wagner，Christ，&
Pettigrew，2008）。

与这一戏剧性的转变相对应，最近的许多有关接触的文献都强调了情感过程在群际关系中的重要性，无论是在我们通过接触与外群体成员建立的关系中，还是在因为这种接触而产生的群际结果中（参见 Pettigrew，1998）。迄今为止，大部分工作都探讨了与外群体成员的情感联系所具有的功能，例如通过密切的跨群体关系而发展出来的自在和喜欢的感受（例如，Herek & Capitanio, 1996；Levin et al., 2003；McLaughlin-Volpe, Aron, Wright, & Reis, 2000；Paolini et al., 2004；Pettigrew, 1997b）。我们将在第八章中详细阐述亲密、跨群体友谊的作用，但本研究的结果通常发现，与外群体成员的密切关系有助于与外群体建立情感关系，这反过来又鼓励了积极情绪对整个外群体的泛化。

❖ 接触的情感和认知结果之间的区分

我们在此强调，这些对情感和认知过程的不同重点表明，对于积极的接触结果进行泛化的潜力，存在不同的观点。专注于情感维度的研究人员认为，与外群体成员的情感联系可以促进对整个外群体的积极情绪。相比之下，专注于认知维度的研究人员认为，刻板印象和归类的惯常天性使得积极接触的结果变得难以泛化。将这些传统放在一起看待（Mackie & Smith, 1998），我们认为，根据我们关注的维度，对这些传统进行直接和解以及整合是可能的。我们不是追求接触的积极结果是否会泛化这个一般性问题，而是调查可能或更不可能泛化的接触结果类型。根据我们之前回顾的工作，我们提出，群际接触的情感结果比认知结果更可能泛化（参见 Tropp & Pettigrew, 2005a）。

通过强调这种区别，我们并不是想要暗示认知和情感是完全独立的（参见 Eagly & Chaiken, 1993）。最近的许多工作都探讨了认知过程和情感过程之间的复杂双向相互作用（参见 Mackie & Hamilton, 1993）。相反，我们之所以提出这一区分，是因为我们认为它突出了我们设想群际关系并将外群体成员作为我们态度的目标进行回应的不同方式。在关注认知维度时，例如做出判断和陈述观念时，我们在评估外群体目标时扮演相对分离的观察者的角色。

相比之下，在关注情感层面时，我们转变我们态度的基础，使态度的性质变得更加以人际关系为基础，反映我们在关系情境下对外群体成员的感情和与他们相处的经验（相关论据参见 Esses & Dovidio，2002；Zajonc，1980；Zanna & Rempel，1988）。因此，由于与外群体成员的情感联系是通过群际接触建立的，尤其是涉及紧密的、跨群体关系的联系，所以这种联系可能预示着偏见的情感维度的变化要大于偏见的认知维度的变化。

根据这种观点，沃尔斯科、帕克、贾德和巴彻勒（Wolsko，Park，Judd，& Bachelor，2003）证明，接触可以促进偏见某些方面的积极变化，而不能促进其他方面的积极变化。在他们的研究中，受访者与外群体成员进行了互动，并报告他们对外群体成员的总体评价，以及他们认为刻板印象特征适用于整个外群体的程度。这些研究者表明，与单个外群体成员的接触显著增强了受访者对外群体成员的评价，但是对他们对整个外群体应用刻板印象的程度的影响相对较小。

同样，米勒、史密斯和麦凯（Mackie）（2004）研究了情绪和刻板印象，认为它们是群际接触对偏见影响的可能中介变量。他们的第一个研究表明，与使用现代种族主义评分根据种族观念来衡量偏见时（$r = -0.04$，ns）相比，群际接触与使用情感温度计评分来衡量的偏见的相关要更高（$r = -0.22$，$p < 0.001$）。此外，在两项研究中他们发现，与刻板印象相比，情感更可能是接触对这两种偏见测量的效应的中介变量。总之，这些研究项目暗示了存在这样一种可能性，即偏见的情感和认知维度倾向于与群际接触表现出不同的关系。

❖ 检验接触的情感和认知结果

因此，我们使用我们的元分析数据对这些问题进行了更正式的调查，比较几种不同类别的偏见测量之间的接触–偏见效应的大小（Tropp & Pettigrew，2005a）。具体来说，我们根据研究文献的描述，对每种测量方法进行编码，以确定结果是否代表四种广泛的偏见测量之一（参见 Crites，Fabrigar, & Petty, 1994; Dovidio, Brigham, Johnson, & Gaertner, 1996; Dovidio, Esses, Beach, & Gaertner, 2002a; Esses et al., 1993)。两种类型的测量评估的是偏见的情感维度（情绪、喜好度），而另外两种则侧重于偏见的认知维度（刻板印象、观念）。

102　　　　我们在分析的测量级别上进行了这些评级，因为这些研究和样本通常包括多种偏见测量。编码为情绪的测量（占 5.0%）涉及群际环境中的感觉到的或预期的情绪（例如安慰、同情）。喜好度（favorability）的测量（12.5%）包括对外群体成员的一般性正面评价，以及对群际的喜爱的评分。编码为观念的测量（占 38.3%）要求受访者报告他们对关于特定外群体的价值观的观念的认可程度，以及他们对该群体在社会中的生活和经历的判断。刻板印象的测量（15.2%）评估人们拥有与外群体相关的某些属性的程度，包括要求人们以语义差异格式对外群体特征进行评估（Osgood, Suci, & Tannenbaum, 1957）。未能被这些类别涵盖的偏见测量（29.0%）被归类为其他。

　　　　作为我们分析的第一步，我们计算了与每种偏见测量相对应的测试比例，以便我们可以检验接触研究随时间变化的趋势。图 7.1 显示，观念测量是迄今为止评估接触研究中偏见的最常用方法。同时，刻板印象测量的使用在 20 世纪 70 年代达到顶峰，并一直持续到 20 世纪 80 年代，而情绪测量的使用却在下降。但是 20 世纪 90 年代以来，我们观察到了情绪测量的再次兴起。

　　　　然后，我们比较了不同类型的偏见测量的平均效应，发现接触-偏见效应中的显著变异取决于偏见的评估方式。图 7.2 显示了不同偏见测量类型下的平均接触-偏见效应，特别是针对那些偏重于泛化到整个外群体的

103　　测量。情绪测量（均值 $r = -0.272$）和喜好度（均值 $r = -0.235$）产生特别强的效应，并且它们的平均效应彼此并无显著差异。情绪测量得到的效应比刻板印象测量的平均效应（均值 $r = -0.161$）和观念（均值 $r = -0.219$）的效应都要更强。此外，喜好度测量的效应明显强于刻板印象测量的效应。

　　　　下一步，我们使用回归分析来检验偏见测量之间的差异是否可以预测

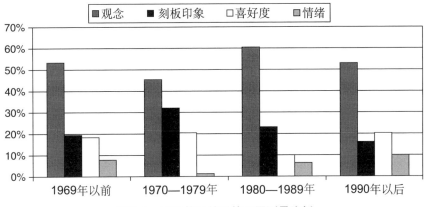

图 7.1　不同偏见结果的不同测量比例

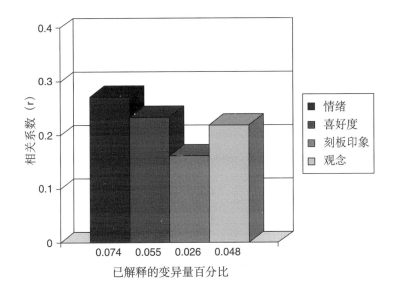

图 7.2　不同偏见测量类型下的平均接触-偏见效应

接触-偏见效应中的独特部分，这种预测是否超出了接触和偏见测量的信度所能解释的范围。在此分析中，我们根据偏见测量类型的划分创建了四个虚拟编码变量。"虚拟变量"仅仅是二分法测量；一个给定测试要么测量的是偏见的情感部分（得分 = 1），要么不是（得分 = 0）。此程序使我们能够基于测试是否进行了包括情绪、喜好度、刻板印象和观念的测量来预测接触-偏见效应。

我们还使用虚拟编码的变量来评估接触和偏见测量的信度（低与高），以及对整个外群体的泛化（是与否），并同时输入这些变量作为接触-偏见效应大小的预测因子（参见表7.1）。如第二章所述，结果表明，接触和偏见测量的信度对接触-偏见效应的预测程度很高（β 分别为 -0.143 和 -0.101；$p < 0.001$），当在研究中使用信度更高的测量时，观察到的效应更强。此外，我们发现偏见的情绪和喜好度测量可以独特地且显著地预测更强的接触-偏见效应（分别为 $\beta = -0.081$ 和 -0.078；$p < 0.01$），而且超出了测量信度指数所能预测的范围。同时，泛化变量（$\beta = 0.036$）以及刻板印象和观念类别的测量（分别为 $\beta = 0.049$ 和 -0.044）都没有产生显著效应。

表 7.1　　预测接触-偏见效应大小的逆方差加权回归模型总结

预测变量	B	SE	β	z
接触测量的信度	-0.068	0.013	-0.143	-5.25 ***
偏见测量的信度	-0.043	0.012	-0.101	-3.68 ***
泛化	0.022	0.016	0.036	1.35
情绪	-0.075	0.026	-0.081	-2.88 **
喜好度	-0.050	0.018	-0.078	-2.63 **
刻板印象	0.029	0.018	0.049	1.63
观念	-0.019	0.014	-0.044	1.38
R^2	0.06 ***			
Q_{Model}	78.94 ***			
k	1 361			

数据来源：改编自 Tropp & Pettigrew（2005a）。

注释：B = 原始回归系数；SE = 回归系数的标准误差；β = 标准化回归系数；z = 回归系数的 z 检验；p = z 检验的概率；R^2 = 得到解释的方差占比；Q_{Model} = 检验回归模型是否解释了效应大小之间变异的显著部分（参见 Wilson, 2002）；k = 分析中包含的检验数。使用 Fisher 的 z 转换 r 值进行了此分析。该分析的随机效应方差成分（基于 Fisher 的 z 变换的 r 值）为 0.030。

*　$p < 0.05$；**　$p < 0.01$；***　$p < 0.001$。

综上所述，这些发现进一步支持了我们的观点，即接触-偏见效应的大小因偏见的评估方式而异。偏见的情感测量而不是刻板印象之类的认知测量倾向于显示出与群际接触的更强关系。而且，即使仅仅检查那些涉及泛化的测试并且控制了测量的信度，这些效应的模式也是一致的。此外，尽管幅度较小，但仅使用刻板印象测量时我们仍然观察到了显著的平均接触-偏见效应。尽管过去的研究可能使我们不太可能预期这种认知效应的存在（参见 Rothbart & John，1985），但似乎将个体刻板印象研究中经常观察到的非显著趋势与元分析技术相结合，可以达到统计学意义上的显著。

总体而言，这些发现模式支持我们的预测，即群际接触的情感结果比认知结果更有可能泛化。尽管结果是有益的，但我们从这些元分析比较中得出的结论仍存在一些局限性。确实，持怀疑态度的人经常批评元分析技术在各种变量、样本和测试程序不统一的研究中进行比较（参见 Rosenthal，1991）。元分析还将我们局限于那些在原始研究中测得的变量，以及那些元分析人员以后可以可靠地评估的变量。

为了解决这些局限性，我们进行了一项补充调查研究，以补充我们的元分析研究（参见 Tropp & Pettigrew，2005a，研究 2）。在这项研究中，我们要求我们一个单一样本中的本科生受访者来完成一系列评估群际接触和各种偏见维度的测量。这些测量包括对偏见的情感维度（情绪、喜好度和喜爱）和偏见的认知维度（刻板印象、观念和判断）的多种度量。因此，通过对所有受访者使用相同的测量和程序，这项研究使我们能够检验接触-偏见效应在不同类型的偏见测量之间是否存在显著差异。

此外，这项调查研究允许我们在研究接触-偏见效应的变异性的同时，以多种方式评估受访者的接触经历。具体来说，我们根据跨群体熟人和朋友的数量来评估接触，因为研究表明，以跨群体友谊的形式进行的高质量接触对于促进偏见减少尤其重要。下一章我们将对此现象进行扩展讨论。

总共有 126 名白人大学生在私人实验室环境中完成了一项关于他们对非裔美国人的经历和态度的调查。如上所述，受访者报告了他们至少认识的黑人人数，以及他们认为是朋友的黑人人数。受访者还对一系列情感和认知测量给出了回答，以反映我们的元分析和先前研究中确定的主要偏见测量类别（Dovidio et al.，2002a；Esses et al.，1993）。

为了评估偏见的情感维度，我们包括了对情绪、喜好度和喜爱的不同测量。情绪的测量是通过要求受访者报告与黑人互动时他们期望在何种程度上感受到不同的情绪状态来完成的（Stephan & Stephan，1985）。对这些条目的回答载荷在了两个独立且高度可靠的因素上：一个是积极情绪（例如自信、接受、安全；$\alpha = 0.91$），另一个是消极情绪（例如可疑、尴尬、紧张；$\alpha = 0.84$）。喜好度是通过询问受访者他们对黑人的感觉是温暖还是冷漠，以及多积极或多消极来进行的（McLaughlin-Volpe et al.，2000；$\alpha = 0.94$）。喜爱是通过要求受访者表明自己对喜欢和享受与黑人互动的期望程度来进行评估（Tropp，2003；$\alpha = 0.85$）。

106

为了评估偏见的认知维度，我们纳入了对刻板印象、观念和判断的独立测量。刻板印象通过语义差异量表（例如聪明-笨拙）来评估，受访者通过回答这些"单词对"来表明他们如何看待黑人（Osgood et al.，1957；$\alpha = 0.89$）。观念的评估采用了包括布里格姆（Brigham，1993）的针对黑人态度量表（Attitudes toward Blacks Scale），现代种族歧视量表（Modern Racism Scale，McConahay，Hardee，&Batts，1981）以及金德和桑德斯（Kinder and Sanders，1996）的种族怨恨量表（Racial Resentment Scale，$\alpha = 0.87$）在内的组合量表。对黑人生活和经历的判断使用卡茨和哈斯（Katz & Hass，1988）的亲黑人与反黑人种族态度量表（Pro-Black and Anti-Black Racial Attitudes scales）（分别为 $\alpha = 0.84$ 和 0.76）来衡量。

首先，我们研究了这些偏见测量之间的相关关系。至少在 0.05 的水平上，几乎所有的偏见测量互相都具有显著相关性。但是，相关大小存在很大差异，绝对值的范围从 0.18 到 0.67。此外，偏见测量之间有三对相关在统计上不显著：积极情绪与群际观念、与亲黑人种族态度、与反黑人种族态度之间没有显著相关（r 介于 -0.15 和 0.11 之间，ns）。

接下来，我们将偏见测量纳入倾斜旋转的主轴探索性因素分析中，以研究它们如何汇聚在一起。两个清晰的因素解释了受访者得分方差中的 54%，每个偏见测量都只在这二者之一中载荷了超过 0.40。第一个因素主要包括对偏见的情感测量，包括积极情绪、消极情绪、喜好度和预期喜爱的大量负荷。第二个因素包括对偏见的认知测量，其中刻板印象、观念以及亲黑人和反对黑人的种族态度的载荷很大。这两个因素只存在中度相关

（r ＝ ＋0.40，p ＜0.001）。

　　然后，我们使用最大似然估计对该因子结构进行了验证性分析。拟合指数始终表明模型拟合良好（CFI ＝0.985，IFI ＝0.985）。此外，这个两因素模型比单因素模型具有更好的拟合度，在单因素模型中，所有偏见指标都对一个潜在因素做出了贡献，而没有认知-情感上的区别（CFI ＝0.976，IFI ＝0.976，X^2_{diff}（1）＝28.28，p ＜0.01）。连同先前的研究（例如，Esses et al.，1993；Stangor et al.，1991），这些结果表明偏见的度量要么倾向于强调情感方面，例如对外群体的情感和感觉，要么倾向于强调认知方面，例如对外群体的感知和观念。

　　之后，在结构模型中使用这些因素，我们检查了接触测量与情感偏见和认知偏见的潜在因素之间的关系（见图7.3）。在该模型中，同时输入外群体熟人的数量和外群体朋友的数量，作为情感偏见和认知偏见的这两个潜在因素的预测指标，同时这两个指标呈现相关性。外群体熟人的数量对预测任何一种偏见（z 分别为 0.28 和 0.56；p ＞0.50）的贡献微乎其微，而这个结果与熟人数量和外群体朋友的数量无关。但是，外群体朋友的数量显著预测了情感偏见的潜在因素（z ＝ －2.40，p ＜0.02），但没有预测认知偏见的潜在因素（z ＝ －0.05，p ＞0.90）。简而言之，以群际友谊的形式进行的群际接触显示出，与评估偏见的认知维度的偏见测量相比，与评估偏见的情感维度的联系有更加一致的关系。

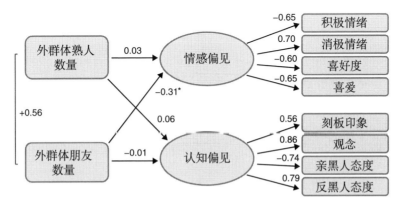

图7.3　显示了接触测量和偏见的潜在因素之间的关系的路径模型

　　这些调查结果与我们的元分析非常吻合，表明情感维度对于阐明群际接触与偏见之间的关系尤其重要。此外，根据这些发现，我们可以回顾接触研究的各种传统所做出的贡献，这些传统常常得出关于接触效应的矛盾结论。一方面，以认知为导向的理论家很可能正确地强调了可以限制接触效应的认知阻碍；然而因为忽略情感因素，这些理论家却忽略了通过群际接触可以实现的许多积极的、可泛化的情感结果。另一方面，以情感为导向的理论家认为接触可以促进人们对外群体的感受发生有意义的变化，但与此同时，他们可能冒着过度热衷于接触减少各种形式的偏见的潜力的风险。因此，从这些研究中，我们了解到评估偏见的不同维度的测量不应互换使用，而情感过程在定义接触–偏见关系中起着特殊的作用。

108

　　从更广泛的角度来看，这些结果的模式表明，我们可能在对外群体成员做出反应时采取不同的取向，具体取决于我们是否关注群际关系的情感或认知维度。当我们专注于认知维度时，我们可能会作为相对独立的观察者，将外群体成员视为我们感知、观念和判断的目标。但是，当我们专注于情感维度时，我们可能更倾向于在与我们和他们之间的关系相关的情绪和感觉上对这些外群体成员做出回应（有关观点，请参见 Esses & Dovidio，2002；Zanna & Rempel，1988）。与此观点一致，强调情感维度的策略（例如要求人们想象外群体成员的感受）在减少群际偏见（Batson et al.，1997a；Finlay & Stephan，2000）以及预测群际行为方面特别有效（Dovidio et al.，2002a；Esses & Dovidio，2002；Stangor et al.，1991；Talaska et al.，2008）。因此，强调群际关系的情感和认知维度之间的区别，有助于我们认识与外群体成员的关系中所使用的不同取向，并阐明为什么情感维度尤其可能会使得群际接触得到积极的结果。

　　考虑到这些趋势，我们最初可能会得出这样的结论：群际接触通常对促进认知维度上偏见的积极变化没有多大作用。但是，群际接触可能会产生其他尚未被广泛研究的细微认知变化。例如，克里斯特尔、基伦和拉克（Crystal，Killen，& Ruck，2008）与 685 名美国公立学校 4、7 和 10 年级的孩子一起工作，发现接触与人们如何评估基于种族的排斥有关。在所有三个年级中，群际接触多的孩子都比那些群际接触少的孩子更多地认为这样的排斥是"错误"的。

同样，福尔哈特（Vollhardt，2010）表明，群际接触可以减少关于外群体的负面归因偏见。与佩蒂格鲁（1979）关于最终归因偏差（ultimate attribution bias）的讨论相一致，福尔哈特研究了人们是否倾向于将消极的外在行为归因于性格成因，而将积极的外在行为归因于情境成因。福尔哈特找到了证明这一现象的证据，但同时也发现，经历过接触（即通过接待外国交换生）的人的这种归因偏见明显弱于那些与他们相似，愿意接待却尚未接待过外国交换生的人。

另外，可以想象的是，根据涉及的接触经历的种类，对于认知维度可能会观察到更明显的接触-偏见关联。例如，与多个不同的外群体成员互动的接触经历可能与偏见的认知维度变化有关，例如对外群体刻板印象的认可减少（参见 Wilder，1986）。与此同时，人们还必须有足够的动力去注意关于外群体目标的信息，以减少对刻板印象的依赖（Moreno & Bodenhausen，1999；Operario & Fiske，2001）。因此，接触更可能减少刻板印象，因为接触既涉及与大量的各种外群体成员的关系数量，也涉及与外群体成员的有意义的关系（有关观点参见 Van Dick et al.，2004）。

109

❖ 接触的情感和认知成果之外

我们的研究结果以及其他研究人员的研究结果（例如，Miller et al.，2004；Wolsko et al.，2003）共同证明了群际接触可能会对偏见的情感和认知维度产生不同的影响。这一发现为现有的研究文献提供了重要的理论说明，同时也强调了各种偏见测量不应被同等解释或互换使用。迄今为止在偏见的情感和认知维度之间找到的二分法仍然引导我们提出质疑，是否也应考虑其他类型的接触结果。特别是，三种其他类型的接触结果似乎值得更多的研究关注，尽管到目前为止，在更广泛的接触文献中它们仍处于研究不足的状态。

群际接触与内隐偏见之间的关系

大量的当代研究并没有强调情感和认知维度之间的区别，而是着重于区分内隐和外显偏见（Dovidio et al. , 1997；Greenwald, McGee, & Schwartz, 1998；McConnell & Leibold, 2001）。这项工作表明了在跨群体互动的情境中，内隐和外显偏见以不同的重要方式表现出来。因此，多维迪奥、川上（Kawakami）和盖特纳（2002b）进行了一项研究，其中白人受访者完成了对种族态度的内隐和外显测量，然后参与了与白人或黑人伙伴的互动，在此过程中他们的言语和非言语行为被编码。这些作者发现，在与黑人伙伴配对的受访者中，自我报告的外显种族态度更加强烈地预测了他们的言语行为以及他们认为在接触过程中表现出友好行为的程度。相比之下，受访者的内隐种族态度更加强烈地预测了他们的非语言行为，以及他们的伙伴和无关的观察者对受访者行为友好程度的感知。

这些发现激发了新一代的研究，这些研究将重点放在群际接触与内隐偏见之间的关系上。调查研究发现，在白人对黑人的态度（Aberson & Haag, 2007；Aberson, Shoemaker, & Tomolillo, 2004）、英国人对南亚人的态度（Turner et al. , 2007）、北爱尔兰天主教徒和新教徒对彼此的态度（Tam et al. , 2008）、黎巴嫩穆斯林对基督徒的态度（Henry & Hardin, 2006）、拉丁裔美国人对白人的态度（Aberson, Porter, & Gaffney, 2008）、异性恋者对同性恋者的态度（Dasgupta & Rivera, 2008），以及非失能者对失能者的态度（Pruett & Chan, 2006）的研究上，较高的接触水平和较低的内隐偏见之间存在显著联系。

特别令人印象深刻的是阿基诺拉和门德斯（Akinola & Mendes, 2008）的近期研究，他们通过实验测试了群际接触是否可以减少内隐偏见。在初步评估内隐偏见之后，他们将白人受访者与同种族或跨种族（非裔美国人）的实验者助手随机配对，进行一系列互动，然后再次评估白人受访者们的内隐态度。这些作者观察到，在这些互动过程中，白人的内隐偏见显著减少，这表明群际接触在促进内隐态度的可塑性方面可能发挥重要作用（另见 Dasgupta & Rivera, 2008）。

群际接触与政策态度之间的关系

其他研究人员已经越过了改善群体之间态度的目标，呼吁人们更加关注与政策相关的接触结果。与这种呼吁相伴的常常是一种挥之不去的怀疑，即人们所报告的态度是否必然会转化为对结构性变化的支持，这种结构性变化会根除权力或地位不同的群体之间的不平等现象（例如，Dixon，Durrheim，& Tredoux，2005，2007；Jackman，2005；Jackman & Crane，1986；Reicher，2007）。杰克曼和克兰（Jackman and Crane，1986）在反思了白人对黑人的态度的早期接触研究中得出的结论之后提出了疑问："在更个人化、情感性的态度测量上观察到的积极接触效应，是否也存在于对黑人的政治取向上的态度测量中？"（p. 463）。在他们自己的研究中，他们发现接触很容易预示白人对黑人的情感接纳，但是他们称，在用以帮助黑人的就业、教育和住房等领域的支持性政策方面，接触远远不够有效。但是，正如我们将在第十一章中讨论的那样，这种主张是基于对他们的调查数据的有限分析。

在接触文献中，对政策含义和结果的关注一直发展缓慢，我们并不是主张接触会覆盖群体之间关系中的所有其他物质和心理问题。尽管如此，我们希望强调几个研究的发现，这些研究的确提出了令人鼓舞的趋势，即在一系列群际情境中，接触具有对政策态度产生积极影响的潜力。第十一章将提供有关此关键点的其他研究证据。

例如，在美国黑人与白人的关系背景中，杰弗里斯和兰斯福德（Jeffries & Ransford，1969）测量了中产阶级白人对沃茨暴乱（Watts Riot）① 的反应，作为他们先前与黑人（在社区、工作场所、组织或其他环境中）接触的结果变量。那些曾经与黑人接触讨的人倾向于较少担心被黑人袭击，并相信较少的黑人人口参与了暴力活动。此外，这些受访者被问到应采取什么措施来防止未来再出现骚乱时，他们的开放式回应被归类为惩罚性政

---

① 沃茨骚乱源于与警察的日益紧张的种族关系。暴动于 1965 年 8 月在洛杉矶发生，持续了 5 天，是洛杉矶历史上规模最大、最猛烈的暴动。

策（例如法院进行更严格的处罚判决、种族隔离以及执法部门使用大规模武力）或改善性政策（例如让黑人在就业和教育、种族融合、警察改革方面得到更大机会）。与其他白人相比，先前与黑人接触过的白人提出惩罚性政策的可能性大大降低（18%比48%），并且更有可能提出更多支持性、改善性的政策来防止未来的骚乱（68%比28%）。

约瑟夫、韦瑟罗尔和斯特林格（Joseph, Weatherall, & Stringer, 1997）在北爱尔兰的天主教和新教学生的样本中发现了群际归因偏差中出现的接触差异。在隔离的学校环境中，天主教和新教群体都对外群体的失业状况给出了更多的负面解释，对内群体的失业状况给出了更有利的解释。但是，在综合学院的样本中，这种有偏见的群体归因效应（参见 Pettigrew, 1979）并不那么明显。如前所述，这一微妙的发现已在德国得到重现（Vollhardt, 2010）。

狄克逊（Dixon）等人（2010b）对南非白人中的种族态度和政策支持进行了全国调查。一般来说，结果表明高质量的群际接触可以预测对一系列种族目标政策的支持，这些政策包括支持黑人但并不直接不利于白人的补偿政策（compensatory policies），以及更直接挑战白人特权的优待政策（preferential policies）。此外，即使在考虑了白人的偏见以及对他们的相对地位的威胁和不公正感之后，接触的这些积极影响仍然显著。

在与其他被污名化的群体相关的就业态度预测中，也观察到了积极的接触效应。例如，格伯特、萨姆瑟和马圭尔（Gerbert, Sumser, & Maguire, 1991）对美国 2 000 名成年人进行了随机抽样的电话访问，以调查公众对艾滋病患者的态度。相对于那些不认识艾滋病患者的人，报告认识艾滋病患者的那些回答者更有可能支持艾滋病患者继续从事各种职业（例如外科医生、牙医、警察、厨师）的权利。

在另一项引人注目的研究中，利维、杰索普、里默曼和利维（Levy, Jessop, Rimmerman, & Levy, 1993）招募了 300 多名"财富 500 强公司"负责做出招聘决策的高管，并让他们完成有关他们以前遇到生理残疾严重的人的经历和对这些人的态度的调查。他们的研究表明，具有与残疾人工作经验的高管不仅更可能对残疾人有更积极的态度，而且更有可能相信生理残疾严重的人的就业能力。

尽管仍离实际实施差得很远，但我们可以看到，这些发现可以为实现过渡添砖加瓦，即从研究对其他群体的积极感觉过渡到研究对旨在改善其生活环境和发展机会的政策的支持。因此，这些研究发现使我们更进一步地了解了群际接触在影响涉及机构变革的政策相关结果中可能发挥的作用。

群际接触与随后的群际行为之间的关系

但是，先前的研究也强调人们的态度与随后的行为之间常常缺乏联系（Ajzen & Fishbein，1980），在群际关系的背景下，这一问题尤其重要（Dovidio et al.，2002a；Talaska et al.，2008）。因此，需要进一步探索的第三组接触结果是那些与接触后实际的群际行为有关的结果。

尽管一些研究包括对行为的直接观察，例如不同程度的群际自愿隔离或融合（例如，Clack，Dixon，& Tredoux，2005；Schofield & Sagar，1977），或跨群体帮助的模式（例如，Dovidio & Gaertner，1981；Saucier，Miller，& Doucet，2005），但这些观察通常缺乏精确的个体前期接触测量作为参与这些行为的预测指标。相比之下，很少有研究可以描述出群际接触抑制负面的群际行为或促进更积极的群际行为的方式（参见 McCauley，Plummer，Moskalenko，& Mordkoff，2001；Schofield，1995），尽管确实存在一些这方面的例子可供选择。

约翰逊等人（1981）将失能和非失能的三年级学生随机分配到合作性的学习小组中，或者在 16 天的授课中让每人承担相同的任务独立工作 25 分钟。除了让学生完成对朋友的社会测度测量之外，研究者还对学生在学习期间以及在教学背景之外的自由活动期间的行为进行了编码。与独立工作的学生相比，处于合作学习状态的学生在授课和自由练习中表现出明显更多的跨群体朋友提名和更多真正的跨群体互动。

同样，鲁尼-雷贝克和贾森（Rooney-Rebeck & Jason，1986）研究了混合种族的朋辈辅导小组对一年级和三年级黑人、拉丁裔和白人儿童之间的族裔关系的影响。像约翰逊等人（1981）一样，他们的测量方法包括对跨群体友谊进行列举的社会计量学测量，以及对游戏期间儿童互动的直接观察。这些测量是在儿童进行为期 8 周的朋辈辅导计划紧密合作之前和之后进行的，因此遵循了组内研究设计。虽然学习小组对三年级学生的积极作用有限，但一年级学生的结果显示，参加朋辈辅导计划后，在游戏期间跨群体友谊提名更高，观察到的跨种族互动也有所增加。这些研究和相关研究的结果表明，积极的接触经历不仅可以促进跨越群体边界的紧密联系（参见第八章），而且从更广泛的意义上讲，它们可以增强人们参与未来接触的意愿，从而可以促进未来的跨群体互动。

❖ 结论

总而言之，除了探讨关于接触是否会减少偏见的一般性问题外，研究发现还根据我们研究的结果种类提出了不同的接触效果。特别是，大量的工作现在表明，情感结果（情感、感觉和喜好）比认知取向的结果（刻板印象和观念）更容易受到群际接触的积极影响。这些结果与我们在第六章中对中介变量的讨论相吻合，它们都表明了情感过程在群际接触效应中的中心重要性。此外，新的研究表明，接触可以对内隐态度、政策态度和行为等长期的结果产生重大影响。

我们需要更多的工作来理解这些替代结果的变化背后的过程，以便可以就群际接触的效应建立更综合的观点。但是，来自这些不同研究领域的发现所共同拥有的认识是，高质量的接触（例如亲密的、跨群体的友谊）特别有可能促进接触的积极成果。因此，我们将在第八章中讨论跨群体的友谊。

第八章
跨群体友谊在减少偏见方面是否
扮演特殊角色?

　　我们现在知道,情感维度对于找出特别可能通过群际接触减少的偏见形式至关重要。但是,在界定最有可能减少偏见的接触类型方面,情感是否也可能起到作用?当我们说我们感觉与其他群体的成员"亲近"时,这意味着什么?这种亲近感又如何影响我们的群际偏见?

　　这些问题促使研究人员开发接触理论的程序化研究和理论扩展,以思考为什么跨群体友谊可以预测以及如何预测偏见的减少和其他群际改善的方面。第一章谈到过友谊在英勇拯救犹太人免遭大屠杀中的戏剧性作用(Oliner & Oliner, 1988)。在第三章中,我们了解到跨群体友谊所产生的密切情感联系如何导向对外群体成员的进一步喜爱和认同。这些变化反过来可以滋养出更多的对外群体整体的积极情感。

　　佩蒂格鲁(1997a)分析了 7 个欧洲样本的横断面调查,其中被调查者要说明他们是否拥有不同文化、国籍、种族、族裔或社会阶层的朋友,并完成几个群际偏见的测量。拥有跨群体友谊与较低的群际偏见有着一致而显著的联系,尤其是对偏见的情感维度测量,如对外群体的同情和钦佩。相比之下,与同事或邻居等外群体成员的较少亲密接触,其影响要小得多(另见 Hamberger & Hewstone, 1997)。

　　在一个相关的研究脉络中,赖特、阿伦和他们的同事(Wright et al., 2000, 2002, 2005; Wright & Van der Zande, 1999)建议,通过将外群体纳入自我的机制,与单个外群体成员的更强的亲密感与对整个外群体的更低的偏见是相呼应的。这些作者指出，通过在另一群体中有一个朋友，我们开始给予这个外群体朋友（和该朋友的其他同群体成员）相同的心理益处，这些心理益处我们通常只为自己和自己的同群体成员保留。例如，跨群体的友谊可能使我们必须为外群体成员的意图和行为做出更积极的归因（Joseph et al.，1997；Vollhardt，2010；Wright et al.，2002），并表达对外群体福利的更大关注（Aron & McLaughlin-Volpe，2001）。

在早期对这些想法的检验中，麦克劳克林-沃尔普（McLaughlin-Volpe）和她的合作者们（2000）要求受访者报告他们与外群体成员有过多少次互动（接触数量），以及他们与保持最亲近关系的外群体成员的情感有多亲近（接触质量），并报告他们对一般外群体成员的感受。更多的跨群体互动的数量与对外群体成员更积极的情感有关，但仅限于那些报告有密切的跨群体关系的人。

有了这些结果，我们使用我们的原始元分析数据集来测试跨群体友谊是否通常比其他形式的接触表现出更强的效果。对于此分析，我们检查了测试水平的效果，并比较了使用跨群体友谊作为群际接触的测量方式的测试与没有使用这种测量方式的测试之间的平均的接触-偏见效应。图 8.1总结了此分析的结果。总体而言，将跨群体友谊作为接触测量的 154 个测试，和不包括跨群体友谊接触测量的 1 211 个测试（均值 $r = -0.212$；$p < 0.05$）相比，平均效应（均值 $r = -0.246$）明显更强。

尽管这一发现令人鼓舞，但一些研究人员仍表示担心，跨群体友谊的任何积极影响可能仅限于与人有这种友谊的外群体成员身上。这让我们回到第三章讨论的泛化问题。杰克曼和克兰（1986）甚至断言，"有一两个黑人朋友，这会给（人）一个机会来思考他喜欢整个黑人群体的地方在哪里"（p. 462）。因此，我们使用我们的元分析数据尽可能调查了这个问题。

首先，我们统计了友谊研究中在接触情境中测量了与外群体成员个体有关的偏见程度的研究数量，以及测量了与外群体整体有关的偏见程度的研究数量。在评估友谊的 154 个测试中，只有少数测试（$k = 5$，$< 4\%$）关注对个别群体成员的偏见结果，而大多数测试（$k = 134$，87%）评估的

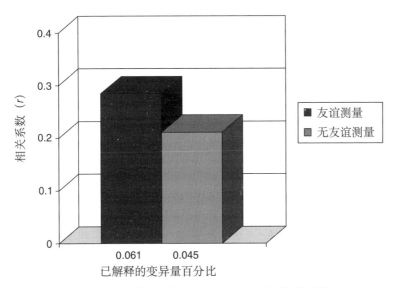

图 8.1　跨群体友谊测量存在与否的平均接触-偏见效应

是对整个外群体的偏见结果。① 虽然当类别中包含如此少数量的测试时进行统计比较并不理想，但为了直接解决杰克曼和克兰（1986）提出的关切问题，我们着手这样做。我们这样做的决定还得益于以下知识：这 5 个检验对单个外群体成员的偏见的测试彼此差异极大。它们源自 4 位不同作者在不同年代和不同国家进行的研究（Bullock，1978；Maras & Brown，1996；Webster，1961；Yinon，1975）。比较这些不同种类的测试可以发现，当在接触情境中对个别外群体成员进行偏见评估时，友谊的效应确实会特别强烈（均值 $r = -0.296$）。这个平均效应并不明显大于对整个外群体进行偏见评估的情况（均值 $r = -0.237$；$p = 0.20$），但这可能是由于第一个比较组中的测试数量很少。

　　连同最近的其他发现，现在越来越多的共识是，虽然群际接触通常会减少偏见，但当它由紧密、高质量的群际关系（例如由跨群体友谊提供的亲密关系）组成时，对于减少偏见最为有效。这些工作在很大程度上支持

117

---

① 在余下的 15 个友谊测试中，只有一个测试了不同情况下的泛化。其余的来自佩蒂格鲁（1997a），并测试了第三章中详细讨论的次级转移效应。

了佩蒂格鲁（1998）的主张，即潜在友谊（friendship potential）是促进群际接触效应的重要条件。佩蒂格鲁将潜在友谊定义为接触情境为人们提供成为朋友的机会的能力。潜在友谊表现为在各种社会环境中广泛和反复的接触，随着时间的推移，这种交流会鼓励更深度的经验共享、自我表露和其他类型的建立友谊的过程（另见 Cook，1984）。

118

迄今为止，大多数跨群体友谊的研究本质上都是相关研究（例如，Aberson et al.，2004；Herek & Capitanio，1996；Paolini et al.，2004；Pettigrew，1997a），而纵向研究很少（例如，Binder et al.，2009；Dhont et al.，under review-b；Eller & Abrams，2003；Eller，Abrams，& Gómez，under review；Sidanius et al.，2008）。为了更好地说明潜在的因果关系，研究人员开始进行跨群体友谊的效应的实验研究。

赖特及其同事（Wright et al.，2000，2002；Wright & Van der Zande，1999）开创了这项研究的先河，描述了一项利用加利福尼亚大学学生进行的实验研究，该研究为跨群体友谊对偏见减少的因果关系提供了初步证据。白人女性受访者在 8 周的时间内随机与同种族伙伴（白人）或跨种族伙伴（拉丁裔或亚洲裔）配对进行了 4 个阶段的测试，在此期间他们参加了一系列的建立友谊的活动。每个测试阶段结束后，研究者都会对受访者与伙伴的亲近感进行评估。在最后一个测试阶段之后，受访者完成了群际结果的评估，这表面上是作为另一项单独研究的一部分。这些白人受访者的数据显示，随着测试阶段的进行，和同种族以及和异种族伙伴配对的女性，都对伙伴发展出了强烈的亲近感。与和同种族伙伴配对的受访者相比，和异种族伙伴配对的受访者倾向于在研究结束时报告较低的群际焦虑感。此外，使用巧妙的"预算削减任务"作为群际态度的衡量指标（参见Haddock，Zanna，& Esses，1993），赖特及其同事发现，相比于有同种族伙伴的受访者，与异种族伙伴配对的白人受访者支持对伙伴种族的少数种族团体的大学经费进行削减的可能性更小。

在这项工作的基础上，佩奇-古尔德等人（2008）通过实验检查了少数族裔和多数族裔受访者（拉丁裔和白人）之间的跨群体友谊的效应，他们与同族裔群体或跨群体的伙伴配对并参加了三次建立友谊的会面。在会面开始之前，研究人员使用内隐联想测验（Implicit Association Test，IAT；参见 Lane, Banaji, Nosek, & Greenwald, 2007；Rudman, Greenwald, Mellott, & Schwartz, 1999）测量了受访者的初始群际偏见以及他们对基于族裔成员身份而被拒绝的敏感性（参见 Mendoza-Denton et al.，2002）。应激的生理指标（皮质醇反应性）也包括在内，以评估友谊会面期间的焦虑反应。在对基于群体的排斥高度敏感的受访者中，与跨群体伙伴配对的受访者在第一次友谊会面后的皮质醇反应性达到峰值，这表明出现了更大的焦虑反应，但他们的压力反应在第三次友谊会面后大大减弱。现在，他们对那些对基于群体排斥较不敏感的受访者以及与同一族群伙伴配对的受访者表现出类似的焦虑水平。

119

　　此外，受访者使用日记程序报告了在三场友谊会面之后的 10 天内，他们在日常生活中发起跨族群互动的频率。尤其是在最初偏见程度高的人群中，与结交同族群朋友相比，受访者在结交跨群体朋友后更有可能发起跨族群互动。因此，研究结果扩展了赖特及其同事的工作，表明即使在最初可能最关心群际互动或最不舒服的人群中，发展群体间的友谊也可以减少群际焦虑，并鼓励他们愿意进一步参与群际接触。与先前引用的研究一起，这些研究提供了令人信服的证据，表明跨群体的友谊在减少偏见和促进一系列积极的群际结局方面特别有效。

❖ 跨群体友谊的过程

　　但是，在跨群体友谊中真的是亲近感产生了这些效应吗？只有少数研究开始找出能够解释跨群体友谊对于减少偏见具有独特效果的心理过程的原因。麦克劳克林-沃尔普及其同事（2000）的研究表明，亲近感可调节接触量与偏见之间的关系，也就是说，当人们报告感觉与他们所接触的外群体成员亲近时，更多的接触量才有意义地减少了偏见。

　　其他研究表明，焦虑的减少在跨群体友谊和偏见减少之间的关系中起着中介作用，这补充了第六章中报告的趋势。保利尼（Paolini）等人（2004）使用结构方程模型来分析北爱尔兰的跨社区关系问卷调查。他们发现，跨群体朋友数量的增加减轻了人们对未来的群际交往的焦虑感，而这一过程反过来预示着群际偏见的减少。在他们对学生接触经历的 UCLA 纵向研究中，莱文（Levin et al.，2003）同样揭示出，在大学期间，更多的跨群体友谊预示着到大学结束时群际焦虑和群际偏见的显著减少。

120 研究人员还试图超越对心理过程的研究，以了解跨群体友谊中的行为可能如何进一步促进积极的群际变化。人际关系文献中的友谊研究强调了某些行为，例如共有活动和自我表露，这些行为会影响与他人的亲密关系的发展（Fehr, 2004；Reis & Shaver, 1988）。

群际文献的近期发现现在揭示了在群际友谊中的相似趋势（参见 Ensari & Miller, 2002；Tam et al.，2006；Turner et al.，2007）。例如，特纳等人（2007）发现自我表露在解释群际友谊和改善了的群际态度之间的关系上，是一个特别有力的中介变量，甚至比焦虑的减少更有效。再加上第六章中所述的中介结果，焦虑的减少似乎在接触的早期阶段对偏见减少起着关键作用，而随着时间的流逝和在共同活动当中自我表露的作用在后期越来越大，亲密的跨群体友谊开始形成。

❖ 跨群体友谊的间接效应

跨群体友谊的效应也广泛传播。正如第六章中简要提到的那样，与一个有外群体朋友的内群体成员成为朋友会改善一个人对外群体的态度（Wright et al.，1997, 2008）。这个过程复制了平衡理论中的"我的朋友的朋友是我的朋友"的现象（friend-of-my-friend-is-my-friend，参见 Heider, 1958）。至少在短期内，这种间接效应通常不会产生能与直接接触所获得的态度强度相匹敌的外群体态度。但是在更长的时间跨度上，间接接触带来的新态度似乎会得到增强（Christ et al.，in press）。这种间接接触也会产生次级转移效应，对于居住在隔离地区且缺乏跨群体朋友的人们尤其重要（Christ et al.，in press；Eller et al.，under review）。

❖ 跨群体友谊的测量

回顾新兴的关于跨群体友谊的文献,可以发现在评估这一概念方面存在很大的差异。迄今为止,大多数关于跨群体友谊的研究都要求受访者报告他们有多少个外群体朋友(例如,Hamberger & Hewstone,1997;Paolini et al.,2004;Pettigrew,1997a;Simon,1995;Spangenberg & Nel,1983)。其他研究则询问一个人的朋友网络,例如要求受访者报告朋友圈的种族构成(例如,Emerson et al.,2002)或外群体成员的朋友所占的百分比(例如,Stearns,Buchmann,& Bonneau,2009;Tropp,2003)。还有的研究将友谊操作化为亲近度,例如人们与最亲近的外群体成员的亲近度如何(例如,McLaughlin-Volpe et al.,2000),或报告最亲近的朋友的群体成员身份(例如,Johnson & Marini,1998;Webster,1961)。还有其他方法测量的是一个人与外群体朋友共度的时间长短,例如人们与外群体朋友接触的频率(例如,Van Dick et al.,2004)或与外群体成员进行友好互动的频率(例如,Patchen,Davidson,Hofmann,& Brown,1977)。

但是,关于这些评估跨群体友谊的各种方法是否通常会在跨群体友谊和偏见减少之间发现不同的关系,人们所知甚少。因此,在克里斯廷·戴维斯(Kristin Davies)的带头下,我们扩展了较早的元分析工作,以确定友谊接触与群际态度之间的关系是否根据对友谊进行概念化和评估的精确方式而有所不同(参见 Davies et al.,in press)。我们从较大的元分析中提取了评估跨群体友谊的研究,并对研究文献进行了新的搜索,以找出更多在 2009 年 8 月底之前对跨群体友谊的影响的研究。这些程序使我们得以汇总来自 208 个样本(包括 501 个单独测试)的结果,以检验友谊接触的效应。这个数字是我们最初的元分析研究(61 个样本和 154 个测试)中可用的友谊样本的三倍以上,这表明自世纪之交以来人们对该研究领域的兴趣日益增长。

我们首先检查了这个汇总后的数据集中的友谊接触的平均效应,并将其与在我们较小的原始样本子集中观察到的友谊接触的平均效应进行比较。无论在样本水平还是测试水平上，汇总数据集中友谊接触的平均效应大小（没有数据校正的样本和测试的均值 $r = -0.236$，有数据校正的样本的均值 $r = -0.240$，有数据校正的测试的均值 $r = -0.239$）都与我们原始的元分析数据集中所报告的数据相当（在测试水平上，均值 $r = -0.246$）。

对友谊接触数据集的进一步分析显示的趋势和我们在与较大的一般接触效应的元分析数据集有关的前几章中所报告的相似。例如，与不那么可靠的友谊接触与偏见的测量（均值分别为 $r = -0.223$ 和 -0.206）相比，我们通常会在友谊接触（均值 $r = -0.307$）与偏见（均值 $r = -0.280$）的更可靠测量之间找到更强的关联。当结果测量评估的是群际态度的情感维度（均值 $r = -0.263$）而不是认知维度（均值 $r = -0.177$）时，我们还观察到友谊接触的更强效应（参见 Davies et al., in press）。

然而，与本次讨论格外有关系的是，友谊接触测量中的变异性是否会在其与群际态度的关系上产生有意义的差异。因此，我们比较了采用研究文献中六种最常见的友谊指标类别的样本的平均影响：（1）报告的跨群体友谊的数量；（2）在一个人的友谊网络中外群体成员所占的百分比；（3）报告的与外群体朋友的亲近度；（4）报告的外群体朋友与自我的重叠程度；（5）对外群体朋友的自我表露程度；（6）与外群体朋友共度的时长。图 8.2 提供了这些不同类型的友谊指标的平均效应。

对于采用六类友谊接触的样本，都存在跨群体友谊和群际态度之间的显著关系。尽管如此，那些根据与外群体朋友共度的时长或者对外群体朋友的自我表露程度来评估友谊的样本，其效应比依赖其他友谊指标的样本要大得多。具体来说，测量与外群体朋友共度的时长和自我表露程度的测试，与评估外群体好友数量、友谊网络中外群体成员的比例，以及与他人的亲近度和他人与自我的重叠程度（均值 $r = -0.218$；$p < 0.01$）的测量等都加起来相比，和减少偏见（均值 $r = -0.267$）的关联性明显更强。同时，通过与外群体朋友共度的时长来评估友谊接触的样本，与通过对外群体朋友的自我表露程度来评估友谊接触的样本，在平均效应上没有显著差异。共度的时长（time spent）这个测量的特殊重要性很可能反映出与内

群体成员一起的时间减少了。我们前面提到过，这也是偏见减少的相关因素（Wilder & Thompson，1980）。

这些发现同时补充并挑战了最近关于友谊接触在促进积极接触效应方面所起的特殊作用的理论思考。一方面，所有的六类友谊指标都产生显著效应，这一事实凸显了例如建立信任和获得安慰（Tropp，2008）的人际过程（Aron & McLaughlin-Volpe，2001）的重要性，这种人际交往的过程伴随着有意义的跨群体关系随着时间的推移而发展和加深（Pettigrew，1998）。但另一方面，与外群体朋友共度的时长和对外群体朋友自我表露的程度不仅产生最强烈的效应，而且是在研究文献中不同友谊接触方式最行为导向的指标。另外很有趣的是，图 8.2 中描述的跨群体友谊的两个最主观的指标，报告了与他人的亲近度和他人与自我的重叠程度，往往比这些行为导向的测量得到的效应更弱。因此，要理解友谊接触的边界和效应，可能需要更加注重可观察的友谊行为，而不是仅仅依靠对这些友谊的亲近度进行更主观的评估。

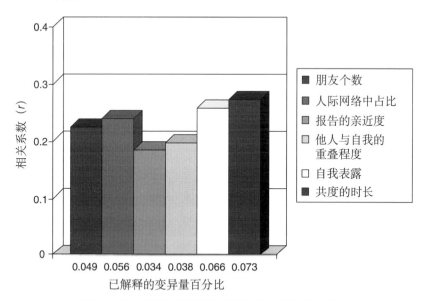

图 8.2 按友谊指标的类型划分的平均接触-偏见效应

或许也可能是因为，自我表露的和共处时长的指标由于侧重于行为方面，因此意味着被研究者与外群体朋友之间某种程度的相互参与。那么，这些指标可能比更侧重于任何与外群体朋友交往的个人的主观反应的指标更能反映双方的实际参与。这种解释与阿博德等人（Aboud et al.，2003）对儿童个人报告的友谊与相互的友谊（mutual friendship）做出的重要区分相吻合，其中相互的友谊即一对儿童将对方视为最好的朋友。他们的研究表明，虽然跨种族的友谊在数量上往往少于同种族的友谊，但儿童对自己的同种族友谊和跨种族友谊的评价是相似的，都是在情感安全、可靠性、接受帮助和满意度等维度上进行评价。这些结果加上我们自己的元分析发现表明，对跨群体友谊的动态、行为和内容给予更多的关注是未来研究中需要探讨的关键问题。

❖ 跨群体友谊报告中的潜在偏差

　　对关系动态的进一步关注还必须解决一些研究人员的担忧，他们认为，人们夸大其跨群体友谊的数量和亲密关系的报告，以表现出对其他群体的宽容（参见 Bonilla-Silva，2003；Jackman & Crane，1986）。事实上，关于友谊的主观报告可能不如实际参与友谊行为的报告那样能代表友谊的质量。史密斯（2002）指出，人们在被直接问到跨群体的友谊（"你有多少白人朋友？"）的时候经常估计出比实际更大的跨群体友谊的数量，而在第一次被要求列出这些朋友的姓名并随后识别他们的群体成员身份时（"你提到的朋友中，有多少是白人？"）则不会。

　　在实验室中启动的跨群体友谊的实验研究（例如，Page-Gould et al.，2008；Wright et al.，2002，2005）现在为跨群体友谊的积极效应提供了因果证据，并消除了仅仅依靠受访者主观自我报告的必要性。但是，为了解决这一方法论问题，我们对 203 个样本进行了单独分析，以确定不同的友谊评估模式是否预测了不同程度的友谊效应（参见图 8.3），在这些样本中，受访者报告了他们的跨群体友谊。事实上，我们确实发现，与受访者首次报告友谊并随后描述这些朋友的群体成员身份（均值 $r = -0.158$；$p < 0.01$）的 23 个样本相比，180 个受访者直接报告他们的跨群体友谊的样本的平均效应更大（均值 $r = -0.247$）。

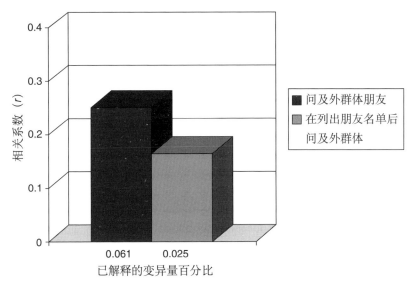

图8.3　不同友谊评估模式下的平均接触-偏见效应

　　这些发现与史密斯（2002）的分析一致，也与认为人们可能倾向于夸 *125*
大他们的跨群体友谊报告（例如，Jackman & Crane，1986）的观点一致。
这个结果也与其他研究成果一致，这些研究成果表明跨种族的友谊往往不
太常见（例如，Clark & Ayers，1992；Hallinan & Teixeira，1987；Shrum，
Cheek，& Hunter，1988），并且有时不如同种族的友谊亲密（Aboud et al.，
2003）。但是，正如我们从广泛的实验和调查研究中看到的（参见 Davies
et al.，in press；Pettigrew & Tropp，2000），即使它们可能没有同群体友谊那
样普遍和亲密，跨群体的友谊通常仍然能产生强烈和积极的群际效应。

　　此外，至少有两种方法可以解释跨群体友谊的这种明显夸大。它可以
代表个人对自己在他人眼里显得抱有偏见的担忧（Plant & Devine，1998），
或他们存在否认自己可能有的任何偏见的倾向（Gaertner & Dovidio，
2000）。但是，另外一种可能是，通过要求人们报告他们的跨群体友谊，
他们变得专注于那些群体成员身份很显著的友谊，从而加强了这些友谊和
他们报告的群际态度之间的联系（参见 Brown & Hewstone，2005）。也就是
说，我们应该观察的是从那些外群体朋友的群体成员身份在认知上可及
（accessible）的跨群体友谊中得来的更积极的群际结果。

　　佩奇-古尔德等人（2010）的一条令人振奋的新研究路径为这第二种观点提供了一些支持性证据。在一项研究中，根据对前测问卷的答复，研究者挑选了报告有类似程度的亲近度（即7点量表中得分为6或7）的跨群体和同群体朋友的白人受访者。在随后的实验阶段中，受访者被要求描述他们的友谊，并提供跨群体和同群体朋友的姓名。为了操纵跨群体友谊的认知可及性，受访者被随机分配到描述他们的跨种族好友（高可及性）或同种族好友（低可及性）的不同条件中。然后他们完成一个反应时任务，以评估自我-外群体关联（参见 Aron & McLaughlin-Volpe，2001；Wright et al.，2002），并且阅读一个小片段，在这个小片段中他们想象自己与一个未知的外群体成员互动。然后，受访者评价他们对这种想象中的互动的喜欢程度。高可及性条件下的受访者在反应时任务中显示出更强的自我-外群体关联，他们还报告了与未知外群体成员互动的更积极的期望。

126 　　佩奇-古尔德和她的同事们进一步推动了这项研究，测试了在真实且与众不同的跨群体互动中是否会出现类似的效应。通过使用相同的招募程序，当受访者一来到实验环节时，他们就被随机分配不同的任务，描述一个跨群体或者同群体的朋友。完成反应时任务后，受访者被介绍给未知的外群体成员以进行非结构化的互动。在互动之前和之后，研究员均从受访者那里收集唾液样本，以评估其激素应激反应以及从应激反应中恢复的能力。研究结果再次表明，与描述同群体朋友（低可及性条件）的受访者相比，描述跨群体朋友（高可及性条件）的受访者具有更强的自我-外群体关联。此外，在新的跨群体互动中，更强的自我-外群体关联在实验的可及性操纵产生更大的荷尔蒙平衡的效应上起到了中介作用。与先前关于群际接触显著性的工作相一致（Brown et al.，1999；Brown & Hewstone，2005；Voci & Hewstone，2003），这些发现使作者得出结论，即跨群体友谊的群际利益可能取决于在回应未知的外群体成员时，跨群体友谊的可及性如何。

❖ 与跨群体友谊相关的阻碍

　　尽管这些研究和其他研究明确指出了跨群体友谊可能带来的好处，但跨群体友谊的形成却存在两种相互关联的巨大阻碍和挑战。首先，为了拥有跨群体朋友，显然必须有结交跨群体朋友的机会（参见 Cook，1962；Pettigrew，1998；Wagner et al.，2006）。

即使有足够的接触机会，也可能存在反对跨群体互动和友谊的严格规范。南非的种族隔离制度和美国南方的种族隔离提供了这第一类障碍的重要例子。一个主要的挑战涉及住房隔离，这种隔离也会造成在学校教育领域和社会生活的其他领域的隔离（参见 Massey & Denton，1993；Orfield & Lee，2006；Pettigrew，1971，2007c；Schofield，1995）。美国学校的研究表明，与选择跨种族朋友相比，儿童和青少年选择同种族朋友的可能性要大得多（例如，DuBois & Hirsch，1990；Hallinan & Teixeira，1987）。然而，随着在他们学校中其他种族的学生更多地出现，他们报告有跨种族的友谊的可能性变得更大了（例如，Hallinan & Smith，1985；Joyner & Kao，2000；Khmelkov & Hallinan，1999），尤其是在班级规模很小，足以鼓励跨群体的互动时更是如此（Hallinan & Teixeira，1987）。最近对白人大学生的一项研究还表明，那些至少有一个不同种族的室友的人，在大学的第一年很可能会发展出更加多样化的友谊网络（Stearns et al.，2009）。

127

尽管如此，也有证据表明，随着时间的流逝，跨群体的友谊可能会更加难以维持。在从儿童期到青春期的过渡期间，跨群体友谊通常会减少（Asher，Singleton，& Taylor，1982；DuBois & Hirsch，1990；Epstein，1986）。因此，随着年龄的增长，孩子拥有比跨族群朋友更多的同种族朋友的趋势也在增强（Aboud et al.，2003）。这些现象反映了跨群体友谊的第二类障碍：反对群际互动和友谊的社会性和情境的规范。

最近的工作还表明，跨群体友谊这个观念的变化也可能会抑制其发展和维持友谊的能力。韦斯特及其同事（West et al.，2009a）研究了对共性的看法（即不同种族群体的成员都是同一个群体的一部分）如何预测入学室友之间的跨群体友谊的发展。在那些被随机分配不同种族室友的人中，最初对共性的高度认知预示着其对不同种族室友的更强的友谊之感。然而，那些最初感觉到与室友共性低的人，或者与那些感觉低共性的室友配对的人，对室友的友谊之感随着时间的流逝降低。

因此，类似于我们在第五章中提出的那样，需要做更多的研究来了解负面因素是如何抑制接触的积极效应的，以及它们又是如何抑制跨群体友谊的产生和积极潜力的。跨群体友谊的一个特别相关的特征涉及来自受信任的他人的规范性影响，以及我们在多大程度上认为他们赞成或不赞成发展跨群体边界的友谊。发展心理学研究表明，父母是重要的信息来源，他们可以阻止或鼓励孩子们进行接触和发展跨群体关系的意愿（Aboud，2005；Edmonds & Killen，2009）。

孩子们也非常积极地遵守内群体同伴的期望和标准，这可能会使他们不愿追求跨群体的友谊（Aboud & Sankar，2007；Fishbein，1996）。此外，随着儿童从童年时代过渡到青春期，社会规范和群体认同在应对群际相遇的方式中可能会起到更大的作用（参见 Horn，2003；Killen et al.，2007a；Turiel，1983）。这些趋势补充了我们在成人研究中观察到的情况，这些成人研究表明人们如何依赖可信的内群体成员作为关于其他群体的信息来源（例如，Hogg & Reid，1996；Sechrist & Stangor，2001；Stangor et al.，1991）。正是由于这些原因，跨群体的纽带比同群体的纽带更加脆弱和难以维持（Reagans，1998），这也可以解释为什么即使有机会进行群际接触，人们也 *128* 可能自愿重新隔离（Rogers, Hennigan, Bowman & Miller，1984；Schofield，1979；Tatum，1997）。

尽管这些社会压力和挑战是巨大的，但我们仍可以设想通过逆转这些过程来提高跨群体友谊的潜力。回到第五章中讨论的主题，机构支持、合作、共同目标和平等地位等情境特征可以促进积极的交往体验，进而促进跨群体友谊的发展。确实，研究表明，当来自不同种族背景的学生合作参加公共的学校活动时，他们更有可能相互选择彼此作为最好的朋友（Hallinan & Teixeira，1987；Patchen，1982）。此外，当来自不同民族语言群体的孩子在学校接受教育而且他们的语言在课堂上具有同等地位的时候，他们更有可能选择其他群体的孩子作为朋友（Aboud & Sankar，2007；Wright & Tropp，2005）。而且，这些积极效应会随着时间的推移而累积，从而使在高中时期拥有更多跨种族朋友的学生在大学中更容易形成跨群体的友谊（例如，Stearns et al.，2009）。

同样，侧重于改变社会规范的策略，使内群体成员更积极地支持积极的群际关系，这也可以促进跨群体友谊的发展（参见 De Tezanos-Pinto et al.，2010；Frey & Tropp，2006；Mallett，Wagner，& Harrison，in press；Migacheva & Tropp，2008）。马利特和威尔逊（Mallett and Wilson，2010）提供了一个典型的例子。这些作者让白人受访者观看了两名白人学生或者一名白人学生和一名黑人学生互动的录像带。在这两种情况下，视频中出现的学生都报告说，即使他们最初对友谊的期望不高，他们还是成了朋友。此外，一些受访者被要求写一段关于互动比他们的预期效果好或者互动与他们的预期效果一致的经历的文字，这样他们就将互动与自己的经历联系了起来。在这些步骤之后，受访者与一个未知的黑人伙伴进行了互动，一周后作者联系他们以确定他们是否建立了新的友谊。作者发现，写出互动超出以往预期效果的先前经历的受访者不仅与黑人伙伴有更积极的互动，而且他们还报告在研究后的一周内形成了显著更多的跨种族友谊。

❖ 结论

新兴的群际研究强调了跨群体友谊在减少偏见和促进积极的群际效应方面的重要性。尽管研究文献中关于如何构建跨群体友谊的概念存在很大差异，但研究表明，跨群体友谊通常会大大减少偏见。当评估基于行为指标时，这种效应尤其明显。跨群体的友谊通常会触发间接接触的效应，即拥有跨群体朋友的人的内群体朋友也会变得更加宽容。

跨群体友谊的发展仍然存在许多障碍，包括群际隔离的模式，以及反对与外群体交往的强大社会规范。但是，通过建立更理想的接触条件，并提供支持和鼓励群际接触的规范来扭转这些趋势，我们可以增强跨群体友谊所提供的积极潜力。

第九章 31

第九章
群体地位是否可以调节接触效应?

在前几章中,我们已经表明,群际接触可以促进群际偏见的减少。并且当接触情境明确结构化以提高积极的群际结果时,这一点尤为明显(参见 Allport,1954;Pettigrew,1998)。

但是,尽管对群际接触的研究十分丰富,研究员才刚刚开始考虑群体地位可能可以对接触效应进行调节的特殊方式。鉴于少数地位群体和多数地位群体的历史和经验不同,这种疏忽是令人惊讶的。与许多研究领域一样,以前的接触研究倾向于假设不同群体的成员们的接触效应背后是相同的基本心理过程(参见 Hunt,Jackson,Powell,& Steelman,2000)。因此,研究文献直到最近都忽视了少数地位群体的视角(Ellison & Powers,1994;Shelton,2000)。

然而,新出现的研究工作已开始强调对群际关系的双方的接触效应进行研究的重要性(Sigelman & Welch,1993;Tropp,2006),同时提出,少数地位群体和多数地位群体的成员在进行跨群体互动时往往面临不同的挑战(例如,Devine & Vasquez,1998;Hyers & Swim,1998)。例如,多数地位群体的成员通常会担心自己被地位低的人们认为怀有偏见,而少数地位群体的成员会担心自己成为地位高的群体的偏见对象(参见 Plant,2004;Plant & Devine,2003;Shelton,2003;Stephan & Stephan,1985;Vorauer,Main,& O'Connell,1998)。

这些视角为了解少数地位群体和多数地位群体的成员们如何接近和体验跨群体互动提供了重要的推动力。但是,关于群际接触推动少数地位群体和多数地位群体成员之间积极的群际态度的程度,是否由群体在地位上 32

的差异所调节，这个问题我们仍然知之甚少。

理论和实证研究现在都认为，群体在地位上的差异可能会迫使少数地位群体和多数地位群体的成员在理解自己的群际关系上，以及定义群体之间的关系上存在差异（参见 Blumer, 1958; Bobo, 1999; Sidanius & Pratto, 1999）。例如，相比于少数地位群体的成员，多数地位群体的成员通常不太倾向于反思其群体的特权地位（Leach, Snider, & Iyer, 2002），或者以自己的群体成员身份来思考自己（Pinel, 1999），除非当下的社会情境要求他们这样做（McGuire, McGuire, Child, & Fujioka, 1978）。

相比之下，少数地位群体的成员往往对他们群体的遭贬损的地位有清楚的认识（Jones et al., 1984）。他们明白别人很可能会从遭贬低的群体成员身份这方面感知和评估他们（Goffman, 1963）。他们的生活伴随着成为偏见和歧视目标的持续风险（Crocker, Major, & Steele, 1998），并且由于他们的群体遭贬损的地位而受到糟糕的待遇（参见 Swim et al., 2003; Swim, Hyers, Cohen, & Ferguson, 2001）。相应地，与多数群体成员相比，他们对实现群际平等的努力可能更不满意（Eibach & Ehrlinger, 2006），也不太可能在接触过程中认为双方处于平等地位（Riordan, 1978; Robinson & Preston, 1976）。

我们必须考虑少数地位群体和多数地位群体成员之间对群际接触取得积极成果存在的这些不同取向所带来的影响。例如，少数群体对他们的群体贬损地位的反复认识可能会消极地影响到他们对群际关系的感觉，而这个问题可能被认为与多数群体成员之间的群际关系不那么相关。因此，即使使用接触来改善群体之间的关系，相对于接触对多数地位群体成员所能起到的效应，少数地位群体的成员长期遭贬损的历史仍可能在极大程度上抑制群际接触促进积极的群际态度的程度（另见 Ellison & Powers, 1994）。

❖ 群体地位效应的元分析和调查测试

再次使用我们的元分析数据，我们检查了少数地位群体和多数地位群体的成员之间的群际接触与偏见之间的关系是否通常有所不同（参见 Tropp & Pettigrew，2005b）。具体而言，我们对每个样本进行了编码，以了解接触情境中的受访者是否属于遭贬低的较低地位组（即少数地位群体）或占主导地位的较高地位组（即多数地位群体）。这些编码是在样本级别上进行的，因为许多研究都包括少数地位群体和多数地位群体受访者的不同样本。此外，对合并了两种地位的群体成员的样本使用"少数和多数"编码。两名独立评判者的群体地位评分的 Kappa 系数达到 0.94，并且我们通过进一步讨论解决了评判者之间的差异。

　　作为分析的第一步，我们计算了样本数量，这些样本检查了少数地位群体和多数地位群体成员之间的群际接触与偏见之间的关系。在此分析中包括的 698 个样本中，只有 142 个样本（占 20.3%）检查了少数地位群体成员的接触结果，而 505 个样本（占 72.4%）检查了多数地位群体成员的接触结果。其余 51 个样本（7.3%）同时评估了两种地位群体成员的接触结果。卡方分析表明，这些样本的分布存在显著差异 $[X^2(2) = 495.94, p < 0.001]$，少数地位群体成员样本的比例远低于随机分配的可能比例，而多数地位群体成员样本的比例远高于随机分配的可能比例。这种比较揭示了从少数地位群体的角度来进行接触研究的相对稀缺性（参见 Devine & Vasquez，1998；Shelton，2000）。

　　如第三章所述，我们大约一半的样本（52%）涉及种族和族裔之间的接触，而其余样本涉及不同年龄、性取向、失能或心理疾病方面的群体。因此，我们分析了种族和族裔样本与其他样本在合并以及分离情况下的效应，以检查跨群体环境下效应模式的一致性。

　　首先，我们比较了所有少数地位群体和多数地位群体样本的平均接触-偏见效应，并分别比较了涉及种族和族裔接触的少数地位群体和多数地位群体样本。如图 9.1 所示，在所有情况下均观察到显著的接触-偏见效应，但在我们的少数地位群体和多数地位群体样本中，效应的大小差异很大。少数地位群体样本（均值 $r = -0.18$）中的接触-偏见关联性整体上来说弱于所有多数地位群体样本（均值 $r = -0.23$；$p < 0.001$）。而且，无论分析中是包括所有样本，还是仅涉及种族和族裔接触的样本，这些模式都是一致的。

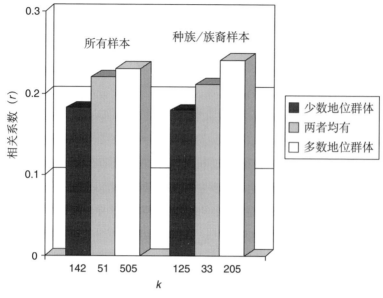

图 9.1 不同群体地位的平均接触-偏见效应

接下来，我们进行了回归分析，以检验群体地位的差异是否可以显著
134 且独特地预测接触-偏见效应，超过我们许多编码的研究方法中包括的调
节变量（例如研究设计、接触的信度和偏见测量）以及被试是否自愿选择
进行接触所可以解释的程度。表9.1显示，少数-多数群体的地位差异显著
预测了接触-偏见效应，超出了方法论变量可以预测的范围。此外，我们
发现当所有样本都包括在分析中，并且对种族和族裔样本分别进行分析
时，少数与多数群体的地位差异就成为重要的预测指标。

这些结果引起了我们的兴趣，我们希望了解是否可以在单项研究中复
制这些发现。正如我们之前在第七章所提到的那样，通常人们会批评元分
析对具有不同变量、样本和程序的研究之间进行比较检验，这就是所谓的
不可比问题（apples-and-oranges problem, Rosenthal, 1991）。此外，鉴于我
们数据的元分析性质，我们无法确定群体贬损导致少数地位群体的成员出现较
弱的接触-偏见效应的这个过程究竟是什么（参见 Sigelman & Welch, 1993）。

因此，我们对触摸美国的脉搏调查（Taking America's Pulse survey）
（全国社区与正义会议，National Conference for Community and Justice,

2000）的数据进行了二次分析，其中包括来自 995 位美国白人和 709 位美国黑人的作答数据，这是美国成年人代表性全国样本的一部分（参见 Tropp，2007）。受访者需要回答他们目前是否与外种族群体有接触（以"是"或"否"的形式），他们还要在从 1（非常远）至 5（很接近）的量表上报告他们整体上对外群体成员的亲近感。结果表明，黑人受访者的接触和群际关系的亲近程度的关系（$r = 0.078$，$p < 0.05$）明显弱于白人受访者（$r = 0.223$，$p < 0.001$），这重复了我们的元分析发现。而且，即使控制了一系列人口指标（年龄、性别、地理区域、教育水平、家庭收入、政治思想和宗教信仰），这些模式仍然存在。

135

表 9.1　　使用群体地位作为接触-偏见效应大小的预测变量的逆方差加权回归分析结果总结

预测变量	所有样本		种族/族裔样本	
	β	z	β	z
研究类型	0.01	0.12	0.10	1.59
接触测量的类型	−0.06	−1.19	−0.04	−0.58
接触测量的信度	−0.23	−5.30***	−0.23	−4.16***
偏见测量的信度	−0.09	−2.29*	−0.13	−2.43*
样本量	−0.02	−0.55	−0.00	−0.03
参与者选择权	−0.01	−0.22	0.02	0.33
少数-多数地位	−0.10	−2.81**	−0.15	−2.97**
R^2		0.09***		0.11***
Q_{Model}		68.29***		43.32***
k		698		363

注：改编自 Tropp 和 Pettigrew（2005b）。

β = 标准回归系数；z = 回归系数的 z 检验；p = z 检验的概率；R^2 = 得到解释的方差比例；Q_{Model} = 检验回归模型是否解释了不同效应大小之间很大一部分方差（参见 Wilson，2002）；k = 分析中包含的样本数。使用 Fisher 的 z 转换 r 值进行了此分析。随机效应方差分量（基于 Fisher 的 z 转换 r 值）在 0.019 和 0.020 之间。

* 　$p < 0.05$；** 　$p < 0.01$；*** 　$p < 0.001$。

一些研究人员提出，由于接触频率的差异，少数种族群体成员的接触效果可能较弱。也就是说，与多数种族群体成员接触少数种族群体的频率相比，少数种族群体更有可能接触多数种族群体（参见 Butler & Wilson，

1978；Forman & Rodriguez, 2003；Sigelman & Welch, 1993）。但是，对美国调查数据的附加分析表明，该样本中的黑人和白人受访者在报告其当前是否进行跨种族接触 $[X^2 (1) = 2.01, p = 0.16]$ 或跨种族亲近程度的报告（均值分别为3.68和3.63）上，均不存在显著的有意义的差异 $[t (1\ 654) = 1.24, p = 0.21]$。

136 　　尽管这些特定的美国黑人和美国白人的样本报告了相似水平的当前跨种族接触，但其他研究工作表明，由于其较小的人口占比和代表性，黑人通常确实比白人经历更多的跨种族接触（参见 Blau & Schwartz, 1997）。因此，黑人和白人受访者之间相似的接触报告实际上可能反映出白人倾向于抬高其跨种族关系的数量并夸大这些关系的亲近程度的趋势，正如博尼拉-席尔瓦（Bonilla-Silva, 2003）所提出的那样。

❖ 少数群体-多数群体关系以及偏见和歧视的作用

　　我们进一步寻求检验群际接触效应的模式是否可能与少数地位群体和多数地位群体成员之间的其他潜在分歧点相对应，这与最近关于少数群体与多数群体关系的理论相一致（有关扩展讨论参见 Bobo & Fox, 2003）。具体来说，我们测试了诸如种族歧视之类的因素是否可以抑制少数群体成员（即美国黑人）的接触-偏见关联，而不影响多数群体成员（即美国白人）的接触-偏见关联。在调查中，受访者报告了他们对社会对自己的种族群体的歧视程度的感知，反向编码的范围为1（根本没有）至4（非常多）。

　　几项研究表明，黑人和白人对跨种族关系的看法截然不同（Eibach & Ehrlinger, 2006；Gallup Organization, 2001；Kluegel & Bobo, 2001），大多数黑人认为自己的群体遭受到实质性的歧视（Sigelman & Welch, 2001）。确实，种族歧视在美国黑人的生活中持续占据着重要的部分（参见 Feagin, 1991；Pettigrew, 2007c）。这种对歧视的持续认识很可能会影响少数族裔群体成员对与多数族裔群体关系的看法（参见 Tropp, 2003）。与这种观点相一致的是，其他研究表明对歧视的感知通常有助于预测少数族裔群体成员的跨种族态度，而这种感知通常与多数族裔群体成员的跨种族态度无关

（参见 Alexander, Brewer, & Livingston, 2005；Monteith & Spicer, 2000）。

相应地，在对这些国家调查数据的进一步分析中，我们发现黑人受访者感知到的对自己群体的种族歧视（M = 3.43）比白人受访者感知到的种族歧视（M = 2.37）更大 [t (1 691) = 24.89, $p < 0.001$]。另外，对种族歧视的更多感知与黑人受访者的跨种族亲近度显著相关（$r = -0.116$, $p < 0.01$），而在白人受访者之间没有发现感知到的歧视与跨种族亲近度之间存在显著关系（$r = 0.031$, $p > 0.30$）。

然而更重要的是，我们发现种族歧视的观念以不同的方式调节了黑人和白人受访者的接触效应。在那些认为自己的种族没有、几乎没有或只受到一点歧视的黑人和白人受访者中，种族间的接触始终预测了跨群体关系的亲近性（t 介于 3.54 至 4.60 之间，$p < 0.01$）。而在那些感知到对自己的种族群体存在很大歧视的人中，接触仍然预测白人受访者有更亲近的跨种族关系（$t = 2.62$, $p = 0.01$），但对黑人受访者来说则没有（$t = 0.84$, $p = 0.40$）。此外，重要的是要注意，该样本中超过一半的黑人受访者（$n = 396$，56%）表示感知到对他们的种族群体存在很大的歧视。从他们的角度来看，这一结果揭示了感知到的歧视作为跨种族关系中的负面力量的特殊重要性。那些认为美国持续存在严重种族歧视的非裔美国人受访者也很可能感知到威胁。我们将在第十二章中看到，当群际接触未能减少偏见时，通常会涉及威胁。因此，尽管通常可以通过种族间的接触实现积极的结果（Allport, 1954；Pettigrew & Tropp, 2006），但积极的接触效应可能会因为少数地位群体成员感知到自己的群体受到相当大的歧视，而被稀释（另见 Tropp, 2006）。

在其他实证研究中也观察到了相关的发现，这些研究检查了少数群体成员对群际接触的感受与他们感知到的偏见和歧视之间的关系。特罗普（2003）用实验法检验了少数族裔受访者（亚裔美国人和拉美裔）如何应对来自多数族裔（白人）同伴（实验者的助手）的公开表达出的偏见。受访者被随机分配到旁听他们的同伴与实验者之间的两种脚本对话中的一种，在对话中，同伴对受访者的族裔群体要么做出了带有偏见的评论（即不希望与来自受访者种族的人配对），要么没有。在这些程序之后，受访者完成了问卷调查，其中包括对敌意和焦虑的测量、对歧视的长期感知、对与白人同伴交流的感受，以及整体来说对白人的感觉。

与未听到偏见评论的受访者相比，听到偏见评论的受访者报告了更强的敌意和焦虑，以及与同伴和在整体上与白人互动的积极感情减弱。此外，相关关系显示，即使在实验环境中控制了偏见之后，长期的歧视感知也预测了更强烈的敌意和焦虑，以及与白人同伴互动的积极感情减弱。这些发现表明，即使只是受到单一的一次种族外群体的偏见，也可能使少数族裔群体成员对群际接触的情感产生深远的负面影响，而持续的对种族偏见和歧视的感知可能会进一步加剧这种影响。

同样，谢尔顿和里奇森（Shelton & Richeson，2006）研究了黑人受访者对白人的感觉和与白人接触的态度之间的关系，以及这些关系如何和感知与之互动的白人同伴怀有偏见有关。在完成初步态度调查的几周后，黑人受访者被邀请到实验室与白人同伴进行互动。之后，他们报告了他们在互动中的感受以及他们认为他们的白人同伴持有偏见的程度。结果表明，黑人受访者的初始种族态度越消极，他们越觉得自己的白人同伴怀有偏见，他们越不喜欢白人同伴，并且越不喜欢这种互动。此外，感知到的偏见在受访者的种族态度与享受互动之间的关系上起到了中介作用。也就是说，受访者对白人的消极态度预示着互动的乐趣减少，这是因为他们认为白人同伴怀有偏见。

这些不同的发现表明，少数地位群体成员的积极接触成果可能会因他们对偏见和歧视的感知而受到很大的抑制。确实，少数地位群体成员对于与多数地位群体接触的反应可能会受到偏见和歧视的历史和经验的影响，这是有充分理由的。这种先前的群际经历显然会激发对未来接触的负面期望，并由于持续的怀疑和不信任而破坏群体间的关系。

❈ 少数-多数效应和接触的最优条件

将这些研究结果与更广阔的群际接触理论的框架（Allport，1954；Brown & Hewstone，2005；Pettigrew，1998）关联起来，我们就必须要问，

在接触情境中建立奥尔波特的最优条件是否足以消除这些消极影响。确
实，如第五章所述，一些研究人员指出，平等地位这个条件可以用多种方
式定义和加以解释（例如，Foster & Finchilescu, 1986; Riordan, 1978）。而   *139*
且，不同地位群体的成员可能并不总是就接触情境中达到平等地位的程度
达成了共识（Robinson & Preston, 1976）。因此，即使在客观上试图建立
诸如平等地位这一条件时，群体成员对群际接触的主观反应仍可能会因
其对群际关系的感知和经验而有所不同（参见 Cohen, 1982; Livingston,
Brewer, & Alexander, 2004）。因此，在接触情境中实施最佳条件不总是
足以确保少数地位群体和多数地位群体成员都能取得积极的接触成果。
简而言之，群际接触中多数地位群体参与者的最佳条件并不一定是少数
地位群体参与者的最佳条件。

　　我们返回到元分析数据，对这些想法进行初步检验（参见 Tropp &
Pettigrew, 2005b）。具体而言，我们试图检验少数地位群体和多数地位群体
的不同样本是否仍会显示出不同的接触-偏见关系模式，即使在有意设计
接触情境以最大限度提高群际积极成果的情况下也是如此。我们通过检验
我们的奥尔波特条件的全球指标是否可以在少数地位群体和多数地位群体
样本中都预测出更强的接触-偏见效应，且效应超出了我们编码的研究方
法变量所能解释的范围来检验该问题。具体来说，我们对少数地位群体和
多数地位群体样本进行了回归分析，其中还同时包括了奥尔波特条件的全
球指标和编码的研究方法变量，作为接触-偏见效应大小的预测因子（参
见表9.2）。同样，我们对全部样本以及仅仅涉及种族和族裔接触的样本都
进行了这些分析。总体而言，我们的结果表明，奥尔波特的最佳条件可以
显著地预测多数地位群体样本的接触-偏见效应，而对于少数地位群体样
本却没有显著地预测接触-偏见效应。此外，无论是查看所有汇总样本（z
从 -2.12 至 -1.09）还是仅查看涉及种族和族裔的样本（z 从
-2.67 至 -1.40），我们都观察到相似的结果模式。

表 9.2   测试接触条件作为调节变量的逆方差加权回归模型结果汇总

预测变量	所有样本				种族/族裔样本			
	少数		多数		少数		多数	
	β	z	β	z	β	z	β	z
研究类型	0.01	0.10	−0.01	−0.16	0.04	0.35	0.19	2.00 *
接触测量的类型	−0.00	−0.03	−0.02	−0.36	−0.00	−0.00	0.03	0.31
接触测量的信度	−0.23	−2.71 **	−0.20	−3.87 ***	−0.24	−2.68 **	−0.20	−2.64 **
偏见测量的信度	−0.21	−2.54 *	−0.05	−1.13	−0.21	−2.38 **	−0.12	−1.64
样本量	−0.06	−0.75	−0.03	−0.68	−0.08	−0.92	0.00	0.06
参与者选择权	−0.05	−0.65	−0.04	−0.76	−0.09	−1.01	0.00	0.04
接触情境	−0.10	−1.09	−0.12	−2.12 *	−0.13	−1.40	−0.22	−2.67 **
R^2		0.14 **		0.08 ***		0.15 **		0.09 **
Q_{Model}		22.39 **		44.48 ***		22.68 **		21.17 **
k		142		505		125		205

注：改编自 Tropp 和 Pettigrew（2005b）。

β = 标准回归系数；z = 回归系数的 z 检验；p = z 检验的概率；R^2 = 得到解释的方差比例；Q_{Model} = 检验回归模型是否解释了不同效应大小之间很大一部分方差（参见 Wilson, 2002）；k = 分析中包含的样本数。使用 Fisher 的 z 转换 r 值进行了此分析。随机效应方差分量（基于 Fisher 的 z 转换 r 值）在 0.016 和 0.020 之间。

*　$p < 0.05$；**　$p < 0.01$；***　$p < 0.001$。

少数族裔背景下未达到统计显著性的这个结果，部分反映了该比较中涉及的研究数量相对较少。但是，鉴于在少数地位群体和多数地位群体情况下效应的大小差异，这些模式表明，即使明确地构造了接触情境以最大限度地实现积极的群际成果，少数地位群体和多数地位群体的成员仍可能对群际接触表现出不同的反应。具体来说，可能是在接触情境中建立奥尔波特的条件通常对于多数地位群体成员来说会增强接触的积极效应，而这

些条件可能通常对于少数地位群体成员来说就不会增强接触的积极效应。例如，一个被多数地位群体认为是友好的情境，可能会被少数地位群体感知为贬低身份或高人一等的。相关的研究还表明，少数地位群体比多数地位群体更喜欢能够保留次级群体身份的群际关系的包容性表征，而不是性质上似乎更偏同化的群际关系的表征（参见 Dovidio, Gaertner, & Kafati, 2000）。

如前所述，我们认为这些发现来自在对群体之间关系性质的看待角度当中所存在的更普遍的差异（参见 Bobo，1999；Livingston et al.，2004）。少数地位群体成员更容易将偏见和歧视视为群际关系的组成部分，而在多数地位群体成员的心目中，这些不是群际关系的突出特征。因此，对于少数地位群体成员来说，群际环境中积极条件的效应可能会被削弱，因为他们对与多数地位群体的关系的感受是由长期受贬低的历史所塑造的。

综上所述，由于传统群际接触理论对不同群体的成员互动时会发生什么进行一般性的概念化，这些发现迫使我们对这样的传统理论提出质疑。与之不同的是，在我们努力理解接触的效应时，我们必须认识到群体成员在发生接触时具有的感知和经验，这可能反过来影响他们对跨群体互动的反应（Devine & Vasquez，1998；Plant & Devine，2003；Tropp，2003）。

此外，我们的研究表明，在群际环境中建立最佳条件可能并不总是足以促进少数地位群体和多数地位群体成员之间积极的群际关系。即使做出客观的尝试来创造最佳条件，少数地位群体对接触的主观反应仍可能受到长期以来对群际关系的看法的引导，这种看法经常涉及偏见和处于劣势地位的历史（Cohen，1982；Robinson & Preston，1976；Tropp，2006）。因此，对于不同历史如何引导不同地位群体的成员对群际接触表现出不同反应，我们必须加深认识，还应认识到偏见和歧视在塑造少数地位群体成员对群际关系的态度中的重要作用。

❖ 少数-多数关系中跨群体友谊的积极潜力

尽管如此，最近的研究工作仍表明，当交流采取跨群体友谊的形式时，群际接触有可能在少数地位群体和多数地位群体中都产生积极的结果。确实，现在有几项研究表明，友谊接触可以在少数地位群体和多数地位群体成员之间促进相对积极的结果。回顾在第八章中描述过的佩奇-古尔德等人（2008）的研究，该研究表明，通过实验操纵的友谊可以显著减少焦虑，并鼓励人们进行跨群体互动。此外，这些作者在拉丁裔和白人受访者中发现了相似的结果模式。同样，莱文等人（2003）的 UCLA 纵向研究表明，越多的跨群体友谊数量预示着少数族裔和多数族裔学生群体的内群体偏向都越少。

在南非，特雷杜和芬基列斯库（Tredoux & Finchilescu，2010）发现，对黑人和白人大学生来说，跨种族友谊数量与负面的元刻板印象成反比，元刻板印象即人们认为外群体成员对自己的群体抱有的正确的刻板印象（Vorauer，2006；Vorauer et al.，1998；另见 Frey & Tropp，2006）。这一发现对少数地位群体和多数地位群体成员都具有实际和理论意义。跨群体友谊应有助于减少人们避免进行群际接触的一些主要原因——少数地位群体成员害怕被多数地位群体成员歧视，而多数地位群体成员则害怕被少数地位群体成员视为抱有偏见。

在三个不同种族群体的独立实验中，芬基列斯库（2010）证明，这种负面的元刻板印象在加剧对跨种族互动的焦虑方面甚至比偏见更为重要。与这些结果一致的是，克里斯普和艾布拉姆斯（Crisp & Abrams，2008）显示了群际接触是如何减少"刻板印象威胁"的，刻板印象威胁（stereotype threat）即元刻板印象可以阻碍多种表现的过程（Steele，1997）。刻板印象威胁之所以被触发，是因为人们认为他人将自己和自己的群体看作是在某一个领域内存在不足的。人们通常对外群体成员如何看待自己抱有消极期望（Krueger，1996；Vorauer et al.，1998）。这些消极的期望可能会阻碍群际接触促进群体之间积极关系的潜力（Frey & Tropp，2006；Shelton et al.，2006；Vorauer，2006）。因此，使负面元刻板印象减弱应该可以对接触的表现和进一步的跨群体互动产生明显的积极影响。

特罗普（2007）报告的全国调查数据的进一步分析还表明，种族间的友谊可以降低种族歧视观念对美国黑人对白人的种族态度的预测强度。除了一般的接触方式外，调查还询问了报告接触的受访者是否有白人朋友。甚至在控制了人口统计学变量之后，报告拥有白人朋友的黑人受访者与未报告有白人朋友的黑人受访者相比，总体上与白人的亲近度明显更高。此外，对歧视的感知并未显著预测报告跨种族友谊的黑人受访者的跨种族关系的亲近度。但是，感知到的歧视确实显著预测了没有跨种族友谊的人的跨种族关系的亲近度。因此，尽管歧视是跨种族关系的一个突出特征，但跨种族边界的友谊减少了美国黑人依靠歧视感知来形成群际态度的程度。

❈ 结论

本章重点介绍了群体地位在解释群际接触效应中的作用。从基本的角度看，我们回顾的近期研究使我们认识到，接触通常会给少数地位群体和多数地位群体成员带来不同的结果，而这一根基牢固的事实对于我们用以改善群际关系的策略具有重要的意义。除了传统上对于客观接触条件的关注之外，我们敦促人们更加重视少数地位群体和多数地位群体之间的接触的主观反应，这是由群体成员带入接触情境中的历史和经验塑造的。

此外，新出现的研究工作表明，群际接触可能有不同的正面和负面内涵，这取决于接触的性质和目标，以及所涉及群体的地位关系。我们将在第十一章中进一步讨论这些问题，并且可以肯定，未来的研究将继续阐明产生不同接触结果的条件。

第十章
群际接触是偏见的众多预测因素之一

尽管我们的重点是群际接触的效应，但如果我们不承认与偏见有关的许多其他变量，那么本书将是不完整的。戈登·奥尔波特在其经典著作《偏见的本质》中明确指出，"简单而主导性的"偏见理论根本就不存在。他写道：

> 万能钥匙并不存在。相反，我们拥有的是一串钥匙，每把钥匙打开一扇理解的门。……我们或许可以制定一条适用于所有社会现象的一般法则，即多种因果关系总是在起作用，而且这条法则比别的任何事物都清楚地适用于偏见。（Allport，1954：pp. 208，218）

在前几章中，我们已经看到群际接触通常会减少许多类型的偏见。但是，我们必须问，一旦将许多其他效应极强的偏见的预测指标纳入分析，群际接触是否仍与偏见有显著关系。为了回答这个问题，本章将接触效应放在存在其他偏见预测因素的更现实的情境中。具体来说，我们研究的是，当同时考虑其他主要预测指标时，群际接触预测群际偏见减少的程度。

✵ 偏见的八种预测指标

粗略地讲，我们可以描绘出八类偏见的预测指标，在对许多国家和群体的偏见进行研究的大量文献中，这些偏见指标一再证明了其重要性。这些预测指标囊括所有社会科学的分支，涉及所有分析级别，从最广泛的社会宏观层面到最窄的个人关注和个性特征的微观层面：

（1）社会情境预测指标：指广泛的社会环境，反映在例如普遍存在的偏见规范和内群体-外群体人口比例等变量中。

（2）社会定位预测指标：包括人口学变量，这些变量可以显示一个人在社会中的地位，例如年龄、性别和受教育程度。

（3）经济预测指标：主要关注收入、财富和感知到的经济匮乏等指标。

（4）政治预测指标：既包括左翼-右翼政治维度，又包括一个人的政治效能感或无力感。

（5）人格预测指标：包括威权主义和社会支配倾向等经过充分研究的综合征。

（6）认同预测指标：关注个人的群体认同，即人们以族裔、种族和其他群体术语来思考自己的程度。

（7）威胁预测指标：这个预测指标采集的是外群体威胁到自己和自己的群体的程度。

（8）经验性预测指标：主要涉及人们在正面和负面群际接触中的经历。

幸运的是，之前分析过的 2002 年和 2004 年进行的两次德国国家概率调查（参见 Heitmeyer，2002，2003，2005），旨在对预测移民态度的这八类变量中的每一类进行测量（参见附录 B）。他们的数据使我们能够确定在包括这些其他主要的偏见预测指标的完整背景下，接触指标与偏见之间的关联程度。接下来我们会详细考虑每种类型的预测指标。

社会情境预测指标

这些预测指标衡量了受访者所处的社会环境。德国调查提供了两个例子，偏见规范以及移民的人口比率（Pettigrew，Wagner，& Christ，2007b）。这些变量中的每一个都在地区（district）级别进行了测量。在德国，地区是国家组织单位，通常包括一个大城市或许多较小的城市、城镇或农村地区。地区人口差异很大，居民在 36 000 至 3 400 000 之间。对于每个地区，

我们通过将该地区受访者对如下问题的回答进行平均来计算反移民偏见的规 *147*
范——您的朋友或熟人同意哪个观点：主要赞成移民，主要反对移民，支持
或拒绝的比例相等？人口普查数据提供了每个地区的外国人人口比率。

我们从更早的研究知道这两个预测指标都与一般偏见尤其是反移民偏
见有关。例如，美国南部的反黑人和支持种族隔离的规范多年来塑造了南
方白人的种族主义观点（Pettigrew，1959，1961）。在第三章中，我们还看
到了一些例子，这些例子说明了种族隔离主义和融合主义的规范是如何导
致钢厂工人和煤矿工人的不一致行为的（Minard，1952；Reitzes，1953）。
马尔德和克拉恩（Mulder & Krahn，2005）使用加拿大阿尔伯塔省城镇的规
范指标，发现规范与受访者对族裔多样性的支持存在显著相关。

人口比率在预测偏见中的作用也很重要，但更为复杂。正如我们将在
第十二章中了解到的那样，有两个互相对抗的过程在起作用。外群体占比
高可能会造成威胁，进而导致偏见加剧。但是，许多外群体成员的存在同
时使群际接触的机会最大化，并且我们知道，当接触发生时，它会使得偏
见减少。许多调节变量决定了在外群体占比的这两个相互冲突的效应中究
竟哪个占主导。

因此，毫不奇怪，采用比例指数或人口比率的偏见研究发现了各种结
果模式，从更大的偏见（Dixon，2006；Pettigrew & Cramer，1959；Taylor，
1998）到没有明显的影响（Citrin，Green，Muste，& Wong，1997；Kessler &
Freeman，2005；Pantoja，2006；Pew Research Center，2006），到提高群际接
受度（Dixon，2006；Fetzer，2000b；Hayes & Dowds，2006；Hood & Morris，
2000；Kalin，1996；Stein，Post，& Rinden，2000；Taylor，1998）。但必须做
出一个附加说明。人口比例的明显效应可能至少部分地反映了自我选择偏
差（self-selection bias）的存在（Dustmann & Preston，2001）。也就是说，
宽容的人可能更愿意搬到有大量外群体成员的地区，而更怀有偏见的人可
能会小心地避开这些地区。

社会定位预测指标：年龄、性别和受教育程度

人们在社会中所处的位置（按年龄、性别和受教育程度来确定）也会

影响他们的偏见。受教育程度尤为重要，因为它比收入和职业声望等其他变量更能可靠地表明社会阶层，尽管我们将在下一大类中考虑经济预测指标。

年龄

在大多数（但不是全部）偏见类型中，老年人往往比年轻人更怀有偏见。他们在社会中生活了更长时间，因此可能会更加沉迷于自己的民族文化和传统。他们可以回忆在新移民到来之前"在过去的美好时光"中的社会。因此，我们很可能预期年龄与反移民观点有正向的关系，欧洲和北美洲的情况确实大体如此。

欧洲研究一再发现，反移民的态度在老年人中更强（Fetzer, 2000a, 2000b; Kessler & Freeman, 2005; Mayda, 2006）。在对 15 个欧盟成员国的分析中，杰克逊、布朗、布朗和马克斯（Jackson, Brown, Brown & Marks, 2001）发现，年龄与希望"遣返移民"的极端反应之间存在 +0.13 的零阶相关。但是这些研究人员还发现英国存在相反趋势，更年轻的英国人更经常选择这种应对方式。海斯和道兹（Hayes & Dowds, 2006）报告说，北爱尔兰的移民态度没有年龄差异。

在北美研究中也反复发现年龄与反移民意见呈正相关。在一个有 11 个变量的模型中，马尔德和克拉恩（2005）发现年龄是加拿大人对移民态度的主要预测因素。与其他地方一样，年长的加拿大人比年轻的加拿大人显著地更加反对移民。帕尔默（Palmer, 1996）使用全国样本，报告了一种更为复杂的模式。年长的加拿大人偏好更低的移民水平，而年轻的加拿大人更反对非白人移民。

费策尔（Fetzer, 2000b）发现，60 岁以上的美国人比其他年龄段的美国人更显著地反对移民者和移民。哈（2008）在两项美国调查中发现，年龄与对移民者和移民的反对态度都呈显著正相关。1994 年，年长的加利福尼亚选民比年轻的加利福尼亚选民对反对移民者的 187 号提案的投票支持率更高（Hood & Morris, 2000）。其他美国研究报告指出，年龄较大的美国人对移民的态度更加消极，尽管没有达到显著的程度（例如，Burns & Gimpel, 2000; Citrin et al., 1997; Pantoja, 2006; Stein et al., 2000）。

性别

性别通常是偏见最弱的预测因素之一。对某些外群体，男性怀有更大的偏见。对另一些外群体，女性偏见则更大。因此毫不奇怪，关于移民态度的研究很少发现性别有重要性。在欧洲，费策尔（2000b）在法国或德国的反移民态度上都没有发现明显的性别差异，海斯和道兹（2006）在北爱尔兰的反移民态度上也没有发现显著的性别差异的存在。在对 15 个欧盟成员国的研究中，杰克逊及其同事（2001）发现仅在三个国家中，女性对移民的态度更负面，而且整个数据集不存在总体性别效应。对于整个欧盟，凯斯勒和弗里曼（Kessler & Freeman，2005）得出的结果好坏参半。关于该国是否有"太多"的移民这个问题，没有明显的性别差异，但是男性明显更有可能相信自己的国家应该"不接受"移民。

布莱克（Blake，2003）和马尔德及克拉恩（2005）未能在他们的移民研究中发现加拿大存在显著的性别差异，但帕尔默（1996）发现加拿大女性对移民的抗拒更强。美国的数据与此相似。埃斯彭沙德和亨普斯特德（Espenshade & Hempstead，1996）没有发现与受访者理想的移民水平有关的性别差异。同样，西特林等（Citrin et al.，1997）未能在希望的移民水平或延迟给移民者发放福利方面发现任何显著的性别差异。伯恩斯和金佩尔（Burns & Gimpel，2000）发现了随时间变化的结果。在 1992 年的美国国家选举研究中，女性更多地表达出"大大减少移民"的愿望。四年后，在 1996 年的选举研究中，女性则比男性更多地提倡增加移民。哈（2008）得到了种族差异：美国白人男性对移民者的偏见明显更大，而美国黑人则没有性别差异。

受教育程度

受过良好教育的人通常对各种外群体都更宽容，对移民者的态度也不例外。欧洲和北美的研究也发现，受过教育的受访者对移民者和移民的接受程度更高（Fetzer，2000a；Hayes & Dowd，2006；Kessler & Freeman，2005；Mayda，2006）。马尔德和克拉恩（2005）发现，教育是加拿大对于支持移民的 11 个预测指标中最重要的。布莱克（2003）和分析国家概率抽样调查的帕尔默（1996）都认为教育是加拿大积极对待移民的主要预测指标。

在美国的研究中通常会发现类似的结果（例如，Burns & Gimpel，2000；Fetzer，2000a；Ha，2008）。费策尔（2000b）发现，教育是反对移民者和反对移民观点的主要负向预测指标。对于西特林及其同事（1997）的研究而言，在20个变量的回归分析中，教育被证明是移民态度的最重要的预测指标。受过良好教育的加利福尼亚人比其他人对反对移民者的187号提案的投票更为频繁（Hood & Morris，2000）。同样，皮尤研究中心（Pew Research Center，2006）发现，受过良好教育的受访者对极端的反移民政策，例如要求提供新的身份证、限制非法移民的社会服务以及修改《美利坚合众国宪法》以禁止非法移民的子女获得公民身份等极端政策，有更大的抗拒。

但是，我们可以对这些始终一致的结果信以为真吗？杰克曼（1973）认为不能。她质疑受过良好教育的人在威权主义和偏见方面的各种测量中得分较低这一点。杰克曼认为，受过教育的人有更高的认知复杂度，这使他们对这种量表的反应产生了疑问。她认为，受过良好教育的人更有可能感知到偏见测量的目的，并给出更能为社会接受的答案。但是，后来利用西欧的调查和实验数据进行的研究，对杰克曼的论点提出了严重的怀疑（Pettigrew et al.，2007a；Wagner & Zick，1995）。一般而言，受过良好教育的人更少受到他们内群体的偏见和偏执主义的影响。

经济预测指标

或许关于群际偏见和诸如排斥移民之类的排他性政策的最流行解释涉及经济指标。通常认为，经济上脆弱的人（失业者和最贫穷的公民）将最有可能抵制其他群体的发展。尽管这并不完全错误，但广泛的研究表明，经济指标的作用要复杂得多。德国调查的数据缺乏直接的失业测量，但是在2002年和2004年的样本中，涉及经济剥夺的三项指标提供了相关性。然而，与许多其他预测指标相比，这些关系的预测性相对较小。

那些无法购买许多自己想拥有的东西的人，认为德国目前的经济状况不佳的人，以及认为外国人的经济状况比德国人的更好的人，反对移民的偏见最为强烈（参见附录 B）。人们经常发现，群体相对剥夺（group relative deprivation）这第三个条目的测量指标，与各种广泛的偏见测量呈正相关（Pettigrew et al. , 2007a; Walker & Pettigrew, 1984; Walker & Smith, 2002）。所有这三项测量都表明，经济剥夺的主观判断相比于失业等客观测量，与反对移民者的观点有更重要的相关性。

　　尽管这些结果与流行的关于抗拒移民的论述背道而驰，但它们与其他研究一致。费策尔（2000a）未能在法国、德国或美国找到失业与移民观点之间的显著关系。凯斯勒和弗里曼（2005）也未能找到欧盟中总体的反对移民情绪与失业之间的关联。其他调查研究并未发现失业是美国移民观点的预测因素（Citrin et al. , 1997; Ha, 2008）。无论是穷人还是失业的加利福尼亚州人，在投票支持反对移民者的 187 号提案（Hood & Morris, 2000）中都没有多于其他人。

　　但加拿大的研究提供了一个例外。帕尔默（1996）报告说，对于他的被调查者来说，失业状态和失业率是对最低程度移民愿望的显著预测指标。虽然帕尔默表明对文化和对犯罪的担忧也很重要，但他总结说，失业问题是许多加拿大人的核心问题。

　　但这些关于失业的粗略结论并不能说明问题的全部。根据欧盟的数据，凯斯勒和弗里曼（2005）发现，失业与该地区外国人口的交互指标与已有"太多移民者"以及不应允许移民者就业这种观点密切相关。这表明，引发反对移民的不是失业本身，而是身边有许多移民者时失业所激起的恐惧。进一步的调查结果支持这种可能性。一个衡量被调查者认为移民将影响就业的指数与美国人对移民的看法高度相关（Citrin et al. , 1997）。加拿大的详细社会心理研究表明，对零和资源的观念——移民者在经济上的收益必然来自占支配地位群体的腰包——是这种恐惧的核心（Esses, Dovidio, Jackson, & Armstrong, 2001; Jackson & Esses, 2000）。

　　收入和个人财务的预测指标能提供的结果最多是中度的。在加拿大，布莱克（2003）、马尔德和克拉恩（2005）均未发现个人财务与移民观点之间存在显著关系。其他研究也仅发现较小的效应（Burns & Gimpel,

2000；Ha，2008；Hayes & Dowds，2006；Hood & Morris，2000；Pantoja，2006）。例如，在一项全国性调查中，31% 的经济较为安全的美国人认为西班牙裔移民者显著增加了犯罪率，而经济安全性较差的美国人持这种想法的比例为 43%（PewResearch Center，2006）。

与德国的结果类似，两项采用不同测量的研究发现了对美国经济的悲观情绪与反对移民的观点之间的显著正向关联（Burns & Gimpel，2000；Espenshade & Hempstead，1996）。

我们同意西特林和他的同事们（1997）的看法，即对于反移民偏见，只存在"植根于个人情况的经济动机的有限作用"（p. 875）。我们唯一的补充说明是，群体相对剥夺这样的主观经济剥夺指标具有一定的预测能力，并涉及对集体威胁的感知。

152 政治预测指标

政治学家最喜爱的两个变量，即政治保守主义（political conservatism）和政治无效能感（political inefficacy），对预测反移民态度做出了重大贡献。对于广泛的目标群体，政治保守派通常比其他人更怀有偏见，对移民者的态度也不例外。

大西洋两岸先前的研究表明，持保守意识形态的受访者通常更反对移民者和移民。欧盟的保守派比其他人更经常认为，他们国家有太多的移民者，并且不应该接受更多的移民（Kessler & Freeman，2005）。

比顿和同事们（Beaton, Francine, Clayton, & Perrino, 2003）用加拿大大学生样本进行的研究表明，保守价值观直接与反移民观点有关（$r = +0.43$），并通过增强传统（$r = +0.28$）和新形式的种族主义（$r = +0.41$）间接地与反移民观点相关。肖特（Short，2004）以美国大学生为样本，发现政治保守主义是他们对移民者持消极态度的主要预测因素。同样，三项调查发现，在美国概率样本中的政治保守派更加反对移民（Burns & Gimpel，2000；Citrin et al.，1997；Ha，2008）。政治保守派也在投票站根据自己的观念行事；他们是加利福尼亚州反对移民的 187 号提案的有力支持者（Hood & Morris，2000）。

美国对移民的反对也涉及在许多国际问题上的一种普遍存在的孤立主义观点（Espenshade & Hempstead, 1996）。最后，在 2006 年的皮尤调查中显示，83% 的保守派共和党人会拒绝让非法移民获得基本社会服务，52% 的人会禁止非法移民的子女获得公民身份（Pew Research Center, 2006）。

但是，这种影响在很大程度上可以归因于威胁。政治立场右翼的受访者报告了大得多的来自移民的个人和集体威胁，这种威胁感的增强在很大程度上解释了他们对移民的更大偏见（Pettigrew et al., 2007a）。

政治无效能感和政治利益一般没有像政治态度的左-右维度那样与偏见一起彻底地被研究。德国的调查以附录 B 中提供的三个条目的量表来衡量它。使用了"政治参与对我来说毫无意义"等条目，量表触及了一种涉及政治制度的异化和无能为力的感觉。它经常被运用在政治科学中来预测不投票的行为（Prewitt, 1968；Southwell & Everest, 1998），但它也与偏见呈正相关（Pettigrew & Meertens, 1995；Pettigrew, 2000）。事实证明，在德国的调查中，无效能感与反外国人偏见存在显著相关，而政治互信这种相反的现象则与支持移民的态度存在显著相关（Blake, 2003；Ha, 2008）。

人格预测指标

威权主义（authoritarianism）和社会支配倾向（social dominance orientation, SDO）是大多数类型的偏见的两个主要人格预测指标。如附录 B 所示，2002 年和 2004 年的德国国家调查测量了这些已被广泛研究的主要偏见预测因素，每个因素有三个条目。威权主义的测量条目之一如下：最重要的两个特征应该是服从上级和尊敬上级。一个社会支配倾向的条目例子是：处于社会底层的群体就应该待在底层。

在半个多世纪的时间里，威权主义预测了大多数的偏见类别，其测量涵盖了从最初的伯克利（Berkeley）测量（Adorno et al., 1950）到最近的由阿尔特迈尔（Altemeyer, 1981, 1988, 1996）编写的右翼威权主义（right-wing authoritarianism, RWA）测量等这些翻译成多种语言的条目集。例如，在本章中使用的 2002 年德国公民的概率样本中，威权主义与测试的所有五种偏见测量都呈显著正相关：对同性恋者（$r = +0.31$），犹太人

（$r = +0.26$），定居的外国人（$r = +0.54$），无家可归者（$r = +0.35$），甚至是对受访者所在地区的所有类型的新居民（$r = +0.36$）的偏见。

近年来的大量研究表明，SDO 在不同程度上和威权主义与偏见都有关（Sidanius & Pratto，1999）。罗卡托和里科尔菲（Roccato & Ricolfi，2005，研究 1）在对 RWA–SDO 相关性的评述中发现，在 51 个独立样本中，只有一个在两种测量之间获得了负相关。二者之间的加权平均相关系数为 $r = +0.33$，正如达克特（Duckitt，2001）指出的那样，最大的相关系数出现在以强烈的意识形态反差为特征的国家。考虑到两个变量都与权力相关，这种关联不足为奇，只不过一个侧重于个体，另一个侧重于群体。

然而，尽管 RWA 和 SDO 彼此有着正向的联系，但它们通常都对偏见的预测起到正向的作用。的确，麦克法兰德（2010）将这两种测量称为"致命结合"，因为在大型的回归分析中，它们通常被证明是个体偏见的主要预测指标。而且，正如预期的那样，在德国的两项调查中它们都是对移民态度最重要的预测指标之一。威权主义捕捉到的是对权威和传统的服从，而 SDO 则强调群体的等级制和支配性。

加拿大的实验进一步阐明了为什么 SDO 被证明在理解反移民态度方面如此重要（Jackson & Esses，2000）。因为在 SDO 上得分高的受访者更关注群体权力，所以他们不将来到"他们的"国家的移民者看作个人威胁，而是看作对原有居民社会和文化统治地位的集体威胁。实验表明，高 SDO 得分的受访者比其他人更不愿意授予移民者权力，无论是以帮助移民者适应加拿大生活还是帮助他们克服在加拿大社会中面临的障碍的形式。此外，有社会支配倾向的人不愿意提供帮助，很大程度上是因为他们坚信社会资源的零和性质。他们倾向于认为，如果移民者收入增加，那么他们和其他加拿大人的收入就会减少。

认同预测指标

在研究偏见时，许多社会心理学家偏好使用社会认同（social identity）的测量。德国调查通过两个条目来衡量德国认同：你有多么以身为德国人而骄傲以及你在多大程度上觉得自己像德国人（参见附录 B）。2002 年的调查还询问了有关欧洲认同的相同问题。2002 年和 2004 年的数据都表明德国人的认同与反对外国人的态度有显著正相关。但是，德国和欧洲这两种认同与反移民偏见有负相关：虽然德国认同与反对外国人的看法有关，但上级的欧洲认同与支持外国人的看法有关。尽管两种认同不存在竞争关系，但这种差异仍然存在。人们可以轻松地将自己视为德国人和欧洲人，因为这两种身份在不同的层次上运作。这两种认同之间确实存在正相关（$r = +0.42$），但它们与移民态度却有不同的关系（Pettigrew，2007a，2007b）。

两项较早的研究表明，欧洲认同与对移民的更积极看法有关（Kessler & Freeman，2005；Luedtke，2005）。此外，德国认同与反对移民的观点有正相关这个结果也重复了前人的成果。在欧洲，民族认同和民族自豪感通常与反移民观点呈现正相关（Luedtke，2005；Jackson et al.，2001）。的确，吕特克（Luedtke，2005）坚持认为，强烈的民族认同感是造成欧盟难以获得整个联盟移民政策的中央控制权的主要原因。

只有在比利时，情况更为复杂，这反映出其深深的种族鸿沟（Maddens，Billiet，& Beerten，2000）。在讲荷兰语的佛兰德斯大区（Flanders），强大的佛兰德人（Flemish）认同与反外国人的态度联系在一起，而比利时人的认同与对外国居民的更强接纳联系起来。但是，在讲法语的瓦隆大区（Wallonia），情况恰好相反：强烈的瓦隆人（Wallonian）认同和较弱的比利时人认同都与较少的反外国人情绪相关。

美国的三项调查研究均支持这一主导趋势。在得克萨斯州的一项调查中，强烈的美国认同显著预测被调查者对于限制允许进入美国的移民人数的愿望（Stein et al.，2000）。马伊达（Mayda，2006）和哈（2008）使用来自各种国家调查的概率数据，结果都表明民族自豪感与反移民观点密切相关。

155

威胁预测指标

在欧洲和北美，关于抵制移民的许多流行讨论都将威胁的概念作为讨论中心。人们认为移民威胁着工作、文化和传统生活方式。

对这两片大陆的研究都为这种争论提供了支持。受斯蒂芬等人（1985）的启发，我们在 2004 年的调查中使用附录 B 中所示的威胁量表，测量了两种类型的威胁。德国人可以个人感知到和/或集体感知到的移民带来的威胁的四个领域各由四个条目来进行测量。个人威胁的测量取决于受访者是否认为"居住在这里的外国人威胁到了我的个人自由和权利；……我的个人经济状况；……我的个人生活方式；以及……我的安全。"集体威胁的评估是通过受访者是否相信"居住在这里的外国人威胁到了我们的自由和权利；……我们的繁荣；……我们的文化；以及……我们的安全"来进行的。第十二章将更详细地研究这些相同的变量。

请注意，这些条目中的"外国人"一词仅指居住在德国的外国人。从德国的角度来看，土耳其移民工人是居住在该国的外国人的原型。2003 年，有 8.9%（734 万）的德国居民被正式承认为外国人；土耳其裔的外国人构成最大的外国群体（188 万）。前测显示，大约一半的德国受访者在被问及在德国的外国人时想到的都是一位土耳其裔的人。

杰克逊及其同事（Jackson et al.，2001）指出，在 15 个欧洲国家中，有 14 个国家认为来自移民者"侵占"（encroachment）的威胁与希望将所有移民遣返其本国的极端反应存在显著的正相关。就像附录 B 中 2004 年调查的集体威胁量表中的条目一样，本研究中的"侵占"包括与不安全感相关的恐惧和对原有生活方式的威胁。

一项德国研究发现，现实威胁和象征威胁都与消极接触存在相关，正如我们的研究结果一样（个人威胁为 $r = +0.29$，集体威胁为 $r = +0.22$）。这项研究工作还发现了"文化不和谐"与威胁之间的强烈关系。因此，在文化上更相似的意大利移民者被认为比土耳其移民者带来的威胁要小得多（Rohmann, Florack, & Piontkowski, 2006）。

我们分析中的因变量在两次全国性调查中有所不同（如附录 B 所示）。2002 年，六个条目的量表（$\alpha = 0.84$）使用如下明显的条目对针对外国居 156 民的偏见进行了测量："外国人的工作本是我们德国人应该得到的"。但是在 2004 年，最初的六个项目中只有两个可用（$r = +0.59$）："居住在德国的外国人太多了"和"当工作岗位紧缺时，居住在德国的外国人应该回到他们自己的国家去"。

经验性预测指标

最后一类预测指标包括了受访者与移民者直接接触所获得的正面和负面经验。从前面的章节中我们知道,群际接触是偏见的主要经验预测因素。在目前的分析中,负面接触是通过一个问题来衡量的:你多经常遇到外国人的打扰?积极接触则是由一个三条目的指标($\alpha = 0.75$)来进行测量的:你多经常得到外国人的帮助?你多经常与外国人进行有趣的对话?你的熟人和朋友当中有多少是外国人?

欧洲的研究还表明,直接接触对于塑造对移民者的态度非常重要。海斯和道兹(2006)在他们的北爱尔兰研究中得出结论,跨越教派边界的友谊是对待移民者态度的最重要的相关因素。他们发现,哪怕只有一个来自别的国家的朋友,也与对移民者的更大程度的接纳有很大关系,这是第三章中讨论的次级转移效应的另一个例子。费策尔(2000b)发现个人接触与亲移民观点有显著关系,但他也指出接近性测量得到的效应很小,这是一个普遍的发现,因为接近性并不能保证实际的面对面接触,更不用说建立友谊的可能性了(Festinger & Kelley,1951)。

移民接收国的研究进一步证实了与移民者接触的重要性。费策尔(2000b)指出,在美国,个人接触与反移民者态度的缓和有关。在新西兰,与移民者的接触被证明是沃德和马斯戈雷特(Ward & Masgoret,2006)的对移民者态度模型的核心预测指标。与非移民群体的群际接触的泛化也会影响移民态度。因此,拥有跨种族朋友且这个跨种族朋友不是移民者的美国人对移民者的接受程度要高得多——次级转移效应再次显现(Ha,2008)。简而言之,群际接触在移民领域很大程度上具有积极效应,正如我们在整本书中许多其他领域所指出的那样。

事实上,有充分的研究表明,与外群体成员接触程度越高,可以预测群际偏见的下降幅度越大(参见 Eller & Abrams,2004;Levin et al.,2003;Paolini et al.,2004;Van Laar et al.,2008)。尽管如此,群际态度的变化不仅取决于与外群体的接触程度,还取决于与内群体成员的接触程度。在第

157 六章提到过，怀尔德和汤普森（1980）发现，与外群体接触无关，与内群体成员接触较少的受访者表现出较少的群际偏差。因此，随着群际接触的增加和内群体接触的减少，群际偏差均会减小。虽然这两个指标显然都在减少偏见，就像偏见的其他预测指标一样，但二者中的任何一个都不能说是理解偏见的单一关键因素。

❊ 在德国测试反移民者偏见的预测指标

　　作为我们德国研究的结果，我们利用了由威廉·海特迈尔领导的关于偏见的 10 年课题（2002，2003，2005）中 2002 年和 2004 年进行的两次调查。受访者年龄都在 16 岁或以上。我们的分析只处理那些没有移民背景的受访者（2002 年 2 722 人，2004 年 1 314 人）。这些对德国公民大的概率样本进行的高质量电话调查提供了我们刚才讨论过的关于偏见的所有高度相关的预测指标。

　　图 10.1 显示了 2002 年预测反外国人偏见的回归结果。2002 年的调查没有包括威胁量表。没有它们，则除性别和教育外所有测试的变量都达到
158 了统计显著性（$t > 1.96$，$p < 0.05$）。特别要注意，负面和正面接触仍然是偏见的关键预测指标，即便在这个有 16 个变量的回归模型中也是一样。积极接触尤其至关重要，而两个人格预测指标——威权主义和社会支配倾向——在重要性上与之分庭抗礼。当然，这些结果中存在着相当大的多重共线性——也就是说，许多预测变量都解释了偏见这个因变量的相同方差。因此，一个只有四个预测变量（积极接触、偏见规范、威权主义和社会支配倾向）的更精简模型可以解释偏见方差的 51%，而整个 16 个变量回归的解释比例为 59%。

　　图 10.2 使用 2004 年德国国家调查的结果进行了重复测试。这一次我们有针对个体和集体威胁的测量，但不再有针对偏见规范和欧洲认同这两个预测指标的测量。在这里，我们看到集体威胁占据极为重要的地位。许多德国人憎恨他们中的外国居民，因为他们认为这些新来者与其说威胁了他们的个人生活，不如说威胁了德国社会的安全和生活方式。个人威胁的

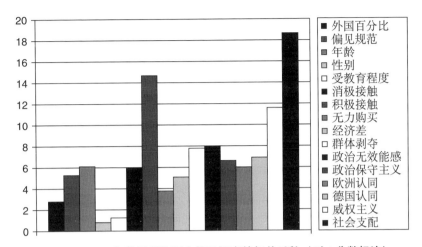

图 10.1　2002 年德国反外国人偏见调查的相关系数（以 t 分数标注）

地位要小得多。事实上，集体威胁在个人威胁与反移民者偏见之间的大多数关联上起到了中介作用（Sobel 检验：$z = 11.96$，$p < 0.0001$）。换言之，个人威胁看似在增加反移民观点方面很重要，实则很大程度上是通过提高集体威胁感来实现的。

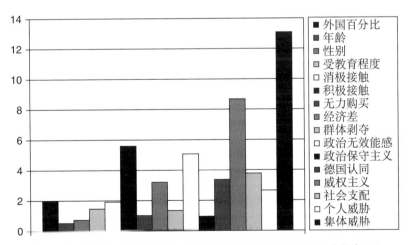

图 10.2　2004 年德国反外国人偏见调查的相关系数（以 t 分数表示）

　　但请注意，即使增加了这些威胁变量，积极接触仍然是反外国人偏见的主要和非常重要的预测指标。相比之下，消极接触与威胁指标密切相关，因此不再与偏见有显著关系。2004 年样本中仅有三个关键预测变 *159*

量——积极接触、集体威胁和威权主义——解释了偏见方差的54%，而整个16个变量的回归模型则解释了58%。

❖ 结论

我们的分析得到了四个社会科学学科的研究文献的支持，突出了一系列对移民者和移民的态度的预测指标的重要性。每个学科从各自不同的角度提供了重要的预测指标。从社会学的角度来看，规范性情境、人口比例、年龄和受教育程度都很重要。从经济学的角度来看，几种形式的感知到的经济剥夺预示了反移民的看法。从政治学的角度来看，保守主义和政治无效能感与反对移民联系在一起。从社会心理学来说，群际接触、民族认同、威权主义、社会支配倾向和感知到的威胁都可以在个人分析水平上进行预测。

有两个趋势是显而易见的。第一，引用的研究的多样性证明，这些囊括了各种各样的预测指标的结果，其一致性突出。我们注意到，在具有截然不同的国家移民历史和政策的移民出发国和接收国的研究中，结果涉及的是同样的预测指标。我们使用各不相同的数据集、方法论、控制变量集合以及目标群体和受访者的类型，在四个社会科学学科的不同理论指导下的工作中发现了相同的预测变量。

在工业国家的情境下，移民所激起的反对看上去来自本地人口的相似部分。为什么会这样？我们提供了两种解释。对移民者的偏见与其他形式的偏见高度相关，并因此也具有在全世界的偏见研究中发现的偏见的很多特征。此外，在工业国家中，移民可以以相似的方式对本地人口构成威胁。尽管会激起经济和政治威胁，但是大量研究都指出，人们集体经历而不是直接作为个人经历的文化威胁具有特殊的重要性。

第二，群际接触尤其是积极的接触，是普遍偏见以及对移民者的特定方向的偏见的具有中心地位的重要预测因素。我们已经在本书中反复指出了这种关系，但是现在我们看到，即使群际接触与其他各种偏见预测指标一起进行检验，这种关系仍然成立。当然，我们从前面的讨论中知道，接

触与偏见之间的这种紧密联系是双向的。偏见限制了群际接触，而接触减 *160*
少了偏见。但是，即使在控制了 SDO 和威权主义等与偏见有强相关的变量
之后，群际接触仍然是偏见的主要预测指标，这提供了有力的证据，表明
即使考虑了其他偏见预测指标，接触减少偏见的能力仍然存在。

第十一章
对群际接触理论的批评

知情的批评是科学的重要特征。与对理论预测的经验证伪相结合，对现有理论的逻辑批判是推进社会科学和物理科学的宝贵手段。而且，像所有重要理论一样，群际接触理论也受到了广泛的批判性关注。在本章中，我们将仔细考虑对群际接触理论的批评，以发现该理论的弱点，并了解理论上的扩展和进一步的研究可以如何增进我们对群际接触的效应的理解。

❖ 无知的批评

相比之下，无知的批评毫无价值。在某种程度上，这可能表明一些接触研究人员未能充分、准确地传达该理论的基本假设和预测。但是，接触理论经常遭到那些似乎没有阅读接触研究文献的人们的广泛攻击。也许仅基于该理论的标题，这些批评家就认为其思想天真简单。他们错误地认为，接触理论提出，几乎所有的群际接触都必然导致强烈的积极效应，而不论接触的条件和环境是怎样的。例如，雷（Ray，1983，p.3）写道："通常用于种族关系的接触假设的美国版本是，对黑人的了解越多，就会越喜欢他们。"同样，麦卡蒂和德·拉·黑（McGarty & de la Haye，1997，p.155）假定该理论认为，群际接触"……本身会在群体之间产生更好的关系"。在本书通篇中都能看到，这些过于简单的接触论观点是错误的。
这些批评者似乎忽略了我们已经讨论过的现象所存在的复杂性，第十二章将讨论使得群际接触无法减少偏见的预测因素。

其他也批评群际接触理论的人显然没有考虑其支持证据。麦加里和奥利里（McGarry & O'Leary，1995，p. 210）写道："有时候，好篱笆可以造就好邻居。"但这句话在什么情况下成立？考虑一下从苏格兰南部边界的哈德良长城到更现代的柏林墙、塞浦路斯绿线①、以色列新的西岸长城以及美国那沿着其与墨西哥的长边界饱受争议的围墙的例子，"篱笆"反复失败。这些著名的实验都没有使"好篱笆"产生"好邻居"。

总体而言，麦加里和奥利里（1995）认为群际接触通常不会减少偏见。他们将分析的重点放在他们的家乡北爱尔兰天主教徒和新教徒之间的悲剧性"麻烦"上。他们强调，在长期以来构成了他们家乡特征的敌对规范条件下，接触实际上可以证实并增强偏见，而不是消除它。但是，扩展的接触理论以关注群际焦虑和威胁为重点，在北爱尔兰这样的历史上充满暴力和分裂的社会中，充分地允许了这种可能性的存在。

因此，我们更广泛的担忧是这些批评家似乎忽略了接触理论及其支持性研究的微妙之处。相反，他们强调，那些居住在主要被另一个宗教团体成员占据的城市社区中的北爱尔兰人是受害程度最深的人之一，他们常常在暴力威胁下被迫搬走。但这个过程主要不是邻居驱逐邻居的过程。相反，策划了大部分驱逐活动的是来自两个宗教社区内部的暴力极端主义团体（Darby，1986）。这使人怀疑，这些团体的动机主要是出于形成紧密的、隔离开的社区的愿望，这样他们运动所依赖的强烈的教派偏执就不会因为邻里接触而遭到破坏。

极端主义组织的这种敌对活动几乎不构成对接触理论的驳斥。北爱尔兰自己的社会心理学家进行的大量研究反复发现，天主教徒与新教徒的接触与世界其他地区的群际接触相比，对偏见的减少程度通常相同或更大（例如，Hewstone et al.，2005，2006；McClenahan, Cairns, Dunn, & Morgan，1996；Niens, Cairns, & Hewstone，2002；Paolini et al.，2004；Tam，2006；Tam et al.，2008；Tausch et al.，2007a，2007b）。此外，这项工作还证明了间接（或"扩展"）接触的有益效果。因此，即使是那些知道自己同一个

---

① 绿线（Green Line），又通称为联合国缓冲区（UN Buffer Zone）。——译者注

宗教社区中的朋友在另一宗教社区中有朋友的北爱尔兰受访者，也显示出　*163*
较少的教派偏见（Christ et al. , in press；Paolini et al. , 2004）。

　　在饱受冲突困扰的北爱尔兰的进一步研究表明，群际接触不仅减少了
偏见，而且可以产生信任和宽恕。甚至在"麻烦"中遭受过个人暴力侵害
的天主教徒和新教徒，在另一个宗教团体中拥有朋友也让他们有更高程度
的宽恕（forgiveness）（Hewstone et al. , 2006, p. 113）。这项发现引人注目，
但在被群际暴力撕裂的另一个地区的侵略者群体的研究可以与之互相印
证，这就是波斯尼亚和黑塞哥维那。切哈伊克（Cehajic）和布朗（2010）
发现，与波斯尼亚穆斯林接触的塞尔维亚青少年明显更愿意承认他们的同胞
对1992—1995年原南斯拉夫战争期间的暴行负有主要责任。这种族裔间的接
触效应是由增加观点采择和减少感知到的内群体受害者数量作为中介的。

　　这些惊人的结果与表明积极接触如何减少个人和集体威胁的研究相一
致（参见第十二章，图12.3）。因此，与麦加里和奥利里无根据的推测相
反，群际接触理论在北爱尔兰以及波斯尼亚和黑塞哥维那等群际暴力加剧
的其他地区的研究中得到了最强有力的经验支持。

❖ 五种知情批评

　　但是，我们可以从知情批评中学习，这些批评更直接地回应了我们在
前几章中讨论的大量接触文献。共有五种不同类型的知情批评：（1）关于
社会多样性（societal diversity）减少信任的主张；（2）关于如何实现群际
接触的问题；（3）关于群际接触不会影响人们对社会变革和政策态度的主
张；（4）关于群际接触阻碍社会变革的争论；（5）关于在微观层面的态度
转变（即群际偏见）与宏观层面的现象（即群际冲突和集体暴力）无关的
断言。有趣的是，所有这些批评都承认，群际接触通常会减少个人的偏
见。但随后每个人都提出了疑问并圈定第二章中描述的基本发现的界限。
综上所述，这些批评认为接触理论与群际信任无关，没有处理如何实现最
佳的群际接触的问题，且对人们对社会政策的态度不产生影响，削弱了少
数群体为社会变革所做的努力，几乎对群体层面的群际冲突和暴力无所作　*164*

为。让我们一个个地详细讨论这些重要的观点。

社会多样性降低信任度

对群际接触理论最公开的贬低来自政治学家罗伯特·帕特南（Robert Putnam, 2007）。他着眼于"社会资本"（social capital）的概念及其与种族多样性的关系，分析了美国的一项全国调查以及 41 个大小各异的来自非随机的美国地区的社区级调查。社会资本主要由受访者在内群体和外群体邻居中报告的信任度来衡量。帕特南报告说，在聚合和个人分析层面上，种族多样性都与社区信任负相关。根据这些结果，帕特南得出结论，多样性具有双重负面影响：它同时减少内群体和外群体的团结。他声称，信任度低且多样性高，还与对地方政府、领导人和新闻媒体的信心降低、政治效能感的降低、投票行为的变少、慈善捐款的减少、报告的幸福感的减少、电视观看次数的增多以及朋友和知己的减少等有关。因此，帕特南认为，种族异质性地区的美国人"安居一隅"并对公民社会的参与度较低。他还认为，群际接触过于薄弱，无法在不同的社区中建立信任和其他形式的社会资本。

帕特南将他的论文广为宣传，其论点立即引起了媒体的关注。谷歌搜索发现了诸如"多样性是我们的毁灭""哈佛大学的研究表明多样性对您有害"和"多样性损害人际关系"这样的标题。《华尔街日报》的一位专栏作家高兴地宣布"多样性的消亡"（Henninger, 2007）。

这样的头条新闻比起帕特南的研究，更多传达的是美国群际紧张的局势和媒体的问题。实际上，帕特南以重要的方式对他的论点进行了修正，但所有这些都被媒体忽略了。例如，他指出，他发现的多样性的问题仅在短期内成立。从长远来看，帕特南（2007, p. 137）写道："……成功的移民社会通过创造新的、跨领域的社会团结形式和更具包容性的身份，克服了这种分裂。"一旦大众媒体攫取了这项研究，这些免责声明便被丢弃了，这在社会科学发现引起轰动的情况下并不少见。

但是，这项广为宣传的研究的具体性质又如何呢？媒体显然既不理解也不关心与其方法论有关的细节。但是正如道金斯（Dawkins, 2008）等指出的那样，这项研究存在重要的技术问题①，其中两个与接触理论直接相关。将不同种族的群体粗糙地汇集在一起和对"多样性"的不精确衡量引起了特别的关切。例如，将不同种族的群体合并在一起以报告社会层面的效应，可能会掩盖群体之间在社会资本变量上存在的实质性差异，尤其是考虑到种族差异和少数群体通常抱有的更高的不信任感（参见 Tropp，2008）。

但最大的问题只是，帕特南在他发表的分析中既没有包括群际接触，也没有包括群际隔离的指标。当然，不能从接近性去推断接触，这是我们在本书中一直指出的谬论。但是，帕特南（R. Putnam，私人私信件，August 26，2009）为我们提供了有关此关键问题的更多信息。他在他的数据集里测量了跨群体友谊和群体隔离，但这些变量未包括在他的回归模型中。他写到他将友谊指标置于"一边"，因为它是双向的，因此其因果关系很难用横截面数据来解释。在发现隔离测量（反映多样性）不会影响他的主要发现之后，他也将隔离测量置于"一边"。

帕特南告诉我们，他发现跨群体友谊与对其他群体的信任之间仅存在很弱的零阶相关，系数为 + 0.13。这一发现和北爱尔兰的群际友谊与外群体信任之间的 + 0.41 相关性形成鲜明对比（Hewstone et al.，2006，p. 112）。这种差异可能是不同学科使用不同的信任测量导致的。但是，如果是这样的话，帕特南在群际接触理论的背景下对信任的解释就需要进一步阐述。

帕特南也未能区分开广泛的社区水平上的"多样性"和邻里隔离水平上的"多样性"，后者是群际接触机会的关键指标。同样，他的横截面数据也无法让我们知道他所确定的各个地区是否稳定，或是否处于快速过渡之中，例如当白人急速取代黑人（所谓的中产阶级化，gentrification）或黑人从拥挤的贫民窟中涌出并迅速取代白人时。这两种快速变化的情况都可

---

① 技术问题之一来自帕特南使用了一种具有四步、分类因变量的普通最小平方回归（ordinary least-squares regression，OLS）。此过程可能会违反 OLS 的假设，即残差项在数据中是恒定的；从统计上看，异质性可能影响研究的显著性检验（参见 Dawkins，2008）。

能侵蚀信任并限制群际接触。

由于上述现象在欧洲已经不那么普遍，在 28 个欧洲国家进行的检验未能证实帕特南关于多样性侵蚀社会资本的论点，这也许并不让人惊讶（Gesthuizen, Van der Meer, & Scheepers, 2008）。取而代之的是，这些研究发现经济不平等和持续民主的民族历史是欧洲国家之间社会资本差异巨大的主要预测因素。

尽管有这些缺陷，帕特南（2007, p. 142）仍断言：

> 对于进步主义者而言，接触理论很诱人，但我认为可以公平地说，大多数（但不是全部）经验研究倾向于支持所谓的"冲突理论"，也就是说，出于各种原因——但最重要的原因是对有限资源的争夺——多样性加剧了对外群体的不信任和内群体的团结。根据这一理论，我们与其他种族或族裔背景的人越亲近，我们对"我们自己"的坚持就越多，而对"他者"的信任就越低。

作为回应，鉴于我们在本书中进行回顾的文献，我们和其他人（例如，Hewstone, 2003）认为，大多数研究都支持这种趋势的说法肯定是不公平的。在社会心理学中并不认为威胁与冲突理论和群际接触理论相对立，且认为将它们视为相互竞争的理论对这二者都是误读。

此外，多样性的其他研究者发现的结果与帕特南的结果形成鲜明对比。当他们将接触或隔离直接放入他们的分析中时，发现帕特南描述的凄凉境况发生了巨大变化。例如，施托勒、索罗卡和约翰逊（Stolle, Soroka, & Johnson, 2008）使用了加拿大和美国的调查数据，他们在没有考虑群际接触的情况下重现了帕特南的结果。但是，当他们检查那些经常与邻居交谈的人的回答时，他们发现这些人受街区的种族和族裔特征的影响要小得多。简而言之，正如接触理论所预测的那样，社会接触调节了多样性的负面效应。

同样，罗思韦尔（Rothwell, 2009）研究了少数群体的居住隔离如何改变对美国城市的信任，这样的居住隔离是严格限制群际接触的。他分析了更早期的阿莱西那和拉·费拉拉（Alesina & La Ferrara, 2002）的研究数据，并且使用了与原作者相同的方法，这个原有研究的结果与帕特南（2007）的结果相仿。但是罗思韦尔在他的分析中增加了邻里隔离的综合测量。仅这一处的变化颠倒了发现。罗思韦尔（Rothwell, 2009, p. 1）的结果表明，居住"……一体化增加了信任，并且甚至可能，多样性会促进任何隔离水平上的信任"。之后，他使用投票行为而非信任作为因变量，发现了同样的结果。罗思韦尔得出结论，较早的分析得到多样性的负面效应，是因为排除了邻里隔离的测量，因而受到"遗漏变量的偏见"的影响。

应该注意的是，罗思韦尔采用的数据集与帕特南的不同，该数据集仅包括居住在美国大都市地区的受访者。另一方面，乌斯兰纳（Uslaner, in press, 2011）部分使用了与帕特南相同的数据集，并获得了与罗思韦尔一致的结果。他在反复的分析中证明，导致普遍信任下降的是群体的居住隔离，而不是多样性本身。首先，乌斯兰纳估算了 30 个国家和地区的信任的等级模型，并发现居民隔离与信任度降低密切相关。然后，他使用了两个不同的国家调查（包括帕特南所使用的社会资本基准调查），发现居住在 *167* 融合社区的拥有多元化社交网络的美国居民有更高程度的信任。根据这些结果，乌斯兰纳（in press, p. 1）有力地得出以下结论：

> 有些人——其中最著名的是罗伯特·帕特南——现在辩称，当我们被与自己不同的人包围时，信任度就会降低。这是错误的。多样性（分散化）并不是信任度较低的罪魁祸首。反而，居住隔离将人们与可能来自不同背景的人们隔离开来。隔离是和与自己不同的人进行接触并不能带来更高信任度的主要原因之一：正如奥尔波特、福布斯（Forbes）和佩蒂格鲁所主张的那样，这种接触可能不会那么频繁，也不太可能在平等的气氛中频繁发生。

我们该如何解释这些相悖的结果？研究结果中的某些差异几乎可以肯定是针对相同关键概念（例如"信任"和"隔离"）采取不同测量的结果。罗思韦尔和乌斯兰纳所采用的邻里隔离测量与帕特南所采用的隔离测量不同，可以更紧密地将给定区域内群际接触的可能性纳入在内。

无论如何，如果在分析中忽略了接触和群体隔离的测量，那么我们就不能有效地批判整个接触理论。此外，罗思韦尔和乌斯兰纳的研究结果与群际接触理论的基本观点是一致的。多样性既可能涉及群际威胁，也可能涉及更大的接触。问题在于了解它们是如何在同一个模型中发挥功能的，而不是仅选择其中一个作为关键过程。在第十二章中，我们为这一立场提供了进一步的支持，展示了威胁和接触可以如何巧妙地放入同一个偏见预测模型之中。

在这一点上，越来越多的研究表明，帕特南是半对半错。当存在严格的群体隔离以防止群际接触时，多样性确实会降低信任度和社会资本的其他指标。但是，当没有严格的隔离起作用时，由于有群际接触的改善作用，多样性本身是不会降低信任度的。

实现群际接触：牛不喝水强按头的问题

第二个批评是关于我们如何鼓励有冲突历史的群体相互交流。毫不奇怪，接触理论的许多最有力的批评者来自经历了悠久而痛苦的群际冲突历史的那些国家，例如北爱尔兰和南非。他们目睹了群体隔离和负面接触的有害影响。可以理解的是，这些批评家对那些对群际关系发生积极变化怀有希望的理论表示怀疑。然而，就像雨林中的居民报道天气模式一样，这些批评家对群际接触理论持悲观的看法，部分原因是他们在眼前的环境中观察到的东西有偏差。

尤其是，狄克逊等人（2005）强调了在持续几个世纪的群际冲突和歧视后存在的实现群际接触的障碍问题，即"牛不喝水强按头"的问题（"the leading-the-horses-to-water" problem）。这是一个群际接触理论原本并没有计划要处理的问题，但是这种批评很重要。实现有效的群际接触这个第一步显然是必不可少的，而且这些批评家通过一系列巧妙的研究开始了对这一问题的探讨。

他们建议使用更具叙述性、比较性和定性的分析方法来"重新定位"该领域，如此可以对实际的群际接触进行细节更丰富的描述，并更详尽地描述人们通常是如何看待他们的日常接触经历的。正如第九章明确指出的那样，我们衷心地同意这一建议，并且我们同意在这个批评提出之前和之后所发表的持类似观点的论文，这些论文提出了接触研究的必要扩展和在这个研究思路上的初步发现（Devine & Vasquez，1998；Shelton & Richeson，2005；Swim et al.，2003；Tropp，2006）。但是，我们认为这种努力是对当前工作的有益扩展，而不是完全的"重新定位"。我们还希望增加对纵向和多水平研究的需求，这些要点将在最后一章中进行讨论。

批评家自己的三篇论文提供了新颖的贡献，这三篇论文都是关于新南非的非正式种族隔离的。狄克逊和迪尔海姆（Durrheim）（2003）使用从直升机上拍摄的照片，描述了在德班那长而迷人的、以前只允许白人进入的海滩上，种族定位和回避的细致模式。他们发现白人到达得比较早，通常在大批黑人到达之前就离开了。当两个种族确实同时占据了大海滩时，他们通常会选择非常独立的空间。

特雷杜和狄克逊（2009）描述了开普敦受欢迎的酒吧和夜总会的种族座位模式，以及随着夜晚时间的流逝，它们如何缓慢变化。他们还显示了记录的种族接触或种族隔离程度如何取决于所用分析的特定规模。研究人员使用了四个层次的分析：夜总会、夜总会中的不同区域、不同区域中的桌子以及人际互动。结果显示出清晰的比例模式：分析水平越窄，观察到的种族隔离情况越多。因此，夜总会层次显示出最多的人际交往，而互动层次显示出最少的人际交往。

在开普敦大学举行的另一场小规模讨论课的研究中，亚历山大和特雷杜（Alexander & Tredoux，2010）表明，在没有讲师干预的情况下，自愿的 *169* 座位安排呈现出种族群体的高度隔离。在整个学期中，座位隔离的最初模式在很大程度上得以维持。这一发现表明，教师应首先按照字母顺序或通过其他方式分配座位，以在种族隔离规范巩固之前消除种族隔离的座位安排。这种最初的回避模式在其他有严重隔离和歧视历史的地区也很普遍，例如北爱尔兰和美国南部。旧的规范逐渐消退，而新的平等规范尚未充分发展。因此，在这三个社会中，沉默寡言和尴尬是群际互动的特征，并产生了广泛的群际回避行为，这不足为奇。显然，实现群际接触的过程应引起更多的关注，并且群际接触理论必须进行扩展，以检验我们如何有效地让曾经的敌人聚在一起。

一些经验教训可能是从直接应用接触理论的早期研究中汲取的。在美国的正式种族隔离成为遗留问题之后，例如拼图教室技术这类促进合作性共存的策略（Aronson & Gonzalez, 1988；Aronson & Patnoe, 1997）成功地吸引了来自不同种族和民族背景的儿童（Slavin, 1985；Slavin & Cooper, 2000）。拥有过这样的群际合作经历的孩子变得更倾向于寻求跨群体边界的进一步接触，甚至发展出更大的跨群体友谊（Slavin & Cooper, 2000）。

一个关键教训是，隔离的模式很可能会进一步加剧隔离，除非有干预措施来遏制这些趋势（Orfield & Lee, 2007）。累积过程正在起作用。隔离使进一步隔离的可能性更大，积极接触则会产生进一步的接触。

但是，这个关键问题被对接触理论及其研究的攻击所掩盖，对于这个问题的研究受到了无数额外和过时的批评。[①] 在这些批评者看来，该理论天真的"乌托邦主义"需要受到"现实检查"（Dixon et al., 2005, p. 679）。他们的主要反对意见涉及"最佳接触策略"，这是奥尔波特（1954）的四个最佳接触条件的早期工作关注的重点。几十年前，这本来是一个时机合适的论点，但是我们的元分析发现表明，这些条件是有利的，但不是必需的（Pettigrew & Tropp, 2000, 2006）。正如第二章和第十二章所讨论的那样，即使没有证据表明奥尔波特的条件得到满足，受访者也以压倒性的数量报告了群际接触的积极而非消极的结果。因此，接触理论和研究已经超越了这些批评家迟来的攻击的重点。

170　　　　同样，在敦促使用不同的研究方法时，他们的批评对象是在实验室环

---

① 为了证明"现实生活"与接触理论之间存在假定的脱节，这些批评家在论文开头严重错误地报告了2002年12月在牛津大学新学院举行的一日会议（而不是文中报告的2003年1月）（Dixon et al., 2005, p. 697）。这次会议由迈尔斯·休斯通教授组织和主持，除其他人士外，还有本书的第一作者布鲁斯·贝里（Bruce Berry，来自英国饱受暴乱蹂躏的布拉德福德地区的校长）和一位《卫报》的记者。这位记者显然不知道如何把牛津的一次平静的学术会议变成"故事"。于是，他转向了"这些象牙塔学者对现实生活了解多少"的旧新闻配方。他写到布拉德福德地区某学校校长曾抗议说："……世界上所有的研究都未能解决一些城市现在所处的状况的问题。"会上没有发表这种声明，这位校长也没有质疑接触理论。不幸的是，批评家重复了这一错误的报纸报道，却没有向在场的社会心理学同事检查其准确性。

境中进行的研究，而他们假定实验室条件一定是"稀有"和不现实的。这些批评家一再（另见 Dixon & Durrheim，2003）错误地断言这些研究通常检查的是在"最佳条件"下的接触。作为替代，这些作者认为，"现实世界"中的大部分接触实际上会导致负面影响。正如我们在第二章中提到的那样，元分析显示，接触文献中的实验室实验相对稀少。在第二章中进行了分析的，以及在 20 世纪进行的 70% 以上的接触研究涉及问卷调查和调查研究，在这些研究中，受访者报告了他们在日常接触情境中的群际经验，这正是批评家认为非常应该深入研究的接触类型。的确，自种族隔离制度结束以来，我们在南非本地进行了许多问卷调查和调查研究，结果表明，群际接触通常带来较少的偏见（例如，Dixon et al.，2010b；Durrheim & Dixon，2010；Gibson，2004，2006；Gibson & Claassen，2010；Holtman，Louw，Tredoux，& Carney，2005；Swart，Hewstone，Christ & Voci，2010；Tredoux & Finchilescu，2010）。

狄克逊等人提出的另一个问题（2005，p. 697）涉及"将个人偏见的变化作为衡量接触结果的主要指标"。诚然，个人水平上的外显偏见一直是接触研究中使用的主要因变量。鉴于减少偏见是奥尔波特最初关注的重点，这一点并不奇怪。但是，正如在第七章中详细讨论的那样（另见 Tropp & Pettigrew，2005a），我们对偏见结果已经以许多不同的方式进行了评估，并且研究人员正越来越多地采用各种细微的方法来捕捉接触的效应。

回想一下之前关于在北爱尔兰和在德国进行的两个研究的讨论，这两个研究都发现了在群际归因偏差中接触产生的差异。发生过群际接触的人表现出的终极归因偏差（ultimate attribution bias）较少（Pettigrew，1979），这种归因偏差即系统地给内群体进行更积极的归因（Joseph et al.，1997；Vollhardt，2010）。让我们也回想一下，克里斯特尔等（2008）的研究表明，进行更多群际接触的小学生，与几乎没有群际接触的孩子相比，更倾向于认为种族排斥是"错误"的。

实际上，前几章已经表明，在过去的 20 年中，接触研究已经成功地研究了多种效应。例如，研究人员发现在实验和现场环境中，以及种族、民族、国籍、性取向和身体能力不同的群体之间，接触与隐性偏见之间存在显著的关系（例如，Aberson et al. , 2004, 2008；Akinola & Mendes, 2008；Henry & Hardin, 2006；Pruett & Chan, 2006；Tam et al. , 2008；Turner et al. , 2007）。在心理学和社会学中使用的其他外显结果变量包括焦虑、个体威胁、集体威胁、信任、宽恕、共情、观点采择、外群体了解、内群体认同、工作成就和满意度，以及对外群体差异性的感知——所有这些都显示出积极的接触效应。

除了社会心理学和社会学之外，社会科学领域的研究人员还发现了各种接触效应。例如，在经济学中，伯恩斯（2007）在南非发现，与全白人高中的白人学生相比，混合种族高中的白人学生显示出对黑人学生显著更高的信任度。在政治学方面，穆茨（Mutz, 2002）用国家调查数据和实验证明，与那些持不同意见的人接触可以培养政治宽容度。但是，后来的研究修改了这一发现：波潘和他的同事们（Popan et al. , 2010）发现，跨政治界线的这种接触效应仅限于人们让步并认为其对手的论点是合理的场合。

因此，对于接触研究以有限的因变量为特征的这种指控已严重过时。近年来的工作极大地扩展了我们研究的接触效应的范围，包括认知和情感领域，迅速扩展着我们对群际接触过程的理解。

接触会影响对社会政策的态度吗？

狄克逊和他的同事们特别担心的是，他们认为接触不能改善对社会政策的态度。在这里，他们引用了杰克曼和克兰先前讨论的研究（1986），该研究使用了一项美国的调查，表明接触减少了偏见，但"对于白人对旨在纠正种族不平等的经济政策的支持程度几乎没有影响"（Dixon et al. , 2005, p. 697）。实际上，这种说法是不正确的。当人们重新分析杰克曼和克兰的数据（1986，表1，p. 469）时，没有非裔美国人熟人或朋友的人和有非裔美国人熟人或朋友的人在政策支持上存在着显著的统计学上的差异。与没有这些联系纽带的白人相比，有跨种族纽带的白人更可能赞成政府加大干预力度，以确保平等的住房机会（$X^2 = 7.73$, $p < 0.01$）和平等的就业机会（$X^2 = 12.18$, $p < 0.001$）。

正如第七章提到过的，许多其他研究也发现，群际接触对政策态度产生了重大影响。西欧和美国的研究经常发现，与移民的接触与更强烈的支持移民的态度和政策偏好有很大关系（例如，Fetzer，2000b；Hayes & Dowds，2006；Pettigrew et al.，2007a）。让我们来看一下这个研究的结果，*172* 其中使用了法国、英国、荷兰和联邦德国的七个概率样本中 3 800 个多数群体的受访者的问卷调查数据（Pettigrew，1997a，p. 178）。在控制了七个关键的人口学变量和态度的相关关系后，有移民朋友的人显著地（$p < 0.000\,1$）更加相信移民者的权利应该得到扩大，应该允许所有移民者留下来，并且应该使移民者获得公民身份变得更加容易。

的确，批评家本人与这本书的第二作者一起，获得了一些至今为止得到的最有力的，关于群际接触塑造政策偏好的证据（Dixon et al.，2010b）。如在第七章提到的，使用南非的随机拨打的电话调查，他们发现白人与黑人的跨种族接触的频率以及质量均和他们对支持黑人的倾向性与补偿性的种族政策的支持有正向的相关。例如，对"在主要是黑人的街区的学校上花费更多省级教育预算"的说法的同意意见和接触的数量（+0.13）与质量（+0.33）都显著相关。一般而言，跨种族接触的质量比这种接触的数量具有更大的预测价值，而且相比于优惠政策，威胁性较小的补偿政策与接触的关联更强烈（另见 Durrheim & Dixon，2010）。

当然，群际接触通常和偏见及互动偏好之间的关联更大些，超过与政策偏好之间的关联。如果我们进一步重新分析杰克曼和克兰的数据（1986，表1，p.469），会发现最大的效应出现在与跨种族接触的偏好上。那些有非裔美国人熟人或朋友的白人受访者比起其他白人来，更不可能支持全白人的工作环境（$X^2 = 59.9$，$p < 0.000\,01$）和全白人的社区（$X^2 = 62.2$，$p < 0.000\,01$），以及更不可能怀有例如黑人不可信赖（$X^2 = 16.58$，$p < 0.000\,1$）和缺乏才智（$X^2 = 14.97$，$p < 0.000\,5$）的反对黑人的刻板印象。

在我们看来，对于杰克曼和克兰（1986）这篇有影响力的论文的有限了解使得批评家指责接触理论在群际关系上的效应受到严重局限。我们将通常在态度和政策结果之间的区别解释为一种次级泛化的特殊形式：政策结果越严密对应人们生活的经验，接触对这些结果的效应就越大。但这并不意味着群际接触对政策支持没有效应。接触确实通常促进人们对关于权力较少群体的权益方面的政策调整的态度。并且，有效的群际接触通过减少偏见以及建立跨越群体边界的有效联系纽带，直接与机构性改善措施相关，因此使得急需的这些改善措施在政治上更加可行。

173

群际接触与社会变革的潜在延迟

斯蒂芬·赖歇尔（Stephen Reicher, 2007）提出，对多数群体的消极态度甚至仇恨，是一个少数群体发起对于社会变革来说必不可少的抗议行动的至关重要的驱动力。根据群际接触理论的看法，少数群体的成员与多数群体的接触可能会缓和或者改善少数群体对多数群体的看法。这种变化能潜在地减少少数群体的成员对歧视的感知，反过来降低他们对于结束结构性不平等而进行社会动员的动机。我们将这一看法称为赖歇尔效应。

作为对自己观点的部分支持，赖歇尔指出少数群体的改变运动中经常需要驱逐多数群体的成员。在非洲国家议会的早期历史中以及后来在南非的史蒂夫·比科（Steve Biko）的黑人自觉运动中确实如此。这在 20 世纪 60 年代美国南部的美国学生非暴力协调委员会的历史中期也发生过（Zinn, 1964）。

赖歇尔还强调了赖特和泰勒（Wright & Taylor, 1998, 1999）的发现。这些加拿大研究者发现，遭受歧视的群体哪怕得到很少量的筹码，也会出现一种惊人的效应，即大大减少旨在克服歧视的一般模式的集体行动出现的可能性。尽管不与群际接触直接相关，赖特和泰勒的研究结果仍指出少数群体组织和发起集体抗议来与集体不公道交战的意愿是如何脆弱。少数群体发展出为终结歧视和不平等而进行的成功抗争所需的团结性和资源的过程中，会遇到重重阻碍。对于敌对一方的友善情感显然并不会对这种努力起到任何帮助。

问卷研究显示支持赖歇尔效应（e. g., Dixon et al., 2010a；Saguy et al., in press；Wright & Lubensky, 2009），虽然也有例外。例如，普尔等（Poore et al., 2002）发现那些在自己隔绝的社区之外与他人进行过更多群

际接触的加拿大因纽特人，会更多地察觉他们的群体面对的系统性的歧视。同样，特罗普（2007）在一份全国性的非裔美国人样本中观察到，种族间的接触与种族歧视观念（r ＝ ＋0.064）之间存在一种较小的正向关系，但并不显著。同时，罗德里格斯和古林（Rodriguez & Gurin, 1990）发现，在墨西哥裔美国人之中，与英裔美国人的接触与他们对于针对自己群体的歧视是"不合法"的感知程度之间有负向的关系。在另一个调查中，埃利森和鲍尔斯（Ellison & Powers, 1994）发现，有白人朋友的美国黑人报告了对种族歧视的更低的估计。

实验性研究一般也支持赖歇尔效应。萨吉、陶施、多维迪奥和普拉托（Saguy, Tausch, Dovidio, & Pratto, 2009）随机将大学生受访者分配到在情 *174* 境中拥有高权力或低权力的群体中。来自不同群体的代表聚在一起讨论他们之间的共性或他们之间的差异：共性群体反映了更优化的接触，差异群体的接触则更消极。正如赖歇尔预测的那样，对共性的讨论导致低权力受访者对来自高权力受访者的公平对待产生更高的和不现实的期望。

谈到真正处于不利地位的人（以色列的阿拉伯公民）的现实生活，萨吉和合作者再次重现了赖歇尔效应。报告说他们与以色列犹太人的接触最积极的以色列阿拉伯人，更多地认为以色列犹太人是公平的，对社会变革的支持较少。这里可能涉及一些真实性的问题。那些与以色列阿拉伯人有真正积极接触的以色列犹太人实际上比同群体的其他以色列犹太人更公平，对公平的族际关系持更开放的态度。因此，选择偏差可能会增强赖歇尔效应。

赖特和卢本斯基（Wright & Lubensky, 2009）提出了另外两项相关的研究。在第一项研究中，他们调查了以白人为主的大学校园里的非裔学生和拉美裔学生。对于这两个少数群体，与白人学生的接触是与更低的内群体认同相关联的，并且这种效应随之与更加积极的种族态度和对集群行为的较少支持相关。但是有两个额外的重要之处需要我们加以留意。群际接触与将白人看作"压迫者"的看法之间并无关联，对白人的态度也并不与对集群行为的支持有显著相关。简而言之，赖歇尔效应是通过接触和支持集体行动的两步联系产生的，内群体认同是主要的中介变量。

在第二项研究中，赖特和卢本斯基（2009）对一所以黑人为主的大学的非裔美国学生进行了调查。这些结果重现了他们第一次研究的结果。但是这一次，他们加上了边界渗透性的测量——少数群体对于向上一层级的社会流动的可能性的感知。这个新变量，像内群体认同一样，对群际接触的效应起到了中介作用。接触与流动性感知有积极关系，这反过来又与对白人更积极的态度和对集体行动的较少认可有关。然而，对白人的看法和集体行动之间，再一次没有发现显著关联。

其他相关的研究来自在南非进行的调查。狄克逊和他的同事（2010a）调查了596名非洲黑人受访者，他们发现，群际接触的质量与对群体水平的歧视的感知程度较低有关。这种效应是由种族态度和个人种族歧视经历作为中介的。因此，由诸如接触的友善程度、合作性和平等地位等（这基*175* 本反映了奥尔波特的核心维度）得分所测量的群际接触的质量，与更积极的种族态度和更少的对个人歧视的报告存在关联。这些中介变量又与对群体歧视的感知程度降低有关。此外，这项调查没有发现群际接触的数量与接触质量之外的任何测量有显著关系。

在另外一项南非调查中，迪尔海姆和狄克逊（2010）发现他们的黑人和白人受访者之间存在截然相反的接触效应。对于南非白人受访者来说，与南非黑人的广泛接触和种族刻板印象的减少以及对"改进性"的主要社会政策的支持的增加都存在关联。这个结果与稍早前谈到的研究的结果一致。但是对于黑人受访者来说，与白人的接触对于他们对白人的看法基本没有效果，并且与他们对改进性政策的支持降低有关，再一次，这里出现了赖歇尔效应。但杜尔海姆和狄克逊也指出，那些报告接触高地位白人的黑人受访者出现了对白人特别缺乏同情的情况。吉布森和克拉森（Gibson & Claassen, 2010）在他们的南非黑人子样本中发现了类似的调查结果。同样，这种反赖歇尔效应表明，有其他推动少数群体动员的过程在发挥作用。

我们对这一有趣的现象做出了三点回应。首先，我们在第九章中谈到，跨群体互动的减少偏见的效应，对处于优势地位的多数群体来说比对通常处于不利地位的少数地位群体来说要强得多。事实上，南非的调查表明，当两个群体之间的地位差异很大时，跨种族接触有时会导致黑人对多数群体有更大的偏见。这种多数-少数群体间在接触效应上的差异可以缓和但无法彻底解决赖歇尔提出的问题。

其次，赖歇尔的分析焦点完全集中在需要动员处于劣势地位的群体以推动社会变革上。这个因素当然非常重要，但并不是全部（Simon & Klandermans，2001；Walker & Smith，2002）。成功的社会变革也要求减少优势群体的部分权力，并要求优势群体对于等级制度现状的不合理性和非法性有一定的认识。例如，在美国历史上，每一次主要的社会变革——从美国革命和废止奴隶制，到 20 世纪 60 年代的民权运动——首先出现的都是优势群体决心的减弱。让我们回顾一下，从第六章开始，罗宾·马利特（Robyn Mallett）和她的同事（2008a）的研究发现，多数群体的观点采择——群际接触的一个主要效应——增强了多数成员参与那些打击针对非裔美国人以及同性恋者的仇恨犯罪的集体行动的意愿。这种削弱多数群体维持歧视性规范的决心，与推动少数群体促进社会变革的直接行动同样重要。事实上，这两个进程是密不可分的。削弱多数群体的决心可以促进少数群体的感知，帮助他们感知到现状是不公正的，并且是可以改变的。 *176*

此外，人们可以质疑赖歇尔的基本假设，即社会群体之间的激烈冲突对于产生必要的社会变革总是必要的。当然，冲突往往先于世界各地广泛的社会变革，但并非总是如此。20 世纪 60 年代民权运动的非暴力起义是美国种族变化的重要推动力。与摆脱俄国主导的东欧国家一样，当种族主义的种族隔离系统内爆时，南非避免了许多观察员预言要出现和被认为是剧烈变革所必需的大规模暴力。其他社会压力，例如经济困厄和自然灾害，可能会在不出现剧烈群际冲突的情况下推动大规模社会变革。但是，赖歇尔的论述警示我们，群际接触理论家们需要在更广阔的社会和群际过程的网络当中理解群际效应。尤其是，社会现象和社会变革是复杂的过程，其中包含许多往往互相冲突的效应。

认为政治动员需要强硬的内群体认同和对多数群体的拒绝，这种看法太过简单。西蒙和鲁厄（Simon & Ruhe，2008）对德国的土耳其移民进行了研究，发现双重认同，即既是少数群体成员（土耳其）又是较大社会成

员（德国）的身份，可以让政治化最大化。少数群体和多数群体成员之间
的讨论也能指明双方在观点上的重要分歧，这可以促使不同群体结成联
盟，共同推动社会变革（Nagda, 2006）。因此，在某些情况下，在少数群
体和多数群体之间发生的接触也许能够刺激对社会变革的欲望以及对变革
的动员，而不是构成拖累。

　　而且，少数群体的成员能从与多数群体成员的相遇中学到，自己的群
体面对的歧视到了什么程度。他们了解多数群体成员拥有的东西，他们的
生活方式和机会，这其中的许多是他们和他们的群体被剥夺了的。简而言
之，接触不仅使多数群体的成员意识到少数群体面对的歧视状况，而且可
能提高少数群体成员对自己群体忍受的集体歧视的了悟和失望，从而引起
群体相对剥夺的感觉。此前曾提到，有研究结果显示随着少数群体在自己
的社区之外发生的接触越多，他们就越感知到对自己的群体存在的系统性
歧视（Poore et al. , 2002）。

　　有广泛的研究文献显示，群体相对剥夺以及对群体歧视的感知可以增
加进行集群行动的潜力（Dion, 2002；Smith & Pettigrew, 2011；Walker &
Smith, 2002；Wright & Tropp, 2002）。在 20 世纪 60 年代的美国，正是受过
177　良好教育的、有最多跨种族接触的年轻非裔美国人领导了民权运动
（Mathews & Prothro, 1966；Pettigrew, 1964；Searles & Williams, 1962）。他
们拥有资源，而且他们的跨种族接触经历又为他们提供了领导抗议运动所
必需的对于白人世界的知识。他们也更有可能认识那些可能加入他们的白
人盟友。

　　显然，群际接触和社会变革之间的关系十分复杂。上文所回顾的研究
为赖歇尔的论断提供了客观的支持，赖歇尔认为群际接触可能会限制少数
群体从事社会变革的决心（另见 Dixon, Tropp, Durrheim, & Tredoux,
2010c）。但是目前为止，研究并没有充分检验群际接触在提高少数群体对
于歧视的觉察以及削弱多数群体维持自己优势地位的决心方面所起到的潜
在作用。

　　我们假设，这其中包含了至少三个额外的过程。确实，对这三种过程
都有研究支持，但是目前还没有研究同时检验这三者：

（1）群际接触促进优势群体成员对于劣势群体的态度以及对推动改变的群际政策的态度。这种效应可以削弱他们保持当前歧视性地位的决心，甚至可以让优势群体成员作为伙伴加入劣势群体的集群行动中去。

（2）接触也能改善劣势群体对优势群体的态度，并且这个过程可以削弱他们推动社会变革的决心（也就是赖歇尔效应）。但是因为群际接触通常对于多数群体而非少数群体来说效应更大（Tropp & Pettigrew，2005b；另见第九章），这个效应可能比上一个过程要弱一些。

（3）群际接触也可以增强少数群体的群体相对剥夺感。这是因为，接触为少数群体提供了了解多数群体所拥有而他们没有的事物的机会。考虑到美国的民权运动领导者们的接触经验，普尔的加拿大因纽特人的研究，以及迪尔海姆与狄克逊的南非黑人与高低位白人的接触与他们对白人的更少同情有关联。群际接触同样使得少数群体能够挖掘多数群体的弱点，而这在少数群体动员的时候可以利用。同时进行这三种与赖歇尔效应相关的复杂过程的研究是下一步需要进行的工作。

狄克逊和他的合作者（2010a）补充了有趣的且与多群体社会高度相关的第四种过程。少数群体之间的接触可以将他们团结在一起，准备更强的联合抗议，这样成功的概率更大。但是，与其他形式的接触一样，不同的种族和民族群体的结盟一样存在因为正面和负面因素而导致的复杂过程。少数群体为实现社会变革而共同努力的尝试可能会通过承认共同的压迫经历而演变，与此同时，它们可能会揭示观点差异并发现潜在的紧张和冲突的根源（参见 Delgado，2003；Guinier & Torres，2002；Wilson，1999）。

总而言之，我们得出的结论是，赖歇尔效应经常发生，但它不是对群际接触与社会变革努力之间复杂关系的完整描述。我们认为，赖特和卢本斯基（2009）对于集体行动参与和群际接触等"偏见减少"方法之间进行的区分过于尖锐。与大多数社会现象一样，这两种方法之间有着千丝万缕的联系。一些接触成果能够推动动员，而另一些则削弱动员的力量。动员本身也会影响群际接触，增加人们与外群体盟友的接触，减少人们与外群体敌对方的接触。

178

不同分析水平上的接触效应

最后的一种独立批评涉及不同的分析水平。它提出，微观水平的变化（即群际偏见）对于宏观水平的变化（即群际冲突和集群暴力）几乎没有产生影响的可能性。这在很大程度上是在微观水平的学科（如社会心理学）和宏观水平的学科（如政治科学和经济学）之间经常发生的争论。①

例如，一位多伦多大学的加拿大政治科学家福布斯（H. D. Forbes）就用一整本书（1997）和后来另一本书的一章（2004）来谈这个问题②（另见 McGarry & O'Leary, 1995）。与一些不熟悉广泛相关文献的评论家不同，福布斯对1996年以来的群际接触理论和研究进行了精读。在非定量回顾中检查了"约250个"接触研究后，他得出结论，在个体相互作用水平上的群际接触通常会减少偏见。这与第二章中报告的元分析结果一致。

但是福布斯坚持认为，在两个分析水平之间存在重要的脱节：在个人水平上，接触与偏见呈负相关，而在聚合水平上，接触的近似指标（即少数群体的比例更大，主群体之间的距离更近）与群际冲突成正相关。在整个社会科学中，经常会出现这样的分析水平之间的差异。例如，美国政治科学表明，富裕的州倾向于支持民主党人（例如加利福尼亚州、康涅狄格州、马萨诸塞州和纽约州），而贫穷的州倾向于支持共和党人（例如亚拉巴马州和密西西比州），但富有的个人选民倾向于投票支持共和党，而穷人则绝大多数支持民主党（Gelman et al.，2008）。在社会心理学的冲突和竞争研究中，也发现了个人和群体之间的这种不连续性（Wildschut & Insko，2007）。然而，福布斯（1997, p. 113）写道："［这］是一个知识界的难题，没有明显的解决方案……应该如何解释？"

179

---

① 这种主张看起来很可疑。如果我们的理解充分的话，各种水平的分析应该是一致的，而不是冲突的。社会科学的任务是将各分析水平放在更广泛和更有用的多水平模型中（Pettigrew, 1996, 2006）。例如，约翰·达克特（John Duckitt, 2004）将他家乡南非的种族偏见与他在新西兰的新家的种族偏见进行了对比，这提供了一个突出的例子，为说明威权主义等人格变量是如何与文化变量融合的提供了全面的解释。

② 作为其乖僻特征之一，《族裔冲突》（*Ethnic Conflict*）斥责本书的第一作者在半个多世纪前的关于威权主义的哈佛大学博士论文中没有研究群际接触（Forbes, 1997, p. 117）。

　　首先，他观察到的令人困惑的模式并不总是会出现。在许多情况下，少数群体的较少人口比率实际上与对他们的偏见增加有关。例如，与联邦德国相比，民主德国居民中的外国人所占比例要小得多，但对外国人的反感情绪始终更高。与联邦德国相比，民主德国居民之间的群际接触受到限制，这或许可以解释这种偏见上存在的差异（Wagner, Van Dick, Pettigrew, & Christ, 2003）。同样，齐克（Zick, 1997）发现有较多移民人口的德国城市比德国的其他地区倾向于有较少的平均偏见。库诺维奇和霍德森（Kunovich & Hodson, 2002）在波斯尼亚和黑塞哥维那以及克罗地亚境内发现了类似的效应。

　　毫不奇怪，跨群体关系的不同指标很可能会产生不同的结果模式。人口比率和接近性本身并不能保证群际接触，这是我们在本书中一直讨论的一个误导性的观念。费斯廷格和凯利（Festinger & Kelley, 1951）在半个多世纪以前就明确指出，比率和接近性是必要的，但不是社交接触的充分条件。此外，在某些情况下，聚合水平上接触的替代指标实际上和偏见与冲突呈负相关，而不是正相关，正如接触理论所预测的那样。事实上，福布斯本人（1997，第三章）发现，他的聚合结果，即假定的接触会导致偏见加剧，存在着许多例外。但是，接触的替代指标和偏见与冲突呈正相关的例子很可能反映了种族隔离在威胁增加的同时限制群际接触的情况——我们在讨论帕特南关于多样性的主张时遇到同样的问题。从这些观察中，我们发现福布斯的所谓谜题有一个"显而易见的解决方案"。

　　福布斯（2004）通过优雅地证明一种关系如何在个人和聚合水平分析上呈现截然相反的结果（先前讨论的众所周知的生态谬误）（Pettigrew, 1996, 2006）来处理两个分析水平之间假定的差异问题。福布斯以此证明为例，解释了他认为是相反效应的谜题的原因。他坚持认为，在聚合水平上多了一个新的元素，即群际接触导致其他未参与接触的少数群体成员对外群体更加敌对。这种看法假定群内动力学是因果性和决定性的，但这些动力学在他的理论中没有详细说明（Van Houton, 1998）。福布斯借鉴了卡尔·多伊奇（Karl Deutsch, 1966）的民族主义传播模式，认为这种敌意的增加是人们试图阻止内群体同化（例如学习外群体的语言）的代价。有人

180

怀疑福布斯的论点受到他家乡加拿大讲法语的魁北克人这个特例的严重影响。然而，这种少数群体内部理论与其据称要解决的"难题"之间存在着不匹配。微观和宏观水平的发现之间的明显差异主要涉及关于多数群体效应的数据，而这个理论则集中在少数群体效应上。

这一推理导致福布斯（2004，p. 85）主张通过压制接触最坏的表现，同时悄悄地促进文化和谐或异化来尽量缓和接触造成的紧张。换句话说，他认为如果谨慎的话，直接的同化是摆脱他提出的明显困境的途径——这种解决方案常常被少数群体拒绝。

有两个特点对福布斯的论点至关重要。首先，他强调群际接触在减少消极的群体刻板印象方面存在潜力。但是，我们在前面第二章和第七章已经注意到，与接触对偏见的情感方面的主要效应相比，接触在减少刻板印象方面只发挥了中等大小的效应。而情感在福布斯的理论中并没有占据任何地位。

其次，他只强调群体互动时的文化相异性和威胁。但是，当群体相遇时，还会出现许多其他威胁类型，例如经济、政治等。福布斯将文化视为独特的而不是模糊的类别，但文化间通常有相当大的重叠，因为它们都必须解决同样的人类生存问题（Ross，1998）。

此外，群体之间的文化相异性不能准确衡量群体冲突的可能性。正如罗斯（Ross，1998，p. 394）指出的，在"……塞浦路斯、北爱尔兰、卢旺达、斯里兰卡、西班牙或原南斯拉夫出现的"血腥冲突，"根据弗洛伊德关于次要差异的自恋（the narcissism of minor differences）"概念而不是重大的文化相异性的概念，"能得到更好的理解"。有许多人们可以预测会爆发文化冲突，但并未彻底爆发的例子：波罗的海国家的巴尔特人和俄罗斯人（Draguns，2004），保加利亚基督教徒在第二次世界大战中从纳粹手中保护保加利亚犹太人，甚至在印度的部分地区的印度教徒和穆斯林之间，在北爱尔兰的罗马天主教徒和新教徒之间（Levin & Rabrenovic，2004；Varsh-ney，2002），均未爆发文化冲突。事实上，先前接触所建立的个人水平的情感联系被认为是避免这些局势中冲突的一个重要因素。莱文和拉布雷诺维奇（Levin & Rabrenovic，2004）强调，预防冲突的关键作用是接触理论

的促进条件之一——群体相互依存。经济学家阿舒托什·瓦尔什尼
（Ashutosh Varshney，2002）在忽略了所有社会心理学资料的情况下得出了 *181*
类似的结论。他表明，穆斯林与印度教徒之间的接触和相互依存解释了为
什么印度的一些特定城市出乎意料地不存在教派暴力。

不幸的是，福布斯没有测试他的理论。在他的书或章节中，没有数据
可以让我们评估他的理论主张。因此，福布斯为我们的下一步研究提供了
两个有趣的问题以供研究：（1）在个人和群际分析水平上的群际接触和偏
见与冲突之间的关系；（2）没有群际接触的那部分少数群体的反应。事实
上，评估帕特南和福布斯的批评所需要的是一个将接触和冲突引入同一个
框架的模式。这个问题对接触理论以及将其应用于社会政策具有至关重要
的意义，这也是我们下一章将介绍的议题。

❄ **结论**

除了对群际接触理论的错误、过时或夸大的批评外，批评家也提出了
有价值的五点：（1）如果严格的群体隔离严重限制了群际接触，多样性可
以减少普遍信任等"社会资本"的重要来源；（2）如何建立群际接触的问
题；（3）群际接触对关于社会政策的态度的效应大小的问题；（4）对于群
际接触可能阻碍社会变革的努力方面的担忧；（5）接触在微观和宏观分析
水平的效应之间的联系的复杂性。我们对每一点的简要答复如下：

（1）帕特南的关于多样性至少在最初可以导致社会资本受限的问题被
夸大了。反复分析表明，当存在严重的群体隔离，从而有效阻碍群际接触
的发展时，会出现这样的结果。但当群际接触不受隔离等障碍的阻挠时，
它可以有效地减少个人和集体的威胁以及偏见（我们将在下一章中看到这
一点）。

（2）群际接触理论对社会政策的有用性，因其不注意如何让不同群体
成员首先相遇的这个问题而受到限制。这种弱点在世界某些地区尤为明
显，这些地区的种族和民族冲突历来都构成了社会的突出特征，如北爱尔
兰、南非和美国南部。这个问题是难以回答的，但对于将接触理论转化为

有效的社会政策至关重要。

（3）与早先的说法相反，许多调查表明，有效的群际接触不仅对偏见有正面效应，而且对社会政策的态度和许多其他重要成果也产生了积极的影响。关于对该理论的检验仅限于减少偏见的说法已经过时了。

（4）赖歇尔和福布斯的评论都强调，必须更多地关注劣势少数群体与优势多数群体接触的反应。他们各自提出少数群体中至关重要和独特的反应：对于赖歇尔来说，对社会变革的投入减少；对于福布斯来说，则是群体内部冲突。关于我们所称的赖歇尔效应的实证证据不断增加：群际接触的增加与少数群体对抗议及动员变革的重视程度下降有关。但这不是与社会变革努力有关的唯一接触效应。我们列举了可能促进变革努力的其他过程，每种过程都有实证支持：群际接触改善了多数群体成员对少数群体的态度，会削弱他们维持歧视现状的决心，而接触也会提高少数群体的群体相对剥夺感。

近年来，接触的少数群体效应的差异性经常被提出（参见 Devine & Vasquez, 1998; Shelton, 2000; Tropp, 2006）。我们在第二章和第九章中指出，少数群体在群际接触中表现出的平均偏见减少的程度要比多数群体成员的小。对多数群体成员来说偏见减少的理想接触情境，对于少数群体成员来说可能远非理想。幸运的是，现在对接触对少数群体的效应的研究关注明显增加。

（5）尽管福布斯夸大了不同分析水平的群际接触效应的差异，但他指出了一个有趣而重要的现象，这种现象经常出现。在个人水平，通常发现正向的群际接触效应；而在聚合水平，这些效应可以消失甚至反转。我们下一章的结构方程模型将解决这种明显的不同分析水平的差异。模型利用威胁和接触作为平衡效应，在任何给定情况下的最终结果是由一系列调节变量（最重要的是群体隔离）决定的。

第十二章
当群际接触失败时

　　并非所有的群际接触都能减少偏见。虽然我们主要关注群际接触的可能好处，但在某些情况下，群体进行接触会产生更强的偏见。想想巴勒斯坦约旦河西岸紧张的检查站（Conover，2006）。以色列士兵和经过的巴勒斯坦平民都不是自主选择身处这种情况的，双方都受到威胁，这是可以理解的。士兵们担心会发生自杀性炸弹袭击或其他袭击。巴勒斯坦人担心持枪的士兵会对他们施加侮辱和暴力。与某些批评家的主张相反，群际接触理论家从未认为过这种紧张的接触状况除了会加剧群际冲突之外就没有别的功能。要注意检查站情况的关键要素。双方都感到高度威胁。这个情境完全违反了奥尔波特的促进因素；非自愿接触在地位不平等的、紧张的互动者之间充其量只是表面的接触。

　　负面的群际接触本身曾很少受到直接的研究关注。但是，最近对该问题的重新考虑为这一重要现象提供了新的思路（例如，Christ，Ullrich，& Wagner，2008）。自斯蒂芬等人（1985）对此主题进行开创性发表以来，大多数关于负面接触影响的社会心理学研究都聚焦于群际威胁的维度，进行了集中研究。在本章中，我们将研究威胁和其他负面因素可能在接触效应中发挥的作用。

　　首先，我们重新访问我们的元分析数据集，以更详细地检查那些产生负面的接触效应的研究。根据第二章中报告的元分析发现，请回忆我们曾发现与偏见增加相关的接触令人惊讶地罕见，仅占4%（另有2%的接触没有产生效应）。但现在，我们想要更深入了解，发现负面接触效应的研究与 94% 的发现接触积极效应的研究有何不同。

186   其次，使用与第十章（参见 Heitmeyer，2005）中采用的同样的国家概率样本，我们将研究与积极接触报告相比，常见的个人报告的消极群际接触的情况。我们还将探讨经常报告消极或积极接触的人之间的潜在差异，以及是否存在通常引发消极接触报告的特定情况条件。

❖ 消极群际接触效应：元分析中的例子

在这里，我们回到第二章中报告的元分析数据，以检验接触与偏见增加相关的相对少见的研究和显示接触与偏见减少相关的研究有何不同。在 515 项研究中，仅有 21 项（4%）显示接触和偏见之间存在正向关联（均值 $r = +0.21$）。经过对三个异常值（14%）的剔除，这 18 个研究形成的特殊子集成了同质性分布，效应大小的均值 r 为 $+0.11$。

这些研究在许多方面都是与众不同的。他们过分关注刻板印象（38%，而其他研究中刻板印象占比 14%）；请回想一下，刻板印象测量通常比情感依赖性测量产生的效应更小。这些研究中的 38% 涉及国际接触，而其他研究只有 10%。此外，这些特殊案例也是调查最不严谨的。与其他研究中 5% 使用了实验相比，这些研究没有进行实验；这些研究中的 81% 使用了信度较低的偏见测量，而其他研究中这个比例为 52%；这些研究中 29% 的对照组已经与外群体进行了广泛的接触，而其他研究仅有 8% 如此。

我们来看看这些群际接触加剧了偏见的罕见案例当中的一个典型。如第四章所述，泽费尔特（1987）让 4 岁和 5 岁的儿童每周一次去养老院探望丧失行为能力的长者，持续一整年。泽费尔特（1987）采用组间设计，每组有 30 名儿童，发现自变量与各种刻板印象的测量之间的效应大小 r 平均为 $+0.36$。实验组的孩子认为老年人更"被动""可怕"和"不友好"，他们对自己的衰老持更消极的看法。尽管泽费尔特的一些测量工具的信度很低，但关键因素似乎是威胁。研究中的老年人身体状况

187   相当差，因此很可能证实而不是反驳现有的对老年人的刻板印象。

这些"错误案例"通常涉及威胁。在另一项对老年人态度的调查中，奥尔巴克和利文森（Auerbach & Levenson，1977）调查了年轻大学生与老年同学课堂互动所造成的变化。通过一个信度不明的偏见测量工具，这些研究人员发现，实验组经过一个学期后对老年人的态度变得显著更消极了（$r = +0.52$）。这些学生通常将老年人视为不公平的竞争者，并认为老年同学把"过多的时间和精力"放在他们的课堂作业上，并利用他们的年龄来吸引教师的注意力（Auerbach & Levenson，1977，p. 365）。

这两类研究之间的主要区别是受访者的多数或少数地位群体身份（$p < 0.001$）。请记住，我们在第九章中指出，少数群体通常会表现出比多数群体小的效应。与此相符，我们现在看到少数族裔也更可能因为群际接触而加剧偏见。这表明，与多数群体相比，在接触情境中的少数群体可能涉及更为独特的威胁形式，这个可能性在第九章中得到了越来越多的研究的支持（参见 Robinson & Preston，1976；Tropp，2007）。

有关国际接触的研究强调了威胁在这些研究中的重要性。例如，格林兰和布朗（Greenland & Brown，1999）研究了在英国的日本人和英国人之间的接触的影响。他们发现群际焦虑情绪很高，尤其是在日本游客中。而这反过来与群际偏差的增大和负面效应呈正相关。同样，对美国留学生的效应研究有时会显示出对寄宿国民的偏见增加。在文化相似的国家（如英国），这种结果似乎更少出现，而在语言和文化差异较大的国家（如法国；参见 Nash，1976；Smith，1955）中出现得更多，这一结果再次表明了威胁的核心作用。

❖ 比较消极和积极接触的不同报告：德国调查研究的证据

检查元分析中的个别案例可以提供有关负面接触效应性质的一些重要见解。但是，由于这些案例涉及不同的受访者样本和方法程序，因此很难解释这些案例中的明确趋势，这一担忧困扰着所有的元分析综述（参见 Rosenthal，1991）。

　　我们很幸运，海特迈尔（2005）的偏见课题包括 2004 年对 1 383 名
188　德国人进行的全国概率调查，该调查使我们能够以相同的受访者样本，
同时比较和检验个体在消极和积极接触方面的经历。利用德国人与外国
人的接触经验，我们可以解决以下问题：与群际积极接触相比，群际消
极接触的报告有多普遍？经常报告消极或积极的群际接触的人是怎样的？
最经常激起消极群际接触报告的情况是怎样的？最后，鉴于群际接触的
消极程度，为什么群际接触的结果通常如此积极？

　　在对这些数据进行分析之前，我们使用期望最大化算法（expectation
maximization algorithm, Little & Rubin, 1987）来估算所有缺失值。附录 B
中提供了分析中所用条目的完整清单。由于 2004 年德国的调查包含情感
条目，因此我们在此处以略有不同的增强的测量工具来衡量积极和消极
接触。调查中的四个问题测量了积极接触（$\alpha = 0.79$）。这四个条目中的
两个我们之前使用过，测量的是与外国人相关的建设性行为：受访者得
到了他们的帮助，以及与他们进行了有趣的交谈。另外两个条目则考察
了受访者与外国人接触时可能经历的情绪：愉悦和满意。

　　评估消极接触的条目询问是否曾遇到外国人的打扰，以及受访者在
与外国人接触期间是否经历过愤怒、害怕和烦躁等情绪（$\alpha = 0.78$）。添
加这些额外的条目是为了记录与这种接触有关的消极情感，因为在本书
中，我们已经表明，情感是群际接触现象的核心组成部分。

　　另外三个条目衡量了接触的性质：是否是实质性接触、地位平等和
自愿？这些问题实质上测量了受访者对奥尔波特某些关键接触条件的看
法。外国人构成的个人和集体威胁以及对外国人的偏见的量表与第十章
中使用的量表相同。

　　我们必须注意，样本受访者之间存在不同程度的群际接触机会。在
接受调查的受访者中，每六个受访者中就有一个人既没有与外国人居住
在一起，也没有与外国人一起工作（1 383 名样本中的 241 名）。这些更
孤立的人最明显的特征是年龄。与更年轻的受访者相比，老年的德国人
较不可能报告他们生活在不同的社区中（$p < 0.001$）或与外国人一起工
作（$p < 0.001$）。在威权主义上得分高的人也倾向于避免住在混合社区

189

中（$p < 0.004$）或与外国人一起工作（$p < 0.004$）。

　　在最后一章中，我们将进一步讨论这种威权主义者避免群际接触的普遍趋势。尽管如此，这些相对孤立的受访者仍然报告与外国人有很多接触，虽然他们接触的频率少于与外国人一起生活和工作的人。因此，我们在以下分析中保留了这些样本受访者。有了这些数据，我们现在可以寻找有关消极的群际接触的关键问题的初步答案。

❖ 消极和积极接触的报告有多普遍？

　　我们的第一个问题涉及这些德国受访者报告与外国人的消极和积极接触经历的相对程度。图 12.1 突出显示了对评估消极和积极接触的条目的回答之间的巨大差异。

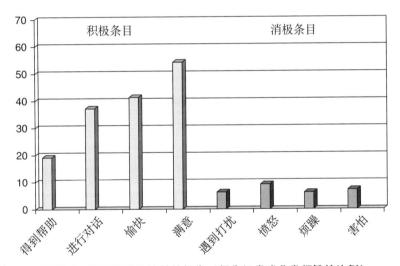

图 12.1　积极和消极接触的报告（报告经常或非常频繁的比例）

　　在每种情况下，德国受访者与外国居民接触的消极反应都比积极反应少得多。确实，几乎三分之二的受访者表示几乎没有消极反应，而一半的受访者则表示与外国人有积极的接触。因此，在 4 到 16 的得分范围内，整个的消极接触量表的平均值（$M = 6.04$，$SD = 2.2$）远低于积极接触量表的平均值（$M = 9.30$，$SD = 2.6$；$p < 0.0001$）。这两个量表只有中等　*190*

程度的负相关（$r = -0.16$，$p < 0.001$）。此外，积极接触量表预测对于反对外国人的偏见量表的预测能力显著好于消极接触量表（$r = -0.45$，消极量表与之相比为 $+0.28$；$p < 0.001$）。然而，这两者都是重要的，因为与偏见测量之间最强的关系是由一个由积极接触量表得分减去消极量表得分组成的预测变量实现的（$r = -0.49$）；这个关系比单独的积极接触要大得多（$p < 0.04$）。

查看结果的另一种方式如图 12.2 所示。将两个分布尽可能地在其中位数处进行划分，将积极和消极接触相结合的四个类别中的每个类别在平均偏见上均与其他三个类别显著不同（$p < 0.001$）。毫不奇怪，那些积极接触得分高而消极接触得分低的人显示出了最低程度的偏见。让人特别感兴趣的是两种接触类型得分都相对较高的受访者。作为一个群体，他们的偏见程度远低于那些在积极和消极接触中得分都低的人，并且他们的平均得分接近那些几乎全部都是积极接触的受访者的得分。他们的平均年龄也比其余三个群体年轻近十岁。

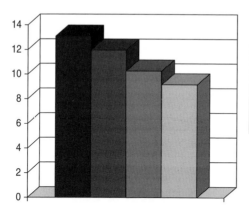

图 12.2　积极和消极接触群体的偏见均值

从这个德国人的概率样本可以得出结论，与外国人接触的积极反应比消极反应普遍得多。此外，对于对在德国的外国人的偏见态度，积极接触比起消极接触的预测性要更高。消极的群际接触主要是在没有积极接触的情况下引起偏见的增加。这是重要但经常被忽略的一点：积极接触可以抵消消极接触的许多不良效应。

❖ 谁最经常报告消极或积极接触?

图 12.3 的直方图以图形方式显示了消极接触报告的预测变量的七变量多元回归结果。毫不奇怪,年龄是一个重要因素。年轻的德国人更有可能报告消极的群际接触。他们在外国人中生活和工作,与外国人的消极和积极互动都比年纪更大的德国人多得多。

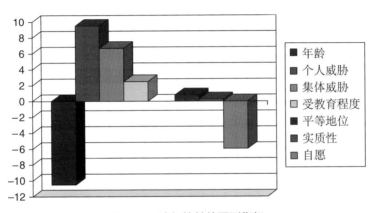

图 12.3　消极接触的预测指标

(以 t 分数表示,来自多元回归)

威胁也很重要。不出所料,个体和集体威胁量表均与消极接触报告呈显著正相关。此外,受过良好教育的受访者提供了略微更频繁的消极接触报告,这可能反映了他们与受教育程度较低的外国居民之间的社会阶层差异。涉及奥尔波特理想条件的情况变量将在下面讨论。

将这些结果与图 12.4 中的积极接触结果进行比较。再一次,年龄预示着更多积极的接触,即年轻的德国人会提供更多积极的报告。威胁变量具有预测性,但方向相反。以普遍积极的方式描述自己的群际接触的那些受访者在个人或集体水平都不会受到身边的外国人的威胁。结果进一步表明,政治意识形态和威权主义也很重要。那些自认为是政治左派的人以及在威权主义上得分低的人更有可能报告积极的接触。

最后,图 12.5 揭示了一个新的变量的重要预测指标,这个变量就是从 *192*

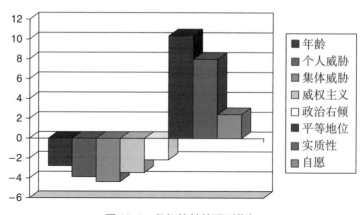

图 12.4　积极接触的预测指标

（以 t 分数表示，来自多元回归）

对接触的积极反应当中提取出的消极反应。回想一下，与单独的消极或者积极接触相比，此变量是更有效的反对外国人的偏见的预测指标。这里，年龄变量的效应是相反的；年龄较大的受访者在积极和消极接触的反应之间的差异更大。两个威胁指数是主要的预测指标。与对群际接触的积极反应相比，那些受到最大威胁的人最有可能给出更消极的反应。最后，正如预期的那样，受教育程度低、政治右倾以及威权主义得分高的人在该指数上的得分更低。

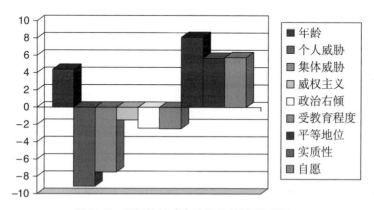

图 12.5　积极接触减去消极接触的预测指标

（以 t 分数表示，来自多元回归）

无论是个体威胁还是集体威胁，威胁的持续重要性都需要进一步研 究。更细致的分析着眼于两个威胁量表中包含的八个条目的单个预测能 力。其中七个条目与积极接触和积极减去消极接触的测量均呈负相关。这 表明那些报告与外国人愉快互动的人比其他受访者受到的威胁要小得多。 这种个体和集体威胁的缺席在经济和安全领域表现得格外强烈。相比之 下，消极接触的报告与六个威胁项目有正相关关系，特别是对"我们的自 由和权利""我们的安全""我的安全"和"我的生活方式"的威胁。有 趣的是，最大的一个例外涉及对"我们的文化"的任何威胁；尽管它是第 十一章中讨论的福布斯分析的主要重点，但它显然并不那么受到受访者的 关注。

总之，年龄以及个体和集体威胁都是群际接触积极和消极报告的主要 预测因素。年轻的受访者与外国人的接触最多，因此他们对群际接触的反 应也最多，包括积极的和消极的在内。许多类型的威胁可以预测人们会如 何报告他们与外国人的接触。那些认为与外国人的相遇是积极的的人，都 不受居住在德国的外国人的无论是个人还是集体的威胁。但是那些报告消 极相遇的人在各个领域都受到外国人的高度威胁。

※ 哪些条件最常产生消极接触的报告？

尽管我们在第二章中了解到，特定情况条件对于减少偏见并非至关重 要，但它们确实对这个过程产生了重要影响。因此，我们测试了三种情况 条件的效应，这些条件与接触的质量有关：受访者是否自愿处于接触状 态？接触是表面化的还是实质性的？互动者之间是否基于平等地位？图 12.2 至 12.4 提供了一些答案。在这三个回归模型中，除了与消极接触相 关的平等地位和实质性条件外，所有三个质量因素都是主要预测变量。当 按零阶相关纳入模型时，自愿（+0.25）、实质性（+0.29）和平等地位 （+0.35）条件都与积极接触有正向关系。它们还与消极接触有负向关 系——自愿（-0.28）、实质性（-0.10）和平等地位（-0.13）。事实 上，这三种情况条件也与积极减去消极接触的预测因素有关——自愿

（+0.35）、实质性（+0.27）和平等地位（+0.32）。所有这些相关性在0.001 级别上都达到显著。

194 　　当加入前面讨论的预测变量中时，这三种接触质量的变量都显著地增加了所有三个回归模型（$p < 0.001$）中解释的总方差。对于积极接触，平等的地位尤为重要——正如奥尔波特（1954）多年前所坚持的。消极接触的效应没有那么引人注目。尽管解释的方差再次显著增加，但只有接触的自愿性这一个变量保持了显著的负相关。简而言之，消极接触的效应对于非自愿接触来说格外强烈。

　　这三个接触质量的变量也与偏见存在负面关联。调查受访者报告的接触越是自愿（-0.25）、亲密（-0.24）和地位平等（-0.27），他们报告的偏见也就越少。这些趋势表明，这些接触质量的变量可能起到调节消极和积极接触与偏见之间关系的作用。事实上，消极接触和偏见之间的联系通过实质性接触（$p < 0.05$）和平等地位（$p < 0.01$）得到了调节。这些发现表明，当接触是肤浅的和发生在处于平等地位的人之间时，消极接触和偏见之间的联系是更加紧密的。消极接触最重要的情境性影响因素似乎是受访者是否自愿进行群际接触。对于那些报告其群际接触并非自愿的受访者，消极接触和偏见之间的相关性为 +0.29；但对于自愿者而言，相关性明显较低（$r = +0.18$，$p < 0.02$）。

　　这种对消极接触的仔细观察逆转了先前对积极接触的关注。现在我们知道，消极接触的预测变量模式有些不同。希望这些新信息可以帮助我们了解是什么触发了对接触的消极反应（例如感觉它是非自愿的），就像我们已经了解的促进积极反应的因素（例如亲密、平等地位）那样。

❖ 为什么接触结果通常如此积极？

　　这些发现既提出又回答了一个重要的问题。鉴于存在消极接触，为什么我们在第二章中报告的元分析发现中显示，接触在减少多种偏见方面具有压倒性的积极效应？

　　在本章中，我们发现了几个有助于解答这一明显难题的因素。第一，我们在一项调查研究中看到，德国受访者报告的与外籍居民的积极群际接触远多于消极群际接触。这些结果似乎令人惊讶，因为消极的群际相遇经常得到宣传，而更多的积极相遇没有得到承认或不被视为有新闻价值。但这一发现有助于解释为什么在研究文献中比较少见到接触导致偏见增加的研究结果。

第二，我们也注意到，参与者是否自愿进入接触，强烈预测了消极群际接触的效应。这再次表明了威胁的重要性。人们很少自愿进入有威胁的情境，但他们也许经常发现有威胁性的新情境，并选择不进入。

第三，毫不奇怪，那些发生很多群际接触的人往往同时报告积极和消极的接触。因此，虽然有些人可能会质疑有积极接触的人与有消极接触的人是否天生不同，但在这个样本中我们发现，有接触的人可能会报告组合式的积极和消极的群际接触经验。这些通常是较年轻的受访者，他们比那些既没有积极接触也没有消极接触的人暴露出显著更少的偏见。因此，在不存在积极接触的情况下，消极接触成为一个严峻的问题。换句话说，积极接触似乎抵消了消极群际相遇存在的诱发偏见的效应。这是一个重要的发现，因为在德国调查中，许多受访者与外国人都有过这两种接触。这种现象在一定程度上驳斥了更宽容的人有积极接触和怀有更多偏见的人有消极接触的选择性偏见。

克里斯特等人（2008）进一步进行了这种分析，他分析了两个德国概率调查，我们在上面分析的调查是其中之一。他们用的指标与我们的分析所用的指标略有不同，研究了反对外国人态度的强度。态度强度包括三个关键要素：受访者对于自己对外国人的看法有多确定？受访者认为自己对外国人的了解有多少？对他们来说外国人这个话题有多重要？积极接触不光与对外国人的更友好的态度相关，也与更高的态度强度的所有这三个维度有关系。消极接触也能产生更强烈的态度，但是力度不如积极接触这么大。而且当与积极接触结合的时候，消极接触会产生"稳定、必然和难以改变的"更不带有偏见的态度（如图 12.2 所示）（Christ et al.，2008，图 12）。

鉴于这些不同的现象，这些德国调查数据中捕捉到的消极群际接触可能往往不像一些批评家认为的那样重要。但是，社会中的一些特殊群体，例如警察，往往有与一般人群非常不同的经历。例如，比利时的弗拉芒警察报告了与少数族裔群体的略多于积极接触的消极接触。此外，这些警察的消极接触与更多的歧视行为（$r = -0.24$）相关，而积极接触与这种歧视行为的相关关系是相反的（$r = -0.08$）（Dhont, Cornelis, & Van Hiel, 2010）。更普遍的是，涉及极端屈辱、暴力、种族灭绝和家庭成员死亡的消极接触也将最大限度地产生消极的接触效应。这种极端的相遇会使得个人和集体的威胁最大化，由此产生的群际仇恨可以持续数年。但是，尽管这种残酷的对抗充斥在头条新闻里，但全球大多数消极的群际接触更类似于欧洲和美国的调查所测量到的非暴力类型。

群际威胁（无论是个人威胁还是集体威胁）的这一关键作用，对于上一章所述的接触理论的批评以及理解本章有关消极和积极接触的结果都是至关重要的。批评家通常认为威胁对于消极接触的发展至关重要，但在积极接触中并不涉及威胁。然而，我们刚刚看到，个体和集体威胁的缺失也是积极接触的主要预测因素。回忆一下，普特南（2007）将威胁和接触视为产生相互竞争的假设的两个单独过程。但是后来的研究表明事实并非如此。确实，我们在图 12.3 至 12.5 中看到两者是紧密相关的，并且将威胁和接触放在一个单一模型中是可能且有用的。

❖ 群际接触与威胁的组合模型

借鉴我们与德国同事所做的工作（Pettigrew, Wagner, & Christ, 2010；Wagner et al., 2006），我们提供了一种模型，该模型结合了此前讨论的两个独立变量：群际接触和威胁。这个模型有助于解释由福布斯（1997, 2004）提出并在第十一章中讨论的所谓"难题"，它还可以说明我们的观点，即群际冲突和接触过程不应被视为相互竞争的理论（例如，Putnam, 2007）。

大部分争论都涉及某个给定地理区域中存在的群际"多样性"的性质。这个变量通常以少数群体在该地区总人口中的比率来衡量。然后问题变成了：一个较大或者较小的少数群体人口是否通常与多数群体对他们的偏见有关联？

　　人口比例与偏见之间的复杂关系是两个相互联系的过程。通常，较大的外群体人口比例会同时增加威胁和群际接触：前一个过程增加偏见，第 *197* 二个过程减少偏见。使用与 2004 年的没有移民背景的成年德国人口的概率样本相同的广泛调查数据，我们进行了测试，以了解如何使用结构方程分析将这两个过程有效地组合为一个复杂模型。

　　帕特南（2007）和福布斯（1997，2004）将少数群体的百分比作为在汇聚水平上接触的主要近似测量。因此，我们的模型从该变量开始，并将采取多数群体的视角。我们力求展示威胁和接触如何共同运作，并产生一系列结果。威胁是可感知的（Stephan，Ybarra，& Morrison，2009）；它涉及人们认为的外来群体的比例是多少，因此可以通过戏剧性事件、政治领导人和大众媒体轻松地操纵。这些主观估计常常是真实的少数群体比例的疯狂夸大，而许多研究人员在分析中忽略了这种主观心理测量。我们的模型既包括外国居民的实际比例，也包括受访者对外国居民比例的主观估计。

　　而且，威胁和接触之间复杂的关系可以因众多调节变量的存在而发生实质性的改变。例如，僵化的种族隔离会限制接触，而失业会加剧威胁。的确，我们假定了几个这样的调节变量，以控制少数群体比例对多数群体的偏见态度的效应。尤其是，限制群际接触的主要手段，即隔离，可以调节这一过程，正如先前在第十一章中所描述的罗思韦尔和乌斯兰纳的分析所证明的那样。其他调节变量包括：失业、外来群体人数的突然增加、政治家们对威胁性情绪的认可、获得公民身份的壁垒以及让外群体进入国民生活主流的其他手段，以及外群体与本土内群体的多重区别特征：种族、社会阶层、语言等。所有这些内部因素都可能潜在地加剧威胁，同时限制积极的群际接触。

　　回顾上一章，帕特南认为多样性本身会导致不信任。福布斯坚持认为，群际接触会增加聚合水平上的偏见，因为不参与接触的少数群体会变得焦躁。另一种解释这些说法的方式是威胁效应。两位批评家都不认为聚合水平上增加的群际接触也可以提供减少偏见的平衡作用。图 12.6 和 12.7 用结构方程模型（SEMs）显示了这种双重效应。注意，单个变量在图中以矩形显示,而由多个变量组成的潜变量则以圆形显示。所有三个模型的拟合指数表明与数据的拟合良好。为了清楚起见,没有显示误差和干扰项。

　　图 12.6 显示了帕特南和福布斯都聚焦的结构方程模型。请注意该区域外国人比例的大部分效应是由如何通过感知到的外国人比例作为中介的。反过来,个体以及尤其是集体的威胁,对与外国人比例有关的反对居住在本国的外国人的偏见的增加起到了中介作用。在查看结构方程模型图时,一个总是有用的方法是仔细查找缺少的路径。在图 12.6 中,有两条路径并不显著,因此未显示。感知到的外国人百分比对偏见没有直接影响;相反,它完全由两个威胁的潜变量来作为中介。同样,个体威胁对偏见的影响完全由集体威胁来作为中介,这与我们注意到的关于集体威胁的特殊重要性是一致的。的确,最大的路径是将集体威胁与偏见联系在一起,这一发现与研究的元分析结果完全一致,后者显示出多种类型的威胁与群体偏见之间有着密切的联系(Riek, Mania, & Gaertner, 2006)。

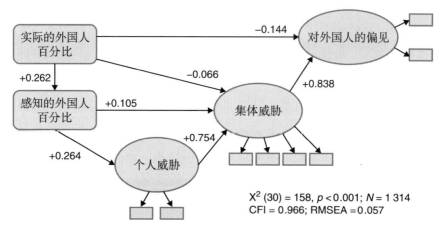

$X^2 (30) = 158$, $p < 0.001$; $N = 1\ 314$
CFI = 0.966; RMSEA = 0.057

图 12.6　由个人和集体威胁作为中介的人口比率效应

　　图 12.7 揭示了另一个过程,在这个过程中,德国给定地区的外国人比率较高,这使得通过积极的群际接触减少了偏见。再一次,让我们注意缺少的路径:在这个简单的模型中,接触在外国人百分比与偏见之间的整体关系上起到了有效的中介作用。

　　最后,图 12.8 结合了这两个过程。通过这种结构模型,我们了解到,

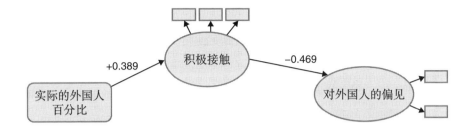

X^2 (7) = 31, p < 0.001; N = 1 122
CFI = 0.985; RMSEA = 0.055

图 12.7　积极接触作为中介的人口比率效应

积极的群际接触与偏见呈负相关，这一效应是通过其与减少的个体和集体
威胁的关联而发生的，这一结果与我们先前在第六章中关于接触-偏见关
系当中的情感中介变量的讨论相一致。这一发现还表明，接触理论和威胁
理论最好结合起来，而不是被视为相互竞争的理论。还要注意，在此最终
模型中，该地区的外国人百分比与威胁变量之间没有直接关联，其所有的
效应都是通过增加感知到的外国人百分比（这通常是被忽略的变量）作为
间接中介的。威胁和接触这两个相互关联的过程共同解释了外国人真实百
分比与对外国居民的偏见之间关系的大部分，仅余下较小的直接系数
（-0.077）。

199

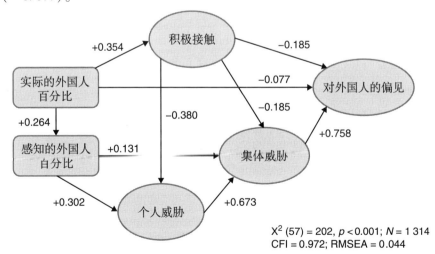

X^2 (57) = 202, p < 0.001; N = 1 314
CFI = 0.972; RMSEA = 0.044

图 12.8　以威胁和接触为中介的完整模型

该模型不限于我们使用的特定测量工具或2004年德国受访者的概率样本。在一项独立研究中，施吕特和舍佩斯（Schlueter & Scheepers, 2010）使用不同的测量方法和2000年荷兰国家受访者的样本，基本上独立地复制了该模型。

200

❖ 结论

接触会加剧群体间的偏见和冲突，尤其是在涉及威胁时。因此，我们在本章中探讨了消极接触的性质以及它与更常见的积极接触体验的区别。

消极群际接触所起的作用比一般人们认为的更复杂。可以理解的是，少数群体倾向于比多数群体报告更多的消极接触。在多数群体当中，在非暴力情况下人们似乎极少会体验到消极接触，频率远低于体验到积极接触。但当其确实发生了的时候，消极接触通常与如下情况有关：让参与者感到受威胁，以及并未选择产生接触。这些情况经常在工作环境中出现，即存在群际竞争，以及包含群际冲突的情况。确实，个人和集体威胁是消极接触最重要的相关因素，而且从政治到安全甚至生活方式，都可以有很大的差异。

有相当多的外群体接触的人报告了很多的消极接触。这些受访者通常较年轻，而且也报告了相当多的积极接触。这一点很重要，因为当与积极的群际相遇相结合时，非暴力的消极接触可能比接触理论的批评者所假设的破坏性小得多。并且，如果人们是自愿开始接触的，消极接触的影响也会被抵消掉。

与一些批评家的主张相反，群际接触和群际威胁不是分开的现象。如我们的结构方程模型所示，消极接触与更大的偏见相关，而积极接触与更低的偏见更紧密相关。

第十三章
总结和展望未来

在过去的几十年中，出现了数百篇有关群际接触的研究论文和著作章节。我们注意到，人们对奥尔波特（1954）的"假设"重新产生了浓厚的兴趣，这使得群际关系的社会心理学领域迅速发展。当初谦虚的"假设"现已扩展为完善的理论（Brown & Hewstone，2005；Pettigrew，1998）。在这最后一章中，我们将回顾群际接触理论的各种动态，为未来的工作提供建议以增进我们对群际接触的复杂性的理解，并通过考虑群际接触理论对群际关系中社会政策的影响来结束本章。

❖ 概括

基本效应

我们在第二章检验了群际接触理论的核心效应。通过结合在 20 世纪期间进行的 515 项研究的结果，我们的元分析决定性地证明，当群体相遇的时候偏见通常会减少，虽然平均效应相对来说并不很大（$r = -0.21$；Cohen's $d = -0.43$），但这个效应不能由被试选择、出版偏差、抽样偏差或者研究不力来解释。实际上，最严谨的研究通常得到最大的效应。这个现象在 21 世纪进行的研究中同样出现。近期的研究执行得更加严格，通常会产生更大的接触效应。

广泛的泛化

之后的章节表明，群际接触的积极作用趋于广泛地泛化。因此，接触效应不局限于那些直接参与了接触的外群体成员。第三章表明接触的影响以多种方式传播。最初和主要的泛化通常从参与接触的直接外群体成员扩展到整个外群体。当接触情境使参与者的群体认同显著时，这种初级转移的效果就会增强。

接触的效应通常还会扩展到与最初接触情境不同的情况。该效应甚至可以扩展到其他未参与接触的外群体，即次级转移效应。

此外，积极的接触效应不仅限于特定的情况、人群或国家。第四章提供了证据，证明了群际接触现象在世界各地的不同情境、年龄群体和国家之间普遍存在。我们还注意到，显著的接触效应存在于不同种族、民族、国籍、性取向以及生理和心理残疾的群体。当然，这些效应存在很大的变异性，但是其积极趋势非常清晰一致。群际接触现象的普遍性表明存在一个基本的基础过程。我们认为，这一过程涉及一个事实，即熟悉通常会产生喜爱，也就是扎伊翁茨（1968）所详述的简单曝光效应。

本书有几章都引用了效应的进一步扩散，例如间接或扩展的接触效应。正如第六章中简要提到的那样，拥有一个有外群体朋友的内群体朋友会改善一个人对外群体的态度。我们在第八章中指出，这种间接影响会产生次级转移效应，这对居住在隔离区而没有外群体朋友的人们尤其重要。其他替代形式的群际接触，甚至是观看电视，似乎也普遍产生了态度的改善。因此，群际接触的效应通过多个过程广泛传播，这是社会政策的关键所在。

调节变量

要了解何时会发生接触效应并使其最大化，我们必须寻求接触-偏见关系中的调节变量。奥尔波特（1954）的条件组合指定了四个关键的情境因素来进行接触以发挥其有益的群际效应：在接触情境中处于平等地位、有共同目标、有群际合作和机构支持。第五章利用我们的元分析结果，发

现这些条件是重要的条件变量。它们增强了效应，但不是必要条件。我们　*203*
强调，这些情境调节变量也应被视为主观上感知到的而不仅仅是客观的情
境特征。此外，调查人员还发现了许多其他影响到接触的效应的调节变
量。举两个例子，在接触过程中群体成员身份的显著性以及他们赋予群际
接触的重要性也起到了调节的作用。

中介变量

要了解接触如何减少偏见，我们必须揭示接触效应的主要中介变量。
事实证明，在解释群际接触如何与偏见关联起来的过程中，有两种主要的
情感性中介变量至关重要。焦虑的减少似乎开启了这一过程，随后出现了
对外群体的共情。从长期以来一直被认为是最重要的中介变量，即从接触
中获得关于外群体的一般了解，在第六章的多重元分析中被证明不那么重
要。但是，这三个中介变量合在一起并不能解释接触对偏见的全部效应。
我们建议在四个领域中找到其他重要的中介变量：（1）接触可以增进文化
理解，（2）它可以改变群际行为，进而改变态度。接触-偏见关联进一步
发挥中介作用也可能源于（3）对群际规范变化的感知，以及（4）群际关
系的整体性重组。

群际接触尤其可以减少情感形式的偏见

群际偏见的形式多种多样：从刻板印象到情感。这就提出了一个问
题，即群际接触是否会影响所有形式的偏见。第七章提供了证据，证明对
接触的认知和情感效应进行比较是有用的。我们对 20 世纪研究的元分析表
明，与认知成分（如刻板印象和观念）相比，接触更容易影响偏见的情感
成分（如情绪、感觉和喜好）。接触通常确实具有明显的认知作用，但始
终不如情感变化重要。该结果与焦虑的减少和共情对于接触结果的重要性
相一致。这种趋势是幸运的，因为偏见的情感因素通常与群际行为的关联
更紧密（Esses et al.，1993；Stangor et al.，1991；Talaska et al.，2008）。此
外，我们已经注意到在实验和现场环境中接触与隐性偏见之间的重要
关系。

204 **跨群体友谊的特殊作用**

考虑到接触的情感效应的特殊重要性，跨群体的友谊纽带尤其重要。第八章提供了一致的证据，突显了跨群体友谊的特殊作用。许多不同的友谊测量都会产生强烈的效应，但是基于行为测量的评估，尤其是共度的时长，往往会产生最大的效应。

群体地位差异的重要性

群际接触理论通常呈现为对于当不同群体的成员互动时会发生什么的一种广泛的概念捕捉。但是，在第九章中，我们考虑了少数地位群体和多数地位群体的成员如何以完全不同的方式感知、体验和回应群际接触。我们的研究表明，多数地位群体的接触效应通常比少数地位群体的更强。进一步的研究表明，对于少数地位群体成员来说，积极的接触效果可能会较弱，因为他们认为自己的群体受到了歧视。与此同时，与多数地位群体成员保持积极接触也可以降低少数地位群体成员对他们群体受到歧视的感知程度。

群际接触的预测能力

正如第二章所论证的，群际接触与偏见之间的双向联系是牢固的。但是，如果将接触放在其他公认的偏见预测因素的情境中，它作为偏见的预测因素有多强大？第十章使用来自西欧和北美的各种研究来回答这个问题，该研究调查了对移民的偏见的许多相关因素。即使放在包含了整个社会科学的偏见预测因子的回归模型中，群际接触仍然是主要的相关因素。规范性情境、人口比率、年龄、受教育程度、所感知的经济剥夺、政治保守主义和效能感、民族认同、威权主义和社会支配倾向都被证明是偏见的重要预测因素。尽管如此，在这众多相关的变量中，群际接触仍然是大西洋两岸反对移民态度的主要预测因素。

205 **群际接触的多重结果**

减少偏见绝不是群际接触的唯一结果。与某些批评家的主张相反，我们在整本书中都注意到了对群际关系重要的一系列其他效应。因此，我们注意到群际接触与焦虑、个人威胁、集体威胁、信任、宽恕、共情、观点采择、外群体了解、感知的外群体合理性、内群体认同、工作成就和满意度、对社会变革和影响外群体的政策的态度，以及对外群体异质性的感知——所有这些都显示出积极的接触效应。需要进一步的工作来了解这种高度相关的一系列结果的完整模式和时间顺序。

群际接触理论的主要批评

除了对群际接触理论的错误、过时或夸大的批评外，第十一章讨论了在批评群际接触理论时提出的有价值的五点：（1）如果严格的群体隔离严重限制了群际接触，多样性可以减少普遍信任等重要的"社会资本"；（2）开始最优的群际接触时的"牛不喝水强按头"问题的重要性；（3）群际接触对社会政策态度的效应大小的问题；（4）对于群际接触可能阻碍社会变革的努力方面的担忧；（5）接触在微观和宏观分析水平的效应之间联系的复杂性。这五点为群际接触研究的未来发展指明了方向，正如我们在下一节中讨论的那样。

并非所有群际接触都有积极作用

第十二章讨论了消极群体互动，即与更大的偏见和冲突有关的接触。第二章表明，除了存在极度群际冲突的地区外，这种事例的发生频率比积极接触的发生频率低得多。然而，消极接触仍在世界范围内经常发生，并得到积极接触很少能获得的上头条新闻的机会。再次分析德国的调查数据，我们发现这种接触通常不仅涉及个体和集体威胁，而且通常是非自愿的。然而，消极接触的全部效应由于它经常也伴随着相当多的积极接触而受到削弱。这两种类型的群际相遇都是由拥有大量多样接触的人记录的。 *206* 确实，积极接触显然可以抵消消极接触的许多有害影响。报告两种接触类型的受访者的群际态度接近仅报告积极接触的人群的群际态度。但是，群际威胁对于实现积极接触的有益效应构成了主要障碍。

对于未来的群际接触研究的建议

我们对现象的了解越多，就越意识到自己知道得不够，必须进一步研究。在前几章中，我们对进一步研究群际接触的各种建议可分为五类：（1）更加关注过程；（2）进一步关注少数群体和接触中的主观感受；（3）关于消极群际接触的更多研究；（4）将中观的接触水平与微观和宏观的分析水平联系起来；（5）加强接触研究的政策相关性。

更加关注过程

近年来，我们对群际接触过程了解了很多。布朗和休斯通（2005）对现象的调节变量和中介变量进行了深入研究，第五章和第六章进一步探讨了这些过程的发现。但是还有更多东西等待发现。毫无疑问，存在更多的调节变量和中介变量，第六章提出了四个有希望找到它们的领域。还需要考虑一下关于本书中描述的几个关键发现，我们需要理解哪些内容。

例如，诸多调节变量和中介变量是如何相互关联的？它们是否以某种可识别的模式排序？在这里，我们认为焦虑的减少可能是接触过程的最初且至关重要的第一个中介变量。而且，我们进一步提出了这样一种想法，即最优的群际接触的群体显著性模型也可以粗略地排序：首先进行去类别化，然后进行类别化，然后是上级身份和双重身份模型。

同样，我们注意到研究显示了群体之间的接触存在大量且多样的积极成果。它们是如何相互关联的？我们假设这些结果形成了一个紧密相关的聚类，其范围从生理变化到对流行的群际规范的感知的变化。这样的模式将帮助我们更进一步看清接触过程本身。

207 比这些更加基本的是基础心理过程，这些过程显然使群际接触的效应成为普遍的现象。基础心理过程是什么？我们认为，单纯曝光效应及其不确定性的减少导致喜爱情感的产生，这可能是使得接触与偏见减少联系在一起的必不可少的心理基础。如果是这样的话，这将有助于解释几个有争议的问题：为什么接触的情感结果总是一致地比认知结果更明显；为什么跨群体的友谊效应如此之大；以及为什么奥尔波特的四个关键接触变量有助于接触效应的发挥但并非必需。

进一步注意少数群体和主观接触

第九章表明，绝大多数的接触研究都集中在多数群体的成员上，而批评家正确地指出了需要注意少数群体的效应的问题。福布斯指出有必要研究那些没有参与群际接触的少数族裔群体，而赖歇尔强调，群际接触有能力抑制少数群体成员的社会抗议热情。

近年来，人们越来越关注少数群体如何回应和看待群际接触。例如，现在的研究表明，在讨论种族时，少数地位族裔和多数地位族裔学生表现出不同的反应，特别是在他们的焦虑感（Trawalter & Richeson，2008）以及他们对进一步的群际接触表现出的兴趣（Tropp & Bianchi，2007）上。这样的工作是接触理论的宝贵补充，它介绍了需要探索的另外两个领域。

随着我们越来越了解少数群体对群际接触的反应，我们现在需要将这些新见解与我们已经了解的多数群体反应结合起来。这种整合将使我们对群际互动的复杂性和流程有一个全面的了解。一些学者已经开始了这样的工作（例如，Hebl & Dovidio，2005；Page-Gould et al.，2008；Richeson & Shelton，2007；Vorauer，2006）。佩奇-古尔德等人的研究（2008）揭示，在与基于种族的排斥有关的受访者中，与具有大量先前接触经验的外群体合作伙伴进行互动有助于缓解他们随着时间的推移而产生的焦虑。韦斯特和同事（2009b）表明，一方在群际互动中的焦虑程度受另一方的焦虑程度的影响很大。

这些工作可以提供令人惊讶的结果。例如，具有讽刺意味的是，非裔美国人至少在最初的短期互动中可能更喜欢与有高度偏见的白人互动。谢尔顿、里奇森、萨尔瓦托雷和特拉沃尔特（Shelton，Richeson，Salvatore，& Trawalter，2005）让白人受访者完成内隐联想测验（IAT），以衡量种族偏见，然后与白人或黑人伙伴讨论种族关系。白人的 IAT 分数预测了黑人（而非白人）互动伙伴对他们的看法有多积极。而且这种关系是由黑人对白人受访者在互动过程中参与度的感知所调节的。随着怀有偏见的白人"更加努力"，他们首先被黑人受访者所青睐。

208

　　这项互动研究的第二个含义是，了解接触参与者如何主观地看待这种情况是很重要的（参见 Tropp，2006）。奥尔波特的四个调节变量经常被看成只是情境条件。但是从早期写作（例如，Riordan，1978；Robinson & Preston，1976）中发展而来的对少数群体反应的新兴研究清楚显示，我们必须更聚焦于参与者对接触情境的主观感知（例如，Molina et al.，2004；Tropp & Bianchi，2006）。就此而言，一个多数群体成员可能视为地位平等的接触，少数群体成员通常可能将其视为基于不平等地位的接触。

消极群际接触的更多研究

　　导致偏见加剧的跨群体互动尚未得到广泛而系统的研究。如第十二章所述，群际接触有可能会增加偏见和冲突。我们看到，个人和集体威胁通常都会引发接触的消极效应。我们还看到，如果自愿进入这种接触，并且此人也享有相当多的积极接触，那么消极接触的影响就会大大减轻。但是，鉴于该领域研究的相对匮乏，我们对群际接触的这一阴暗面所涉及的潜在过程还知之甚少。自愿和积极的接触如何限制消极效应？在群际接触的情况下，如何最好地减轻各种类型的威胁？如果群际接触理论及其应用要发展，那么在这一领域的未来研究是最重要的。

将中观水平与微观和宏观分析水平联系起来

　　群际接触发生在情景性的中观分析水平。但是，如果要拓宽、扎根该理论并使其在政策上更具针对性，则必须将其与生理和人格微观水平以及宏观制度分析水平联系起来。我们已经提到了试图实现这种联系的初步研究实例。回想一下使用新的焦虑指数在生理水平记录接触效应的研究。我们还看到，诸如威权主义等人格症候群与避免群际接触的人密切相关。我们在第四章中注意到，在娱乐、教育和工作机构等结构性领域中，接触效应存在巨大差异。

　　要将不同层次的分析联系起来，我们需要研究纵向、多层次的社会情境中的群际接触。但是，我们已经看到，接触研究的文献缺乏纵向和多层次这两方面的研究。请记住，第二章的发现表明，20 世纪超过 70% 的群际接触研究涉及受访者追溯性地报告先前的接触，而没有任何关于这种接触的纵向或情景背景的信息。事实上，我们的元分析只发现了两个纵向研究，并且没有多层次的研究。

然而，显然有必要将群际接触现象置于充分和不断发展的社会情境下进行这类研究。其他纵向研究，通过从经济学中借用的统计建模程序来检验接触随时间的效应变化，可能会有所帮助。并且，如第五章所述，谢里夫（1966）关于罗伯斯山洞的精彩的实地研究作为初步的准实验纵向实地研究，为接触理论提供了积极的结果。谢里夫这一著名研究的关键点是，随着两群男孩的接触经历逐渐演变，他得到了反复的态度测量（Pettigrew，1991）。如果谢里夫在第一次或第二次最佳接触事件后停止，就像许多社会心理研究一样，就不会获得他的戏剧性发现。

最近，越来越多的纵向研究已经发表，这些研究也支持接触理论（例如，Christ et al.，in press；Eller et al.，under review；Eller & Abrams，2003，2004；Levin et al.，2003；Binder et al.，2009）。尤其令人印象深刻的是，西丹纽斯（Sidanius）和他的同事在 UCLA 进行的纵向研究（Sidanius et al.，2008）——我们在本书中反复引用的里程碑式研究。特别重要的是，这项研究的五个数据点让我们看到了跨越四年的室友效应的演变模式。使用每日问卷的纵向研究也被证明是有价值的。例如，特雷尔（Trail）、谢尔顿和韦斯特（2009）发现，有白人室友的少数族裔学生报告说，当他们的室友很少进行"培养亲密感的行为"时，他们积极的情绪会减少。

研究群际交往在其社会情境下的变化发展的另一种方法是，将群际交往看作是涉及一系列选择阶段的随机累积过程（Pettigrew，2008）。虽然这样的研究最好用纵向数据来进行，但这一点可以通过之前使用过的 2004 年对德国人的研究调查的数据来说明。 *210*

图 13.1 展示了一个此类模型，该模型使用与邻里接触相关的三个单独的过程。第一个选择过程涉及那些与居留外国人生活在同一个街区的德国人，这显然是邻里接触的先决条件。图 13.1 显示这个选择剔除了总样本的 25%。但是，仅仅是外国人的存在并不能保证群际接触的发生，这是第二个选择过程。事实上，居住在混合区的德国受访者中，有 25% 的人与外

国居留者没有任何接触。最后，简单的群际接触并不能确保群际友谊的发展——正如我们在第八章中所看到的，这种接触是减少偏见的主要手段。有趣的是，最后一个选择过程只剔除了18%的德国受访者，他们与外国人有邻里接触，但没有外国朋友。这个结果表明，一旦接触，通常会发展出友谊。

表13.1测试了这三个选择过程的预测变量。令人惊讶的是，受教育程度没有呈现与三个选择中的任何一个显著相关，但是两个社会位置变量都很重要。年龄被证明在两点上很重要：年轻受访者更有可能住在一个混合的社区，并更可能在邻里接触后与外国人成为朋友。性别在最后两个选择过程变得很重要：男性与外国邻居有更多的接触，也结交了更多的朋友。这一发现反映了一个事实，即外国男性比女性更有可能学习德语和文化，因为他们更经常处于劳动力市场中。

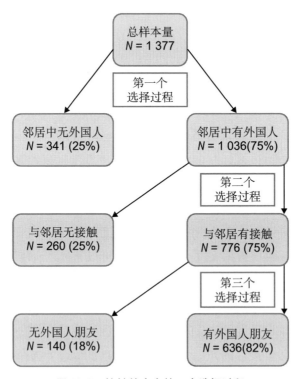

图13.1 接触效应中的三个选择过程

［改编自 Pettigrew（2008）］

这些选择过程也涉及两个心理变量。威权主义与所有三个过程都有密切且消极的关系。威权主义者与外国人生活在同一个地区的可能性要小得多，即使他们确实生活在这样的地区，也不太可能与外国人接触以及与那些与他们有邻里关系的外国人交朋友。在其他分析中，群际接触已被证明是威权主义与偏见的积极关系中的强烈、消极的中介变量（Stellmacher, Pettigrew, Christ, & Wagner, under review）。目前的数据表明，这种中介过程包括威权主义者通常在多水平上小心避免遇到居留的外国人。

表 13.1 还揭示了在以前的研究中经常发现的接触-偏见效应中的反向因果序列。对穆斯林有高度偏见的受访者与外国邻居接触的可能性显著地更小，即使他们确实有接触，也更加显著地不可能与他们交朋友——第二个和第三个选择过程。

表 13.1 三个选择过程的预测变量

预测变量	有没有外国邻居？			与外国邻居有无接触？			有无外国朋友？		
	第一个选择过程			第二个选择过程			第三个选择过程		
	β	t	p	β	t	p	β	t	p
回答者年龄	-0.111	-4.10	0.001	0.026	0.83	0.406	-0.111	-3.22	0.001
回答者性别	0.007	0.27	0.784	-0.087	-2.81	0.005	-0.072	-2.08	0.038
威权主义	-0.111	-3.63	0.001	-0.088	-2.49	0.013	-0.096	-2.46	0.014
反穆斯林偏见	-0.038	-1.24	0.214	-0.084	-2.39	0.017	-0.208	-5.26	0.001
N	1 377			1 036			776		

来源：改编自 Pettigrew（2008）。
注：β = 标准化回归系数；t = t 检验；p = 概率。

因此，对威权主义者和高度偏见来说，"牛不喝水强按头"的问题尤其严重。但是，在这个研究以及其他的研究中，那些罕见的与群体有密切接触的威权主义者和偏执者，与不那么专制和怀有偏见的受访者相比，因为群际接触而产生的偏见减少的程度更大（Dhont & Van Hiel, 2009；Hodson, Harry, & Mitchell, 2009）。其效应大部分只是一种天花板效应——也就是说，那些低威权主义者和低偏见者，通过接触来减少的偏见要少得多。但是，起作用的也可能是失调效应：高威权主义者和高偏见者最初可能对外群体有负面看法，以至于高质量的接触可能会形成鲜明的对比。无论如何，我们已经看到，主要问题首先涉及威权主义者和偏见者进入群际接触情境。很显然这表明，需要多样性的结构社会变革。

将群际接触放在微观和宏观背景下进行研究也需要多层次的分析（Pettigrew，2006）。过去，我们缺乏分析多级数据的统计信息和软件。幸运的是，现在有了大量适当的程序。至少有 16 个程序可以用于分析多层次的数据，其中 HLM、LISREL、Mplus、MLwIN、SAS、SPSS 和 SYSTAT 是社会心理学家最常用的程序。随着这一障碍的消除，考虑机构和社会宏观层面的多层次分析以及社会心理水平的多层次分析今后应该蓬勃发展。而且我们从科学史中了解到，一旦创新的方法开辟了新的实证观察，解释发现的理论会很快随之而来。

采用多层次分析的一个主要原因是避免反复出现的合成和生态谬误造成的问题（Pettigrew，1996，2006）。合成谬误涉及单独在宏观分析层面从单个数据中得出结论，这个问题在心理理论中往往出现。这是一个谬论，因为组织和社会是社会系统，因此，它不仅仅是其各个部分的总和。宏观的构成部分具有其自身的独特性质，而宏观社会科学专门研究的正是这些特性。

生态谬误涉及水平完全相反的混淆。在这里，我们仅从宏观数据中就得出了与个人有关的结论——从汇聚的投票结果出发对个人选民进行的陈述中，经常可以看到这一错误。这是一个谬误，因为宏观单位通常过于宽泛，无法决定个人水平的数据，并且个人也有无法从宏观数据推断的唯一属性。同时在两个水平上工作可以避免社会科学中的这些常见谬论。

可以肯定的是，多水平方法很复杂，但是"现实世界"就是很复杂。因此，可以说多水平的观点更接近于现实生活的环境，而理论的补救性质的应用必须匹配这种现实生活环境。矛盾的是，这种复杂性通常可以解决单个分析水平上出现的难题。请回想瓦格纳和他的同事（2003）如何利用群际接触中的个体差异来解释民主德国和联邦德国之间在反外国人偏见方面的持续差异。

213

加强接触研究的政策相关性

最后，在群际接触以特定的社会情况为基础的情况下，我们需要更多的对社会政策的直接应用。但是，我们要如何在具体的机构环境中构建最佳的接触方式？前面讨论的所有的未来方向都将为这个关键问题提供答案：明确群际接触的过程；更加注意少数群体的反应和对接触情境的主观感知；进一步探索群际接触何时会带来消极影响；并将群际接触置于其纵向的、多层次的社会环境中。

决策者需要具体的建议以便直接应用于他们所指挥的机构性结构。社会学领域的社会心理学家已经敏锐地意识到了这一需求，但是心理学领域的社会心理学家较少直接关注。对制度性和情境规范的严格关注为我们提供了评估结构效应的方法。从谢里夫（1936）的早期工作到今天，社会心理学家早就意识到规范的重要性，但是很少有人充分考虑到规范。不幸的是，在群际接触研究中尤其如此。在本书中，我们经常引用在大学校园进行的有价值的室友研究，这恰恰是因为这些研究是有制度基础的。这些对校园管理员的研究的政策含义是直接而明显的，这使我们进入了最终讨论。

❈ 对社会政策的启示

本书所发展的群际接触理论对社会政策有两点明确且相互关联的启示。第一点显而易见。一个社会的社会结构必须为其人民提供扩大面对面的跨群体互动的机会。我们已经注意到南非的种族隔离历史、北爱尔兰的宗教派别隔离以及美国南方的种族隔离都起到了加剧威胁和减少积极接触的作用。因此，难怪这些地区和其他隔离地区明显发展出了高度冲突的群体关系。

这三个陷入困境的地区现在都在经历着社会变革，其群际互动的障碍正在缓慢消除。南非种族隔离政策已经结束，但非正式的种族接触仍然受到严格限制。北爱尔兰双方停战，并朝着扩大天主教徒与新教徒接触的方

214

向缓慢前进。美国南部已经废除了法律上的隔离，但与其他地区一样，非正式的种族接触仍然受到限制且没有把握。南非、北爱尔兰和美国南方的所有群体的人，在进行平等地位的群际接触方面经验都有限。因此，人们应该期望在这样的地区进行长期的调节。此外，在这三个地区中，特权者强烈抵制这些变化，这进一步阻碍了学习过程。

决策者必须密切关注四个重要的群际指数，这些指数衡量了群际接触的可能性和程度。这些指数包括对如下四方面的测量：（1）劳动力中的群际隔离，（2）群际居住隔离，（3）群际教育隔离和（4）群际婚姻。反映在两个或两个以上指数的群际距离的增加通常预示着未来的群际冲突。这种趋势还倾向于与群体歧视的增加和最佳群际接触情境方面的降低相对应。当群体生活在住宅、教育机构和工作场景中很大程度上彼此隔离的环境里时，最优接触受到严重限制。群际友谊是有限的，跨群体婚姻仍然很少且受到污名化。

在社会中创造最佳的群际接触条件需要采取许多与阻止群际歧视和冲突相同的补救措施。这并不超乎预料，因为我们正在处理紧密联系在一起的群际关系系统，其中涉及偏见、歧视、分离和冲突。因此，促进群际最优接触的相同政策也将有助于减少歧视和冲突。这些政策包括增加所有人的公民权，平等的法律权利以及平等的教育、工作和住房机会。

当然，这样的政策，列举出来要比实现容易得多。想要在体制上推动这些努力成为现实，之所以面对重重困难，一个主要原因是长期处于种族隔离和歧视的传统社会规范下的多数和少数群体都面对由此带来的某种威胁。请回顾上一章关于消极接触的发现。不仅是个人和集体威胁构成了这种接触的关键因素，非自愿参与也是如此。然而，要使这些政策在具有悠久的群际分裂与冲突历史的社会中扎根，就需要一定程度的强迫和非自愿参与。因此，毫无疑问的是，握有权力的人经常坚决抵制反种族隔离和平权行动等必要政策。

我们分析的第二点政策启示涉及要鼓励的接触类型。仅靠社会提供更多的群际接触机会是不够的。新的接触必须在最大可能的范围内，达到本书中所述的最佳形式。奥尔波特最初的四个条件提供了一个起点，但是我们必须将它们与整本书中讨论的其他最佳条件结合起来。尽管确实令人望而生畏，但实现最佳条件可能并不像通常认为的那么困难。一旦变革初始所引发的威胁平息了，日常接触似乎往往比人们预期的更为理想。请考虑我们在第二章中的元分析的结果以及在第十二章中德国的调查结果。在这两个数据集里，积极接触远比消极接触普遍。

两点异议

对这种社会心理学方法的批评者提出了两个问题。首先，他们可能会问："波斯尼亚呢？这不是一个证明你们的分析不成立的情况吗？"其次，批评者常常怀疑这种观点是一种微妙的同化论点，即仅仅忽略了文化差异并以群际和谐的名义要求少数群体放弃其独特性。我们希望解决这些反对意见。

乍一看，波斯尼亚似乎对群际接触的社会心理学视角提出了挑战。无论关于他的其他方面如何，已故的马歇尔·铁托（Marshall Tito）都遵循了原南斯拉夫的群际政策，该政策类似于此处概述的政策。铁托本人有斯洛文尼亚和克罗地亚两国血统，他试图在住房、工作、教育、体育和其他领域增加最优群际接触。实际上，至少在波斯尼亚的主要城市，这些政策成功地使跨群体的住房、教育甚至通婚更加普遍。但是，正如我们所知，对波斯尼亚的武装干预迅速使这些整合结构崩溃，并使主要民族相互抵制。

为什么会如此？考虑到巴尔干地区饱受摧残的历史，群际冲突是否如某些人所说的不可避免？冲突是否暴露了铁托的整合策略的失败？我们相信两个问题的答案都是"否"。我们有充分的理由认为，如果波斯尼亚人免遭干预，他们就不会开始内战。在军事入侵发生之前，萨拉热窝发生了涉及所有三个主要族裔的大规模示威活动。示威者清楚地表明，他们认同上级群体——他们首先是愿意生活在和平之下的波斯尼亚人。看起来，如果在当时举行全民投票，那么各色各样的波斯尼亚人将投票赞成一个独立的、种族融合的国家。但是他们从未得到进行这样的投票的机会。铁托的政策在其范围内取得了成功，但这些新的群际关系无法承受塞尔维亚的武装干预和"种族清洗"。

216 　　让我们转向第二种批评，接触理论的政策启示是否仅仅是坚持少数群体同化的现代伪装？关于在不平等社会中团结不同群体的尝试所带来的风险，已有人提出合理诉求（参见 Hornsey & Hogg，2000；Mummendey & Wenzel，1999）。而且，一些多元文化主义的支持者危险地主张群际分隔，以此来保持文化的纯正。

　　但是其他多元文化主义者明白，他们的目标与为少数群体提供更多社会机会的目标并不冲突（Pettigrew，2004c）。当然，要使新群体蓬勃发展，一定程度的调适是必要的，但是这一过程比批评家承认的更为复杂。毕竟，融合是一种双向通道，多数群体的文化也因群际接触而改变（参见 Berry，2009）。过去的两代人见证了欧洲饮食习惯和艺术的重大转变，这是移民的作用。扩大少数群体可以得到的综合机会这个过程必须包括进行结构上的改变，尤其是在扩大的反映了其具有文化多样性的参与者的机构本身（学校和职场）中进行这样的改变。

但是接触并非万能

　　让我们澄清一点。我们与其他专家一样，特别拒绝认为群际接触是化解群际冲突的灵丹妙药的观点（Hewstone，2003）。但是我们认为，本书中描述的研究表明，跨群体接触是持久解决群际冲突的一种重要，但也许不充分的手段。群际接触绝不是群际和谐的唯一重要过程，但它是必不可少的过程。最终，持久的机构变革是必要的，但是这些宏观变革既可以发起群际接触，也可以得到积极的群际接触的支持。一个在许多社会科学分析中出现的错误是，将这两个层次视为分开和独立的，而不是相互影响的。

　　群体之间的严格隔离，限制了群体之间的积极接触已在全球范围内失败。从美国南部和北爱尔兰到印度和南非，群体之间的隔离必定产生默默发酵的不满和最终的冲突。但是，随着这些地区的群际接触的增加，我们开始看到数百年来的分离与冲突逐渐缓和。确实，本书中支持接触理论的一些最引人注目的研究发现都来自世界上这些变化的领域。因此，世界各地的多族裔社会都要求采取积极的结构性补救措施，以实现更大的社会平等和融合，例如平等获得高质量的教育、良好的工作和舒适的住房。

附录 A
有关群际接触元分析的参考文献

Abu-Hilal, M. M. (1986). *Foreign students' interaction, satisfaction, and attitudes toward certain aspects of American culture: A case of Arab students in southern CA*. Unpublished doctoral dissertation, University of California, Riverside, California.

Adams, S. E. (1992). *The relationship between social contact and comfort with social interaction among student ethnic groups at Oregon State University*. Unpublished doctoral dissertation, Oregon State University, Corvallis, Oregon.

Aday, R. H., McDuffie, W., & Sims, C. R. (1993). Impact of an intergenerational program on black adolescents' attitudes toward the elderly. *Educational Gerontology*, *19*, 663–673.

Aday, R. H., Sims, C. R., & Evans, E. (1991). Youth's attitudes toward the elderly: The impact of intergenerational partners. *Journal of Applied Gerontology*, *10*, 372–384.

Alderfer, C. P., Alderfer, C. J., Bell, E. L., & Jones, J. (1992). The race relations competence workshop: Theory and results. *Human Relations*, *45*, 1259–1291.

Aljeaid, M. O. (1986). *Perceptions of American college students about Arabs: The role of mass media and personal contact in the formation of stereotypes*. Unpublished doctoral dissertation, Western Michigan University, Kalamazoo, Michigan.

Allport, G. W., & Kramer, B. M. (1946). Some roots of prejudice. *Journal of Psychology*, *22*, 9–39.

Alreshoud, A., & Koeske, G. F. (1997). Arab students' attitudes toward and amount of social contact with Americans: A causal process analysis of cross-sectional data. *Journal of Social Psychology*, *137*, 235–245.

Altrocchi, J., & Eisdorfer, C. (1961). Changes in attitudes toward mental illness. *Mental Hygiene*, *45*, 563–570.

Amir, Y., & Ben-Ari, R. (1985). International tourism, ethnic contact, and attitude change. *Journal of Social Issues*, *41*, 105–115.

Amir, Y., & Garti, C. (1977). Situational and personal influence on attitude change following ethnic contact. *International Journal of Intercultural Relations*, *1*, 58–75.

Amir, Y., Sharan, S., Bizman, A., Rivner, M., & Ben-Ari, R. (1978). Attitude change in desegregated Israeli high schools. *Journal of Educational Psychology*, *70*, 129–136.

Amsel, R., & Fichten, C. S. (1988). Effects of contact on thoughts about interaction with students who have a physical disability. *Journal of Rehabilitation*, *54*, 61–65.

Angermeyer, M. C., & Matschinger, H. (1997). Social distance towards the mentally ill: Results of representative surveys in the Federal Republic of Germany. *Psychological Medicine*, *27*, 131–141.

Anthony, W. A. (1969). The effects of contact on an individual's attitude toward disabled persons. *Rehabilitation Counseling Bulletin, 12,* 168–171.

Antonak, R. F. (1981). Prediction of attitudes toward disabled persons: A multivariate analysis. *Journal of General Psychology, 104,* 119–123.

Antonak, R. F., Fiedler, C. R., & Mulick, J. A. (1989). Misconceptions relating to mental retardation. *Mental Retardation, 27,* 91–97.

Archie, V. W., & Sherrill, C. (1989). Attitudes toward handicapped peers of mainstreamed and nonmainstreamed children in physical education. *Perceptual and Motor Skills, 69,* 319–322.

Arguc, S. (1995). *Bedrohung und Gewaltbereitschaft türkischer Männer* (Threat and readiness for violence of Turkish men). Unpublished diploma thesis, Marburg, Germany.

Arikan, K., & Uysal, O. (1999). Emotional reactions to the mentally ill are positively influenced by personal acquaintance. *Israel Journal of Psychiatry and Related Sciences, 36,* 100–104.

Arkar, H., & Eker, D. (1992). Influence of having a hospitalized mentally ill member in the family on attitudes toward mental patients in Turkey. *Social Psychiatry and Psychiatric Epidemiology, 27,* 151–155.

Aronson, D. W., & Page, H. A. (1980). Attitude change toward the self and others as a function of helper training and experience. *Journal of Community Psychology, 8,* 75–79.

Auerbach, D. N., & Levenson, R. L. (1977). Second impressions: Attitude change in college students toward the elderly. *The Gerontologist, 17,* 362–366.

Bagget, S. (1981). Attitudinal consequences of older adult volunteers in the public school setting. *Educational Gerontology, 7,* 21–31.

Ballard, M., Corman, L., Gottlieb, J., & Kaufman, M. J. (1977). Improving the social status of mainstreamed retarded children. *Journal of Educational Psychology, 69,* 605–611.

Barnard, W. A., & Benn, M. S. (1987). Belief congruence and prejudice reduction in an interracial contact setting. *Journal of Social Psychology, 128,* 125–134.

Barnea, M., & Amir, Y. (1981). Attitudes and attitude change following intergroup contact of religious and nonreligious students in Israel. *Journal of Social Psychology, 115,* 65–71.

Basu, A. K., & Ames, R. G. (1970). Cross-cultural contact and attitude formation. *Sociology and Social Research, 55,* 5–16.

Beh-Pajooh, A. (1991). The effect of social contact on college students' attitudes toward severely handicapped students and their educational integration. *Journal of Mental Deficiency Research, 35,* 339–352.

Bekker, L. D., & Taylor, C. (1966). Attitudes toward the aged in a multigenerational sample. *Journal of Gerontology, 21,* 115–118.

Belan, I. V. (1996). *Cubans' attitudes toward mental illness: The effects of level of acculturation and contact with a mentally ill family member.* Unpublished doctoral dissertation, California School of Professional Psychology, Fresno, California.

Bell, A. H. (1962). Attitudes of selected rehabilitation workers and other hospital employees toward the physically disabled. *Psychological Reports, 10,* 183–186.

Benedict, A., Shaw, J. S., & Rivlin, L. G. (1988). Attitudes toward the homeless in two New York City metropolitan samples. *Journal of Voluntary Action Research, 17,* 90–98.

Benedict, A., Shaw, J. S., & Rivlin, L. G. (1992). Attitudes toward homeless persons of those attending New York City community board meetings. *Nonprofit and Voluntary Sector Quarterly, 21,* 69–80.

Berg, M., & Wolleat, P. (1973). A comparison of the effects of information and the effects of contact on children's attitudes toward other national groups. *California Journal of Education, 24,* 200–208.

Bergmann, W., & Erb, R. (1997). *Anti-Semitism in Germany* (B. Cooper & A. Brown, Trans.). New Brunswick, New Jersey: Transaction Publishers. (Original work published 1996).

Bicknese, G. (1974). Study Abroad Part I: A comparative test of attitudes and opinions. *Foreign Language Annals, 7,* 325–345.

Biernat, M. (1990). Stereotypes on campus: How contact and liking influence perceptions of group distinctiveness. *Journal of Applied Social Psychology, 20,* 1485–1513.

Biernat, M., & Crandall, C. S. (1994). Stereotyping and contact with social groups: Measurement and conceptual issues. *European Journal of Social Psychology, 24,* 659–677.

Borus, J. F., Fiman, B. G., Stanton, D., & Dowd, A. F. (1973). The racial perceptions inventory. *Archives of General Psychiatry, 29,* 270–275.

Bowman, R. (1979). Public attitudes toward homosexuality in New Zealand. *International Review of Modern Sociology, 9,* 229–238.

Bradnum, M., Nieuwoudt, J., & Tredoux, C. (1993). Contact and the alteration of racial attitudes in South Africa. *South African Journal of Psychology, 23,* 204–211.

Brewer, M. B., & Campbell, D. T. (1976). *Ethnocentrism and intergroup attitudes: East African evidence.* New York: John Wiley & Sons.

Brigham, J. C. (1993). College students' racial attitudes. *Journal of Applied Social Psychology, 23,* 1933–1967.

Brigham, J. C., & Barkowitz, P. (1978). Do "they all look alike?": The effect of race, sex, experience, and attitudes on the ability to recognize faces. *Journal of Applied Social Psychology, 8,* 306–318.

Brigham, J. C., & Malpass, R. S. (1985). The role of experience and contact in the recognition of faces of own- and other-race persons. *Journal of Social Issues, 41,* 139–155. (See also Brigham and Ready, 1985).

Brigham, J. C., & Ready, D. J. (1985). Own-race bias in lineup construction. *Law and Human Behavior, 9,* 417–424. (See also Brigham and Malpass, 1985).

Brink, W., & Harris, L. (1964). *The Negro revolution in America.* New York: Simon & Schuster.

Britt, T. W., Boniecki, K. A., Vescio, T. K., Biernat, M., & Brown, L. M. (1996). Intergroup anxiety: A person × situation approach. *Personality and Social Psychology Bulletin, 22,* 1177–1188.

Brockington, I. F., Hall, P., Levings, J., & Murf, C. (1993). The community's tolerance of the mentally ill. *British Journal of Psychiatry, 162,* 93–99.

Brockman, J., & D'Arcy, C. (1978). Correlates of attitudinal social distance toward the mentally ill: A review and re-survey. *Social Psychiatry, 13,* 69–77.

Brooks, Jr., G. C., Sedlacek, W. E., & Mindus, L. A. (1973). Interracial contact and attitudes among university students. *Journal of Non-White Concerns in Personnel and Guidance, 1,* 102–110.

Brooks, W. D., & Friedrich, G. W. (1970). Police image: An exploratory study. *Journal of Communication, 20,* 370–374.

Brophy, I. N. (1945). The luxury of anti-Negro prejudice. *Public Opinion Quarterly, 9*, 456–466.

Brown, B. S., & Albee, G. W. (1966). The effect of integrated hospital experiences on racial attitudes – a discordant note. *Social Problems, 13*, 324–333.

Brown, R., Condor, S., Mathews, A., Wade, G., & Williams, J. (1986). Explaining intergroup differentiation in an industrial organization. *Journal of Occupational Psychology, 59*, 273–286.

Brown, R., Maras, P., Masser, B., Vivian, J., & Hewstone, M. (2001). Life on the ocean wave: Testing some intergroup hypotheses in a naturalistic setting. *Group Processes and Intergroup Relations, 4*, 81–97.

Brown, R., Vivian, J., & Hewstone, M. (1999). Changing attitudes through intergroup contact: The effects of group membership salience. *European Journal of Social Psychology, 29*, 741–764.

Brown, S. A. (1997). *Intergroup anxiety in Whites: The impact of the motivation to control prejudice and Black ethnic identity*. Unpublished doctoral dissertation, University of Georgia, Athens, Georgia.

Bucich-Naylor, D. A. (1978). *The comparative effectiveness of a direct contact program and a didactic program in effecting changes in attitude of nondisabled children toward disabled children*. Unpublished doctoral dissertation, Hofstra University, Hempstead, New York.

Bullock, C. S. (1976a). *School desegregation, inter-racial contact and prejudice*. Unpublished manuscript, Houston University, Houston, Texas. (See also Bullock, 1976b and Bullock, 1978).

Bullock, C. S. (1976b). Interracial contact and student prejudice: The impact of southern school desegregation. *Youth and Society, 7*, 271–310. (See also Bullock, 1976a and Bullock, 1978).

Bullock, C. S. (1978). Contact theory and racial tolerance among high school students. *School Review, 86*, 187–216. (See also Bullock, 1976a and Bullock, 1976b).

Buono, A. F. (1981). *Prospects for interracial harmony: The impact of desegregated and integrated situations on attitudinal and behavioral receptive outcomes*. Unpublished doctoral dissertation, Boston College, Chestnut Hill, Massachusetts.

Burgin, M., & Walker, I. (2000). *Intergroup contact and prejudice in junior Australian Rules football teams*. Unpublished manuscript, Murdoch University, Perth, Australia.

Butler, J. S., & Wilson, K. L. (1978). The American soldier revisited: Race relations and the military. *Social Science Quarterly, 59*, 451–467.

Caditz, J. (1976). Ethnic identification, interethnic contact, and belief in integration. *Social Forces, 54*, 632–645.

Campbell, E. Q. (1958). Some social psychological correlates of direction in attitude change. *Social Forces, 36*, 335–340.

Canter, F. M., & Shoemaker, R. (1960). The relationship between authoritarian attitudes and attitudes toward mental patients. *Nursing Research, 9*, 39–41.

Carlson, J. S., & Widaman, K. F. (1988). The effects of study abroad during college on attitudes toward other cultures. *International Journal of Intercultural Relations, 12*, 1–17.

Carstensen, L., Mason, S. E., & Caldwell, E. C. (1982). Children's attitudes toward the elderly: An intergenerational technique for change. *Educational Gerontology, 8*, 291–301.

Carter, C. A., & Mitchell, L. E. (1956). Attitudes of Negro pupils toward Whites. *Journal of Human Relations, 4*, 90–99.

Casey, K. (1978). The semantic differential technique in the examination of teacher attitudes to handicapped children. *The Exceptional Child, 25*, 41–52.

Caspi, A. (1984). Contact hypothesis and inter-age attitudes: A field study of cross-age contact. *Social Psychology Quarterly, 47*, 74–80.

Catlin, J. B. (1977). *The impact of interracial living on the racial attitudes and interaction patterns of White college students: Volume I.* Unpublished doctoral dissertation, University of Michigan, Ann Arbor, Michigan.

Chadwick, B. A., Bahr, H. M., & Day, R. C. (1971). Correlates of attitudes favorable to racial discrimination among high school students. *Social Science Quarterly, 51*, 873–888.

Chang, H. (1973). Attitudes of Chinese students in the United States. *Sociology and Social Research, 58*, 66–77.

Chang, S. (1998). A study of the Korean–Black conflict in black neighborhoods. *Korean Journal of Sociology, 32*, 137–177.

Chen, M., Shapira, R., & Housedorf, H. (1970). Interactions with Israelis and changes in attitudes among exchange students in an Israeli university. *Megamot, 17*, 158–165.

Chinsky, J. M., & Rappaport, J. (1970). Attitude change in college students and chronic patients: A dual perspective. *Journal of Consulting and Clinical Psychology, 35*, 388–394.

Chou, K., & Mak, K. (1998). Attitudes to mental patients among Hong Kong Chinese: A trend study over two years. *International Journal of Social Psychiatry, 44*, 215–224.

Cleland, C. C., & Cochran, I. L. (1961). The effect of institutional tours on attitudes of high school seniors. *American Journal of Mental Deficiency, 65*, 473–481.

Clément, R., Gardner, R. C., & Smythe, P. C. (1977). Inter-ethnic contact: Attitudinal consequences. *Canadian Journal of Behavioral Science, 9*, 205–215.

Clore, G. L., Bray, R. M., Itkin, S. M., & Murphy, P. (1978). Interracial attitudes and behavior at a summer camp. *Journal of Personality and Social Psychology, 36*, 107–116.

Clunies-Ross, G., & O'Meara, K. (1989). Changing the attitudes of students toward peers with disabilities. *Australian Psychologist, 24*, 273–284.

Colca, C., Lowen, D., Colca, L. A., & Lord, S. A. (1982). Combating racism in the schools: A group work pilot project. *Social Work in Education, 5*, 5–16.

Cook, J. W., & Wollersheim, J. P. (1976). The effect of labeling of special education students on the perceptions of contact versus noncontact normal peers. *Journal of Special Education, 10*, 187–198.

Cook, S. W. (1969). Motives in a conceptual analysis of attitude-related behavior. In W. J. Arnold & D. Levine (Eds.), *Nebraska symposium on motivation* (pp. 179–197). University of Nebraska: University of Nebraska Press.

Cookston, R. R. (1973). *Effects of a short-term, intensive, interracial living experience on interracial social distance and attitudes toward interracial issues.* Unpublished doctoral dissertation, East Texas State University, Commerce, Texas.

Cotten-Huston, A. L., & Waite, B. M. (2000). Anti-homosexual attitudes in college students: Predictors and classroom interventions. *Journal of Homosexuality, 38*, 117–133.

Couper, D. P., Sheehan, N. W., & Thomas, E. L. (1991). Attitude toward old people: The impact of an intergenerational program. *Educational Gerontology, 17,* 41–53.

Cousens, P., & Crawford, J. (1988). Moving the mentally ill into the community: The problem of acceptance and the effect of contact. *Australian Journal of Social Issues, 23,* 196–207.

Cowen, E. L., Underberg, R. P., & Verrillo, R. T. (1958). The development and testing of an attitude to blindness scale. *Journal of Social Psychology, 48,* 297–304.

Crain, R. L., & Weisman, C. S. (1972). *Discrimination, personality and achievement: A survey of northern Blacks.* New York: Seminar Press.

Creech, S. K. (1977). Changes in attitudes about mental illness among nursing students following a psychiatric affiliation. *Journal of Psychiatric Nursing and Mental Health Services, 15,* 9–14.

Crull, S. R., & Bruton, B. T. (1979). Bogardus social distance in the 1970's. *Sociology and Social Research, 63,* 771–783.

D'Augelli, A. R. (1989). Homophobia in a university community: Views of prospective resident assistants. *Journal of College Student Development, 30,* 546–552.

D'Augelli, A. R., & Rose, M. L. (1990). Homophobia in a university community: Attitudes and experiences of heterosexual freshmen. *Journal of College Student Development, 31,* 484–491.

Davidson, G., Hansford, B., & Moriarty, B. (1983). Interpersonal apprehension and cultural majority–minority communication. *Australian Psychologist, 18,* 97–105.

Dellmann-Jenkins, M., Lambert, D., & Fruit, D. (1986). Old and young together: Effect of an educational program on preschoolers' attitudes toward older people. *Childhood Education, 62,* 206–212.

Dellman-Jenkins, M., Lambert, D., & Fruit, D. (1991). Fostering preschoolers' prosocial behaviors toward the elderly: The effect of an intergenerational program. *Educational Gerontology, 17,* 21–32.

Desforges, D. M., Lord, C. G., Ramsey, S. L., Mason, J. A., Van Leeuwen, M. D., West, S. C., et al. (1991). Effects of structured cooperative contact on changing negative attitudes toward stigmatized social groups. *Journal of Personality and Social Psychology, 60,* 531–544.

Deutsch, M., & Collins, M. E. (1950). Interracial housing III: Influence of integrated, segregated occupancy on racial attitudes measured. *Journal of Housing, 7,* 127–129. (See also Deutsch & Collins, 1951).

Deutsch, M., & Collins, M. E. (1951). *Interracial housing: A psychological evaluation of a social experiment.* New York: Russell & Russell. (See also Deutsch & Collins, 1950).

Deutsche Shell (2000). *Jugend 2000 (Youth 2000).* Opladen, Germany: Leske + Budrich.

Diamond, M. J., & Lobitz, W. C. (1973). When familiarity breeds respect: The effects of an experimental depolarization program on police and student attitudes toward each other. *Journal of Social Issues, 29,* 95–109.

Dijker, A. J. M. (1987). Emotional reactions to ethnic minorities. *European Journal of Social Psychology, 17,* 305–325.

Distefano, M. K., & Pryer, M. W. (1970). Stability of attitudes in psychiatric attendants following training. *Mental Hygiene, 54,* 433–435.

Di Tullio, B. J. (1982). *The effect of employing trainable mentally retarded (TMR) students as workers within the Philadelphia public school system: Attitudes of supervisors and non-handicapped co-workers toward the retarded as a result of contact.* Unpublished doctoral dissertation, Temple University, Philadelphia, Pennsylvania.

Dodson, J. P. (1970). *Participation in a biracial encounter group: Its relation to acceptance of self and others, racial attitudes, and interpersonal orientations.* Unpublished doctoral dissertation, Purdue University, West Lafayette, Indiana.

Doka, K. J. (1986). Adolescent attitudes and beliefs toward aging and the elderly. *International Journal of Aging and Human Development, 22,* 173–187.

Donaldson, J., & Martinson, M. C. (1977). Modifying attitudes toward physically disabled persons. *Exceptional Children, 43,* 337–341.

Dooley, S., & Frankel, B. G. (1990). Improving attitudes toward elderly people: Evaluation of an intervention program for adolescents. *Canadian Journal on Aging, 9,* 400–409.

Drake, J. T. (1957). Some factors influencing students' attitudes toward older people. *Social Forces, 35,* 266–271.

Dubey, S. N. (1979). Positive discrimination policy and ethnocentric attitudes among the scheduled castes. *Public Opinion Quarterly, 43,* 60–67.

Duckitt, J. H. (1984). Attitudes of White South Africans toward homosexuality. *South African Journal of Sociology, 15,* 89–93.

Dunbar, E. (2000). [Knowledge of human rights laws and policies in Spain]. Unpublished raw data.

Eaton, W. O., & Clore, G. L. (1975). Interracial imitation at a summer camp. *Journal of Personality and Social Psychology, 32,* 1099–1105.

Eberhardt, K., & Mayberry, W. (1995). Factors influencing entry-level occupational therapists' attitudes toward persons with disabilities. *American Journal of Occupational Therapy, 49,* 629–636.

Eddy, D. M. (1986). Before and after attitudes toward aging in a BSN program. *Journal of Gerontological Nursing, 12,* 30–34.

Eller, A. (2000). *Putting Pettigrew's reformulated model to the test: A reconceptualisation of the intergroup contact theory* (Study 5). Unpublished dissertation, University of Kent at Canterbury, UK.

Eller, A., & Abrams, D. (1999, December). *Direct and extended contact: Testing Pettigrew's (1998) and Wright et al's (1997) models.* Poster presented at the British Psychological Society London Conference, London, United Kingdom.

Eller, A., Abrams, D., & Randsley de Moura, G. (2000, June). *Intergroup contact between Mexicans and Americans: Can Pettigrew's (1998) model be applied to a real-world context?* Paper presented at the 3rd Jena Meeting on Intergroup Processes, Jena, Germany.

Eller, A., Abrams, D., & Wright, S. C. (2000). *Inter-ethnic contact in Mexico and the United States: Testing previous models.* Manuscript in preparation.

Ellis, A. L., & Vasseur, R. B. (1993). Prior interpersonal contact with and attitudes towards gays and lesbians in an interviewing context. *Journal of Homosexuality, 25,* 31–45.

Emerton, R. G., & Rothman, G. (1978). Attitudes towards deafness: Hearing students at a hearing and deaf college. *American Annals of the Deaf, 123,* 588–593.

Ervin, K. S. (1993). *The relationship of personal contact, media exposure and racial/ ethnic self-esteem and sterotypes and racial prejudice.* Unpublished doctoral dissertation, Michigan State University, East Lansing, Michigan.

Eshel, Y., & Dicker, R. (1995). Congruence and incongruence in perceived ethnic acceptance among Israeli students. *Journal of Social Psychology, 135,* 251–262.

Esposito, B. G., & Peach, W. J. (1983). Changing attitudes of preschool children toward handicapped persons. *Exceptional Children, 49,* 361–363.

Esposito, B. G., & Reed, T. M. (1986). The effects of contact with handicapped persons on young children's attitudes. *Exceptional Children, 53,* 224–229.

Evans, J. H. (1976). Changing attitudes toward disabled persons: An experimental study. *Rehabilitation Counseling Bulletin, 19,* 572–579.

Felton, G. S. (1975). Changes in attitudes toward disabled persons among allied health paraprofessional trainees in an interdisciplinary setting. *Perceptual and Motor Skills, 40,* 118.

Fenrick, N. J., & Petersen, T. K. (1984). Developing positive changes in attitudes towards moderately/severely handicapped students through a peer tutoring program. *Education and Training of the Mentally Retarded, 19,* 83–90.

Fichten, C. S., & Amsel, R. (1986). Trait attributions about college students with a physical disability: Circumplex analyses and methodological issues. *Journal of Applied Social Psychology, 16,* 410–427.

Fichten, C. S., Amsel, R., Bourdon, C. V., & Creti, L. (1988). Interaction between college students with physical disabilities and their professors. *Journal of Applied Rehabilitation Counseling, 19,* 13–20.

Fichten, C. S., Tagalakis, V., & Amsel, R. (1989). Effects of cognitive modeling, affect, and contact on attitudes, thoughts, and feelings toward college students with physical disabilities. *Journal of the Multihandicapped Person, 2,* 119–137.

Finchilescu, G. (1988). Interracial contact in South Africa within the nursing context. *Journal of Applied Social Psychology, 18,* 1207–1221.

Florian, V., & Kehat, D. (1987). Changing high school students' attitudes toward disabled people. *Health and Social Work, 12,* 57–63.

Floyd, H. H. (1970). *Rejection: A study of attitudes toward the mentally ill in a community near a mental hospital.* Unpublished doctoral dissertation, University of Georgia, Athens, Georgia.

Foley, L. A. (1977). Personality characteristics and interracial contact as determinants of Black prejudice toward Whites. *Human Relations, 30,* 709–720.

Ford, W. S. (1973). Interracial public housing in a border city: Another look at the contact hypothesis. *American Journal of Sociology, 78,* 1426–1447.

Friedman, R. S. (1975). *The peer-to-peer program: A model project for the integration of severely physically handicapped youngsters with nondisabled peers.* New York State Education Dept., Albany Division of Drug and Health Education Services.

Friesen, E. W. (1966). *Nature and determinants of attitudes toward education and toward physically disabled persons in Colombia, Peru, and the United States.* Unpublished doctoral dissertation, Michigan State University, East Lansing, Michigan.

Furnham, A., & Gibbs, M. (1984). School children's attitudes towards the handicapped. *Journal of Adolescence, 7,* 99–117.

Furnham, A., & Pendred, J. (1983). Attitudes towards the mentally and physically disabled. *British Journal of Medical Psychology, 56,* 179–187.

Furuto, S. B. C. L., & Furuto, D. M. (1983). The effects of affective and cognitive treatment on attitude change toward ethnic minority groups. *International Journal of Intercultural Relations, 7,* 149–165.

Gaertner, S. L., Dovidio, J. F., Rust, M. C., Nier, J., A., Banker, B. S., Ward, C. M., et al. (1999). Reducing intergroup bias: Elements of intergroup cooperation. *Journal of Personality and Social Psychology*, 76, 388–402.

Gaertner, S. L., Rust, M. C., Dovidio, J. F., Bachman, B. A., & Anastasio, P. A. (1994). The contact hypothesis: The role of a common ingroup identity on reducing intergroup bias. *Small Group Research*, 25, 224–249.

Gardner, R. C., Kirby, D. M., & Arboleda, A. (1973). Ethnic stereotypes: A cross-cultural replication of their unitary dimensionality. *Journal of Social Psychology*, 91, 189–195.

Gardner, R. C., Kirby, D. M., Smythe, P. C., Dumas, G., Zelman, M., & Bramwell, J. R. (1974). Bicultural excursion programs: Their effects on students' stereotypes, attitudes and motivation. *Alberta Journal of Educational Research*, 20, 270–277.

Gardner, R. C., Taylor, D. M., & Santos, E. (1969). Ethnic stereotypes: The role of contact. *Philippine Journal of Psychology*, 2, 11–24.

Gelber, D. M. (1993). *Changing attitudes toward physically disabled persons: Effects on contact, acknowledgment of disability, and information exchange.* Unpublished doctoral dissertation, Hofstra University, Hempstead, New York.

Gelfand, S., & Ullmann, L. P. (1961). Attitude changes associated with psychiatric affiliation. *Nursing Research*, 10, 200–204.

Gentry, C. S. (1987). Social distance regarding male and female homosexuals. *Journal of Social Psychology*, 127, 199–208.

Gerbert, B., Sumser, J., & Maguire, B. T. (1991). The impact of who you know and where you live on opinions about AIDS and health care. *Social Science and Medicine*, 32, 677–681.

Gething, L. (1991). Generality vs. specificity of attitudes towards people with disabilities. *British Journal of Medical Psychology*, 64, 55–64.

Glass, J. C., Jr., & Trent, C. (1980). Changing ninth-graders attitudes toward older persons: Possibility and persistence through education. *Research on Aging*, 2, 499–512.

Glass, R. M., & Meckler, R. S. (1972). Preparing elementary teachers to instruct mildly handicapped children in regular classrooms: A summer workshop. *Exceptional Children*, 39, 152–156.

Glassner, B., & Owen, C. (1976). Variations in attitudes toward homosexuality. *Cornell Journal of Social Relations*, 11, 161–176.

Glock, C. Y., Wuthnow, R., Piliavin, J. A., & Spencer, M. (1975). *Adolescent Prejudice*. New York: Harper & Row.

Glover, R. J., & Smith, C. A. (1997). Racial attitudes of preschoolers: Age, race of examiner, and child-care setting. *Psychological Reports*, 81, 719–722.

Goldstein, M. W., & Simpkins, R. E. (1973). Attitude changes toward juvenile delinquents as a function of interpersonal contact. *Psychological Reports*, 32, 1220.

Gordon, S. K., & Hallauer, D. S. (1976). Impact of a friendly visiting program on attitudes of college students toward the aged: A pedagogical note. *The Gerontologist*, 16, 371–376.

Gosse, V. F., & Sheppard, G. (1979). Attitudes toward physically disabled persons: Do education and personal contact make a difference? *Canadian Counselor*, 13, 131–135.

Goto, S. G. (2000). *Becoming friends or remaining foes: An empirical test of a causal model of intergroup contact across two cultures.* Unpublished manuscript, Pomona College, Claremont, California.

Gottlieb, J., & Corman, L. (1975). Public attitudes toward mentally retarded children. *American Journal of Mental Deficiency, 80*, 72–80.

Grack, C., & Richman, C. L. (1996). Reducing general and specific heterosexism through cooperative contact. *Journal of Psychology and Human Sexuality, 8*, 59–68.

Graffi, S., & Minnes, P. M. (1988). Attitudes of primary school children toward the physical appearance and labels associated with Down syndrome. *American Journal on Mental Retardation, 93*, 28–35.

Grantham, E. V., & Block, M. J. (1983). Effect of extramural experiences on dental students' attitudes. *Journal of Dental Education, 47*, 681–684.

Gray, J. S., & Thompson, A. H. (1953). The ethnic prejudices of White and Negro college students. *Journal of Abnormal and Social Psychology, 48*, 311–313.

Green, A. L., & Stoneman, Z. (1989). Attitudes of mothers and fathers of nonhandicapped children. *Journal of Early Intervention, 13*, 292–304.

Greenland, K., & Brown, R. (1999). Categorization and intergroup anxiety in contact between British and Japanese nationals. *European Journal of Social Psychology, 29*, 503–521.

Gregory, D. (1997). Before and after the Americans with Disabilities Act: An analysis of attitude and knowledge of undergraduate music majors. *Journal of Music Therapy, 34*, 119–128.

Gronberg, G. W. (1982). *Attitude responses of nonhandicapped elementary students to specific information and contact with the handicapped.* Unpublished doctoral dissertation, University of Northern Colorado, Greely, Colorado.

Gruesser, M. J. (1950). Categorical valuations of Jews among Catholic parochial school children. *The Catholic University of America Studies in Sociology, 34*, 1–163.

Gundlach, R. H. (1950). Effects of on-the-job experience with Negroes upon the racial attitudes of White workers in union shops. *American Psychologist, 5*, 300.

Haddock, G., Zanna, M. P., & Esses, V. M. (1993). Assessing the structure of prejudicial attitudes: The case of attitudes toward homosexuals. *Journal of Personality and Social Psychology, 65*, 1105–1118.

Hale, N. M. (1998). Effects of age and interpersonal contact on stereotyping of the elderly. *Current Psychology: Developmental, Learning, Personality, Social, 17*, 28–47.

Hall, E. P. (1969). *An experimental study of the modification of attitudes toward the mentally retarded.* Unpublished doctoral dissertation, University of Alabama, Tuscaloosa, Alabama.

Hall, P. H. (1998). *An assessment of perceptions of attitudes of common ground students.* Unpublished doctoral dissertation, University of Minnesota, Minneapolis/St. Paul, Minnesota.

Hamblin, R. L. (1962). The dynamics of racial discrimination. *Social Problems, 10*, 103–121.

Hansen, G. L. (1982). Measuring prejudice against homosexuality (homosexism) among college students: A new scale. *Journal of Social Psychology, 117*, 233–236.

Harding, J., & Hogrefe, R. (1952). Attitudes of White department store employees toward Negro co-workers. *Journal of Social Issues, 8*, 18–28.

Haring, N. G., Stern, G. G., & Cruickshank, W. M. (1958). *Attitudes of educators toward exceptional children.* New York: Syracuse University Press.

Haring, T. G., Breen, C., Pitts-Conway, V., Lee, M., & Gaylord-Ross, R. (1987). Adolescent peer tutoring and special friend experiences. *Journal of the Association for Persons with Severe Handicaps, 12*, 280–286.

Harlan, H. H. (1942). Some factors affecting attitude toward Jews. *American Sociological Review, 7*, 816–827.

Harper, D. C., & Wacker, D. P. (1985). Children's attitudes toward disabled peers and the effects of mainstreaming. *Academic Psychology Bulletin, 7*, 87–98.

Harris, J., & Fiedler, C. M. (1988). Preadolescent attitudes toward the elderly: An analysis of race, gender and contact variables. *Adolescence, 23*, 335–340.

Hastings, R. P., Berry, M., & Whennell, S. (1998). Pediatric nursing and education students' attitude toward children with Rett syndrome: A pilot study (Letter to the editor). *Developmental Medicine and Child Neurology, 40*, 284–287.

Hastings, R. P., & Graham, S. (1995). Adolescents' perceptions of young people with severe learning difficulties: The effects of integration schemes and frequency of contact. *Educational Psychology, 15*, 149–159.

Hatanaka, H. K. (1982). *The effects of a short term training program on the racial attitudes of child welfare workers.* Unpublished doctoral dissertation, University of California, Los Angeles, California.

Hazzard, A. (1983). Children's experience with, knowledge of, and attitude toward diasabled persons. *Journal of Special Education, 17*, 131–139.

Hébert, M., Voyer, J. P., & Valois, D. (2000). Evaluation of the program "Prejudices . . . I don't know of any!" among youth in senior high school. *Canadian Journal of Community Mental Health, 19*, 105–126.

Helmstetter, E., Peck, C. A., & Giangreco, M. F. (1994). Outcomes of interactions with peers with moderate or severe disabilities: A statewide survey of high school students. *Journal of the Association for Persons with Severe Handicaps, 19*, 263–276.

Herek, G. M. (1988). Heterosexuals' attitudes toward lesbians and gay men: Correlates and gender differences. *Journal of Sex Research, 25*, 451–477.

Herek, G. M. (1999). [*Contact and attitudes toward gays and lesbians*]. Unpublished raw data.

Herek, G. M., & Capitanio, J. P. (1996). "Some of my best friends": Intergroup contact, concealable stigma, and heterosexuals' attitudes toward gay men and lesbians. *Personality and Social Psychology Bulletin, 22*, 412–424.

Herek, G. M., & Capitanio, J. P. (1997). AIDS stigma and contact with persons with AIDS: Effects of direct and vicarious contact. *Journal of Applied Social Psychology, 27*, 1–36.

Herek, G. M., & Glunt, E. K. (1993). Interpersonal contact and heterosexuals' attitudes toward gay men: Results from a national survey. *Journal of Sex Research, 30*, 239–244.

Herman, S. N. (1970). *American students in Israel.* Ithaca, New York: Cornell University Press.

Hicks, J. M., & Spaner, F. E. (1962). Attitude change and mental hospital experience. *Journal of Abnormal and Social Psychology, 65*, 112–120.

Hill, P. B. (1984). Räumlich Nähe und soziale Distanz zu ethnischen Minderheiten (Spacial proximity and social distance from ethnic minorities). *Zeitschrift für Soziologie, 13*, 363–370.

Hillis, S. R. (1986). *Modification of the attitudes of non-handicapped children toward the handicapped through information-based and contact-based intervention.*

Unpublished doctoral dissertation, University of Wisconsin, Madison, Wisconsin.

Hillman, J. L., & Stricker, G. (1996). Predictors of college students' knowledge of and attitudes toward elderly sexuality: The relevance of grandparental contact. *Educational Gerontology, 22,* 539–555.

Hoeh, J. A., & Spuck, D. W. (1975). Effects of a three phase acculturation process on language skill development and social and personal attitudes of high school French students. *Foreign Language Annals, 8,* 221–226.

Hofman, J. E., & Zak, I. (1969). Interpersonal contact and attitude change in a cross-cultural situation. *Journal of Social Psychology, 78,* 165–171.

Holmes, E. P., Corrigan, P. W., Williams, P., Canar, J., & Kubiak, M. A. (1999). Changing attitudes about schizophrenia. *Schizophrenia Bulletin, 25,* 447–456.

Holtzman, W. H. (1956). Attitudes of college men toward non-segregation in Texas schools. *Public Opinion Quarterly, 20,* 559–569.

Holzberg, J. D., & Gewirtz, H. (1963). A method of altering attitudes toward mental illness. *Psychiatric Quarterly Supplement, 37,* 56–61.

Horenczyk, G., & Bekerman, Z. (1997). The effects of intercultural acquaintance and structured intergroup interaction on ingroup, outgroup, and reflected ingroup stereotypes. *International Journal of Intercultural Relations, 21,* 71–83.

Hortacsu, N. (2000). Intergroup relations in a changing political context: The case of veiled and unveiled university students in Turkey. *European Journal of Social Psychology, 30,* 733–744.

Hraba, J., Brinkman, R., & Gray-Ray, P. (1996). A comparison of Black and White prejudice. *Sociological Spectrum, 16,* 129–157.

Hughey, S. J. (1988). *Theology students' attitudes toward disabled people with reference to dogmatism, intolerance of ambiguity, and contact.* Unpublished doctoral dissertation, Fuller Theological Seminary, Pasadena, California.

Hunt, B., & Hunt, C. S. (2000). Attitudes toward people with disabilities: A comparison of undergraduate rehabilitation and business majors. *Rehabilitation Education, 14,* 269–283.

Hunt, C. L. (1960). Private integrated housing in a medium size nothern city. *Social Problems, 7,* 195–209.

Ibrahim, S. E. M. (1970). Interaction, perception, and attitudes of Arab students toward Americans. *Sociology and Social Research, 55,* 29–46.

Ichilov, O., & Even-Dar, S. (1984). Interethnic contacts in an alternative educational environment: The Israeli Shelf Project. *Journal of Youth and Adolescence, 13,* 145–161.

Iguchi, M. T., & Johnson, R. C. (1966). Attitudes of students associated with participation in a mental-hospital volunteer program. *Journal of Social Psychology, 68,* 107–111.

Ijaz, M. A. (1980). *Ethnic attitudes of elementary school children toward Blacks and East Indians and the effect of a cultural program on these attitudes.* Unpublished doctoral dissertation, University of Toronto, Toronto, Canada.

Ingamells, S., Goodwin, A. M., & John, C. (1996). The influence of psychiatric hospital and community residence labels on social rejection of the mentally ill. *British Journal of Clinical Psychology, 35,* 359–367.

Institut für Demographie: Österreichische Akademie der Wissenschaften. (1999). *Migration und Fremdenfeindlichkeit: Fakten, Meinungen und Einstellungen zu internationaler Migration, ausländischer Bevölkerung und staatlicher Ausländerpolitik in*

Österreich (Migration and hostility towards strangers: Facts, opinions, and attitudes about international migration, the foreign population, and state politics concerning foreigners). Austria: Lebhart & Münz.

Irish, D. P. (1952). Reactions of Caucasian residents to Japanese-American neighbors. *Journal of Social Issues, 8*, 10–17.

Islam, M. R., & Hewstone, M. (1993). Dimensions of contact as predictors of intergroup anxiety, perceived out-group variability, and out-group attitude: An integrative model. *Personality and Social Psychology Bulletin, 19*, 700–710.

Ivester, C., & King, K. (1977). Attitudes of adolescents toward the aged. *The Gerontologist, 17*, 85–89.

Jackman, M. R., & Crane, M. (1986). "Some of my best friends are Black ...": Interracial friendship and Whites' racial attitudes. *Public Opinion Quarterly, 50*, 459–486.

Jacobson, C. K. (1977). Separatism, integrationism, and avoidance among Black, White, and Latin adolescents. *Social Forces, 55*, 1011–1027.

Jaffe, J. (1966). Attitudes of adolescents toward the mentally retarded. *American Journal of Mental Deficiency, 70*, 907–912. (See also Jaffe, 1967).

Jaffe, J. (1967). Attitudes and interpersonal contact: Relationships between contact with the mentally retarded and dimensions of attitude. *Journal of Counseling Psychology, 14*, 482–484. (See also Jaffe, 1966).

James, H. E. O. (1955). Personal contact in school and change in intergroup attitudes. *International Social Science Bulletin, 7*, 66–70.

James-Valutis, M. (1993). *The impact of racial attitudes and interracial contact on stereotypical perceptions*. Unpublished doctoral dissertation, University of Missouri, St. Louis, Missouri.

Jaques, M. E., Linkowski, D. C., & Sieka, F. L. (1970). Cultural attitudes toward disability: Denmark, Greece, and the United States. *International Journal of Social Psychiatry, 16*, 54–62.

Jeffries, V., & Ransford, H. E. (1969). Interracial social contact and middle-class White reactions to the Watts riot. *Social Problems, 16*, 312–324.

Johannsen, W. J., Redel, M. C., & Engel, R. G. (1964). Personality and attitudinal changes during psychiatric nursing affiliation. *Nursing Research, 13*, 342–345.

Johnson, D. W., & Johnson, R. T. (1985). Mainstreaming hearing-impaired students: The effect of effort in communicating on cooperation and interpersonal attraction. *Journal of Psychology, 119*, 31–44.

Johnson, M. K., & Marini, M. M. (1998). Bridging the racial divide in the United States: The effect of gender. *Social Psychology Quarterly, 61*, 247–258.

Johnson, R. T., & Johnson, D. W. (1981). Building friendships between handicapped and nonhandicapped students: Effects of cooperative and individualistic instruction. *American Educational Research Journal, 18*, 415–423.

Johnstone, T. V. (1992). *The relationship of contact and social distance to attitudes toward deaf and disabled persons*. Unpublished doctoral dissertation, Hofstra University, Hempstead, New York.

Jones, R. J. (1960). *The effects of inter-ethnic group contact in a desegregated hospital community*. Unpublished doctoral dissertation, The American University, Washington, DC.

Jones, T. W., Sowell, V. M., Jones, J. K., & Butler, L. G. (1981). Changing children's perceptions of handicapped people. *Exceptional Children, 47*, 365–368.

Kalson, L. (1976). M*A*S*H: A program of social interaction between institutional-ized aged and adult mentally retarded persons. *The Gerontologist*, *16*, 340–348.

Kamal, A. A., & Maruyama, G. (1990). Cross-cultural contact and attitudes of Qatari students in the United States. *International Journal of Intercultural Relations*, *14*, 123–134.

Kanouse-Roberts, A. L. (1977). *A study of the interaction between a group of Jewish senior citizens and a group of Black adolescent girls classified as "delinquent."* Unpublished doctoral dissertation, Teachers College at Columbia University, New York.

Katz, Y. J., & Yochanan, A. B. (1988). Social interaction as a function of active intervention in an Israeli elementary school. *Journal of Social Psychology*, *128*, 89–96.

Kelly, J. G., Ferson, J. E., & Holtzman, W. H. (1958). The measurement of attitudes toward the Negro in the South. *Journal of Social Psychology*, *48*, 305–317.

Kephart, W. M. (1957). *Racial factors and urban law enforcement.* Philadelphia: University of Pennsylvania Press.

Kidwell, I. J., & Booth, A. (1977). Social distance and intergenerational relations. *The Gerontologist*, *17*, 412–420.

Kierscht, M. S., & DuHoux, M. A. (1980). Preparing the mainstream: Changing children's attitudes toward the disabled. *School Psychology Review*, *9*, 279–283.

Kirchler, E., &, Zani, B. (1995). Why don't they stay at home? Prejudices against ethnic minorities in Italy. *Journal of Community and Applied Social Psychology*, *5*. 59–65. (See also Zani & Kirchler, 1995).

Kisabeth, K. L., & Richardson, D. B. (1985). Changing attitudes toward disabled individuals: The effects of one disabled person. *Therapeutic Recreation Journal*, *19*, 24–33.

Kish, G. B., & Hood, R. (1974). Voluntary activity promotes more realistic concep-tions of the mentally ill by college students. *Journal of Community Psychology*, *2*, 30–32.

Kishi, G. S., & Meyer, L. H. (1994). What children report and remember: A six-year follow-up of the effects of social contact between peers with and without severe disabilities. *Journal of the Association for Persons with Severe Handicaps*, *19*, 277–289.

Kleinman, C. S. (1983). *Changes in attitudes toward mental illness by student nurses from various ethnic groups.* Unpublished doctoral dissertation, Florida Institute of Technology, Melbourne, Florida.

Knox, V. J., Gekoski, W. L., & Johnson, E. A. (1986). Contact with and perceptions of the elderly. *The Gerontologist*, *26*, 309–313.

Knussen, C., & Niven, C. A. (1999). HIV/AIDS and health care workers: Contact with patients and attitudes towards them. *Psychology and Health*, *14*, 367–378.

Kobe, F. H., & Mulick, J. A. (1995). Attitudes toward mental retardation and eugenics: The role of formal education and experience. *Journal of Developmental and Physical Disabilities*, *7*, 1–9.

Kocarnik, R. A., & Ponzetti, J. J. (1986). The influence of intergenerational contact on child care participants' attitudes toward the elderly. *Child Care Quarterly*, *15*, 244–250.

Koslin, S. C., Amarel, M., & Ames, N. (1969). A distance measure of racial attitudes in primary grade children: An exploratory study. *Psychology in the Schools*, *6*, 382–385.

Kosmitzki, C. (1996). The reaffirmation of cultural identity in cross-cultural encounters. *Personality and Social Psychology Bulletin*, *22*, 238–248.

Krajewski, J., & Flaherty, T. (2000). Attitudes of high school students toward individuals with mental retardation. *Mental Retardation*, *38*, 154–162.

Kuelker, E. (1996). *Helping and stigmatization of persons with mental disorders.* Unpublished doctoral dissertation, University of Manitoba, Winnipeg, Manitoba, Canada.

Kulik, J. A., Martin, R. A., & Scheibe, K. E. (1969). Effects of mental hospital volunteer work on students' conceptions of mental illness. *Journal of Clinical Psychology*, *25*, 326–329.

Kurtzweil, P. L. (1995). *The influence of life experience and social desirability on the development and measurment of White racial identity attitudes.* Unpublished doctoral dissertation, University of Alabama, Tuscaloosa, Alabama.

Ladd, G. W., Munson, H .L., & Miller, J. K. (1984). Social integration of deaf adolescents in secondary-level mainstreamed programs. *Exceptional Children*, *50*, 420–428.

Lambert, D. J., Dellmann-Jenkins, M., & Fruit, D. (1990). Planning for contact between the generations: An effective approach. *The Gerontologist*, *30*, 553–556.

Lance, L. M. (1987). The effects of interaction with gay persons on attitudes toward homosexuality. *Human Relations*, *40*, 329–336.

Lance, L. M. (1992). Changes in homophobic views as related to interaction with gay persons: A study in the reduction of tensions. *International Journal of Group Tensions*, *22*, 291–299.

Lance, L. M. (1994). Do reductions in homophobia from heterosexual interactions with gay persons continue?: A study of social contact theory of intergroup tensions. *International Journal of Group Tensions*, *24*, 423–434.

Landis, D., Brislin, R. W., & Hulgus, J. F. (1985). Attributional training versus contact in acculturative learning: A laboratory study. *Journal of Applied Social Psychology*, *15*, 466–482.

Larsen, L. F. C. (1997). *Parental beliefs concerning racism and sexism.* Unpublished doctoral dissertation, St. Louis University, St. Louis, Missouri.

Lazar, A. L., Gensley, J. T., & Orpet, R. E. (1971). Changing attitudes of young mentally gifted children toward handicapped persons. *Exceptional Children*, *37*, 600–602.

Leach, R. H. (1990). *The effect of contact on attitudes toward individuals with disabilities.* Unpublished doctoral dissertation, Florida State University, Tallahassee, Florida.

Leonard, E. W. (1964). Attitude change in a college program of foreign study and travel. *Educational Record*, *45*, 173–181.

Lepore, L., & Brown, R. (1997). Category and stereotype activation: Is prejudice inevitable? *Journal of Personality and Social Psychology*, *72*, 275–287.

Lessing, E. E., Barbera, L., & Arnold, B. (1976). Teaching nuns' perceptions of White and Black pupils as a function of authoritarianism and other factors. *Community Mental Health Journal*, *12*, 182–191.

LeUnes, A., Christensen, L., & Wilkerson, D. (1975). Institutional tour effects on attitudes related to mental retardation. *American Journal of Mental Deficiency*, *79*, 732–735.

Levine, D. U., Fiddmont, N. S., & New, J. E. (1969). *Interracial attitudes and contact among Black and White students in a metropolitan area.* Unpublished manuscript.

Levinson, D. J. (1954). The intergroup relations workshop: Its psychological aims and effects. *Journal of Psychology, 38,* 103–126.

Levinson, D. J., & Schermerhorn, R. A. (1951). Emotional–attitudinal effects of an intergroup relations workshop on its members. *Journal of Psychology, 31,* 243–256.

Levy, J. M., Jessop, D. J., Rimmerman, A., & Levy, P. H. (1993). Attitudes of executives in Fortune 500 corporations toward the employability of persons with severe disabilities: Industrial and service corporations. *Journal of Applied Rehabilitation Counseling, 24,* 19–31.

Lewis, I. L., & Cleveland, S. E. (1966). Nursing students' attitudinal changes following a psychiatric affiliation. *Journal of Psychiatric Nursing, 4,* 223–231.

Lewis, M. R., & Frey, N. C. (1988). Changing attitudes toward parents of the chronically mentally ill. *Psychosocial Rehabilitaion Journal, 11,* 21–31.

Leyser, Y., & Abrams, P. D. (1983). A shift to the positive: An effective programme for changing pre-service teachers' attitudes toward the disabled. *Educational Review, 35,* 35–43.

Leyser, Y., Cumblad, C., & Strickman, D. (1986). Direct intervention to modify attitudes toward the handicapped by community volunteers: The Learning about Handicaps Programme. *Educational Review, 38,* 229–236.

Leyser, Y., & Price S. (1985). Improving attitudes of gifted children toward the handicapped. *Education, 105,* 432–437.

Li, W. L., & Yu, L. (1974). Interpersonal contact and racial prejudice: A comparative study of American and Chinese Students. *Sociological Quarterly, 15,* 559–566.

Liebkind, K., Haaramo, J., & Jasinskaja-Lahti, I. (2000). Effects of contact and personality on intergroup attitudes of different professionals. *Journal of Community and Applied Social Psychology, 10,* 171–181.

Link, B. G., & Cullen, F. T. (1986). Contact with the mentally ill and perception of how dangerous they are. *Journal of Health and Social Behavior, 27,* 289–303.

Lombardi, D. N. (1963). Factors affecting changes in attitudes toward Negroes among high school students. *Journal of Negro Education, 32,* 129–136.

Lombroso, D., Tyano, S., & Apter, A. (1976). Attitudes of the Israeli adolescent to the mentally ill and their treatment. *Israel Annals of Psychiatry and Related Disciplines, 14,* 120–131.

London, L. H., & Linney, J. A. (1993). *Kids' college: Enhancing children's understanding and acceptance of cultural diversity.* Unpublished manuscript, Loyola University Chicago.

Loomis, C. P., & Schuler, E. A. (1948). Acculturation of foreign students in the United States. *Applied Anthropology, 7,* 17–34.

Lopes, D. (2000). [*The impact of Black neighbourhood on stereotypes and emotions*]. Unpublished raw data.

Lopez, G. E. (1993). *The effect of group contact and curriculum on White, Asian American and African American students' attitudes.* Unpublished doctoral dissertation, University of Michigan, Ann Arbor, Michigan.

Luiz, D., & Krige, P. (1981). The effect of social contact between South African white and colored adolescent girls. *Journal of Social Psychology, 113,* 153–158. (See also Luiz and Krige, 1985).

Luiz, D., & Krige, P. (1985). The effect of social contact between South African white and colored adolescent girls: A follow-up study. *Journal of Social Psychology*, 125, 407–408. (See also Luiz and Krige, 1981).

MacKenzie, B. K. (1948). The importance of contact in determining attitudes toward Negroes. *Journal of Abnormal and Social Psychology*, 43, 417–441.

MacLean, D., & Gannon, P. M. (1995). Measuring attitudes toward disability: The Interaction with Disabled Persons Scale revisited. *Journal of Social Behavior and Personality*, 10, 791–806.

Malla, A., & Shaw, T. (1987). Attitudes towards mental illness: The influence of education and experience. *International Journal of Social Psychiatry*, 33, 33–41.

Maluso, D. (1992). *Interventions to lessen racist prejudice and discrimination among college students*. Unpublished doctoral dissertation, University of Rhode Island, Kingston, Rhode Island.

Mann, J. H. (1959). The effect of inter-racial contact on sociometric choices and perceptions. *Journal of Social Psychology*, 50, 143–152. (See also Mann, 1960).

Mann, J. H. (1960). The differential nature of prejudice reduction. *Journal of Social Psychology*, 52, 339–343. (See also Mann, 1959).

Maoz, I. (2000). An experiment in peace: Reconciliation-aimed workshops of Jewish–Israeli and Palestinian youth. *Journal of Peace Research*, 37, 721–736.

Maras, P., & Brown, R. (1996). Effects of contact on children's attitudes toward disability: A longitudinal study. *Journal of Applied Social Psychology*, 26, 2113–2134.

Marin, G. (1984). Stereotyping Hispanics: The differential effect of research method, label, and degree of contact. *International Journal of Intercultural Relations*, 8, 17–27.

Marin, G., & Salazar, J. M. (1985). Determinants of hetero- and autostereotypes: Distance, level of contact, and socioeconomic development in seven nations. *Journal of Cross-Cultural Psychology*, 16, 403–422.

Marion, P. B. (1980). Relationships of student characteristics and experiences with attitude changes in a program of study abroad. *Journal of College Student Personnel*, 21, 58–64.

Marks, M. (1992). *Beliefs, contact, and attitudes toward homeless persons of health care students and practitioners*. Unpublished doctoral dissertation, Hofstra University, Hempstead, New York.

Martin, S. (2000). *Untersuchung des Zusmmenhanges von Auslaenderfeindlichkeit und deutsch-nationaler Identitaet* (Investigation of the link between hostility toward foreigners and German national identity). Unpublished dissertation, Department of Psychology, Philipps University, Marburg, Germany.

Marx, G. T. (1967). *Protest and prejudice*. New York: Harper & Row.

Masson, C. N., & Verkuyten, M. (1993). Prejudice, ethnic identity, contact and ethnic group preferences among Dutch young adolescents. *Journal of Applied Social Psychology*, 23, 156–168.

Mathisen, J. H. (2000). *Stigma busting: Does strategic contact with individuals with severe mental illness reduce negative attitudes in an adolescent population?*. Unpublished doctoral dissertation, Adler School of Professional Psychology, Chicago, Illinois.

Maurice, W. L., Klonoff, H., Miles, J. E., & Krell, R. (1975). Medical student change during a psychiatry clerkship: Evaluation of a program. *Journal of Medical Education*, 50, 181–189.

Maxmen, J. S. (1979). Student attitude changes during "psychiatric medicine" clerkships. *General Hospital Psychiatry*, *1*, 98–103.

McClenahan, C., Cairns, E., Dunn, S., & Morgan, V. (1996). Intergroup friendships: Integrated and desegregated schools in Northern Ireland. *Journal of Social Psychology*, *136*, 549–558.

McConkey, R., McCormack, B., & Naughton, M. (1983). A national survey of young people's perceptions of mental handicap. *Journal of Mental Deficiency Research*, *27*, 171–183.

McCrady, R. E., & McCrady, J. B. (1976). Effect of direct exposure to foreign target groups on descriptive stereotypes held by American students. *Social Behavior and Personality*, *4*, 233–239.

McDonald, S., Birnbrauer, J. S., & Swerissen, H. (1987). The effect of an integration program on teacher and student attitudes to mentally-handicapped children. *Australian Psychologist*, *22*, 313–322.

McGuigan, F. J. (1959). Further study of psychological changes related to intercultural experiences. *Psychological Reports*, *5*, 244–248.

McKirnan, D. J., & Hamayan, E. V. (1984). Speech norms and attitudes toward outgroup members: A test of a model in a bicultural context. *Journal of Language and Social Psychology*, *3*, 21–38.

McRainey, G. (1981). *Teacher–pupil contact as a factor in the development of positive teacher attitudes toward handicapped students*. Unpublished doctoral dissertation, George Peabody College for Teachers of Vanderbilt University, Nashville, Tennessee.

Meer, B., & Freedman, E. (1966). The impact of Negro neighbors on White home owners. *Social Forces*, *45*, 11–19.

Merkwan, J. V., & Smith, T. B. (1999). Tolerance and racial identity among foreign sojourners: Testing the contact hypothesis. *Psychological Reports*, *85*, 170.

Meshel, D. S. (1997). *The contact hypothesis and the effects of intergenerational contact on adolescents' attitudes and stereotypes toward older people*. Unpublished doctoral dissertation, Texas Tech University, Lubbock, Texas.

Meyer, M. M., Hassanein, R. S., & Bahr, R. T. (1980). A comparison of attitudes toward the aged held by professional nurses. *Journal of Nursing Scholarship*, *12*, 62–66.

Milem, J. F. (1992). *The impact of college on students' racial attitudes and levels of racial awareness and acceptance*. Unpublished doctoral dissertation, University of California, Los Angeles, California.

Miller, J. M., Rivas, L., & Boivin, M. (1998). *Correlations between ethnocentrism and spiritualness among Indiana Wesleyan students*. Unpublished manuscript.

Millham, J., San Miguel, C., & Kellogg, R. (1976). A factor-analytic conceptualization of attitudes toward male and female homosexuals. *Journal of Homosexuality*, *2*, 3–10.

Mills, R. B., Vermette, V., & Malley-Morrison, K. (1998). Judgments about elder abuse and college students' relationship with grandparents. *Gerontology and Geriatrics Education*, *19*, 17–30.

Moeschl, T. P. (1978). *Attitude assessment across generations*. Unpublished doctoral dissertation, Virginia Commonwealth University, Richmond, Virginia.

Mohr, J. J., & Rochlen, A. B. (1999). Measuring attitudes regarding bisexuality in lesbian, gay male and heterosexual populations. *Journal of Counseling Psychology*, *46*, 353–369.

Monroe, J. D., & Howe, C. E. (1971). The effects of integration and social class on the acceptance of retarded adolescents. *Education and Training of the Mentally Retarded*, 6, 20–24.

Morin, S. F. (1974). Educational programs as a means of changing attitudes toward gay people. *Homosexual Counseling Journal*, 1, 160–165.

Morris, K. D. (1964). Behavioral change: A concomitant of attitude change in nursing students. *Nursing Research*, 13, 132–138.

Morris, R. T., & Jeffries, V. (1968). Violence next door. *Social Forces*, 46, 352–358.

Mosher-Ashley, P. M., & Ball, P. (1999). Attitudes of college students toward elderly persons and their perceptions of themselves at age 75. *Educational Gerontology*, 25, 89–102.

Most, T., Weisel, A., & Tur-Kaspa, H. (1999). Contact with students with hearing impairments and the evaluation of speech intelligibility and personal qualities. *Journal of Special Education*, 33, 103–111.

Murphy, B. M., Black, P., Duffy, M., Kieran, J., & Mallon, J. (1993). Attitudes towards the mentally ill in Ireland. *Irish Journal of Psychological Medicine*, 10, 75–79.

Murphy-Russell, S., Die, A. H., & Walker, J. L. (1986). Changing attitudes toward the elderly: The impact of three methods of attitude change. *Educational Gerontology*, 12, 241–251.

Mussen, P. H. (1950). Some personality and social factors related to changes in children's attitudes toward Negroes. *Journal of Abnormal and Social Psychology*, 45, 423–441.

Nabuzoka, D., & Rønning, J. A. (1997). Social acceptance of children with intellectual disabilities in an integrated school setting in Zambia: A pilot study. *International Journal of Disability, Development, and Education*, 44, 105–115.

Naor, M., & Milgram, R. M. (1980). Two preservice strategies for preparing regular class teachers for mainstreaming. *Exceptional Children*, 47, 126–129.

Narukawa, Y. (1995). A multidimensional study of public attitudes toward persons with mental retardation. *Japanese Journal of Special Education*, 32, 11–19.

Nash, D. (1976). The personal consequences of a year of study abroad. *Journal of Higher Education*, 47, 191–203.

Naus, P. J. (1973). Some correlates of attitudes towards old people. *International Journal of Aging and Human Development*, 4, 229–243.

Neprash, J. A. (1953). Minority group contacts and social distance. *Phylon*, 14, 207–212.

Nesdale, D., & Todd, P. (1998). Intergroup ratio and the contact hypotheses. *Journal of Applied Social Psychology*, 28, 1196–1217.

Nesdale, D., & Todd, P. (2000). Effect of contact on intercultural acceptance: A field study. *International Journal of Intercultural Relations*, 24, 341–360.

Neto, F. (2000). Identité ethnique et acculutration chez des adolescents timorais vivant au Portugal (Ethnic identity and acculturation among Timorese adolescents living in Portugal). *Cahiers Internationaux de Psychologie Sociale*, 46, 62–74.

Newberry, M. K., & Parish, T. S. (1987). Enhancement of attitudes toward handicapped children through social interactions. *Journal of Social Psychology*, 127, 59–62.

Newswanger, J. F. (1996). The relationship between White racial identity attitudes and the experience of having a Black college roommate. *Journal of College Student Development*, 37, 536–542.

Ng, S. H., Liu, J. H., Weatherall, A., & Loong, C. S. F. (1997). Younger adults' communication experiences and contact with elders and peers. *Human Communication Research, 24*, 82–108.

Nieuwoudt, J. M., & Thom, D. P. (1980). Houdingsverandering teenoor die bejaarde deur eksistensiele kontak (Attitude change towards the elderly by existential contact). *South African Journal of Psychology, 10*, 72–76.

Nishi-Strattner, M., & Myers, J. E. (1983). Attitudes towards the elderly: An intergenerational examination. *Educational Gerontology, 9*, 389–397.

Noels, K. A., & Clément, R. (1996). Communicating across cultures: Social determinants and acculturative consequences. *Canadian Journal of Behavioural Science, 28*, 214–228.

Nosse, L. J. (1993). Effect of direct contact on students' ratings of adults with impairments. *College Student Journal, 27*, 396–400.

Nosse, L. J., & Gavin, K. J. (1991). Influence of direct contact on college students' attitude toward adults with mental handicaps. *College Student Journal, 25*, 201–206.

Oaker, G., & Brown, R. (1986). Intergroup relations in a hospital setting: A further test of social identity theory. *Human Relations, 39*, 767–778.

Ogedengbe, R. O. (1993). Prior contacts and perceptions of previously mentally disturbed patients. *International Journal of Nursing Studies, 30*, 247–259.

Olejnik, A. B., & LaRue, A. A. (1981). Changes in adolescents' perceptions of the aged: The effects of intergenerational contact. *Educational Gerontology, 6*, 339–351.

Pagtolun-An, I. G., & Clair, J. M. (1986). An experimental study of attitudes toward homosexuals. *Deviant Behavior, 7*, 121–135.

Palmerton, K. E., & Frumkin, R. M. (1969). Type of contact as a factor in attitudes of college counselors toward the physically disabled. *Perceptual and Motor Skills, 28*, 489–490.

Paris, M. J. (1991). *Attitudes toward the physically disabled among medical students and health-care professionals.* Unpublished doctoral dissertation, California School of Professional Psychology, Berkeley/Alameda, California.

Parker, W. M., Moore, M. A., & Neimeyer, G. J. (1998). Altering White racial identity and interracial comfort through multicultural training. *Journal of Counseling and Development, 76*, 302–310.

Patchen, M. (1982). *Black–White contact in schools: Its social and academic effects.* West Lafayette, IN: Purdue University Press. (See also Patchen, 1983 and Patchen et al., 1977).

Patchen, M. (1983). Students' own racial attitudes and those of peers of both races, as related to interracial behaviors. *Sociology and Social Research, 68*, 59–77. (See also Patchen, 1982 and Patchen et al., 1977).

Patchen, M., Davidson, J. D., Hofmann, G., & Brown, W. R. (1977). Determinants of students' interracial behavior and opinion change. *Sociology of Education, 50*, 55–75. (See also Patchen, 1982 and Patchen, 1983).

Penn, D. L., Guynan, K., Daily, T., Spaulding, W. D., Garbin, C. P., & Sullivan, M. (1994). Dispelling the stigma of schizophrenia: What sort of information is best? *Schizophrenia Bulletin, 20*, 567–574.

Peterson, G. F. (1974). Factors related to the attitudes of nonretarded children toward their EMR peers. *American Journal of Mental Deficiency, 79*, 412–416.

Petrangelo, G. J. (1976). *Attitudes of non-disabled college students toward their disabled classmates as a function of educational contact.* Unpublished doctoral dissertation, University of Northern Colorado, Greeley, Colorado.

Pettigrew, T. (1997). Generalized intergroup contact effects on prejudice. *Personality and Social Psychology Bulletin, 23*, 173–185.

Petzel, T. (2000). *Studies on authoritarianism.* Unpublished doctoral dissertation, Philipps University Marburg, Germany.

Phillips, D. L. (1963). Rejection: A possible consequence of seeking help for mental disorders. *American Sociological Review, 28*, 963–972.

Phinney, J. S., Ferguson, D. L., & Tate, J. D. (1997). Intergroup attitudes among ethnic minority adolescents: A causal model. *Child Development, 68*, 955–969.

Pinquart, M., Wenzel, S., & Sörensen, S. (2000). Changes in attitudes among children and elderly adults in intergenerational group work. *Educational Gerontology, 26*, 523–540.

Pleck, J. H., O'Donnell, L., O'Donnell, C., & Snarey, J. (1988). AIDS-phobia, contact with AIDS, and AIDS-related job stress in hospital workers. *Journal of Homosexuality, 15*, 41–54.

Porter, K., & O'Connor, N. (1978). Changing attitudes of university students to old people. *Educational Gerontology, 3*, 139–148.

Prather, J. H., & Chovan, W. L. (1984). Normal peers' reactions toward autistic children following a tutoring experience. *Psychological Reports, 55*, 887–892.

Preston, J. D., & Robinson, J. W. (1974). On modification of interracial interaction. *American Sociological Review, 39*, 283–285. (See also Robinson & Preston, 1976).

Price, F. S. (2000). *Intercultural contact, ethnocentrism, and the mediating role of epistemology.* Unpublished doctoral dissertation, University of Melbourne, Australia.

Proller, N. L. (1989). The effects of an adoptive grandparent program on youth and elderly participants. *Journal of Children in Contemporary Society, 20*, 195–203.

Pryer, M. W., Distefano M. K., Jr., & Marr, L. W. (1969). Attitude changes in psychiatric attendants following experience and training. *Mental Hygiene, 53*, 253–257.

Rabushka, A. (1969). Integration in a multi-racial institution: Ethnic attitudes among Chinese and Malay students at the University of Malaya. *Race, 11*, 53–63.

Radcliffe, A. (1972). *A Guttman facet analysis of the racial attitudes of Black and White adults toward the opposite race.* Unpublished doctoral dissertation, Michigan State University, East Lansing, Michigan.

Ralph, D. E. (1968). Attitudes toward mental illness among two groups of college students in a neuropsychiatric hospital setting. *Journal of Consulting and Clinical Psychology, 32*, 98.

Rapier, J., Adelson, R., Carey, R., & Croke, K. (1972). Changes in children's attitudes toward the physically handicapped. *Exceptional Children, 39*, 219–223.

Read, J., & Law, A. (1999). The relationship of causal beliefs and contact with users of mental health services to attitudes to the "mentally ill." *International Journal of Social Psychiatry, 45*, 216–229.

Reed, J. S. (1980). Getting to know you: The contact hypothesis applied to the sectional beliefs and attitudes of White southerners. *Social Forces, 59*, 123–135.

Reigrotski, E., & Anderson, N. (1959). National stereotypes and foreign contacts. *Public Opinion Quarterly, 23*, 515–528.

Reinsch, S., & Tobis, J. S. (1991). Intergenerational relations: Pre-med students at senior centers. *Archives of Gerontology and Geriatrics*, 13, 211–224.

Rich, P. E., Myrick, R. D., & Campbell, C. (1983). Changing children's perceptions of the elderly. *Educational Gerontology*, 9, 483–491.

Rich, Y., Kedem, P., & Shlesinger, A. (1995). Enhancing intergroup relations among children: A field test of the Miller-Brewer Model. *International Journal of Intercultural Relations*, 19, 539–553.

Rimmerman, A. (1998). Factors relating to attitudes of Israeli corporate executives toward the employability of persons with intellectual disability. *Journal of Intellectual and Developmental Disability*, 23, 245–254.

Rimmerman, A., Hozmi, B., & Duvdevany, I. (2000). Contact and attitudes toward individuals with disabilities among students tutoring children with developmental disabilities. *Journal of Intellectual and Developmental Disability*, 25, 13–18.

Riordan, C. (1987). Intergroup contact in small cities. *International Journal of Intercultural Relations*, 11, 143–154.

Robbins, I., Cooper, A., & Bender, M. P. (1992). The relationship between knowledge, attitudes and degree of contact with AIDS and HIV. *Journal of Advanced Nursing*, 17, 198–203.

Roberts, A. E. (1988). Racism sent and received: Americans and Vietnamese view one another. *Research in Race and Ethnic Relations*, 5, 75–97.

Robinson, J. W., Jr., & Preston, J. D. (1976). Equal-status contact and modification of racial prejudice: A reexamination of the contact hypothesis. *Social Forces*, 54, 911–924. (See also Preston & Robinson, 1974).

Robinson, P. J. (1987). *The relationship between favorable or unfavorable contact on the social distance attitudes of residence hall students toward residential subgroups.* Unpublished doctoral dissertation, Iowa State University, Ames, Iowa.

Rønning, J. A., & Nabuzoka, D. (1993). Promoting social interaction and status of children with intellectual disabilities in Zambia. *Journal of Special Education*, 27, 277–305.

Rooney-Rebeck, P., & Jason, L. (1986). Prevention of prejudice in elementary school students. *Journal of Primary Prevention*, 7, 63–73.

Roper, P. A. (1990). Special Olympics volunteers' perceptions of people with mental retardation. *Education and Training in Mental Retardation*, 25, 164–175.

Rose, A. M., Atelsek, F. J., & McDonald, L. R. (1953). Neighborhood reaction to isolated Negro residents: An alternative to invasion and succession. *American Sociological Review*, 18, 497–507.

Rose, P. I. (1961). Small-town Jews and their neighbours in the United States. *Jewish Journal of Sociology*, 3, 174–191.

Rosenblith, J. F. (1949). A replication of "some roots of prejudice." *Journal of Abnormal and Social Psychology*, 44, 470–489.

Rosencranz, H. A., & McNevin, T. E. (1969). A factor analysis of attitudes toward the aged. *The Gerontologist*, 9, 55–59.

Rowlett, J. D. (1981). *Attitudes of peers toward physically limited students in university resident halls.* Unpublished doctoral dissertation, Kansas State University, Manhattan, Kansas.

Rusalem, H. (1967). Engineering changes in public attitudes toward a severely disabled group. *Journal of Rehabilitation*, 33, 26–27.

Rusinko, W. T., Johnson, K. W., & Hornung, C. A. (1978). The importance of police contact in the formulation of youths' attitudes toward police. *Journal of Criminal Justice*, 6, 53–67.

Sadler, M. S., & Blair, I. (1999, June). *Are intergroup attitudes affective?: It depends on group and contact.* Poster session presented at the annual convention of the American Psychological Society, Denver, Colorado.

Sakaris, L. M. (2000). *Factors associated with the attitudes and expectations of teachers toward the homeless student.* Unpublished doctoral dissertation, Hofstra University, Hempstead, New York.

Salter, C. A., & Teger, A. I. (1975). Change in attitudes toward other nations as a function of the type of international contact. *Sociometry*, 38, 213–222.

San Miguel, C. L., & Millham, J. (1976). The role of cognitive and situational variables in aggression toward homosexuals. *Journal of Homosexuality*, 2, 11–27.

Sandberg, L. D. (1982). Attitudes of nonhandicapped elementary school students toward school-aged trainable mentally retarded students. *Education and Training of the Mentally Retarded*, 17, 30–34.

Sayler, R. I. (1969). *An exploration of race prejudice in college students and interracial contact.* Unpublished doctoral dissertation, University of Washington, Seattle, Washington.

Scarberry, N. C., Ratcliff, C. D., & Lord, C. G. (1996, June). *The effects of multiple group membership on Allport's contact hypothesis.* Poster presented at the 8th Annual Convention of the American Psychological Society, San Francisco, California.

Scheibe, K. E. (1965). College students spend eight weeks in mental hospital: A case report. *Psychotherapy: Theory, Research, and Practice*, 2, 117–120.

Schneider, S. (1994). *Vorurteile gegenüber ethnischen Minderheiten in Ost und West* (Ethnic prejudice in East and West Germany). Unpublished diploma thesis, Department of Psychology, University of Bochum, Bochum, Germany.

Schneider, W., & Lewis, I. A. (1984). The straight story on homosexuality and gay rights. *Public Opinion*, 6, 16–20, 59–60.

Schwarzwald, J., Fridel, S., & Hoffman, M. (1985). Carry-over of contact effects from acquainted to unacquainted targets. *Journal of Multilingual and Multicultural Development*, 6, 297–311.

Seefeldt, C. (1987). The effects of preschoolers' visits to a nursing home. *The Gerontologist*, 27, 228–232.

Segal, B. E. (1965). Contact, compliance, and distance among Jewish and non-Jewish undergraduates. *Social Problems*, 13, 66–74.

Sellin, D., & Mulchahay, R. (1965). The relationship of an institutional tour upon opinions about mental retardation. *American Journal of Mental Deficiency*, 70, 408–412.

Sellitz, C., Christ, J. R., Havel, J., & Cook, S. W. (1963). *Attitudes and social relations of foreign students in the United States.* Minneapolis: University of Minnesota Press.

Selznick, G. J., & Steinberg, S. (1969). *The tenacity of prejudice.* New York: Harper & Row.

Semmel, M. I., & Dickson, S. (1966). Connotative reactions of college students to disability labels. *Exceptional Children*, 32, 443–450.

Sewell, W. H., & Davidsen, O. M. (1956). The adjustment of Scandinavian students. *Journal of Social Issues*, 12, 9–19.

Shafer, M. S., Larus Rice, M., Metzler, H. M. D., & Haring, M. (1989). A survey of nondisabled employees' attitudes toward supported employees with mental retardation. *Journal of the Association for Persons with Severe Handicaps, 14,* 137–146.

Sheare, J. B. (1974). Social acceptance of EMR adolescents in integrated programs. *American Journal of Mental Deficiency, 78,* 678–682.

Sheehan, D. S. (1980). A study of attitude change in desegregated intermediate schools. *Sociology of Education, 53,* 51–59.

Shera, W., & Delva-Tauiliili, J. (1996). Changing MSW students' attitudes towards the severely mentally ill. *Community Mental Health Journal, 32,* 159–169.

Sherif, M., Harvey, O. J., White, B. J., Hood, W. R., & Sherif, C. W. (1961). *Intergroup conflict and cooperation: The Robbers Cave experiment.* Norman, OK: The University Book Exchange.

Shibuya, Y. (2000). Examination of the contact hypothesis: Intercultural attitudes among Japanese company-wives in England. *Japanese Journal of Social Psychology, 15,* 200–211.

Shoemake, A. F., & Rowland, V. T. (1993). Do laboratory experiences change college students' attitudes toward the elderly? *Educational Gerontology, 19,* 295–309.

Sigelman, L., & Welch, S. (1991). *Black Americans' views of racial inequality: The dream deferred.* New York: Cambridge University Press.

Siller, J., & Chipman, A. (1964). Factorial structure and correlates of the Attitudes Toward Disabled Personal Scale. *Educational and Psychological Measurement, 24,* 831–840.

Simon, A. (1995). Some correlates of individuals' attitudes toward lesbians. *Journal of Homosexuality, 29,* 89–103.

Simoni, J. M. (1996). Pathways to prejudice: Predicting students' heterosexist attitudes with demographics, self-esteem, and contact with lesbians and gay men. *Journal of College Student Development, 37,* 68–78.

Simpson, R. L., Parrish, N. E., & Cook, J. J. (1976). Modification of attitudes of regular class children towards the handicapped for the purpose of achieving integration. *Contemporary Educational Psychology, 1,* 46–51.

Singer, D. (1966). *Interracial attitudes of Negro and White fifth-grade children in segregated and unsegregated schools.* Unpublished doctoral dissertation, Teachers College of Columbia University, New York.

Slavin, R. E. (1979). Effects of biracial learning teams on cross-racial friendships. *Journal of Educational Psychology, 71,* 381–387.

Slavin, R. E., & Madden, N. A. (1979). School practices that improve race relations. *American Educational Research Journal, 16,* 169–180.

Slininger, D., Sherrill, C., & Jankowski, C. M. (2000). Children's attitudes toward peers with severe disabilities: Revisiting contact theory. *Adapted Physical Activity Quarterly, 17,* 176–196.

Smith, C. B. (1994). Back and to the future: The intergroup contact hypothesis revisited. *Sociological Inquiry, 64,* 438–455.

Smith, H. P. (1955). Do intercultural experiences affect attitudes? *Journal of Abnormal and Social Psychology, 51,* 469–477.

Smith, J. J. (1969). Psychiatric hospital experience and attitudes toward "mental illness." *Journal of Consulting and Clinical Psychology, 33,* 302–306.

Smith, T. W. (2000). *Taking America's Pulse II: NCCJ's 2000 survey of intergroup relations in the United States.* New York: National Conference for Community and Justice.

Smith-Castro, V. (2000). *Acculturation and psychological adaptation: Effects of acculturation on self-esteem among Black and White adolescents in Costa Rica.* Unpublished doctoral dissertation, Department of Psychology, Philipps University, Marburg, Germany.

Spangenberg, J., & Nel, E. M. (1983). The effects of equal-status contact on ethnic attitudes. *Journal of Social Psychology, 121,* 173–180.

Sparling, J. W., & Rogers, J. C. (1985). Intergenerational intervention: A reciprocal service delivery system for preschoolers, adolescents, and older persons. *Educational Gerontology, 11,* 41–55.

Stager, S. F., & Young, R. D. (1981). Intergroup contact and social outcomes for mainstreamed EMR adolescents. *American Journal of Mental Deficiency, 85,* 497–503.

Stainback, W. C., Stainback, S. B., & Dedrick, C. V. L. (1984). Teachers' attitudes toward integration of severely handicapped students into regular schools. *Teacher Education, 19,* 21–27.

Stangor, C., Jonas, K., Stroebe, W., & Hewstone, M. (1996). Influence of student exchange on national stereotypes, attitudes and perceived group variability. *European Journal of Social Psychology, 26,* 663–675.

Starr, P. D., & Roberts, A. E. (1982). Attitudes toward new Americans: Perceptions of Indo-Chinese in nine cities. *Research in Race and Ethnic Relations, 3,* 165–187.

Stephan, W. G., & Rosenfield, D. (1978a). Effects of desegregation on race relations and self-esteem. *Journal of Educational Psychology, 70,* 670–679.

Stephan, W. G., & Rosenfield, D. (1978b). Effects of desegregation on racial attitudes. *Journal of Personality and Social Psychology, 36,* 795–804.

Stephan, W. G., Diaz-Loving, R., & Duran, A. (2000). Integrated threat theory and intercultural attitudes: Mexico and the United States. *Journal of Cross-Cultural Psychology, 31,* 240–249.

Stephan W. G., & Stephan, C. W. (1985). Intergroup anxiety. *Journal of Social Issues, 41,* 157–175.

Stephan, W. G., & Stephan, C. W. (1989). Antecedents of intergroup anxiety in Asian-Americans and Hispanic-Americans. *International Journal of Intercultural Relations, 13,* 203–219.

Stewart, C. C. (1988). Modification of student attitudes toward disabled peers. *Adapted Physical Activity Quarterly, 5,* 44–48.

Stohl, C. (1985). The A.M.I.G.O. project: A multicultural intergroup opportunity. *International Journal of Intercultural Relations, 9,* 151–175.

Stouffer, S. A., Suchman, E. A., DeVinney, L. C., Star, S. A., & Williams, R. M., Jr. (1949). *The American soldier: Adjustment during army life. Vol. 1.* Princeton, NJ: Princeton University Press.

Strauch, J. D. (1970). Social contact as a variable in the expressed attitudes of normal adolescents toward EMR pupils. *Exceptional Children, 36,* 495–500.

Strauch, J. D., Chester, P. N., & Rucker, C. N. (1970). Teacher aide attitudes toward the mentally retarded. *The Training School Bulletin, 67,* 15–19.

Strohmer, D. C., Grand, S. A., & Purcell, M. J. (1984). Attitudes toward persons with a disability: An examination of demographic factors, social context, and specific disablility. *Rehabilitation Psychology, 29,* 131–145.

Surace, S. J., & Seeman, M. (1967). Some correlates of civil rights activism. *Social Forces, 46*, 197–207.

Tait, K., & Purdie, N. (2000). Attitudes toward disability: Teacher education for inclusive environments in an Australian univeristy. *International Journal of Disability, Development, and Education, 47*, 25–38.

Taylor, S. M., & Dear, M. J. (1981). Scaling community attitudes toward the mentally ill. *Schizophrenia Bulletin, 7*, 225–240.

Thomas, S. A., Foreman, P. E., & Remenyi, A. G. (1985). The effects of previous contact with physical disability upon Australian children's attitudes toward people with physical disabilities. *International Journal of Rehabilitation Research, 8*, 69–70.

Thompson, L. (1993). The impact of negotiation on intergroup relations. *Journal of Experimental Social Psychology, 29*, 304–325.

Togonu-Bickersteth, F., & Odebiyi, A. I. (1985). Prior contacts and perception of the deaf by the non-deaf in Nigeria. *Social Behavior and Personality, 13*, 43–53.

Towles-Schwen, T., & Fazio, R. H. (1999). *On the origins of racial attitudes: Correlates of childhood experiences.* Unpublished manuscript, Indiana University, Bloomington, Indiana.

Trent, C., Glass, J. C., & Crockett, J. (1979). Changing adolescent 4-H Club members' attitudes toward the aged. *Educational Gerontology, 4*, 33–48.

Triandis, H. C., & Vassiliou, V. (1967). Frequency of contact and stereotyping. *Journal of Personality and Social Psychology, 7*, 316–328.

Tropp, L. (2000). *The psychological impact of prejudice: Implications for intergroup contact.* Unpublished manuscript, Boston College, Chestnut Hill, Massachusetts.

Tropp, L. R., & Stout, A. M. (1999). [*Contact experiences and expectations for cross-group interactions among Asians, Latinos, and Whites*]. Unpublished raw data.

Trubowitz, J. (1969). *Changing the racial attitudes of children: The effects of an activity group program in New York City schools.* New York: Frederick A. Praeger.

Trute, B., & Loewen, A. (1978). Public attitude toward the mentally ill as a function of prior personal experience. *Social Psychiatry, 13*, 79–84.

Trute, B., Tefft, B., & Segall, A. (1989). Social rejection of the mentally ill: A replication study of public attitude. *Social Psychiatry and Psychiatric Epidemiology, 24*, 69–76.

Tsukashima, R. T. (1986). A test of competing contact hypotheses in the study of Black anti-Semitic beliefs. *Contemporary Jewry, 7*, 1–17. (See also Tsukashima & Montero, 1976).

Tsukashima, R. T., & Montero, D. (1976). The contact hypothesis: Social and economic contact and generational changes in the study of Black anti-Semitism. *Social Forces, 55*, 149–165. (See also Tsukashima, 1986).

Tuckman, J., & Lorge, I. (1958). Attitude toward aging of individuals with experiences with the aged. *Journal of Genetic Psychology, 92*, 199–204.

Turman, J. A., & Holtzman, W. H. (1955). Attitudes of White and Negro teachers toward non-segregation in the classroom. *Journal of Social Psychology, 42*, 61–70.

Van Den Berghe, P. L. (1962). Race attitudes in Durban, South Africa. *Journal of Social Psychology, 57*, 55–72.

Van Dick, R., & Wagner, U. (1995). *Ergebnissse einer Befragung von Zivildienstleistenden (Results of a questionnaire study among men doing their civil service).* Unpublished manuscript, Department of Psychology Philipps University, Marburg, Germany.

Van Dick, R., Wagner, U., Pettigrew, T., Christ, O., Petzel, T., Smith-Castro, V., et al. (2000). *Contact hypothesis revisited: The role of perceived importance*. Manuscript submitted for publication.

Van Dyk, A. C. (1990). Voorspellers van etniese houdings in 'n noue kontaksituasie (Determinants of ethnic attitudes in a close contact situation). *South African Journal of Psychology, 20*, 206–214.

Van Ossenbruggen, R. (1999). *Racisme in de europese gemeenschap: Secundaire analyses van het Eurobarometerbestand 1997*. Unpublished manuscript, University of Amsterdam, Amsterdam, The Netherlands.

Van Weerden-Dijkstra, J. R. (1972). The attitude of the population toward the mentally ill. *Psychiatria Neurologia Neurochirurgia, 72*, 95–106.

Verkuyten, M., & Masson, K. (1995). "New racism," self-esteem, and ethnic relations among minority and majority youth in the Netherlands. *Social Behavior and Personality, 23*, 137–154.

Voeltz, L. M. (1980). Children's attitudes toward handicapped peers. *American Journal of Mental Deficiency, 84*, 455–464.

Vornberg, J. A., & Grant, R. T. (1976). Adolescent cultural acquaintance experiences and ethnic group attitudes. *Adolescence, 11*, 601–608.

Wagner, U., Hewstone, M., & Machleit, U. (1989). Contact and prejudice between Germans and Turks: A correlational study. *Human Relations, 42*, 561–574.

Walsh, J. E. (1971). Instruction in psychiatric nursing, level of anxiety, and direction of attitude change toward the mentally ill. *Nursing Research, 20*, 522–529.

Ward, C. R., Duquin, M. E., & Streetman, H. (1998). Effects of intergenerational massage on future caregivers' attitudes toward aging, the elderly, and caring for the elderly. *Educational Gerontology, 24*, 35–46.

Ward, C. R., & Rana-Deuba, A. (2000). Home and host culture influences on sojourner adjustment. *International Journal of Intercultural Relations, 24*, 291–306.

Webster, S. W. (1961). The influence of interracial contact on social acceptance in a newly integrated school. *Journal of Educational Psychology, 52*, 292–296.

Weigert, K. M. (1976). Intergroup contact and attitudes about a third group: A survey of Black soldiers' perceptions. *International Journal of Group Tensions, 6*, 110–124.

Weinberg, N. (1978). Modifying social stereotypes of the physically disabled. *Rehabilitation Counseling Bulletin, 22*, 114–124.

Weis, C. B., & Dain, R. N. (1979). Ego development and sex attitudes in heterosexual and homosexual men and women. *Archives of Sexual Behavior, 8*, 341–356.

Weisel, A. (1988). Contact with mainstreamed disabled children and attitudes towards disability: A multi-dimensional analysis. *Educational Psychology, 8*, 161–168.

Weiss, H. (1987). On the significance of personal contact to Jews. In W. Bergmann (Ed.), *Error without trial: Psychological research on anti-Semitism* (pp. 449–455). Berlin, Germany: de Gruyter.

Weller, L., & Grunes, S. (1988). Does contact with the mentally ill affect nurses' attitudes to mental illness? *British Journal of Medical Psychology, 61*, 277–284.

Werrbach, G. B., & DePoy, E. (1993). Social work students' interest in working with persons with serious mental illness. *Journal of Social Work Education, 26,* 200–211.

Whaley, A. L. (1997). Ethnic and racial differences in perceptions of dangerousness of persons with mental illness. *Psychiatric Services, 48,* 1328–1330.

Whitley, B. E. (1990). The relationship of heterosexuals' attributions for the causes of homosexuality to attitudes toward lesbians and gay men. *Personality and Social Psychology Bulletin, 16,* 369–377.

Williams, E. (1972). *Effects of intergroup discussion on social distance and personal space of Black and White students.* Unpublished doctoral dissertation, University of Texas, Austin, Texas.

Williams, R. M. (1964). *Strangers next door: Ethnic relations in American communities.* Englewood Cliffs, New Jersey: Prentice-Hall.

Wilner, D. M, Walkley, R. P., & Cook, S. W. (1955). *Human relations in interracial housing: A study of the contact hypothesis.* Minneapolis, Minnesota: University of Minnesota Press.

Wilson, D., & Lavelle, S. (1990). Interracial friendship in a Zimbabwean primary school. *Journal of Social Psychology, 130,* 111–113.

Wilson, T. C. (1984). Urbanism and racial attitudes: A test of some urban theories. *Urban Affairs Quarterly, 20,* 201–209.

Wilson, T. C. (1996). Prejudice reduction or self-selection? A test of the contact hypothesis. *Sociological Spectrum, 16,* 43–60.

With, J., & Rabbie, J. M. (1985). Racist attitudes about intimate relationships between Blacks and Whites in The Netherlands. *Gedrag – Tijdschrift voor Psychologie, 13,* 10–28.

Wolsko, C., Park, B., Judd, C. M., & Bachelor, J. (2000). *Intergroup contact: Effects on evaluative responses and stereotype change.* Unpublished manuscript, University of Colorado, Boulder, Colorado.

Wood, E. P. (1990). *A study of racial attitudes of some White university students: Theoretical foundations for developing change programs.* Unpublished doctoral dissertation, University of Missouri, Kansas City, Missouri.

Wood, P. B., & Sonleitner, N. (1996). The effect of childhood interracial contact on adult anti-Black prejudice. *International Journal of Intercultural Relations, 20,* 1–17.

Works, E. (1961). The prejudice–interaction hypothesis from the point of view of the Negro minority group. *American Journal of Sociology, 67,* 47–52.

Wright, F. H., & Klein, R. A. (1966). Attitudes of hospital personnel and the community regarding mental illness. *Journal of Counseling Psychology, 13,* 106–107.

Wright, S. C., & Tropp, L. R. (2000). *Language of instruction and contact effects: Bilingual education and intergroup attitudes.* Manuscript submitted for publication.

Yeakley, A. M. (1998). *The nature of prejudice change: Positive and negative change processes arising from intergroup contact experiences.* Unpublished doctoral dissertation, University of Michigan, Ann Arbor, Michigan.

Yinon, Y. (1975). Authoritarianism and prejudice among married couples with similar or different ethnic origin in Israel. *Journal of Marriage and the Family, 37,* 214–220.

Young, K. (1998). *The impact of cross-group friendship on intergroup attitudes: A longitudinal study.* Unpublished undergraduate thesis, University of California, Santa Cruz, California.

Yum, J. O., & Wang, G. (1983). Interethnic perception and the communication behavior among five ethnic groups in Hawaii. *International Journal of Intercultural Relations, 7,* 285–308.

Zakay, D. (1985). The influence of information and daily contact on children's attitudes towards aphasic children. *British Journal of Educational Psychology, 55,* 1–10.

Zani, B., & Kirchler, E. (1995). Pregiudizi ed emozioni nei rapporti interetnici (Prejudice and emotion in interethnic relations). *Giornale Italiano di Psicologia, 22,* 65–85. (See also Kirchler & Zani, 1995).

Zentralarchiv für empirische Soczialforschung an der Universität zu Köln (1996). *Daten und Codebuch der Allgemeinen Bevölkerungsumfrage der Socialwissenschaften (ALLBUS).* Köln: ZA.

Zeul, C. R., & Humphrey, C. R. (1971). The integration of Black residents in suburban neighborhoods: A reexamination of the contact hypothesis. *Social Problems, 18,* 462–474.

☐ **Note**

1 All reference information applies through to December 2000, the cut-off date for the meta-analysis. Some of the then-unpublished references have likely been published since that time and the interested reader is encouraged to check on their current status in the PSYCINFO database.

德国调查数据的分析中使用的变量条目措辞*

第三章中涉及的条目（2002 年和 2004 年的 GFE 调查）

积极接触条目（2002 年：$\alpha = 0.76$；2004 年：$\alpha = 0.76$）

● 你多经常与外国人进行有趣的对话？——经常、有时、偶尔、从不

● 你多经常得到外国人的帮助？——经常、有时、偶尔、从不

● 你的熟人和朋友当中有多少是外国人？——没有、很少、较多、非常多

对外国居留者的偏见（2002 年：$r = +0.58$；2004 年：$r = +0.59$）

● 居住在德国的外国人太多了——完全同意、倾向于同意、倾向于不同意、完全不同意

● 如果工作岗位紧缺，居住在本国的外国人应该回到他们自己的国家去——完全同意、倾向于同意、倾向于不同意、完全不同意

对无家可归者的偏见（2002 年：$r = +0.46$；2004 年：$r = +0.44$）

● 乞讨的无家可归者应该被赶走——完全同意、倾向于同意、倾向于不同意、完全不同意

＊ 作者想感谢德国马尔堡菲利普大学的乌尔里希·瓦格纳教授，他仔细地将这些条目从德语翻译成了英语。

- 我觉得城市里的无家可归者让人很不愉快——完全同意、倾向于同意、倾向于不同意、完全不同意

对男同性恋和女同性恋的偏见（2002 年：r = +0.52；2004 年：r = +0.56）

- 两个女性之间和两个男性之间的婚姻应该得到允许——完全同意、倾向于同意、倾向于不同意、完全不同意【反向计分条目】
- 两个男同性恋在公共场合接吻是让人恶心的——完全同意、倾向于同意、倾向于不同意、完全不同意

第十章中涉及的条目（2002 年和 2004 年的 GFE 调查）

按地区划分的外国人口所占百分比

从人口普查数据中计算得来

按地区划分的偏见规范

- 你的朋友或者熟人有什么样的意见？——大多数支持移民者、大多数反对移民者、支持与反对的数量差不多持平

【对每一个德国地区，计算该地区的所有受访者在这个条目上的反应平均数】

积极群际接触

使用与上列第三章中所用的相同的三个条目

消极群际接触

- 你有多经常遇到外国人的打扰？——经常、有时、偶尔、从不

经济预测指标（作为单条目测量进入分析）

- 请说明你想要购买的东西中，你有多少真正能负担得起——所有、绝大多数、很少、一个都没有

● 你通常会如何判断当下德国的经济形势？在你看来，德国的经济形　*249*
势——非常好、挺不错、有点糟、非常糟糕

● 如果你将德国人的经济状况与在德国生活的外国人相比，德国人表
现如何？——更好、大致相当、更差

政治无效能感（2002 年：$\alpha = 0.71$；2004 年：$\alpha = 0.73$）

● 我这样的人对政府没有任何影响力——完全不适用、完全适用、偏
向于不适用、偏向于适用、完全适用①

● 政治参与对我来说毫无意义

● 作为个体，我可以影响到德国的发展【反向计分条目】

政治保守主义

● 请思考你的政治看法，你认为自己是左倾、偏左、中立、偏右，还
是右倾？

欧洲认同（2002 年：$r = +0.54$；2004 年：$r = +0.54$）

● 你有多么以身为欧洲人而骄傲？——完全不感到骄傲、不是很骄傲、
有些骄傲、非常骄傲

● 你在多大程度上觉得自己像欧洲人？——完全不觉得、不太觉得、有些觉
得、非常觉得

德国认同（2002 年：$r = +0.60$；2004 年：$r = +0.60$）

● 你有多么以身为德国人而骄傲？——完全不感到骄傲、不是很骄傲、
有些骄傲、非常骄傲

● 你在多大程度上觉得自己像德国人？——完全不觉得、不太觉得、有些觉
得、非常觉得

---

① 原文如此，"完全适用"出现两次，疑为笔误。——译者注

威权主义（2002 年：$\alpha = 0.75$；2004 年：$\alpha = 0.75$）

- 应该更严厉地惩戒犯罪——完全不同意、倾向于不同意、倾向于同意、完全同意

- 为确保法律和秩序的贯彻，我们应该对外来者和麻烦制造者采取更严格的措施
- 最重要的两个特征应该是服从上级和尊敬上级

社会支配倾向（2002 年：$\alpha = 0.61$；2004 年：$\alpha = 0.62$）

- 处于社会底层的群体就应该待在底层——完全不同意、倾向于不同意、倾向于同意、完全同意
- 人口中的某些群体比别的群体价值更低
- 有些人口群体比别的群体更有用

对在德国居留的外国人的偏见①（2002 年：$\alpha = 0.84$；2004 年：$\alpha = 0.59$）

- 外国人丰富了德国的文化——完全同意、倾向于同意、倾向于不同意、完全不同意【反向计分条目】
- 外国人的工作本是我们德国人应该得到的
- 在德国居住的外国人构成了对社会福利系统的财政压力
- 在德国居住的外国人应该从来自他们本国的人当中选择配偶
- 居住在德国的外国人太多了
- 当工作岗位紧缺时，居住在德国的外国人应该回到他们自己的国家去

个人威胁（2004 年：$\alpha = 0.85$）

- 居住在这里的外国人威胁到了我的个人自由和权利；……我的个人

---

① 以下六个条目在 2002 年的调查中都用来测量对外国人的偏见。在 2004 年的调查中只有最后两个条目组成了对外国人偏见的测量。

经济状况；……我的个人生活方式；以及……我的安全——完全不适用、偏向于不适用、偏向于适用、完全适用

集体威胁（2004 年：$\alpha = 0.85$）

● 居住在这里的外国人威胁到了我们的自由和权利；……我们的繁荣；……我们的文化；以及……我们的安全——完全不适用、偏向于不适用、偏向于适用、完全适用

第十二章中涉及的条目（2004 年 GFE 调查）

251

积极群际接触（$\alpha = 0.76$）

● 你有多经常与外国人进行有趣的对话？——从不、偶尔、有时、经常
● 你有多经常得到外国人的帮助？——从不、偶尔、有时、经常
● 现在请想象一下你与在德国的外国人的相遇。你有多经常体验到如下情感：满意且愉快？——从不、偶尔、有时、经常

消极群际接触（$\alpha = 0.78$）

● 你有多经常遇到外国人的打扰？——从不、有时、经常、非常频繁
● 现在请想象一下你与在德国的外国人的相遇。你有多经常体验到如下情感：愤怒、烦躁和害怕？——从不、有时、经常、非常频繁

三个接触状态（作为单一条目进行分析）

● 你会怎么判断你与住在德国的外国人之间的接触：表面化的、基于平等地位的，自愿的？——完全不适用、偏向于不适用、偏向于适用、完全适用

个人威胁

使用与上列第十章相同的四个条目

集体威胁

使用与上列第十章相同的四个条目

对居住在本国的外国人的偏见

使用与上列第三章相同的两个条目

威权主义

使用与上列第十章相同的三个条目

政治保守主义

● 许多人使用"左倾"和"右倾"来描述不同的政治观点。在从左到右的量尺上，你会将自己的政治观点放在哪里？——左倾、偏左、中立、偏右、右倾

第十三章中涉及的条目（2004 年 GFE 调查）

邻居中的外国人

● 您的邻居中有多少外国人？——许多、较多、较少、没有

与外国邻居的接触

● 你有多经常与邻居中的外国人进行个人接触？——很频繁、有时、很少，从不

威权主义量表

使用与上列第十章相同的三个条目

外国朋友

● 你的熟人和朋友当中有多少是外国人——没有、很少、较多、非常多

政治保守主义

使用与上列第十二章相同的条目

253

反穆斯林偏见（$\alpha = 0.75$）

● 穆斯林文化能很好地融入我们的西方世界——完全同意、倾向于同意、倾向于不同意、完全不同意【反向计分条目】

● 德国这里有这么多穆斯林，我有时觉得自己在自己国家成了个外人——完全不同意、倾向于不同意、倾向于同意、完全同意

● 穆斯林移民到德国应该被禁止——完全不同意、倾向于不同意、倾向于同意、完全同意

● 我对穆斯林人群更加不信任——完全不同意、倾向于不同意、倾向于同意、完全同意

● 德国的许多清真寺证明伊斯兰教想要扩大它在德国的势力——完全不同意、倾向于不同意、倾向于同意、完全同意

参考文献

Aberson, C. L., & Haag, S. C. (2007). Contact, perspective taking, and anxiety as predictors of stereotype endorsement, explicit attitudes, and implicit attitudes. *Group Processes and Intergroup Relations, 10,* 179–201.

Aberson, C. L., Porter, M. K., & Gaffney, A. M. (2008). Friendships influence Hispanic students' implicit attitudes toward White non-Hispanics relative to African Americans. *Hispanic Journal of Behavioral Sciences, 30,* 544–556.

Aberson, C., Shoemaker, C., & Tomolillo, C. (2004). Implicit bias and contact: The role of interethnic friendships. *Journal of Social Psychology, 144,* 335–347.

Aboud, F. E. (1988). *Children and prejudice.* New York: Blackwell.

Aboud, F. E. (2005). The development of prejudice in childhood and adolescence. In J. F. Dovidio, P. Glick, & L. A. Rudman (Eds.), *On the nature of prejudice: Fifty years after Allport* (pp. 310–326). Malden, MA: Blackwell.

Aboud, F. E., & Levy, S. R. (2000). Interventions to reduce prejudice and discrimination in children and adolescents. In S. Oskamp (Ed.), *Reducing prejudice and discrimination* (pp. 269–293). Mahwah, NJ: Lawrence Erlbaum Associates.

Aboud, F. E., Mendelson, M. J., & Purdy, K. T. (2003). Cross-race peer relations and friendship quality. *International Journal of Behavioral Development, 27,* 165–173.

Aboud, F. E., & Sankar, J. (2007). Friendship and identity in a language-integrated school. *International Journal of Behavioral Development, 31,* 445–453.

Adesokan, A., Van Dick, R., Ullrich, J., & Tropp, L. R. (in press). Diversity beliefs as a moderator of the contact–prejudice relationship. *Social Psychology.*

Adorno, T. W., Frenkel-Brunswik, E., Levinson, D. J., & Sanford, R. N. (1950). *The authoritarian personality.* New York: Harper & Row.

Ajzen, I., & Fishbein, M. (1980). *Understanding attitudes and predicting social behaviour.* Englewood Cliffs, NJ: Prentice-Hall.

Akinola, M., & Mendes, W. B. (2008, January). *Vigilance and intergroup interactions.* Symposium paper presented at the annual meeting of the Society for Personality and Social Psychology, Albuquerque, New Mexico.

Alesina, A., & La Ferrara, E. (2002). Who trusts others? *Journal of Public Economics, 85,* 207–234.

Alexander, L., & Tredoux, C. (2010). The spaces between us: A spatial analysis of informal segregation at a South African university campus. *Journal of Social Issues, 66,* 367–386.

Alexander, M. G., Brewer, M. B., & Livingston, R. W. (2005). Putting stereotype content in context: Image theory and interethnic stereotypes. *Personality and Social Psychology Bulletin, 31,* 781–794.

Allport, G. W. (1954). *The nature of prejudice.* Reading, MA: Addison-Wesley.

Allport, G. W., & Kramer, B. M. (1946). Some roots of prejudice. *Journal of Psychology, 22,* 9–39.

Altemeyer, B. (1981). *Right-wing authoritarianism.* Winnipeg, Canada: University of Manitoba Press.

Altemeyer, B. (1988). *Enemies of freedom: Understanding right-wing authoritarianism.* San Francisco: Jossey-Bass.

Altemeyer, B. (1996). *The authoritarian specter.* Cambridge, MA: Harvard University Press.

Alvaro, E. M., & Crano, W. D. (1997). Indirect minority influence: Evidence for leniency in source evaluation and counter argumentation. *Journal of Personality and Social Psychology, 72,* 949–964.

Amir, Y. (1969). Contact hypothesis in ethnic relations. *Psychological Bulletin, 71,* 319–342.

Amir, Y. (1976). The role of intergroup contact in change of prejudice and race relations. In P. Katz & D. A. Taylor (Eds.), *Towards the elimination of racism* (pp. 245–308). New York: Pergamon.

Amir, Y., & Ben-Ari, R. (1985). International tourism, ethnic contact, and attitude change. *Journal of Social Issues, 41,* 105–115.

Amsel, R., & Fichten, C. S. (1988). Effects of contact on thoughts about interaction with students who have a physical disability. *Journal of Rehabilitation, 54,* 61–65.

Araragi, C. (1983). The effect of the jigsaw learning method on children's academic performance and learning attitude. *Japanese Journal of Educational Psychology, 31,* 102–112.

Aron, A., & McLaughlin-Volpe, T. (2001). Including others in the self: Extensions to own and partner's group memberships. In C. Sedikides & M. Brewer (Eds.), *Individual self, relational self, collective self* (pp. 89–108). New York: Psychology Press.

Aron, A., McLaughlin-Volpe, T., Mashek, D., Lewandowski, G., Wright, S. C., & Aron, E. N. (2004). Including others in the self. *European Review of Social Psychology, 15,* 101–132.

Aronson, E. (1997). The theory of cognitive dissonance: The evolution and vicissitudes of an idea. In C. McGarty, S. Haslam, & S. Alexander (Eds.), *The message of social psychology: Perspectives on mind in society* (pp. 20–35). Malden, MA: Blackwell.

Aronson, E., & Bridgeman, D. (1979). Jigsaw groups and the desegregated classroom: In pursuit of common goals. *Personality and Social Psychology Bulletin, 5,* 438–446.

Aronson, E., & Gonzalez, A. (1988). Desegregation, jigsaw, and the Mexican-American experience. In P. A. Katz & D. A. Taylor (Eds.), *Eliminating racism: Profiles in controversy* (pp. 301–314). New York: Plenum Press.

Aronson, E., & Patnoe, S. (1997). *The Jigsaw Classroom: Building cooperation in the classroom* (2nd ed.) New York: Addison-Wesley-Longman.

Aronson, E., Stephan, C., Sikes, J., Blaney, N., & Snapp, M. (1978). *The Jigsaw Classroom.* Beverly Hills, CA: Sage.

Asbrock, F., Christ, O., Hewstone, M., Pettigrew, T. F., & Wagner, U. (under review). *Comparing the secondary transfer effect of direct and extended intergroup contact: The generalization of positive attitudes and its limitations.* Psychology Department, Philipps University, Marburg, Germany.

Asher, S. R., Singleton, L. C., & Taylor, A. R. (1982). *Acceptance versus friendship: A longitudinal study of racial integration.* Paper presented at the annual meeting of the American Educational Research Association, New York.

Ashmore, R. D., & Del Boca, F. K. (1981). Conceptual approaches to stereotypes and stereotyping. In D. L. Hamilton (Ed.), *Cognitive processes in stereotyping and intergroup behavior* (pp. 1–35). Hillsdale, NJ: Lawrence Erlbaum Associates.

Auerbach, D. N., & Levenson, R. L. (1977). Second impressions: Attitude change in college students toward the elderly. *The Gerontologist, 17,* 362–366.

Baker, P. E. (1934). *Negro–White adjustment.* New York: Association Press.

Ballard, M., Corman, L., Gottlieb, J., & Kaufman, M. J. (1977). Improving the social status of mainstreamed retarded children. *Journal of Educational Psychology, 69,* 605–611.

Banks, J. A. (1995). Multicultural education and the modification of students' racial attitudes. In W. D. Hawley & A. W. Jackson (Eds.), *Towards a common destiny: Improving race and ethnic relations in America* (pp. 315–339). San Francisco: Jossey-Bass.

Batson, C. D., Ahmad, N., & Stocks, E. L. (2004). Benefits and liabilities of empathy-induced altruism. In A. G. Miller (Ed.), *The social psychology of good and evil* (pp. 359–385). New York: Guilford Press.

Batson, C. D., Early, S., & Salvarani, G. (1997a). Perspective taking: Imagining how another feels versus imagining how you would feel. *Personality and Social Psychology Bulletin, 23,* 751–758.

Batson, C. D., Lishner, D. A., Cook, J., & Sawyer, S. (2005). Similarity and nurturance: Two possible sources of empathy for strangers. *Basic and Applied Social Psychology, 27,* 15–25.

Batson, C. D., Polycarpou, M. P., Harmon-Jones, E., Imhoff, H. J., Mitchener, E. C., Bednar, L. I., et al. (1997b). Empathy and attitudes: Can feeling for a member of a stigmatized group improve feelings toward the group? *Journal of Personality and Social Psychology, 72,* 105–118.

Beaton, A., Francine, T., Clayton, S., & Perrino, A. (2003). L'impact de valeurs conservatrices et de préjugés racistes sur l'ouverture à l'immigration [The impact of conservative values and racist prejudices on the opening of immigration]. *Revue Canadienne des Sciences du Comportement, 35,* 229–237.

Begg, C. B. (1994). Publication bias. In H. Cooper & L. V. Hedges (Eds.), *The handbook of research synthesis* (pp. 399–409). New York: Sage.

Berry, J. W. (2006). Mutual attitudes among immigrants and ethnocultural groups in Canada. *International Journal of Intercultural Relations, 30,* 719–734.

Berry, J. W. (2009). A critique of critical acculturation. *International Journal of Intercultural Relations, 33,* 361–371.

Bettencourt, B. A., Brewer, M. B., Rogers-Croak, M., & Miller, N. (1992). Cooperation and the reduction of intergroup bias: The role of reward structure and social orientation. *Journal of Experimental Social Psychology, 28,* 301–319.

Bigler, R. S., & Liben, L. S. (1993). A cognitive-developmental approach to racial stereotyping and reconstructive memory in Euro-American children. *Child Development, 64,* 1507–1518.

Binder, J., Zagefka, H., Brown, R., Funke, F., Kessler, T., Mummendey, A., et al. (2009). Does contact reduce prejudice or does prejudice reduce contact? A longitudinal test of the contact hypothesis amongst majority and minority groups in three European countries. *Journal of Personality and Social Psychology, 96,* 843–856.

Blake, D. (2003). Environmental determinants of racial attitudes among White Canadians. *Canadian Journal of Political Science, 36,* 491–509.

Blanchard, F., Lilly, T., & Vaughn, L. A. (1991). Reducing the expression of racial prejudice. *Psychological Science, 2,* 101–105.

Blascovich., J., Mendes, W. B., Hunter, S. B., Lickel, B., & Kowai-Bell, N. (2001). Perceiver threat in social interactions with stigmatized others. *Journal of Personality and Social Psychology, 80,* 253–267.

Blau, P., & Schwartz, J. (1997). *Crosscutting social circles: Testing a macrostructural theory of intergroup relations.* New Brunswick: Transaction.

Blumer, H. (1958). Race prejudice as a sense of group position. *Pacific Sociological Review, 1,* 3–7.

Bobo, L. D. (1999). Prejudice as group position: Microfoundations of a sociological approach to racism and intergroup relations. *Journal of Social Issues, 55,* 445–472.

Bobo, L. D., & Fox, C. (2003). Race, racism, and discrimination: Bridging problems, methods, and theory in social psychological research. *Social Psychology Quarterly, 66,* 319–332.

Bonilla-Silva, E. (2003). *Racism without racists: Color-blind racism and the persistence of racial inequality in the United States.* Lanham, MD: Rowman & Littlefield.

Bornman, E., & Mynhardt, J. C. (1991). Social identity and intergroup contact in South Africa with specific reference to work situation. *Genetic, Social, and General Psychology Monographs, 117,* 437–462.

Bornstein, R. F. (1989). Exposure and affect: Overview and meta-analysis of research, 1968–1987. *Psychological Bulletin, 106,* 263–289.

Brameld, T. (1946). *Minority problems in the public schools.* New York: Harper.

Breckler, S. J., & Wiggins, E. C. (1989). Affect versus evaluation in the structure of attitudes. *Journal of Experimental Social Psychology, 25,* 253–271.

Brewer, M. B. (1999). The psychology of prejudice: Ingroup love or outgroup hate? *Journal of Social Issues, 55,* 429–444.

Brewer, M. B. (2008). Deprovincialization: Social identity complexity and outgroup acceptance. In U. Wagner, L. R. Tropp, G. Finchilescu, & C. Tredoux (Eds.), *Emerging research directions for improving intergroup relations: Building on the legacy of Thomas F. Pettigrew* (pp. 160–176). Oxford, UK: Blackwell.

Brewer, M. B., & Campbell, D. T. (1976). *Ethnocentrism and intergroup attitudes: East African evidence.* Beverly Hills, CA: Sage.

Brewer, M. B., & Kramer, R. M. (1985). The psychology of intergroup attitudes and behavior. *Annual Review of Psychology, 36,* 219–243.

Brewer, M. B., & Miller, N. (1984). Beyond the contact hypothesis: Theoretical perspectives on desegregation. In N. Miller & M. B. Brewer (Eds.), *Groups in contact: The psychology of desegregation* (pp. 291–302). Orlando, FL: Academic Press.

Brigham, J. C. (1993). College students' racial attitudes. *Journal of Applied Social Psychology, 23,* 1933–1967.

Brophy, I. N. (1945). The luxury of anti-Negro prejudice. *Public Opinion Quarterly, 9,* 456–466.

Brown, K. T., Brown, T. N., Jackson, J. S., Sellers, R. M., & Manuel, W. J. (2003). Teammates on and off the field? Interracial contact and the racial attitudes of White intercollegiate student athletes. *Journal of Applied Social Psychology, 33,* 1379–1403.

Brown, R., Eller, A., Leeds, S., & Stace, K. (2007). Intergroup contact and intergroup attitudes: A longitudinal study. *European Journal of Social Psychology, 37,* 692–703.

Brown, R., & Hewstone, M. (2005). An integrative theory of intergroup contact. *Advances in Experimental Social Psychology, 37*, 255–343.

Brown, R., Maras, P., Masser, B., Vivian, J., & Hewstone, M. (2001). Life on the ocean wave: Testing some intergroup hypotheses in a naturalistic setting. *Group Processes and Intergroup Relations, 4*, 81–97.

Brown, R., & Turner, J. C. (1981). Interpersonal and intergroup behavior. In J. C. Turner & H. Giles (Eds.), *Intergroup behavior* (pp. 33–65). Chicago: University of Chicago Press.

Brown, R., Vivian, J., & Hewstone, M. (1999). Changing attitudes through intergroup contact: The effects of group membership salience. *European Journal of Social Psychology, 29*, 741–764.

Bullock, C. S. (1978). Contact theory and racial tolerance among high school students. *School Review, 86*, 187–216.

Burns, J. (2007, May). *Race and trust in a segmented society*. Paper presented at the Conference on Global Studies of Discrimination, Princeton University.

Burns, P., & Gimpel, J. (2000). Economic insecurity, prejudicial stereotypes, public opinion on immigration policy. *Political Science Quarterly, 115*, 201–225.

Butler, J. S., & Wilson, K. L. (1978). *The American Soldier* revisited: Race relations and the military. *Social Science Quarterly, 59*, 451–467.

Butz, D. A., & Plant, E. A. (2006). Perceiving outgroup members as unresponsive: Implications for approach-related emotions, intentions, and behavior. *Journal of Personality and Social Psychology, 91*, 1066–1079.

Caditz, J. (1975). Ambivalence towards integration: The sequence of response to six interracial situations. *Sociological Quarterly, 16*, 16–32.

Carlson, J. S., & Widaman, K. E. (1988). The effects of study abroad during college on attitudes toward other cultures. *International Journal of Intercultural Relations, 12*, 1–17.

Caspi, A. (1984). Contact hypothesis and inter-age attitudes: A field study of cross-age contact. *Social Psychology Quarterly, 47*, 74–80.

Cehajic, S., & Brown, R. (2010). Silencing the past. *Social Psychology and Personality Science, 1*, 190–196.

Chang, H. (1973). Attitudes of Chinese students in the United States. *Sociology and Social Research, 58*, 66–77.

Christ, O., Hewstone, M., Tausch, N., Wagner, U., Voci, A, Hughes, J., et al. (in press). Direct contact as a moderator of extended contact effects: Cross-sectional and longitudinal impact on outgroup attitudes, behavioral intentions, and attitude certainty. *Personality and Social Psychology Bulletin*.

Christ, O., Ullrich, J., & Wagner, U. (2008, July). *The joint effects of positive and negative intergroup contact on attitudes and attitude strength*. Paper presented at the general meeting of the European Association of Experimental Social Psychology, Opatija, Croatia.

Chu, D., & Griffey, D. (1985). The contact theory of racial integration. The case of sport. *Sociology of Sport Journal, 2*, 323–333.

Citrin, J., Green, D., Muste, C., & Wong, C. (1997). Public opinion toward immigration reform: The role of economic motivations. *Journal of Politics, 59*, 858–881.

Clack, B., Dixon, J., & Tredoux, C. (2005). Eating together apart: Patterns of segregation in a multi-ethnic cafeteria. *Journal of Community and Applied Social Psychology, 15*, 1–16.

Clark, M. L., & Ayers, M. (1992). Friendship similarity during early adolescence: Gender and racial patterns. *Journal of Psychology: Interdisciplinary and Applied, 126,* 393–405.

Clement, R., Gardner, R. C., & Smythe, P. C. (1977). Inter-ethnic contact: Attitudinal consequences. *Canadian Journal of Behavioral Science, 9,* 205–215.

Clunies-Ross, G., & O'Meara, K. (1989). Changing the attitudes of students toward peers with disabilities. *Australian Psychologist, 24,* 273–284.

Cohen, E. G. (1982). Expectation states and interracial interaction in school settings. *Annual Review of Sociology, 8,* 209–235.

Conover, T. (2006, March). The checkpoint. *The Atlantic Magazine.* Retrieved October 17, 2010, from http://www.theatlantic.com/magazine/archive/2006/03/the-checkpoint/4604/

Cook, S. W. (1962). The systematic analysis of socially significant events: A strategy for social research. *Journal of Social Issues, 18,* 66–84.

Cook, S. W. (1978). Interpersonal and attitudinal outcomes in cooperating interracial groups. *Journal of Research and Development in Education, 12,* 97–113.

Cook, S. W. (1984). Cooperative interaction in multiethnic contexts. In N. Miller & M. B. Brewer (Eds.), *Groups in contact: The psychology of desegregation* (pp. 155–185). Orlando, FL: Academic Press.

Cook, S. W., & Sellitz, C. (1955). Some factors which influence the attitudinal outcomes of personal contact. *International Social Science Bulletin, 7,* 51–58.

Cook, T. D., Cooper, H., Cordray, D. F., Hartman, H., Hedges, L. V., Light, R. J., et al. (1992). Some generic issues and problems for meta-analysis. In T. D. Cook, H. Cooper, D. S. Cordray, H. Hartman, L. V. Hedges, R. J. Light, et al. (Eds.), *Meta-analysis for explanation: A casebook* (pp. 283–320). New York: Sage.

Copans, L. (2000, October 26). Jews and Arabs cooperate to face flood despite woes. *Laredo Morning Times,* p. 15A.

Corkalo, D., Ajdukovic, D., Weinstein, H. M., Stover, E., Djipa, D., & Biro, M. (2004). Neighbors again? Intercommunity relations after ethnic cleansing. In E. Stover & H. M. Weinstein (Eds.), *My neighbor, my enemy: Justice and community in the aftermath of mass atrocity* (pp. 143–161). New York: Cambridge University Press.

Correll, J., Park, B., & Smith, J. A. (2008). Colorblind and multicultural prejudice reduction strategies in high-conflict situations. *Group Processes and Intergroup Relations, 11,* 471–491.

Corrigan, P. W., Watson, A. C., & Ottati, V. (2003). From whence comes mental illness stigma? *International Journal of Social Psychiatry, 49,* 142–157.

Coursol, A., & Wagner, E. E. (1986). Effect of positive findings on submission and acceptance rates: A note on meta-analysis bias. *Professional Psychology, 17,* 136–137.

Crain, R. L., & Weisman, C. S. (1972). *Discrimination, personality, and achievement.* New York: Seminar Press.

Crisp, R. J., & Abrams, D. (2008). Improving intergroup attitudes and reducing stereotype threat: An integrated contact model. *European Review of Social Psychology, 19,* 242–284.

Crisp, R. J., Stone, C. H., & Hall, N. R. (2006). Recategorization and subgroup identification: Predicting and preventing threats from common ingroups. *Personality and Social Psychology Bulletin, 32,* 230–243.

Crites, S. L., Fabrigar, L. R., & Petty, R. E. (1994). Measuring the affective and cognitive properties of attitudes: Conceptual and methodological issues. *Personality and Social Psychology Bulletin, 20*, 619–634.

Crocker, J., Major, B., & Steele, C. (1998). Social stigma. In D. T. Gilbert, S. T. Fiske, & G. Lindzey (Eds.), *The handbook of social psychology* (Vol. 2, pp. 504–553). New York: McGraw-Hill.

Crowne, D. P., & Marlowe, D. (1960). A new scale of social desirability independent of psychopathology. *Journal of Consulting Psychology, 24*, 349–354.

Crystal, D. S., Killen, M., & Ruck, M. (2008). It is who you know that counts: Intergroup contact and judgments about race-based exclusion. *British Journal of Developmental Psychology, 26*, 51–70.

Cuddy, A. J. C., Norton, M. I., & Fiske, S. T. (2005). This old stereotype: The pervasiveness and persistence of the elderly stereotype. *Journal of Social Issues, 61*, 267–285.

Cunningham, W. A., Nezlek, J. B., & Banaji, M. R. (2004). Implicit and explicit ethnocentrism: Revisiting the ideologies of prejudice. *Personality and Social Psychology Bulletin, 30*, 1332–1346.

Damico, S. B., Bell-Nathaniel, A., & Green, C. (1981). Effects of school organizational structure on interracial friendships in middle schools. *Journal of Education Research, 74*, 388–393.

Darby, J. P. (1986). *Intimidation and the control of conflict in Northern Ireland*. Dublin: Gill & Macmillan.

Dasgupta, N., & Rivera, L. M. (2008). When social context matters: The influence of long-term contact and short-term exposure to admired outgroup members on implciit attitudes and behavioral intentions. *Social Cognition, 26*, 112–123.

Davies, K., Tropp, L. R., Aron, A., Pettigrew, T. F., & Wright, S. C. (2011). Cross-group friendships and intergroup attitudes: A meta-analytic review. *Personality and Social Psychology Review.*

Davis, M. H. (1983). Measuring individual differences in empathy: Evidence for a multidimensional approach. *Journal of Personality and Social Psychology, 44*, 113–126.

Dawkins, C. (2008). Reflections on diversity and social capital: A critique of Robert Putnam's "*E pluribus unum*: Diversity and community in the twenty-first century: The 2006 John Skytte prize lecture." *Housing Policy Debate, 19*, 208–217.

De Houwer, J. (2007). A conceptual and theoretical analysis of evaluative conditioning. *Spanish Journal of Psychology, 10*, 230–241.

De Houwer, J., Thomas, S., & Baeyens, F. (2001). Associative learning of likes and dislikes: A review of 25 years of research on human evaluative conditioning. *Psychological Bulletin, 127*, 853–869.

Delgado, G. (2003). *Multiracial formations: New instruments for social change. A report prepared for the Annie E. Casey Foundation*. Oakland, CA: Applied Research Center.

Dellman-Jenkins, M., Lambert, D., & Fruit, D. (1991). Fostering preschoolers' prosocial behaviors toward the elderly: The effect of an intergenerational program. *Educational Gerontology, 17*, 21–32.

Desforges, D. M., Lord, C. G., Ramsey, S. L., Mason, J. A., Van Leeuwen, M. D., West, S. C., et al. (1991). Effects of structured cooperative contact on changing negative attitudes toward stigmatized social groups. *Journal of Personality and Social Psychology, 60*, 531–544.

De Tezanos-Pinto, P., Brown, R., & Bratt, C. (2010). What will the others think? Ingroup norms as a mediator of intergroup contact. *British Journal of Social Psychology, 49*, 507–523.

Deutsch, K. W. (1966). *Nationalism and social communication: An inquiry into the foundations of nationalism*. Cambridge, MA: MIT Press.

Deutsch, M., & Collins, M. (1951). *Interracial housing: A psychological evaluation of a social experiment*. Minneapolis: University of Minnesota Press.

Devine, P. G., & Vasquez, K. A. (1998). The rocky road to positive intergroup relations. In J. L. Eberhardt & S. T. Fiske (Eds.), *Confronting racism: The problem and the response* (pp. 234–262). Thousand Oaks, CA: Sage.

Dhont, K., Cornelis, I., & Van Hiel, A. (2010). Interracial public–police contact: Relationships with police officers' racial and work-related attitudes and behavior. *International Journal of Intercultural Relations, 34*, 551–560.

Dhont, K., Roets, A., & Van Hiel, A. (under review-a). *Opening closed minds: The combined effects of intergroup contact and need for closure on prejudice*. Ghent University, Ghent, Belgium.

Dhont, K., & Van Hiel, A. (2009). We must not be enemies: Interracial contact and the reduction of prejudice among authoritarians. *Personality and Individual Differences, 46*, 172–177.

Dhont, K., Van Hiel, A., & Roets, A. (under review-b). *Longitudinal intergroup effects on prejudice and essentialism: Using self-reports and observer ratings*. Ghent University, Ghent, Belgium.

Dickersin, K. (1997). How important is publication bias? A synthesis of available data. *AIDS Education and Prevention, 9* (Suppl. A), 15–21.

Dickersin, K., Min, Y. I., & Meinert, C. L. (1992). Factors influencing the publication of research results: Follow up of applications submitted to two institutional review boards. *Journal of the American Medical Association, 267*, 867–872.

Dihn, K. T., & Bond, M. A. (2008). The other side of acculturation: Changes among host individuals and communities in their adaptation to immigrant populations. *American Journal of Community Psychology, 42*, 283–285.

Dijker, A. J. (1987). Emotional reactions to ethnic minorities. *European Journal of Social Psychology, 17*, 305–325.

Dion, K. L. (2002). The social psychology of perceived prejudice and discrimination. *Canadian Psychology, 43*, 1–10.

Dixon, J. (2006). The ties that bind and those that don't: Toward reconciling group threat and contact theories of prejudice. *Social Forces, 84*, 2179–2204.

Dixon, J. A., & Durrheim, K. L. (2003). Contact and the ecology of racial division: Some varieties of informal segregation. *British Journal of Social Psychology, 43*, 1–23.

Dixon, J. A., Durrheim, K. L., & Tredoux, C. G. (2005). Beyond the optimal strategy: A "reality check" for the contact hypothesis. *American Psychologist, 60*, 697–711.

Dixon, J. A., Durrheim, K. L., & Tredoux, C. G. (2007). Intergroup contact and attitudes toward the principle and practice of racial equality. *Psychological Science, 18*, 867–872.

Dixon, J., Durrheim, K., Tredoux. C., Tropp, L., Clack, B., & Eaton, L. (2010a). A paradox of integration? Interracial contact, prejudice reduction and perceptions of racial discrimination. *Journal of Social Issues, 66*, 401–416.

Dixon, J., Durrheim, K., Tredoux. C., Tropp, L., Clack, B., Eaton, L., et al. (2010b). Challenging the stubborn core of opposition to equality: Racial contact and policy attitudes. *Political Psychology*, 31, 831–855.

Dixon, J., Tropp, L. R., Durrheim, K., & Tredoux, C. (2010c). "Let them eat harmony": Prejudice reduction strategies and attitudes of historically disadvantaged groups. *Current Directions in Psychological Science*, 19, 76–80.

Dovidio, J. F., Brigham, J. C., Johnson, B. T., & Gaertner, S. L. (1996). Stereotyping, prejudice, and discrimination: Another look. In C. N. Macrae, C. Stangor, & M. Hewstone (Eds.), *Stereotypes and stereotyping* (pp. 276–319). New York: Guilford Press.

Dovidio, J. F., Esses, V. M., Beach, K. R., & Gaertner, S. L. (2002a). The role of affect in determining intergroup behavior: The case of willingness to engage in intergroup contact. In D. M. Mackie & E. R. Smith (Eds.), *From prejudice to intergroup emotions: Differentiated reactions to social groups* (pp. 153–171). New York: Psychology Press.

Dovidio, J. F., & Gaertner, S. L. (1981). The effects of race, status, and ability on helping behavior. *Social Psychology Quarterly*, 44, 192–203.

Dovidio, J. F., Gaertner, S. L., & Kafati, G. (2000). Group identity and intergroup relations: The Common Ingroup Identity Model. In S. Thye, E. J. Lawler, M. Macy, & H. Walker (Eds.), *Advances in group processes* (pp. 1–35). Stamford, CT: JAI Press.

Dovidio, J. F., Gaertner, S. L., & Saguy, T. (2009). Commonality and the complexity of "we": Social attitudes and social change. *Personality and Social Psychology Review*, 13, 3–20.

Dovidio, J. F., Kawakami, K., & Gaertner, S. L. (2002b). Implicit and explicit prejudice and interracial interaction. *Journal of Personality and Social Psychology*, 82, 62–68.

Dovidio, J. F., Kawakami, K., Johnson, C., Johnson, B., & Howard, A. (1997). On the nature of prejudice: Automatic and controlled processes. *Journal of Experimental Social Psychology*, 33, 510–540.

Doyle, A. B., & Aboud, F. E. (1995). A longitudinal study of White children's racial prejudice as a social-cognitive development. *Merrill-Palmer Quarterly*, 41, 209–228.

Draguns, J. G. (2004). Interethnic relations in the Baltic states: Between confrontation and integration. In Y. T. Lee, C. McAuley, F. Moghaddam, & S. Worchel (Eds.), *The psychology of ethnic and cultural conflict* (pp. 175–192). Westport, CT: Praeger.

Drake, S. C., & Cayton, H. R. (1962). *Black metropolis*. New York: Harper & Row.

Duan, C., & Hill, C. (1996). The current state of empathy research. *Journal of Counseling Psychology*, 43, 261–274.

DuBois, D. L., & Hirsch, B. J. (1990). School and neighborhood friendship patterns of blacks and whites in early adolescence. *Child Development*, 61, 524–536.

Duckitt, J. (2001). A dual-process cognitive-motivational theory of ideology and prejudice. In M. P. Zanna (Ed.), *Advances in experimental social psychology* (pp. 41–113). San Diego, CA: Academic Press.

Duckitt, J. (2004). The cultural basis of ethnocentrism: Comparing White Afrikaners and European New Zealanders. In Y. T. Lee, C. McAuley, F. Moghaddam, & S. Worchel (Eds.), *The psychology of ethnic and cultural conflict* (pp. 155–173). Westport, CN: Praeger.

Duckitt, J., Callaghan, J., & Wagner, C. (2005). Group identification and outgroup attitudes in four South African ethnic groups: A multidimensional approach. *Personality and Social Psychology Bulletin, 31*, 633–646.

Dunton, B. C., & Fazio, R. H. (1997). Categorization by race: The impact of automatic and controlled components of racial prejudice. *Journal of Experimental Social Psychology, 33*, 451–470.

Durrheim, K., & Dixon, J. (2010). Racial contact and change in South Africa. *Journal of Social Issues, 66*, 273–288.

Dustmann, C., & Preston, I. (2001). Attitudes to ethnic minorities, ethnic context and location decisions. *Economic Journal, 111*, 353–373.

Duval, S. J., & Tweedie, R. L. (2000a). A nonparametric "trim and fill" method of accounting for publication bias in meta-analysis. *Journal of the American Statistical Association, 95*, 89–98.

Duval, S. J., & Tweedie, R. L. (2000b). Trim and fill: A simple funnel-plot-based method of testing and adjusting for publication bias in meta-analysis. *Biometrics, 56*, 455–463.

Eagly, A. H., & Chaiken, S. (1993). *The psychology of attitudes*. Fort Worth, TX: Harcourt Brace Jovanovich.

Easterbrook, P. J., Berlin, J. A., Gopalan, R., & Mathews, D. R. (1991). Publication bias in clinical research. *Lancet, 337*, 867–872.

Echebarria-Echabe, A., & Fernandez-Guede, E. (2006). Effect of terrorism on attitudes and ideological orientation. *European Journal of Social Psychology, 36*, 259–265.

Edmonds, C., & Killen, M. (2009). Do adolescents' perceptions of parental racial attitudes relate to their intergroup contact and cross-race relationships? *Group Processes and Intergroup Relations, 12*, 5–21.

Edwards, K., & von Hippel, W. (1995). Hearts and minds: The priority of affective versus cognitive factors in person perception. *Personality and Social Psychology Bulletin, 21*, 996–1011.

Eggins, R. A., Haslam, S. A., & Reynolds, K. J. (2002). Social identity and negotiation: Subgroup representation and superordinate consensus. *Personality and Social Psychology Bulletin, 28*, 887–899.

Eibach, R. P., & Ehrlinger, J. (2006). "Keep your eyes on the Prize": Reference points and racial differences in assessing progress toward equality. *Personality and Social Psychology Bulletin, 32*, 66–77.

Eller, A., & Abrams, D. (2003). "Gringos" in Mexico: Cross-sectional and longitudinal effects of language school-promoted contact on intergroup bias. *Group Processes and Intergroup Relations, 6*, 55–75.

Eller, A., & Abrams, D. (2004). Come together: Longitudinal comparisons of Pettigrew's reformulated intergroup contact model and the common ingroup identity model in Anglo-French and Mexican-American contexts. *European Journal of Social Psychology, 34*, 229–256.

Eller, A., Abrams, D., & Gómez, A. (under review). *When the direct route is blocked: The extended contact pathway to improving intergroup relations*. Psychology Department, University of Aberdeen, Scotland.

Ellison, C., & Powers, D. (1994). The contact hypothesis and racial attitudes among Black Americans. *Social Science Quarterly, 75*, 385–400.

Emerson, M. O., Kimbro, R. T., & Yancey, G. (2002). Contact theory extended: The effects of prior racial contact on current social ties. *Social Science Quarterly*, *83*, 745–761.

Ensari, N. K., & Miller, N. (2002). The out-group must not be so bad after all: The effects of disclosure, typicality, and salience on intergroup bias. *Journal of Personality and Social Psychology*, *83*, 313–329.

Epstein, J. L. (1986). Friendship selection: Developmental and environmental influences. In E. C. Mueller & C. R. Cooper (Eds.), *Process and outcome in peer relationships* (pp. 129–160). Orlando, FL: Academic Press.

Espenshade, T., & Hempstead, K. (1996). Contemporary American attitudes toward U.S. immigration. *International Migration Review*, *30*, 535–570.

Esses, V. M., & Dovidio, J. F. (2002). The role of emotions in determining willingness to engage in intergroup contact. *Personality and Social Psychology Bulletin*, *28*, 1202–1214.

Esses, V. M., Dovidio, J., Jackson, L., & Armstrong, T. (2001). The immigration dilemma: The role of perceived group competition, ethnic prejudice, and national identity. *Journal of Social Issues*, *57*, 389–412.

Esses, V. M., Haddock, G., & Zanna, M. P. (1993). Values, stereotypes, and emotions as determinants of intergroup attitudes. In D. Mackie & D. Hamilton (Eds.), *Affect, cognition, and stereotyping: Interactive processes in group perception* (pp. 137–166). San Diego, CA: Academic Press.

Feagin, J. R. (1991). The continuing significance of race: Anti-Black discrimination in public places. *American Sociological Review*, *56*, 101–116.

Fehr, B. (2004). A prototype model of intimacy interactions in same-sex friendships. In D. J. Mashek & A. Aron (Eds.), *Handbook of closeness and intimacy* (pp. 9–26). Mahwah, NJ: Lawrence Erlbaum Associates.

Fenrick, N. J., & Petersen, T. K. (1984). Developing positive changes in attitudes towards moderately / severely handicapped students through a peer tutoring program. *Education and Training of the Mentally Retarded*, *19*, 83–90.

Festinger, L., & Kelley, H. (1951). *Changing attitudes through social contact*. Ann Arbor, MI: Research Center for Group Dynamics, Institute for Social Research, University of Michigan.

Fetzer, J. (2000a). Economic self-interest or cultural marginality: Anti-immigration sentiment and nativist political movements in France, Germany and the U.S.A. *Journal of Ethnic and Migration Studies*, *26*, 5–23.

Fetzer, J. (2000b). *Public attitudes toward immigration in the United States, France, and Germany*. New York: Cambridge University Press.

Finchilescu, G. (2010). Intergroup anxiety in inter-racial interaction: The role of prejudice and meta-stereotypes. *Journal of Social Issues*, *66*, 334–351.

Fine, G. (1979). The Pinkston settlement: An historical and social psychological investigation of the contact hypothesis. *Phylon*, *40*, 229–242.

Finlay, K., & Stephan, W. G. (2000). Reducing prejudice: The effects of empathy on intergroup attitudes. *Journal of Applied Social Psychology*, *30*, 1720–1737.

Fishbein, H. D. (1996). *Peer prejudice and discrimination: Evolutionary, cultural, and developmental dynamics*. Boulder, CO: Westview Press.

Fiske, S. T., Cuddy, A. J., Glick, P., & Xu, J. (2002). A model of (often mixed) stereotype content: Competence and warmth respectively follow from perceived status and competition. *Journal of Personality and Social Psychology*, *82*, 878–902.

Fiske, S. T., & Neuberg, S. L. (1999). The continuum model: Ten years later. In S. Chaiken & Y. Trope (Eds.), *Dual-process theories in social psychology* (pp. 231–254). New York: Guilford Press.

Forbes, H. (1997). *Ethnic conflict: Commerce, culture and the contact hypothesis.* New Haven, CT: Yale University Press.

Forbes, H. (2004). Ethnic conflict and the contact hypothesis. In Y. T. Lee, C. McAuley, F. Moghaddam, & S. Worchel (Eds.), *The psychology of ethnic and cultural conflict* (pp. 69–88). New York: Praeger.

Ford, W. S. (1986). Favorable intergroup contact may not reduce prejudice: Inconclusive journal evidence, 1960–1984. *Sociology and Social Research, 70,* 256–258.

Forman, T., & Rodriguez, M. (2003). *Intergroup contact and Latinos' racial attitudes: Revisiting the contact hypothesis.* Unpublished manuscript, University of Illinois at Chicago.

Foster, D., & Finchilescu, G. (1986). Contact in a "non-contact" society: The case of South Africa. In M. Hewstone & R. Brown (Eds.), *Contact and conflict in intergroup encounters* (pp. 119–136). Oxford, UK: Blackwell.

Frey, F. E., & Tropp, L. R. (2006). Being seen as individuals versus as group members: Extending research on metaperception to intergroup contexts. *Personality and Social Psychology Review, 10,* 265–280.

Friedman, R. S. (1975). *The Peer-Peer Program: A model project for the integration of severely physically handicapped youngsters with nondisabled peers.* New York: New York State Education Dept., Albany Division of Drug and Health Education Services.

Fritz, M. S., & MacKinnon, D. P. (2007). Required sample size to detect the mediated effect. *Psychological Science, 18,* 233–239.

Fujioka, Y. (1999). Television portrayals and African-American stereotypes: Examination of television effects when direct contact is lacking. *Journalism and Mass Communication Quarterly, 76,* 52–75.

Gaertner, S. L., & Dovidio, J. F. (2000). *Reducing intergroup bias: The common ingroup identity model.* Philadelphia, PA: Psychology Press.

Gaertner, S. L., Dovidio, J. F., & Bachman, B. A. (1996). Revisiting the contact hypothesis: The induction of a common ingroup identity. *International Journal of Intercultural Relations, 20,* 271–290.

Gaertner, S. L., Mann, J., Murrell, A., & Dovidio, J. F. (1989). Reducing intergroup bias: The benefits of recategorization. *Journal of Personality and Social Psychology, 57,* 239–249.

Gaertner, S. L., Rust, M. C., Dovidio, J. F., Bachman, B. A., & Anastasio, P. A. (1994). The contact hypothesis: The role of a common ingroup identity on reducing intergroup bias. *Small Groups Research, 25,* 224–249.

Galinsky, A. D., & Moskowitz, G. B. (2000). Perspective-taking: Decreasing stereotype expression, stereotype accessibility, and in-group favoritism. *Journal of Personality and Social Psychology, 78,* 708–724.

Gallup Organization (2001). *Black–White relations in the United States: 2001 update.* Washington, DC: Gallup Organization.

Gelman, A., Park, D., Shor, B., Bafumi, J., & Cortina, J. (2008). *Red state, blue state, rich state, poor state.* Princeton, NJ: Princeton University Press.

Gerbert, B., Sumser, J., & Maguire, B. T. (1991). The impact of who you know and where you live on opinions about AIDS and health care. *Social Science and Medicine, 32,* 677–681.

Gesthuizen, M., Van der Meer, T., & Scheepers, P. (2008). Ethnic diversity and social capital in Europe: Tests of Putnam's thesis in European countries. *Scandinavian Political Studies*, *32*, 121–142.

Gibson, J. L. (2004). *Overcoming apartheid: Can truth reconcile a divided nation?* New York: Russell Sage Foundation.

Gibson, J. L. (2006). Do strong group identities fuel intolerance. Evidence from the South African case. *Political Psychology*, *27*, 665–705.

Gibson, J. L., & Claassen, C. (2010). Racial reconciliation in South Africa: Interracial contact and changes over time. *Journal of Social Issues*, *66*, 255–272.

Glass, G. V. J., McCaw, B., & Smith, M. L. (1981). *Meta-analysis in social research*. Beverly Hills, CA: Sage.

Goffman, E. (1963). *Stigma: Notes on the management of spoiled identity*. New York: Simon & Schuster.

Gómez, A., & Huici, C. (2008). Vicarious intergroup contact and role of authorities in prejudice reduction. *Spanish Journal of Psychology*, *11*, 103–114.

Gómez, A., Tropp, L. R., & Fernandez, S. (in press). When extended contact opens the door to future contact: Testing the effects of extended contact on intergroup attitudes and expectancies among minority and majority groups. *Group Processes and Intergroup Relations*.

Goodman, M. E. (1952). *Race awareness in young children*. Cambridge, Massachusetts.

Gordijn, E. H., Hindriks, I., Koomen, W., Dijksterhuis, A., & Knippenberg, A. V. (2004). Consequences of stereotype suppression and internal suppression motivation. A self-regulatory approach. *Personality and Social Psychology Bulletin*, *30*, 212–224.

Graves, S. B. (1999). Television and prejudice reduction: When does television as a vicarious experience make a difference? *Journal of Social Issues*, *55*, 707–727.

Green, C. W., Adams, A. F., & Turner, C. W. (1988). Development and validation of the School Interracial Climate Survey. *American Journal of Community Psychology*, *16*, 241–259.

Greenland, K., & Brown, R. (1999). Categorization and intergroup anxiety in contact between British and Japanese nationals. *European Journal of Social Psychology*, *29*, 503–521.

Greenwald, A. G., McGhee, D. E., & Schwartz, J. L. K. (1998). Measuring individual differences in implicit cognition: The Implicit Associations Test. *Journal of Personality and Social Psychology*, *74*, 1464–1480.

Gudykunst, W. B. (1985). A model of uncertainty reduction in intercultural encounters. *Journal of Language and Social Psychology*, *4*, 79–97.

Gudykunst, W. B. (1986). Ethnicity, types of relationship, and intraethnic and interethnic uncertainty reduction. In Y. Y. Kim (Ed.), *Interethnic communication* (pp. 201–244). Thousand Oaks, CA: Sage.

Gudykunst, W. B., & Hammer, M. R. (1988). Strangers and hosts: An uncertainty reduction based theory of intercultural adaptation. In Y. Y. Kim & W. B. Gudykunst (Eds.), *Cross-cultural adaptation: Current approaches* (pp. 106–139). Thousand Oaks, CA: Sage.

Guinier, L., & Torres, G. (2002). *The miner's canary: Enlisting race, resisting power, transforming democracy*. Cambridge, MA: Harvard University Press.

Ha, S. (2008). *Multiracial friendship networks and public attitudes toward immigration in the U.S.* Unpublished paper, Yale University.

Haddock, G., Zanna, M. P., & Esses, V. M. (1993). Assessing the structure of preju-
dicial attitudes: The case of attitudes towards homosexuals. *Journal of
Personality and Social Psychology, 65*, 1105–1118.

Hallinan, M. T., & Smith, S. S. (1985). The effects of classroom racial composition
on students' interracial friendliness. *Social Psychology Quarterly, 48*, 3–16.

Hallinan, M. T., & Teixeira, R. A. (1987). Opportunities and constraints: Black–
White differences in the formation of interracial friendships. *Child
Development, 58*, 1358–1371.

Hamberger, J., & Hewstone, M. (1997). Inter-ethnic contact as a predictor of blatant
and subtle prejudice: Tests of a model in four West European nations. *British
Journal of Social Psychology, 36*, 173–190.

Hamilton, D. L. (1981). Stereotyping and intergroup behavior: Some thoughts on
the cognitive approach. In D. L. Hamilton (Ed.), *Cognitive processes in stereo-
typing and intergroup behavior* (pp. 333–353). Hillsdale, NJ: Lawrence Erlbaum
Associates.

Hamilton, D. L., Stroessner, S. J., & Driscoll, D. M. (1994). Social cognition and the
study of stereotyping. In P. G. Devine, D. L. Hamilton, & T. M. Ostrom (Eds.),
Social cognition: Impact on social psychology (pp. 291–321). San Diego, CA:
Academic Press.

Harmon-Jones, E., & Allen, J. J. B. (2001). The role of affect in the mere exposure
effect: Evidence from physiological and individual differences approaches.
Personality and Social Psychology Bulletin, 27, 889–898.

Harrington, H. J., & Miller, N. (1992). Research and theory in intergroup relations:
Issues of consensus and controversy. In J. Lynch, C. Modgil, & S. Modgil
(Eds.), *Cultural diversity and the schools* (Vol. 2, pp. 159–178). London: Falmer.

Harwood, J., Hewstone, M., Paolini, S., & Voci, A. (2005). Grandparent–grandchild
contact and attitudes toward older adults: Moderator and mediator effects.
Personality and Social Psychology Bulletin, 31, 393–406.

Harwood, J., Raman, P., & Hewstone, M. (2006). The family and communication
dynamics of group salience. *Journal of Family Communication, 6*, 181–200.

Hatanaka, H. K. (1982). *The effects of a short term training program on the racial atti-
tudes of child welfare workers*. Doctoral dissertation, University of California,
Los Angeles, California.

Hayes, B., & Dowds, L. (2006). Social contact, cultural marginality, or economic
self-interest? Attitudes towards immigrants in Northern Ireland. *Journal of
Ethnic and Migration Studies, 32*, 455–476.

Hebl, M. R., & Dovidio, J. F. (2005). Promoting the "social" in the examination of
social stigmas. *Personality and Social Psychology Review, 9*, 156–182.

Hedges, L. V. (1994). Fixed effects models. In H. Cooper & L. V. Hedges (Eds.), *The
handbook of research synthesis* (pp. 285–299). New York: Russell Sage
Foundation.

Hedges, L. V., & Olkin, I. (1985). *Statistical methods for meta-analysis*. New York:
Academic Press.

Heider, F. (1958). *The psychology of interpersonal relations*. New York: Wiley.

Heitmeyer, W. (2002). *Deutsche Zustände, Folge 1* [The German situation, Part 1].
Frankfurt, Germany: Suhrkamp Verlag.

Heitmeyer, W. (2003). *Deutsche Zustände, Folge 2* [The German situation, Part 2].
Frankfurt, Germany: Suhrkamp Verlag.

Heitmeyer, W. (2005). *Deutsche Zustände, Folge 3* [The German situation, Part 3]. Frankfurt, Germany: Suhrkamp Verlag.

Henninger, D. (2007, August 16). The death of diversity. *Wall Street Journal*, A 10.

Henry, P. J., & Hardin, C. D. (2006). The contact hypothesis revisited: Status bias in the reduction of implicit prejudice in the United States and Lebanon. *Psychological Science, 17*, 862–868.

Herek, G. M. (1988). Heterosexuals' attitudes toward lesbians and gay men: Correlates and gender differences. *Journal of Sex Research, 25*, 451–477.

Herek, G. M. (2002). Gender gaps in public opinion about lesbians and gay men. *Public Opinion Quarterly, 66*, 40–66.

Herek, G. M. (2003). Why tell if you're not asked? Self-disclosure, intergroup contact, and heterosexuals' attitudes toward lesbians and gay men. In L. Garnets & D. C. Kimmel (Eds.), *Psychological perspectives on lesbian, gay, and bisexual experiences* (2nd ed., pp. 270–298). New York: Columbia University Press.

Herek, G. M., & Capitanio, J. P. (1996). "Some of my best friends": Intergroup contact, concealable stigma, and heterosexuals' attitudes toward gay men and lesbians. *Personality and Social Psychology Bulletin, 22*, 412–424.

Herek, G. M., & Capitanio, J. P. (1997). AIDS stigma and contact with persons with AIDS: Effects of direct and vicarious contact. *Journal of Applied Social Psychology, 27*, 1–36.

Herek, G. M., & Gonzalez-Rivera, M. (2006). Attitudes toward homosexuality among U.S. residents of Mexican descent. *Journal of Sex Research, 43*, 122–135.

Hewstone, M. (2003). Intergroup contact: Panacea for prejudice? *Psychologist, 16*, 352–355.

Hewstone, M., & Brown, R. (1986). *Contact and conflict in intergroup encounters.* Oxford: Blackwell.

Hewstone, M., Cairns, E., Voci, A., Hamberger, J., & Niens, U. (2006). Intergroup contact, forgiveness, and experience of "The Troubles" in Northern Ireland. *Journal of Social Issues, 62*, 99–120.

Hewstone, M., Cairns, E., Voci, A., Paolini, S, McLernon, F., Crisp, R. J., et al. (2005). Intergroup contact in a divided society: Challenging segregation in Northern Ireland. In D. Abrams, J. M. Marques, & M. A. Hogg (Eds.), *The social psychology of inclusion and exclusion* (pp. 265–292). Philadelphia, PA: Psychology Press.

Hewstone, M., Kenworthy, J., Tausch, N., Popan, J., Psaltis, C., & Schmid, K. (2008, August). *Generalized effects of intergroup contact: Replications and extensions of Pettigrew (1997).* Paper presented at the EAESP-SPSSI small group meeting on *Intergroup contact: Recent advancements in basic and applied research*, Philipps University, Marburg, Germany.

Hiner, N. R. (1990). History of education for the 1990s and beyond: The case for academic imperialism. *History of Education Quarterly, 30*, 137–160.

Hirschfeld, L. A. (1996). *Race in the making: Cognition, culture, and the child's construction of human kinds.* Cambridge, MA: MIT Press.

Hodson, G. (2008). Interracial prison contact: The pros for (social dominant) cons. *British Journal of Social Psychology, 47*, 325–351.

Hodson, G., Harry, H., & Mitchell, A. (2009). Independent benefits of contact and friendship on attitudes toward homosexuals among authoritarians and highly identified heterosexuals. *European Journal of Social Psychology, 35*, 509–525.

Hogg, M. A., & Reid, S. A. (2006). Social identity, self-categorization, and the communication of group norms. *Communication Theory, 16*, 7–30.

Holmes, E. P., Corrigan, P. W., Williams, P., Canar, J., & Kubiak, A. A. (1999). Changing attitudes about schizophrenia. *Schizophrenia Bulletin, 25*, 447–456.

Holtman, Z., Louw, J., Tredoux, C. G., & Carney, T. (2005). Prejudice and social contact in South Africa: A study of integrated schools ten years after apartheid. *South African Journal of Psychology, 33*, 473–493.

Holzberg, J. D., & Gewitz, H. (1963). A method of altering attitudes toward mental illness. *Psychoanalytic Quarterly Supplement, 37*, 56–61.

Homans, G. C. (1950). *The human group.* New York: Harcourt, Brace & World.

Hood, III, M. V., & Morris, I. (2000). Brother, can you spare a dime? Racial / ethnic context and the Anglo vote on Proposition 187. *Social Science Quarterly, 81*, 194–207.

Hopkins, N., Reicher, S., & Levine, M. (1997). On the parallels between social cognition and the 'new racism'. *British Journal of Social Psychology, 36*, 305–329.

Horn, S. (2003). Adolescents' reasoning about exclusion from social groups. *Developmental Psychology, 39*, 11–84.

Hornsey, M. J., & Hogg, M. A. (2000). Subgroup relations: A comparison of mutual intergroup differentiation and common ingroup identity models of prejudice reduction. *Personality and Social Psychology Bulletin, 26*, 242–256.

Hummert, M. L. (1990). Multiple stereotypes of elderly and young adults: A comparison of structure and evaluations. *Psychology and Aging, 5*, 182–193.

Hunt, M., Jackson, P., Powell, B., & Steelman, L. (2000). Color-blind: The treatment of race and ethnicity in social psychology. *Social Psychology Quarterly, 63*, 352–364.

Hyers, L. L., & Swim, J. K. (1998). A comparison of the experiences of dominant and minority group members during an intergroup encounter. *Group Processes and Intergroup Relations, 1*, 143–163.

Ibrahim, H. (1970). Recreation preference and temperament. *Research Quarterly, 41*, 145–155.

Irish, D. P. (1952). Reactions of Caucasian residents to Japanese-American neighbors. *Journal of Social Issues, 8*, 10–17.

Islam, M. R., & Hewstone, M. (1993). Dimensions of contact as predictors of intergroup anxiety, perceived out-group variability, and out-group attitude: An integrative model. *Personality and Social Psychology Bulletin, 19*, 700–710.

Jackman, M. R. (1973). Education and prejudice or education and response-set? *American Sociological Review, 38*, 327–339.

Jackman, M. R. (2005). Rejection or inclusion of outgroups? In J. F. Dovidio, P. Glick, & L. A. Rudman (Eds.), *On the nature of prejudice: Fifty years after Allport* (pp. 89–105). Oxford, UK: Blackwell.

Jackman, M. R., & Crane, M. (1986). Some of my best friends are black . . .: Interracial friendship and whites' racial attitudes. *Public Opinion Quarterly, 50*, 459–486.

Jackson, J. W. (1993). Contact theory of intergroup hostility: A review and evaluation of the theoretical and empirical literature. *International Journal of Group Tensions, 23*, 43–65.

Jackson, J., Brown, K., Brown, T., & Marks, B. (2001). Contemporary immigration policy orientations among dominant-group members in western Europe. *Journal of Social Issues, 57*, 431–456.

Jackson, L., & Esses, V. (2000). Effects of perceived economic competition in people's willingness to empower immigrants. *Group Processes and Intergroup Relations, 3*, 419–435.

Jeffries, V., & Ransford, H. E. (1969). Interracial social contact and middle-class White reactions to the Watts riot. *Social Problems, 16*, 312–324.

Johnson, B. T. (1993). *DSTAT: Software for the meta-analytic review of research literatures.* Hillsdale, NJ: Lawrence Erlbaum Associates.

Johnson, B. T., & Eagly, A. H. (2000). Quantitative synthesis of social psychological research. In H. T. Reis & C. M. Judd (Eds.), *Handbook of research methods in social psychology* (pp. 496–528). Cambridge, MA: Cambridge University Press.

Johnson, D. W., & Johnson, R. T. (1984). Mainstreaming hearing-impaired students: The effect of effort in communicating on cooperation and interpersonal attraction. *Journal of Psychology, 119*, 31–44.

Johnson, D. W., Johnson, R. T., & Maruyama, G. M. (1983). Interdependence and interpersonal attraction among heterogeneous and homogeneous individuals: A theoretical formulation and a meta-analysis of the research. *Review of Educational Research, 53*, 5–54.

Johnson, M. K., & Marini, M. M. (1998). Bridging the racial divide in the United States: The effect of gender. *Social Psychology Quarterly, 61*, 247–258.

Johnson, R. T., & Johnson, D. W. (1981). Building friendship between handicapped and non-handicapped students: Effects of cooperative and individualistic instruction. *American Educational Research Journal, 18*, 415–423.

Johnston, L., & Hewstone, M. (1992). Cognitive models of stereotype change: III. Subtyping and the perceived typicality of disconfirming group members. *Journal of Experimental Social Psychology, 28*, 360–386.

Jones, E. E., Farina, A., Hastorf, A. H., Markus, H., Miller, D. T., Scott, R. A., et al. (1984). *Social stigma: The psychology of marked relationships.* New York: Freeman.

Joseph, S., Weatherall, K., & Stringer, M. (1997). Attributions for unemployment in Northern Ireland: Does it make a difference what your name is? *Irish Journal of Psychology, 18*, 341–348.

Joyner, K., & Kao, G. (2000). School racial composition and adolescent racial homophily. *Social Science Quarterly, 81*, 810–825.

Kalev, A., Dobbin, F., & Kelly, E. (2006). Best practices or best guesses? Assessing the efficacy of corporate affirmative action and diversity policies. *American Sociological Review, 71*, 589–617.

Kalin, R. (1996). Ethnic attitudes as a function of ethnic presence. *Canadian Journal of Behavioural Science, 28*, 171–179.

Kamal, A. A., & Maruyama, G. (1990). Cross-cultural contact and attitudes of Qatari students in the United States. *International Journal of Intercultural Relations, 14*, 123–134.

Katz, I., & Hass, R. G. (1988). Racial ambivalence and American value conflict. *Journal of Personality and Social Psychology, 55*, 893–905.

Katz, P. A., & Zalk, S. R. (1978). Modification of children's racial attitudes. *Developmental Psychology, 14*, 447–461.

Kearney, E. (2007). Demographic diversity in sports teams: A model of successful social integration? *Zeitschrift für Sozialpsychologie, 38*, 85–94.

Kephart, W. M. (1957). *Racial factors and urban law enforcement.* Philadelphia: University of Pennsylvania Press.

Kessler, A., & Freeman, G. (2005). Public opinion in the EU on immigration from outside the community. *Journal of Common Market Studies, 43*, 825–850.

Khmelkov, V. T., & Hallinan, M. T. (1999). Organizational effects on race relations in schools. *Journal of Social Issues, 55*, 627–645.

Killen, M., Crystal, D., & Ruck, M. (2007a). The social developmental benefits of intergroup contact for children and adolescents. In E. Frankenberg & G. Orfield (Eds.), *Realizing the promise of diversity in American schools* (pp. 57–73). Charlottesville, VA: University of Virginia Press.

Killen, M., Henning, A., Kelly, M. C., Crystal, D., & Ruck, M. (2007b). Evaluations of interracial peer encounters by majority and minority U.S. children and adolescents. *International Journal of Behavioral Development, 31*, 491–500.

Kim, Y. Y., & Gudykunst, W. B. (1988). *Cross-cultural adaptation: Current approaches.* Thousand Oaks, CA: Sage.

Kinder, D. R., & Sanders, L. M. (1996). *Divided by color: Racial politics and democratic ideals.* Chicago: University of Chicago Press.

Kluegel, J., & Bobo, L. (2001). Perceived group discrimination and policy attitudes. In A. O'Connor, C. Tilly, & L. Bobo (Eds.), *Urban inequality: Evidence from four cities* (pp. 163–213). New York: Russell Sage Foundation.

Koschate, M. J., & Van Dick, R. (under review). *A multilevel test of Allport's contact conditions.*

Kramer, B. M. (1950). *Residential contact as a determinant of attitudes toward Negroes.* Unpublished doctoral dissertation, Harvard University.

Krueger, J. (1996). Personal beliefs and cultural stereotypes about racial characteristics. *Journal of Personality and Social Psychology, 71*, 536–548.

Kunovich, R. M., & Hodson, R. (2002). Ethnic diversity, segregation, and inequality: A structural model of ethnic prejudice in Bosnia and Croatia. *Sociological Quarterly, 43*, 185–212.

Landis, D., Hope, R. O., & Day, H. R. (1984). Training for desegregation in the military. In M. B. Brewer & N. Miller (Eds.), *Groups in contact: The psychology of desegregation* (pp. 258–278). Orlando, FL: Academic Press.

Lane, K. A., Banaji, M. R., Nosek, B. A., & Greenwald, A. G. (2007). Understanding and using the Implicit Association Test: IV: Procedures and validity. In B. Wittenbrink & N. Schwarz (Eds.), *Implicit measures of attitudes: Procedures and controversies* (pp. 59–102). New York: Guilford Press.

Leach, C. W., Snider, N., & Iyer, A. (2002). Poisoning the consciences of the fortunate: The experience of relative advantage and support for social equality. In I. Walker & H. J. Smith (Eds.), *Relative deprivation: Specification, development, and integration* (pp. 136–163). New York: Cambridge University Press.

Lee, A. M., & Humphrey, N. D. (1968). *Race riot, Detroit 1943.* New York: Octagon Books.

Lee, A. Y. (2001). The mere exposure effect: An uncertainty reduction explanation revisited. *Personality and Social Psychology Bulletin, 27*, 1255–1266.

Lee, C. M., & Gudykunst, W. B. (2001). Attraction in initial interethnic interactions. *International Journal of Intercultural Relations, 25*, 373–387.

Lett, H. A. (1945). Techniques for achieving interracial cooperation. *Proceedings of the Institute on Race Relations and Community Organization.* Chicago, IL: University of Chicago and the American Council on Race Relations.

Levin, J., & Rabrenovic, G. (2004). Preventing ethnic violence: The role of interdependence. In Y. T. Lee, C. McAuley, F. Moghaddam, & S. Worchel

(Eds), *The psychology of ethnic and cultural conflict* (pp. 251–271). Westport, CT: Praeger.

Levin, S., Van Laar, C., & Sidanius, J. (2003). The effects of ingroup and outgroup friendships on ethnic attitudes in college: A longitudinal study. *Group Processes and Intergroup Relations, 6*, 76–92.

Levine, R. A., & Campbell, D. (1972). *Ethnocentrism: Theories of conflict, ethnic attitudes, and group behavior*. New York: Wiley.

Levy, J. M., Jessop, D. J., Rimmerman, A., & Levy, P. H. (1993). Attitudes of executives in Fortune 500 corporations toward the employability of persons with severe disabilities: Industrial and service corporations. *Journal of Applied Rehabilitation Counseling, 24*, 19–31.

Lewin, K. (1951). *Field theory in social science: Selected theoretical papers*. New York: Harper & Row.

Light, R. J., & Pillemer, D. B. (1984). *Summing up: The science of reviewing research*. Cambridge, MA: Harvard University Press.

Link, B. G., & Cullen, F. T. (1986). Contact with the mentally ill and perceptions of how dangerous they are. *Journal of Health and Social Behavior, 27*, 289–303.

Lipsey, M. W., & Wilson, D. B. (1993). The efficacy of psychological, educational, and behavioral treatment: Confirmation from meta-analysis. *American Psychologist, 48*, 1181–1209.

Lipsey, M. W., & Wilson, D. B. (2001). *Practical meta-analysis*. Thousand Oaks, CA: Sage.

Little, R. J. A., & Rubin, D. B. (1987). *Statistical analysis with missing data*. New York: Wiley.

Livingston, R. W., Brewer, M. B., & Alexander, M. G. (2004). *Images, emotions, and prejudice: Qualitative differences in the nature of Black and White racial attitudes*. Paper presented at the annual meeting of the Society for Personality and Social Psychology, Austin, Texas.

Longshore, D., & Wellisch, J. (1981). *The impact of the Emergency School Aid Act on human relations in desegregated elementary schools*. Paper presented at the annual meeting of the American Sociological Association, Toronto, Canada.

Luedtke, A. (2005). European integration, public opinion, and immigration policy: Testing the impact of national identity. *European Union Politics, 6*, 83–112.

Luiz, D., & Krige, P. (1985). The effect of social contact between South African White and colored adolescent girls: A follow-up study. *Journal of Social Psychology, 125*, 407–408.

MacKenzie, B. K. (1948). The importance of contact in determining attitudes toward Negroes. *Journal of Abnormal and Social Psychology, 43*, 417–441.

Mackie, D. M., & Hamilton, D. L. (1993) (Eds.). *Affect, cognition, and stereotyping: Interactive processes in group perception*. San Diego, CA: Academic Press.

Mackie, D. M., & Smith, E. R. (1998). Intergroup relations: Insights from a theoretically integrative approach. *Psychological Review, 105*, 499–529.

Maddens, B., Billiet, J., & Beerten, R. (2000). National identity and the attitude towards foreigners in multi-national states: The case of Belgium. *Journal of Ethnic and Migration Studies, 26*, 45–60.

Maddux, W. M., & Galinsky, A. D. (2009). Cultural borders and mental barriers: The relationship between living abroad and creativity. *Journal of Personality and Social Psychology, 96*, 1047–1061.

Malecki, C. K., & Demaray, M. K. (2002). Measuring perceived social support: Development of the child and adolescent social support scale (CASSS). *Psychology in the Schools, 39*, 1–118.

Mallett, R. K., Huntsinger, J. R., Sinclair, J. R., & Swim, J. K. (2008a). Seeing through their eyes: When majority group members take collective action on behalf of an outgroup. *Group Processes and Intergroup Relations, 11*, 451–470.

Mallett, R. K., Wagner, D. E., & Harrison, P. R. (in press). Understanding the inter-group forecasting error. In L. R. Tropp & R. K. Mallett (Eds.), *Moving beyond prejudice reduction: Pathways to positive intergroup relations*. Washington, DC: American Psychological Association.

Mallett, R. K., & Wilson, T. D. (2010). Increasing positive intergroup contact. *Journal of Experimental Social Psychology, 46*, 382–387.

Mallett, R. K., Wilson, T. D., & Gilbert, D. T. (2008b). Expect the unexpected: Failure to anticipate similarities leads to an intergroup forecasting error. *Journal of Personality and Social Psychology, 94*, 265–277.

Maoz, I. (2000). Multiple conflicts and competing agendas: A framework for conceptualizing structured encounters between groups in conflict – the case of the coexistence project of Jews and Palestinians in Israel. *Peace and Conflict, 6*, 135–156.

Maras, P., & Brown, R. (1996). Effects of contact on children's attitudes toward disability: A longitudinal study. *Journal of Applied Social Psychology, 26*, 2113–2134.

Martin, R., & Hewstone, M. (2008). Majority versus minority influence, message processing and attitude change: The source–context–elaboration model. *Advances in Experimental Social Psychology, 40*, 237–326.

Massey, D. S., & Denton, N. A. (1993). *American apartheid: Segregation and the making of the underclass*. Cambridge, MA: Harvard University Press.

Mathews, D. R., & Prothro, J. W. (1966). *Negroes and the new southern politics*. New York: Harcourt, Brace & World.

Mayda, A. (2006). Who is against immigration? A cross-country investigation of individual attitudes toward immigrants. *Review of Economics and Statistics, 88*, 510–530.

Mazziotta, A., Mummendey, A., Wright, S. C., & Jung, M. (2010, June). *Vicarious intergroup contact as a tool to improve intergroup relations*. Paper presented at the biennial meeting of the Society for the Psychological Study of Social Issues, New Orleans, Louisiana.

McCauley, C., Plummer, M., Moskalenko, S., & Mordkoff, J. T. (2001). The exposure index: A measure of intergroup contact. *Peace and Conflict, 7*, 321–336.

McCauley, C., Worchel, S., Moghaddam, F., & Lee, Y. (2004). Contact and identity in intergroup relations. In Y. Lee, C. McCauley, F. Moghaddam, & S. Worchel (Eds.), *The psychology of ethnic and cultural conflict* (pp. 309–326). Westport, CT: Praeger.

McClelland, K., & Linnander, E. (2006). The role of contact and information in racial attitude change among White college students. *Sociological Inquiry, 76*, 81–115.

McClenahan, C., Cairns, E., Dunn, S., & Morgan, V. (1996). Intergroup friendships: Integrated and desegregated schools in Northern Ireland. *Journal of Social Psychology, 136*, 549–558.

McClendon, M. J. (1974). Interracial contact and the reduction of prejudice. *Sociological Focus*, 7, 47–65.

McConahay, J. B., Hardee, B. B., & Batts, V. (1981). Has racism declined in America? It depends on who is asking and what is asked. *Journal of Conflict Resolution*, 25, 563–579.

McConnell, A. R., & Leibold, J. M. (2001). Relations among the implicit association test, discriminatory behavior, and explicit measures of racial attitudes. *Journal of Experimental Social Psychology*, 37, 435–442.

McFarland, S. (2010). Authoritarianism, social dominance and other roots of generalized prejudice. *Political Psychology*, 31(3), 453–477.

McGarry, J., & O'Leary, B. (1995). *Explaining Northern Ireland: Broken images*. Oxford, UK: Blackwell.

McGarty, C., & de la Haye, A. M. (1997). Stereotype formation: Beyond illusory correlation. In R. Spears, P. J. Oakes, N. Ellemers, & S. A. Haslam (Eds.), *The social psychology of stereotyping and social life* (pp.144–170). Oxford, UK: Blackwell.

McGinnis, S. P. (1990). *Descriptive and evaluative components of stereotypes of computer programmers and their determinants*. Unpublished doctoral dissertation, City University of New York.

McGuire, W. J. (1960a). Cognitive consistency and attitude change. *Journal of Abnormal and Social Psychology*, 60, 345–353.

McGuire, W. J. (1960b). A syllogistic analysis of cognitive relationships. In M. J. Rosenberg, C. I. Hovland, W. J. McGuire, R. P. Abelson, & J. W. Brehm (Eds.), *Attitude organization and change: An analysis of consistency among attitude components* (pp. 65–111). New Haven, CT: Yale University Press.

McGuire, W. J., McGuire, C. V., Child, P., & Fujioka, T. (1978). Salience of ethnicity in the spontaneous self-concept as a function of one's ethnic distinctiveness in the social environment. *Journal of Personality and Social Psychology*, 36, 511–520.

McKay, S., & Pittam, J. (1993). Determinants of Anglo-Australian stereotypes of the Vietnamese in Australia. *Australian Journal of Psychology*, 45, 17–23.

McLaughlin-Volpe, T., Aron, A., Wright, S. C., & Reis, H. T. (2000). *Intergroup social interaction and intergroup prejudice: Quantity versus quality*. Unpublished manuscript, State University of New York, Stony Brook.

Mendoza-Denton, R., Downey, G., Purdie, V. J., Davis, A., & Pietrzak, J. (2002). Sensitivity to status-based rejection: Implications for African American students' college experience. *Journal of Personality and Social Psychology*, 83, 896–918.

Mendoza-Denton, R., Page-Gould, E., & Pietrzak, J. (2006). Mechanisms for coping with status-based rejection expectations. In S. Levin & C. Van Laar (Eds.), *Stigma and group inequality: Social psychological perspectives* (pp.151–169). Mahwah, NJ: Lawrence Erlbaum Associates.

Migacheva, K., & Tropp, L. R. (2008, August). Responses to intergroup contact and metaperceptions among Black and White American youth. Paper presented at the EAESP-SPSSI small group meeting on *Intergroup contact: Recent advancements in basic and applied research*, Philipps University, Marburg, Germany.

Migacheva, K., Tropp, L. R., & Crocker, J. (2011). Focusing beyond the self: Goal orientations in intergroup relations. In L. R. Tropp & R. Mallett (Eds.), *Moving beyond prejudice reduction: Pathways to positive intergroup relations*. Washington, DC: American Psychological Association.

Milgram, S. (1974). *Obedience to authority: An experimental view*. New York: Harper & Row.

Miller, D. A., Smith, E. R., & Mackie, D. M. (2004). Effects of intergroup contact and political predispositions on prejudice: The role of intergroup emotions. *Group Processes and Intergroup Relations, 7*, 221–237.

Miller, N. (2002). Personalization and the promise of contact theory. *Journal of Social Issues, 58*, 387–410.

Miller, N., Brewer, M. B., & Edwards, K. (1985). Cooperative interaction in desegregated settings: A laboratory analogue. *Journal of Social Issues, 41*, 63–79.

Minard, R. D. (1952). Race relations in the Pocahontas coal field. *Journal of Social Issues, 8*, 29–44.

Molina, L. E., & Wittig, M. A. (2006). Relative importance of contact conditions in explaining prejudice reduction in a classroom context: Separate and equal? *Journal of Social Issues, 62*, 489–509.

Molina, L. E., Wittig, M. A., & Giang, M. T. (2004). Mutual acculturation and social categorization: A comparison of two perspectives in intergroup bias. *Group Processes and Intergroup Relations, 7*, 239–265.

Monteith, M., & Spicer C. V. (2000). Contents and correlates of Whites' and Blacks' racial attitudes. *Journal of Experimental Social Psychology, 36*, 125–154.

Moreland, R. L., & Zajonc, R. B. (1977). Is stimulus recognition a necessary condition for the occurrence of exposure effects? *Journal of Personality and Social Psychology, 35*, 191–199.

Moreno, K. N., & Bodenhausen, G. V. (1999). Resisting stereotype change: The role of motivation and attentional capacity in defending social beliefs. *Group Processes and Intergroup Relations, 2*, 5–16.

Morrison, E. W., & Herlihy, J. M. (1992). Becoming the best place to work: Managing diversity at American Express travel related services. In S. E. Jackson & Associates (Eds.), *Diversity in the workplace: Human resources initiatives* (pp. 203–226). New York: Guilford Press.

Mosteller, F., & Colditz, G. A. (1996). Understanding research synthesis (meta-analysis). *Annual Review of Public Health, 17*, 1–23.

Mulder, M., & Krahn, H. (2005). Individual- and community-level determinants of support for immigration and cultural diversity in Canada. *Canadian Journal of Sociology and Anthropology, 42*, 421–444.

Mummendey, A., & Wenzel, M. (1999). Social discrimination and tolerance in intergroup relations: Reactions to intergroup difference. *Personality and Social Psychology Review, 3*, 158–174.

Mutz, D. C. (2002). Cross-cutting social networks: Testing democratic theory in practice. *American Political Science Review, 96*, 111–126.

Nagda, B. A. (2006). Breaking barriers, crossing borders, building bridges: Communication processes in intergroup dialogues. *Journal of Social Issues, 62*, 553–576.

Nash, D. (1976). The personal consequences of a year of study abroad. *Journal of Higher Education, 47*, 191–203.

National Conference for Community and Justice (2000). *Taking America's pulse: NCCJ's survey of intergroup relations in the United States*. New York: NCCJ.

Niens, U., Cairns, E., & Hewstone, M. (2002). Contact and conflict in Ireland. In O. Hargie & D. Dickson (Eds.), *Researching the Troubles: Social science perspectives on the Northern Ireland conflict* (pp. 123–140). Edinburgh, Scotland: Mainstream Publishing.

Oaker, G., & Brown, R. (1986). Intergroup relations in a hospital setting: A further test of social identity theory. *Human Relations, 39,* 767–778.

Oberschall, A. (2001). From ethnic cooperation to violence and war in Yugoslavia. In D. Chirot & M. E. P. Seligman (Eds.), *Ethnopolitical warfare: Causes, consequences, and possible solutions* (pp. 119–150). Washington, DC: American Psychological Association.

Oliner, P. M. (2004). *Saving the forsaken: Religious culture and the rescue of Jews in Nazi Europe.* New Haven, CT: Yale University Press.

Oliner, S. P., & Oliner, P. M. (1988). *The altruistic personality: Rescuers of Jews in Nazi Europe.* New York: Free Press.

Oliver, J. E., & Wong, J. (2003). Intergroup prejudice in multiethnic settings. *American Journal of Political Science, 47,* 567–582.

Olson, J. M., & Stone, J. (2005). The influence of behavior on attitudes. In D. Albarracín, B. T. Johnson, & M. P. Zanna (Eds.), *The handbook of attitudes* (pp. 223–271). Mahwah, NJ: Lawrence Erlbaum Associates.

Operario, D., & Fiske, S. T. (2001). Causes and consequences of stereotypes in organizations. In M. London (Ed.), *How people evaluate others in organizations* (pp. 45–62). Mahwah, NJ: Lawrence Erlbaum Associates.

Orfield, G., & Lee, C. (2006). *Racial transformation and the changing nature of segregation.* A report of the Civil Rights Project, Harvard University.

Orfield, G., & Lee, C. (2007). *Historic reversals, accelerating resegregation, and the need for new integration strategies.* A report of the Civil Rights Project, University of California, Los Angeles.

Osgood, C. E., Suci, G. J., & Tannenbaum, P. H. (1957). *The measurement of meaning.* Urbana, IL: University of Illinois Press.

Ostrom, T. M. (1969). The relationship between the affective, behavioral, and cognitive components of attitude. *Journal of Experimental Social Psychology, 5,* 12–30.

Ostrom, T. M., Skowronski, J. J., & Nowak, A. (1994). The cognitive foundation of attitudes: It's a wonderful construct. In P. G. Devine, D. L. Hamilton, & Ostrom, T. M. (Eds.), *Social cognition: Impact on social psychology* (pp. 195–258). New York: Academic Press.

Page-Gould, E., Mendoza-Denton, R., Alegre, J. M., & Siy, J. O. (2010). Understanding the impact of cross-group friendship on interactions with novel outgroup members. *Journal of Personality and Social Psychology, 98,* 775–793.

Page-Gould, E., Mendoza-Denton, R., & Tropp, L. R. (2008). With a little help from my cross-group friend: Reducing anxiety in intergroup contexts through cross-group friendship. *Journal of Personality and Social Psychology, 95,* 1080–1094.

Palmer, D. (1996). Determinants of Canadian attitudes toward immigration: More than just racism? *Canadian Journal of Behavioural Science, 28,* 180–192.

Paluck, E. L., & Green, D. P. (2009). Prejudice reduction: What works? A review and assessment of research and practice. *Annual Review of Psychology, 60,* 339–367.

Pantoja, A. (2006). Against the tide? Core American values and attitudes toward U.S. immigration policy in the mid-1990s. *Journal of Ethnic and Migration Studies, 32,* 515–531.

Paolini, S., Hewstone, M., Cairns, E., & Voci, A. (2004). Effects of direct and indirect cross-group friendships on judgments of Catholics and Protestants in

Northern Ireland: The mediating role of an anxiety-reduction mechanism. *Personality and Social Psychology Bulletin, 30,* 770–786.

Parker, J. H. (1968). The interaction of Negroes and Whites in an integrated church setting. *Social Forces, 46,* 359–366.

Patchen, M. (1982). *Black–White contact in schools.* West Lafayette, IN: Purdue University Press.

Patchen, M. (1999). *Diversity and unity: Relations between racial and ethnic groups.* Chicago, IL: Nelson-Hall.

Patchen, M., Davidson, J. D., Hofmann, G., & Brown, W. R. (1977). Determinants of students' interracial behavior and opinion change. *Sociology of Education, 50,* 55–75.

Penn, D. L., Guynan, K., Daily, T., Spaulding, W. D., Garbin, C. P., & Sullivan, M. (1994). Dispelling the stigma of schizophrenia: What sort of information is best? *Schizophrenia Bulletin, 20,* 567–577.

Pettigrew, T. F. (1959). Regional differences in anti-Negro prejudice. *Journal of Abnormal and Social Psychology, 59,* 28–36.

Pettigrew, T. F. (1961). Social psychology and desegregation research. *American Psychologist, 16,* 105–112.

Pettigrew, T. F. (1964). *A Profile of the Negro American.* New York: Van Nostrand.

Pettigrew, T. F. (1971). *Racially separate or together?* New York: McGraw-Hill.

Pettigrew, T. F. (1979). The ultimate attribution error: Extending Allport's cognitive analysis of prejudice. *Personality and Social Psychology Bulletin, 5,* 461–476.

Pettigrew, T. F. (1986). The contact hypothesis revisited. In M. Hewstone & R. Brown (Eds.), *Contact and conflict in intergroup encounters* (pp. 169–195). Oxford, UK: Blackwell.

Pettigrew, T. F. (1991). The importance of cumulative effects: A neglected emphasis of Sherif's work. In D. Granberg & G. Sarup (Eds.), *Social judgment and intergroup relations: Essays in honor of Muzafer Sherif* (pp. 89–103). New York: Springer-Verlag.

Pettigrew, T. F. (1996). *How to think like a social scientist.* New York: Harper-Collins.

Pettigrew, T. F. (1997a). Generalized intergroup contact effects on prejudice. *Personality and Social Psychology Bulletin, 23,* 173–185.

Pettigrew, T. F. (1997b). The affective component of prejudice: Empirical support of the new view. In S. A. Tuch & J. K. Martin (Eds.), *Racial attitudes in the 1990s: Continuity and change* (pp. 76–90). Westport, CT: Praeger.

Pettigrew, T. F. (1998). Intergroup contact theory. *Annual Review of Psychology, 49,* 65–85.

Pettigrew, T. F. (2000). Systematizing the predictors of prejudice. In D. Sears, J. Sidanius, & L. D. Bobo (Eds.), *Racialized politics: The debate about racism in America* (pp. 280–301). Chicago, IL: University of Chicago Press.

Pettigrew, T. F. (2004a). The social science study of American race relations in the 20th century. In C. S. Crandall & M. Schaller (Eds.), *The social psychology of prejudice: Historical and contemporary issues* (pp. 1–32). Seattle, WA: Lewinian Press.

Pettigrew, T. F. (2004b). Ethnocentrism. In K. Kempf-Leonard (Ed.), *Encyclopedia of social measurement* (pp. 827–831). San Diego, CA: Academic Press.

Pettigrew, T. F. (2004c). Intergroup contact: Theory, research, and new perspectives. In J. A. Banks & C. A. M. Banks (Eds.), *Handbook of research on multicultural education* (2nd ed., pp. 770–781). San Francisco, CA: Jossey-Bass.

Pettigrew, T. F. (2006). Commentary: The advantages of multi-level approaches. *Journal of Social Issues, 62,* 615–620.

Pettigrew, T. F. (2007a). European attitudes toward immigrants. In J. Peacock & P. Thornton (Eds.), *Identity matters: How ethnic and sectarian allegiances both prevent and promote collective violence* (pp. 99–119). New York: Berghahn Books.

Pettigrew, T. F. (2007b). Social identity matters: Predicting prejudice and violence in Western Europe. In J. Peacock & P. Thornton (Eds.), *Identity matters: How ethnic and sectarian allegiances both prevent and promote collective violence* (pp. 34–48). New York: Berghahn Books.

Pettigrew, T. F. (2007c). Still a long way to go: American Black–White relations today. In G. Adams, M. Biernat, N. R. Branscombe, C. S. Crandall, and L. S. Wrightsman (Eds.), *Commemorating Brown: The social psychology of racism and discrimination* (pp. 45–61). Washington, DC: American Psychological Association.

Pettigrew, T. F. (2008). Future directions for intergroup contact theory and research. *International Journal of Intercultural Relations, 32,* 187–199.

Pettigrew, T. F. (2009). Contact's secondary transfer effect: Do intergroup contact effects spread to non-participating outgroups? *Social Psychology, 40,* 55–65.

Pettigrew, T. F., Christ, O., Wagner, U., Meertens, R., van Dick, R., & Zick, A. (2007a). Relative deprivation and intergroup prejudice. *Journal of Social Issues, 64,* 385–401.

Pettigrew, T. F., & Cramer, M. R. (1959). The demography of desegregation. *Journal of Social Issues, 15,* 61–71.

Pettigrew, T. F., & Meertens, R. W. (1995). Subtle and blatant prejudice in Western Europe. *European Journal of Social Psychology, 57,* 57–75.

Pettigrew, T. F., Stellmacher, J., Christ, O., & Wagner, U. (under review). *How and why does authoritarianism predict prejudice? The mediators of a global phenomenon.*

Pettigrew, T. F., & Tropp, L. R. (2000). Does intergroup contact reduce prejudice? Recent meta-analytic findings. In S. Oskamp (Ed.), *Reducing prejudice and discrimination: The Claremont Symposium on Applied Social Psychology* (pp. 93–114). Mahwah, NJ: Lawrence Erlbaum Associates.

Pettigrew, T. F., & Tropp, L. R. (2006). A meta-analytic test of intergroup contact theory. *Journal of Personality and Social Psychology, 90,* 751–783.

Pettigrew, T. F., & Tropp, L. R. (2008). How does intergroup contact reduce prejudice? Meta-analytic tests of three mediators. *European Journal of Social Psychology, 38,* 922–934.

Pettigrew, T. F., Wagner, U., & Christ, O. (2007b). Who opposes immigration? Comparing German results with those of North America. *DuBois Review, 4,* 19–39.

Pettigrew, T. F., Wagner, U., & Christ, O. (2010). Population ratios and prejudice: Modeling both contact and threat effects. *Journal of Ethnic and Migration Studies, 36,* 635 650.

Pettigrew, T. F., Wagner, U., Christ, O. & Stellmacher, J. (2007c). Direct and indirect intergroup contact effects on prejudice: A normative interpretation. *International Journal of Intercultural Relations, 31,* 41–425.

Pew Research Center (2006). *America's immigration quandary: No consensus on immigration problem or proposed fixes.* Washington, DC: Pew Research Center. Retrieved March 21, 2007, from http://www.pewhispanic.org/files/reports/63.pdf

Pinel, E. C. (1999). Stigma consciousness: The psychological legacy of social stereotypes. *Journal of Personality and Social Psychology, 76*, 114–128.

Pinel, E. C. (2002). Stigma consciousness in intergroup contexts: The power of conviction. *Journal of Experimental Social Psychology, 38*, 178–185.

Plant, E. A. (2004). Responses to interracial interactions over time. *Personality and Social Psychology Bulletin, 30*, 1458–1471.

Plant, E. A., Butz, D. A., & Tartakovsky, M. (2008). Interethnic interactions: Expectancies, emotions, and behavioral intentions. *Group Processes and Intergroup Relations, 11*, 555–574,

Plant, E. A., & Devine, P. G. (1998). Internal and external motivation to respond without prejudice. *Journal of Personality and Social Psychology, 75*, 811–832.

Plant, E. A., & Devine, P. G. (2003). The antecedents and implications of interracial anxiety. *Personality and Social Psychology Bulletin, 29*, 790–801.

Poore, A. G., Gagne, F., Barlow, K. M., Taylor, J. E., & Wright, S. C. (2002). Contact and the person–group discrimination discrepancy in an Inuit community. *Journal of Psychology, 136*, 371–382.

Popan, J. R., Kenworthy, J. B., Frame, M. C., Lyons, P. A., & Snuggs, S. J. (2010). Political groups in contact: The role of attributions for outgroup attitudes in reducing antipathy. *European Journal of Social Psychology, 40*, 86–104.

Porter, J. D. R. (1971). *Black child, White child: The development of racial attitudes.* Cambridge, MA: Harvard University Press.

Powers, D. A., & Ellison, C. G. (1995). Interracial contact and Black racial attitudes: The contact hypothesis and selectivity bias. *Social Forces, 74*, 205–226.

Preacher, K. J., & Hayes, A. F. (2004). SPSS and SAS procedures for estimating indirect effects in simple mediation models. *Behavior Research Methods, Instruments, and Computers, 36*, 717–731.

Preacher, K. J., & Leonardelli, G. J. (2006). Calculation for the Sobel test: An interaction calculation tool for mediation tests. Retrieved August 21, 2006, from http://www.psych.ku/preacher/sobel

Premack, S. L., & Hunter, J. E. (1988). Individual unionization decisions. *Psychological Bulletin, 103*, 223–234.

Prewitt, K. (1968). Political efficacy. In D. L. Sills (Ed.), *International encyclopedia of the social sciences* (Vol. 12. pp. 225–228). New York: Macmillan/Free Press.

Pruett, S. R., & Chan, F. (2006). The development and psychometric validation of the disability attitude implicit association test. *Rehabilitation Psychology, 51*, 202–213.

Putnam, R. (2007). *E pluribus unum:* Diversity and community in the twenty-first century: The 2006 John Skytte prize lecture. *Scandinavian Political Studies, 30*, 137–174.

Quinn, D. (2006). Concealable versus conspicuous stigmatized identities. In S. Levin & C. Van Laar (Eds.), *Stigma and group inequality: Social psychological perspectives* (pp. 83–103). Mahwah, NJ: Lawrence Erlbaum Associates.

Rabushka, A. (1970). Affective, cognitive, and behavioral consistency of Chinese–Malay interracial attitudes. *Journal of Social Psychology, 82*, 35–41.

Raudenbush, S. W. (1994). Random effects models. In H. Cooper & L. V. Hedges (Eds.), *Handbook of research synthesis* (pp. 301–321). New York: Russell Sage Foundation.

Ray, J. J. (1983). Racial attitudes and the contact hypothesis. *Journal of Social Psychology, 119*, 3–10.

Reagans, R. (1998). Differences in social differences: Examining third party effects on relational stability. *Social Networks*, 20, 143–157.

Reicher, S. (2007). Rethinking the paradigm of prejudice. *South African Journal of Psychology*, 35, 412–432.

Reis, H. J., & Shaver, P. (1988). Intimacy as an interpersonal process. In S. Duck, D. F. Hay, S. E. Hobfell, W. Ickes, & B. M. Montgomery (Eds.), *Handbook of personal relationships: Theory, research and interventions* (pp. 367–389). Oxford, UK: Wiley.

Reitzes, D. C. (1953). The role of organizational structures: Union versus neighborhood in a tension situation. *Journal of Social Issues*, 9, 37–44.

Rhodes, G., Halberstadt, J., & Brajkovich, G. (2001). Generalization of mere exposure effects to averaged composite faces. *Social Cognition*, 19, 57–70.

Richeson, J. A., & Nussbaum, R. J. (2004). The impact of multiculturalism versus color-blindness on racial bias. *Journal of Experimental Social Psychology*, 40, 417–423.

Richeson, J. A., & Shelton, J. N. (2007). Negotiating interracial interactions: Costs, consequences, and possibilities. *Current Directions in Psychological Science*, 16, 316–320.

Riek, B. M., Mania, E. W., & Gaertner, S. L. (2006). Intergroup threat and outgroup attitudes: A meta-analytic review. *Personality and Social Psychology Review*, 10, 336–353.

Riley, R. T., & Pettigrew, T. F. (1976). Dramatic events and attitude change. *Journal of Personality and Social Psychology*, 34, 1004–1015.

Riordan, C. (1978). Equal-status interracial contact: A review and revision of the concept. *International Journal of Intercultural Relations*, 2, 161–185.

Riordan, C., & Ruggiero, J. (1980). Producing equal-status interracial interaction: A replication. *Social Psychology Quarterly*, 43, 131–136.

Robbins, I., Cooper, A., & Bender, M. P. (1992). The relationship between knowledge, attitudes and degree of contact with AIDS and HIV. *Journal of Advanced Nursing*, 17, 198–203.

Robinson, J. W., & Preston, J. D. (1976). Equal status contact and modification of racial prejudice: A reexamination of the contact hypothesis. *Social Forces*, 54, 911–924.

Roccato, M., & Ricolfi, L. (2005). On the correlation between right-wing authoritarianism and social dominance orientation. *Basic and Applied Social Psychology*, 27, 187–200.

Rodriguez, J., & Gurin, P. (1990). The relationships of intergroup contact to social identity and political consciousness. *Hispanic Journal of Behavioral Sciences*, 20, 235–255.

Rogers, M., Hennigan, K., Bowman, C., & Miller, N. (1984). Intergroup acceptance in classroom and playground settings. In N. Miller & M. B. Brewer (Eds.), *Groups in contact: The psychology of desegregation* (pp. 187 212). Orlando, FL. Academic Press.

Rohmann, A., Florack, A., & Piontkowski, U. (2006). The role of discordant acculturation attitudes in perceived threat: An analysis of host and immigrant attitudes in Germany. *International Journal of Intercultural Relations*, 30, 683–702.

Rojahn, K., & Pettigrew, T. F. (1992). Memory for schema-relevant information: A meta-analytic resolution. *British Journal of Social Psychology*, 31, 81–109.

Ronning, J. A., & Nabuzoka, D. (1993). Promoting social interaction and status of children with intellectual disabilities in Zambia. *Journal of Special Education, 27*, 277–305.

Rooney-Rebeck, P., & Jason, L. (1986). Prevention of prejudice in elementary school students. *Journal of Primary Prevention, 7*, 63–73.

Rosenthal, R. (1991). *Meta-analytic procedures for social research.* Newbury Park, CA: Sage.

Rosenthal, R. (1995). Writing meta-analytic reviews. *Psychological Bulletin, 118*, 183–192.

Ross, L., & Nisbett, R. (1991). *The person and the situation.* New York: McGraw-Hill.

Ross, M. H. (1998). Review of *Ethnic conflict: Commerce, culture, and the contact thesis. Canadian Journal of Political Science, 31*, 393–395.

Rothbart, M. (1996). Category-exemplar dynamics and stereotype change. *International Journal of Intercultural Relations, 20*, 305–321.

Rothbart, M., & John, O. P. (1985). Social categorization and behavioral episodes: A cognitive analysis of the effects of intergroup contact. *Journal of Social Issues, 41*, 81–104.

Rothbart, M., & John, O. P. (1993). Intergroup relations and stereotype change: A social-cognitive analysis and some longitudinal findings. In P. M. Sniderman, P. E. Tetlock, & E. G. Carmines (Eds.), *Prejudice, politics and the American dilemma* (pp. 32–59). Stanford, CA: Stanford University Press.

Rothbart, M., & Lewis, S. H. (1994). Cognitive processes and intergroup relations: A historical perspective. In P. G. Devine, D. L. Hamilton, & T. M. Ostrom (Eds.), *Social cognition: Impact on social psychology* (pp. 347–382). San Diego, CA: Academic Press.

Rothbart, M., Sriram, N., & Davis-Stitt, C. (1996). The retrieval of typical and atypical category members. *Journal of Experimental Social Psychology, 32*, 309–336.

Rothwell, J. T. (2009). *Trust in diverse, integrated cities: A revisionist perspective.* Unpublished paper, Woodrow Wilson School of Public and International Affairs, Princeton University, New Jersey.

Rotton, J., Foos, P. W., Van Meek, L., & Levitt, M. (1995). Publication practices and the file drawer problem: A survey of published authors. *Journal of Social Behavior and Personality, 10*, 1–13.

Rudman, L. A., Greenwald, A. G., Mellott, D. S., & Schwartz, J. L. K. (1999). Measuring the automatic components of prejudice: Flexibility and generality of the Implicit Association Test. *Social Cognition, 17*, 437–465.

Saguy, T., Tausch, N., Dovidio, J. F., & Pratto, F. (2009). The irony of harmony: Intergroup contact can produce false expectations for equality. *Psychological Science, 20*, 114–121.

Saguy, T., Tausch, N., Dovidio, J. F., Pratto, F., & Singh, P. (in press). Tension and harmony in intergroup relations. In M. Mikulincer & P. R. Shaver (Eds.), *Understanding and reducing aggression, violence, and their consequences.* Washington, DC: American Psychological Association.

Saucier, D. A., Miller, C. T., & Doucet, N. (2005). Differences in helping Whites and Blacks: A meta-analysis. *Personality and Social Psychology Review, 9*, 2–16.

Schiappa, E., Gregg, P., & Hewes, D. E. (2005). The parasocial contact hypothesis. *Communication Monographs, 72*, 92–115.

Schiappa, E., Gregg, P., & Hewes, D. E. (2006). Can one TV show make a difference? Will and Grace and the parasocial contact hypothesis. *Journal of Homosexuality*, *51*, 15–37.

Schlueter, E., & Scheepers, P. (2010). The relationship between outgroup size and anti-outgroup attitudes: A theoretical synthesis and empirical test of group threat and intergroup contact theory. *Social Science Research*, *39*, 285–295.

Schofield, J. W. (1978). School desegregation and intergroup attitudes. In D. Bar-Tal & L. Saxe (Eds.), *Social psychology of education: Theory and research* (pp. 330–363). Washington, DC: Halsted Press.

Schofield, J. W. (1979). The impact of positively structured contact on intergroup behavior: Does it last under adverse conditions? *Social Psychology Quarterly*, *42*, 280–284.

Schofield, J. W. (1989). *Black and White in school: Trust, tension, or tolerance?* New York: Teachers College Press.

Schofield, J. W. (1995). Improving intergroup relations among students. In J. A. Banks & C. A. McGee Banks (Eds.), *Handbook of research on multicultural education* (pp. 635–646). New York: Macmillan.

Schofield, J. W., & Eurich-Fulcer, R. (2001). When and how school desegregation improves intergroup relations. In R. Brown & S. L. Gaertner (Eds.), *Blackwell handbook of social psychology: Intergroup processes* (pp. 475–494). Malden, MA: Blackwell.

Schofield, J. W., & Sagar, H. A. (1977). Peer interaction patterns in an integrated middle school. *Social Psychology Quarterly*, *40*, 130–138.

Schofield, J. W., & Sagar, H. A. (1979). The social context of learning in an interracial school. In R. Rist (Ed.), *Inside desegregated schools* (pp. 155–199). San Francisco, CA: Academic Press.

Searles, R., & Williams, Jr., S. A. (1962). Negro college students' participation in sit-ins. *Social Forces*, *40*, 215–220.

Sears, D. O. (1986). College sophomores in the laboratory: Influences of a narrow data base on social psychology's view of human nature. *Journal of Personality and Social Psychology*, *51*, 515–530.

Sechrist, G. B., & Stangor, C. (2001). Perceived consensus influences intergroup behavior and stereotype accessibility. *Journal of Personality and Social Psychology*, *80*, 645–654.

Seefeldt, C. (1987). The effects of preschoolers' visits to a nursing home. *The Gerontologist*, *27*, 228–232.

Shadish, W. R. (1996). Meta-analysis and the exploration of causal mediating processes: A primer of examples, methods, and issues. *Psychological Methods*, *1*, 47–65.

Shadish, W. R., Doherty, M., & Montgomery, L. M. (1989). How many studies are in the file drawer? An estimate from the family/marital psychotherapy literature. *Clinical Psychology Review*, *9*, 589–603.

Shelton, J. N. (2000). A reconceptualization of how we study issues of racial prejudice. *Personality and Social Psychology Review*, *4*, 374–390.

Shelton, J. N. (2003). Interpersonal concerns in social encounters between majority and minority group members. *Group Processes and Intergroup Relations*, *6*, 171–185.

Shelton, J. N., & Richeson, J. A. (2005). Intergroup contact and pluralistic ignorance. *Journal of Personality and Social Psychology*, *88*, 91–107.

Shelton, J. N., & Richeson, J. A. (2006). Ethnic minorities' racial attitudes and contact experiences with White people. *Cultural Diversity and Ethnic Minority Psychology, 12,* 149–164.

Shelton, J. N., Richeson, J. A., Salvatore, J., & Trawalter, S. (2005). Ironic effects of racial bias during interracial interactions. *Psychological Science, 16,* 397–402.

Shelton, J. N., Richeson, J. A., & Vorauer, J. D. (2006). Threatened identities and interethnic interactions. *European Review of Social Psychology, 17,* 321–358.

Sherif, M. (1936). *The psychology of social norms.* Oxford, UK: Harper.

Sherif, M. (1966). *In common predicament.* Boston, MA: Houghton Mifflin.

Sherif, M., Harvey, O. J., White, J. B., Hood, W. R., & Sherif, C. W. (1961). *Intergroup conflict and cooperation: The Robbers Cave experiment.* Norman, OK: University of Oklahoma Book Exchange.

Shook, N. J., & Fazio, R. H. (2008). Interracial roommate relationships: An experimental field test of the contact hypothesis. *Psychological Science, 19,* 717–723.

Short, R. (2004). Justice, politics, and prejudice regarding immigration attitudes. *Current Research in Social Psychology, 9,* 193–208. Retrieved March 21, 2007, from http://www.uiowa.edu/~grpproc/crisp/crisp.9.14.html

Shrum, W., Cheek, N. H., & Hunter, S. M. (1988). Friendship in school: Gender and racial homophily. *Sociology of Education, 61,* 227–239.

Sidanius, J., Levin, S., Van Laar, C., & Sears, D. O. (2008). *The diversity challenge: Social identity and intergroup relations on the college campus.* New York: Russell Sage Foundation.

Sidanius, J., & Pratto, F. (1999). *Social dominance: An intergroup theory of social hierarchy and oppression.* Cambridge, MA: Cambridge University Press.

Sidanius, J., Van Laar, C., Levin, S., & Sinclair, S. (2004). Ethnic enclaves and the dynamics of social identity on the college campus: The good, the bad, and the ugly. *Journal of Personality and Social Psychology, 87,* 96–110.

Sigelman, L., & Welch, S. (1991). *Black Americans' views of racial inequality: The dream deferred.* Cambridge, UK: Cambridge University Press.

Sigelman, L., & Welch, S. (1993). The contact hypothesis revisited: Black–White interaction and positive racial attitudes. *Social Forces, 71,* 781–795.

Simon, A. (1995). Some correlates of individuals' attitudes toward lesbians. *Journal of Homosexuality, 29,* 89–103.

Simon, B., & Klandermans, B. (2001). Politicized collective identity: A social-psychological analysis. *American Psychologist, 56,* 319–331.

Simon, B., & Ruhe, D. (2008). Identity and politicization among Turkish migrants in Germany: The role of dual identification. *Journal of Personality and Social Psychology, 95,* 1354–1366.

Sims, V. M., & Patrick, J. R. (1936). Attitude toward the Negro of northern and southern college students. *Journal of Social Psychology, 7,* 192–204.

Slavin, R. E. (1979). Effects of biracial learning teams on cross-racial friendships. *Journal of Educational Psychology, 71,* 381–387.

Slavin, R. E. (1983). *Cooperative learning.* New York: Longman.

Slavin, R. E. (1985). Cooperative learning: Applying contact theory in desegregated schools. *Journal of Social Issues, 41,* 45–62.

Slavin, R. E., & Cooper, R. (2000). Improving intergroup relations: Lessons learned from cooperative learning programs. *Journal of Social Issues, 55,* 647–663.

Smith, E. R. (1993). Social identity and social emotions: Toward new conceptualizations of prejudice. In D. Mackie & D. Hamilton (Eds.), *Affect, cognition, and stereotyping: Interactive processes in group perception* (pp. 137–166). San Diego, CA: Academic Press.

Smith, H. P. (1955). Do intercultural experiences affect attitudes? *Journal of Abnormal and Social Psychology, 51,* 469–477.

Smith, H., & Pettigrew, T. F. (2011). Relative deprivation and mobilization for social change: A meta-analytic test. Unpublished paper, Sonoma State University, Rohnert Park, California.

Smith, T. W. (2002). Measuring inter-racial friendships. *Social Science Research, 31,* 576–593.

Sobel, M. E. (1982). Asymptotic intervals for indirect effects in structural equations models. In S. Leinhart (Ed.), *Sociological methodology* (pp. 290–312). San Francisco, CA: Jossey-Bass.

Sommer, B. (1987). The file drawer effect and publication rates in menstrual cycle research. *Psychology of Women Quarterly, 11,* 233–242.

Sommers, S. R. (2006). On racial diversity and group decision making: Identifying multiple effects of racial composition on jury deliberations. *Journal of Personality and Social Psychology, 90,* 597–612.

Sommers, S. R., Warp, L. S., & Mahoney, C. C. (2008). Cognitive effects of racial diversity: White individuals' information processing in heterogeneous groups. *Journal of Experimental Social Psychology, 44,* 1129–1136.

Southwell, P., & Everest, M. J. (1998). The electoral consequences of alienation: Non-voting and protest voting in the 1992 presidential race. *Social Science Journal, 35,* 43–51.

Spangenberg, J., & Nel, E. M. (1983). The effects of equal-status contact on ethnic attitudes. *Journal of Social Psychology, 121,* 173–180.

Spencer-Rodgers, J., & McGovern, T. (2002). Attitudes toward the culturally different: The role of intercultural communication barriers, affective responses, consensual stereotypes, and perceived threat. *International Journal of Intercultural Relations, 26,* 609–631.

Stangor, C., Jonas, K., Stroebe, W., & Hewstone, M. (1996). Influence of student exchange on national stereotypes, attitudes and perceived group variability. *European Journal of Social Psychology, 26,* 663–675.

Stangor, C., Sullivan, L. A., & Ford, T. E. (1991). Affective and cognitive determinants of prejudice. *Social Cognition, 9,* 359–380.

Stearns, E., Buchmann, C., & Bonneau, K. (2009). Interracial friendships in the transition to college: Do birds of a feather flock together once they leave the nest? *Sociology of Education, 82,* 173–195.

Steele, C. (1997). A threat in the air: How stereotypes shape the intellectual identities and performance of women and African Americans. *American Psychologist, 52,* 613–629.

Stein, R., Post, S., & Rinden, A. (2000). Reconciling context and contact effects on racial attitudes. *Political Research Quarterly, 53,* 285–303.

Stephan, W. G. (1987). The contact hypothesis in intergroup relations. In C. Hendrick (Ed.), *Review of personality and social psychology: Group processes and intergroup relations* (Vol. 9, pp. 13–40). Newbury Park, CA: Sage.

Stephan, W. G., Boniecki, K. A., Ybarra, O., Bettencourt, A., Ervin, K. S., Jackson, L. A., et al. (2002). The role of threats in the racial attitudes of Blacks and Whites. *Personality and Social Psychology Bulletin, 28,* 1242–1254.

Stephan, W. G., & Stephan, C. W. (1984). The role of ignorance in intergroup relations. In N. Miller & M. B. Brewer (Eds.), *Groups in contact: The psychology of desegregation* (pp. 229–255). Orlando, FL: Academic Press.

Stephan, W. G., & Stephan, C. W. (1985). Intergroup anxiety. *Journal of Social Issues, 41,* 157–175.

Stephan, W. G., Stephan, C. W., & Gudykunst, W. B. (1999). Anxiety in intergroup relations: A comparison of anxiety/uncertainty management theory and integrated threat theory. *International Journal of Intercultural Relations, 23,* 613–628.

Stephan, W. G., Ybarra, O., & Morrison, K. R. (2009). Intergroup threat theory. In T. D. Nelson (Ed.), *Handbook of prejudice, stereotyping, and discrimination* (pp. 43–59). New York: Psychology Press.

Sterne, J. A. C., & Egger, M. (2000). High false positive rates for trim and fill method. *British Journal of Medicine.* Retrieved February 5, 2004, from http://bmj.com/cgi/eletters/320/7249/1574#EL1

Stolle, D., Soroka, S., & Johnson, R. (2008). When does diversity erode trust? Neighborhood diversity, interpersonal trust, and mediating effect of social interactions. *Political Studies, 56,* 57–75.

Stouffer, S. A., Schuman, E. A., DeVinney, L. C., Star, S. A., & Williams, Jr., R. M. (1949). *The American soldier: Adjustment during army life* (Vol. 1). Princeton, NJ: Princeton University Press.

Sumner, W. G. (1906). *Folkways.* New York: Ginn.

Swart, H., Hewstone, M., Christ, O., & Voci, A. (2010). The impact of cross-group friendships in South Africa: Affective mediators and multi-group comparisons. *Journal of Social Issues, 66,* 309–333.

Swim, J. K., Hyers, L. L., Cohen, L. L., & Ferguson, M. J. (2001). Everyday sexism: Evidence for its incidence, nature, and psychological impact from three diary studies. *Journal of Social Issues, 57,* 31–53.

Swim, J. K., Hyers, L. L., Cohen, L. L., Fitzgerald, D. C., & Bylsma, W. H. (2003). African American colleges students' experiences with everyday racism: Characteristics of and responses to these incidents. *Journal of Black Psychology, 29,* 38–67.

Tajfel, H. (1970). Experiments in intergroup discrimination. *Scientific American, 223,* 96–102.

Talaska, C. A., Fiske, S. T., & Chaiken, S. (2008). Legitimating racial discrimination: Emotions, not beliefs, best predict discrimination in a meta-analysis. *Social Justice Research, 21,* 263–296.

Tam, T. (2006). *The impact of intergroup contact on Catholic–Protestant relations in Northern Ireland: A focus on affective and empathetic psychological processes.* Doctoral dissertation, Oxford University, Oxford, UK.

Tam, T., Hewstone, M., Harwood, J., Voci, A., & Kenworthy, J. (2006). Intergroup contact and grandparent–grandchild communication: The effects of self-disclosure on implicit and explicit biases against older people. *Group Processes and Intergroup Relations, 9,* 413–429.

Tam, T., Hewstone, M., Kenworthy, J. B., Cairns, E., Marinetti, C., Geddes, L., et al. (2008). Postconflict reconciliation: Intergroup forgiveness and implicit biases in Northern Ireland. *Journal of Social Issues, 64,* 303–320.

Tatum, B. D. (1997). *Why are all the Black kids sitting together in the cafeteria?* New York: Basic Books.

Tausch, N., Hewstone, M., Kenworthy, J., Cairns, E., & Christ, O. (2007a). Cross-community contact, perceived status differences, and intergroup attitudes in Northern Ireland: The mediating roles of individual-level vs. group-level threats and the moderating role of social identification. *Political Psychology, 28*, 53–61.

Tausch, N., Hewstone, M., Kenworthy, J. B., Psaltis, C., Schmid, K., Popan, J. R., et al. (2010). Secondary transfer effects of intergroup contact: Alternative accounts and underlying processes. *Journal of Personality and Social Psychology, 99*, 282–302.

Tausch, N., Tam, T., Hewstone, M., Kenworthy, J., & Cairns, E. (2007b). Individual-level and group-level mediators of contact effects in Northern Ireland: The moderating role of social identification. *British Journal of Social Psychology, 46*, 541–556.

Taylor, M. (1998). How White attitudes vary with the racial composition of local populations: Numbers count. *American Sociological Review, 63*, 512–535.

Towles-Schwen, T., & Fazio, R. H. (2006). Automatically activated racial attitudes as predictors of the success of interracial roommate relationships. *Journal of Experimental Social Psychology, 42*, 698–705.

Trail, T. E., Shelton, J. N., & West, T. V. (2009). Interracial roommate relationships: negotiating daily interactions. *Personality and Social Psychology Bulletin, 35*, 671–684.

Trawalter, S., & Richeson, J. A. (2008). Let's talk about race, baby! When Whites' and Blacks' interracial contact experiences diverge. *Journal of Experimental Social Psychology, 44*, 1214–1217.

Tredoux, C., & Dixon, J. A. (2009). Mapping the multiple contexts of racial isolation: The case of Long Street, Cape Town. *Urban Studies, 46*, 761–777.

Tredoux, C., & Finchilescu, G. (2010). Mediators of the contact–prejudice relationship amongst South African students on four university campuses. *Journal of Social Issues, 66*, 289–308.

Triandis, H. C. (1994). *Culture and social behavior*. New York: McGraw-Hill.

Tropp, L. R. (2003). The psychological impact of prejudice: Implications for intergroup contact. *Group Processes and Intergroup Relations, 6*, 131–149.

Tropp, L. R. (2006). Stigma and intergroup contact among members of minority and majority status groups. In S. Levin & C. Van Laar (Eds.), *Stigma and group inequality: Social psychological perspectives* (pp. 171–191). Mahwah, NJ: Lawrence Erlbaum Associates.

Tropp, L. R. (2007). Perceived discrimination and interracial contact: Predicting interracial closeness among Black and White Americans. *Social Psychology Quarterly, 70*, 70–81.

Tropp, L. R. (2008). The role of trust in intergroup contact: Its significance and implications for improving relations between groups. In U. Wagner, L. R. Tropp, G. Finchilescu, & C. Tredoux (Eds.), *Improving intergroup relations: Building on the legacy of Thomas F. Pettigrew* (pp. 91–106). Malden, MA: Blackwell.

Tropp, L. R., & Bianchi, R. A. (2006). Valuing diversity and interest in intergroup contact. *Journal of Social Issues, 62*, 533–551.

Tropp, L. R., & Bianchi, R. A. (2007). Interpreting references to group membership in context: Feelings about intergroup contact depending on who says what to whom. *European Journal of Social Psychology, 37*, 153–170.

Tropp, L. R., & Pettigrew, T. F. (2004). Intergroup contact and the central role of affect in intergroup prejudice. In C. W. Leach & L. Tiedens (Eds.), *Social life of emotion* (pp. 246–269). Cambridge, UK: Cambridge University Press.

Tropp, L. R. & Pettigrew, T. F. (2005a). Differential relationships between intergroup contact and affective and cognitive dimensions of prejudice. *Personality and Social Psychology Bulletin, 31*, 1145–1158.

Tropp, L. R., & Pettigrew, T. F. (2005b). Relationships between intergroup contact and prejudice among minority and majority status groups. *Psychological Science, 16*, 651–653.

Turiel, E. (1983). *The development of social knowledge: Morality and convention.* Cambridge, UK: Cambridge University Press.

Turner, R. N., Hewstone, M., & Voci, A. (2007). Reducing explicit and implicit outgroup prejudice via direct and extended contact: The mediating role of self-disclosure and intergroup anxiety. *Journal of Personality and Social Psychology, 93*, 369–388.

Turner, R. N., Hewstone, M., Voci, A., & Vonofakou, C. (2008). A test of the extended intergroup contact hypothesis: The mediating role of intergroup anxiety, perceived ingroup and outgroup norms, and inclusion of the outgroup in the self. *Journal of Personality and Social Psychology, 95*, 843–860.

Uslaner, E. M. (in press). Trust, diversity, and segregation. *Comparative Sociology.*

Uslaner, E. M. (2011). Does diversity drive down trust? In P. Selle & S. Prakash (Eds.), *Civil society, the state of social capital, theory, evidence, policy.* London, UK: Routledge.

Van Dick, R., Wagner, U., Pettigrew, T. F., Christ, O., Wolf, C., Petzel, T., et al. (2004). The role of perceived importance in intergroup contact. *Journal of Personality and Social Psychology, 87*, 211–227.

Van Dyk, A. C. (1990). Voorspellers van etniese houdings in 'n noue kontaksituasie [Determinants of ethnic attitudes in a close contact situation]. *South African Journal of Psychology, 20*, 206–214.

Van Houten, P. (1998). Review of *Ethnic conflict: Commerce, culture, and the contact thesis. Journal of Interdisciplinary History, 29*, 93–94.

Van Laar, C., Levin. S., & Sidanius, J. (2008). Ingroup and outgroup contact: A longitudinal study of the effects of cross-ethnic friendships, dates, roommate relationships and participation in segregated organizations. In U. Wagner, L. R. Tropp, G. Finchilescu, & C. Tredoux (Eds.), *Improving intergroup relations: Building on the legacy of Thomas F. Pettigrew* (pp. 127–142). Oxford, UK: Blackwell.

Van Laar, C., Levin, S., Sinclair, S., & Sidanius, J. (2005). The effect of university roommate contact on ethnic attitudes and behavior. *Journal of Experimental Social Psychology, 41*, 329–345.

Van Oudenhoven, J. P., Groenewoud, J. T., & Hewstone, M. (1996). Cooperation, ethnic salience and generalization of interethnic attitudes. *European Journal of Social Psychology, 26*, 649–661.

Varshney, A. (2002). *Ethnic conflict and civil life: Hindus and Muslims in India.* New Haven, CT: Yale University Press.

Vescio, T. K., Sechrist, G. B., & Paolucci, M. P. (2003). Perspective taking and prejudice reduction: The mediational role of empathy arousal and situational attributions. *European Journal of Social Psychology, 33*, 455–472.

Vevea, J. L., & Hedges, L. V. (1995). A general linear model for estimating effect size in the presence of publication bias. *Psychometrika, 60*, 419–435.

Voci, A., & Hewstone, M. (2003). Intergroup contact and prejudice toward immigrants in Italy: The mediational role of anxiety and the moderational role of group salience. *Group Processes and Intergroup Relations, 6*, 37–54.

Vollhardt, J. (2010). Enhanced external and culturally sensitive attributions after extended intercultural contact. *British Journal of Social Psychology, 49*, 363–383.

Vorauer, J. D. (2006). An information search model of evaluative concerns in intergroup interaction. *Psychological Review, 113*, 862–886.

Vorauer, J. D., Main, K. J., & O'Connell, G. B. (1998). How do individuals expect to be viewed by members of lower status groups? Content and implications of meta-stereotypes. *Journal of Personality and Social Psychology, 75*, 917–937.

Wagner, U., & Christ, O. (2007). Intergroup aggression and emotion: A framework and first data. In M. Gollwitzer & G. Steffgen (Eds.), *Emotions and aggressive behavior* (pp.133–148). Goettingen, Germany: Hogrefe & Huber.

Wagner, U., Christ, O., & Pettigrew, T. F. (2008). Prejudice and group-related behavior in Germany. *Journal of Social Issues, 64*, 403–416.

Wagner, U., Christ, O., Pettigrew, T. F., Stellmacher, J., & Wolf, H. (2006). Prejudice and minority proportion: Contact instead of threat effects. *Social Psychology Quarterly, 69*, 380–390.

Wagner, U., Hewstone, M., & Machleit, U. (1989). Contact and prejudice between Germans and Turks: A correlational study. *Human Relations, 42*, 561–574.

Wagner, U., & Machleit, U. (1986). "Gastarbeiter" in the Federal Republic of Germany: Contact between Germans and migrant populations. In M. Hewstone & R. Brown (Eds.), *Contact and conflict in intergroup encounters* (pp. 59–78). Oxford, UK: Basil Blackwell.

Wagner, U., Van Dick, R., Pettigrew, T. F., & Christ, O. (2003). Ethnic prejudice in East and West Germany: The explanatory power of intergroup contact. *Group Processes and Intergroup Relations, 6*, 22–36.

Wagner, U., & Zick, A. (1995). The relation of formal education to ethnic prejudice: Its reliability, validity, and explanation. *European Journal of Social Psychology, 25*, 41–56.

Walker, I., & Crogan, M. (1998). Academic performance, prejudice, and the jigsaw classroom: New pieces to the puzzle. *Journal of Community and Applied Social Psychology, 8*, 381–393.

Walker, I., & Pettigrew, T. F. (1984). Relative deprivation theory: An overview and conceptual critique. *British Journal of Social Psychology, 23*, 301–310.

Walker, I., & Smith, H. (2002) (Eds.). *Relative deprivation: Specification, development, and integration.* New York: Cambridge University Press.

Walther, E. (2002). Guilt by mere association: Evaluative conditioning and the spreading attitude effect. *Journal of Personality and Social Psychology, 82*, 919–934.

Ward, C., & Masgoret, A. (2006). An integrative model of attitudes toward immigrants. *International Journal of Intercultural Relations, 30*, 671–682.

Watts, W. A., & Holt, L. E. (1970). Logical relationships among beliefs and timing as factors in persuasion. *Journal of Personality and Social Psychology, 16*, 571–582.

Weber, R., & Crocker, J. (1983). Cognitive processes in the revision of stereotype beliefs. *Journal of Personality and Social Psychology, 45*, 961–977.

Webster, S. W. (1961). The influence of interracial contact on social acceptance in a newly integrated school. *Journal of Educational Psychology, 52*, 292–296.

Weigert, K. M. (1976). Intergroup contact and attitudes about third-group: A survey of Black soldiers' perceptions. *International Journal of Group Tensions, 6*, 110–124.

Weller, L., & Grunes, S. (1988). Does contact with the mentally ill affect nurses' attitudes to mental illness? *British Journal of Medical Psychology, 61*, 277–284.

Wellisch, J. B., Marcus, A., MacQueen, A., & Duck, G. (1976). An in-depth study of Emergency School Aid Act (ESAA) Schools: 1974–1975. Washington, DC: System Development Corportation.

Werth, J. L., & Lord. C. G. (1992). Previous conceptions of the typical group member and the contact hypothesis. *Basic and Applied Social Psychology, 13*, 351–369.

West, T. V., Pearson, A. R., Dovidio, J. F., Shelton, J. N., & Trail, T. E. (2009a). Superordinate identity and intergroup roommate friendship development. *Journal of Experimental Social Psychology, 45*, 1266–1272.

West, T. V., Shelton, J. N., & Trail, T. E. (2009b). Relational anxiety in interracial interactions. *Psychological Science, 20*, 289–292.

Wilder, D. A. (1984). Intergroup contact: The typical member and the exception to the rule. *Journal of Experimental Social Psychology, 20*, 177–194.

Wilder, D. A. (1986). Cognitive factors affecting the success of intergroup contact. In S. W. Worchel & W. G. Austin (Eds.), *Psychology of intergroup relations* (pp. 49–66). Chicago, IL: Nelson-Hall.

Wilder, D. A. (1993). The role of anxiety in facilitating stereotypic judgments of outgroup behavior. In D. M. Mackie & D. L. Hamilton (Eds.), *Affect, cognition and stereotyping: Interactive processes in group perception* (pp. 87–109). San Diego, CA: Academic Press.

Wilder, D. A., & Shapiro, P. (1989). Effects of anxiety on impression formation in a group context: An anxiety-assimilation hypothesis. *Journal of Experimental Social Psychology, 25*, 481–499.

Wilder, D. A., & Thompson, J. (1980). Intergroup contact with independent manipulations on in-group and out-group interaction. *Journal of Personality and Social Psychology, 38*, 589–603.

Wildschut, T., & Insko, C. A. (2007). Explanations of interindividual–intergroup discontinuity: A review of the evidence. *European Review of Social Psychology, 18*, 175–211.

Williams, Jr., R. M. (1947). *The reduction of intergroup tensions.* New York: Social Science Research Council.

Wilner, D. M., Walkley, R. P., & Cook, S. W. (1955). *Human relations in interracial housing: A study of the contact hypothesis.* Minneapolis, MN: University of Minnesota Press.

Wilson, D. B. (2002). SPSS macros for performing meta-analytic analyses. Retrieved February 16, 2004, from http://mason.gmu.edu/~dwilsonb/ma.html

Wilson, T. C. (1996). Prejudice reduction or self-selection? A test of the contact hypothesis. *Sociological Spectrum, 16*, 43–60.

Wilson, W. J. (1999). *The bridge over the racial divide: Rising inequality and coalition politics.* Berkeley, CA: University of California Press.

Wolsko, C., Park, B. Judd, C. M., & Bachelor, J. (2003). Intergroup contact: Effects on group evaluations and perceived variability. *Group Processes and Intergroup Relations, 6*, 93–110.

Wolsko, C., Park, B., Judd, C. M., & Wittenbrink, B. (2000). Framing interethnic ideology: Effects of multicultural and color-blind perspectives in judgement of groups and individuals. *Journal of Personality and Social Psychology*, *78*, 635–654.

Wood, P. B., & Sonleitner, N. (1996). The effect of childhood interracial contact on adult antiblack prejudice. *International Journal of Intercultural Relations*, *20*, 1–17.

Wood, W., Lundgren, S., Ouellette, J. A., Busceme, S., & Blackstone, T. (1994). Minority influence: A meta-analytic review of social influence processes. *Psychological Bulletin*, *115*, 323–345.

Works, E. (1961). The prejudice-interaction hypothesis from the point of view of the Negro minority group. *American Journal of Sociology*, *67*, 47–52.

Wright, S. C., Aron, A., & Brody, S. M. (2008). Extended contact and including others in the self: Building on the Allport/Pettigrew legacy. In U. Wagner, L. R. Tropp, G. Finchilescu, & C. Tredoux (Eds.), *Improving intergroup relations: Building on the legacy of Thomas F. Pettigrew* (pp. 143–159). Malden, MA: Blackwell.

Wright, S. C., Aron, A., McLaughlin-Volpe, T., & Ropp, S. A. (1997). The extended contact effect. *Journal of Personality and Social Psychology*, *73*, 73–90.

Wright, S. C., Aron, A., & Tropp, L. R. (2002). Including others (and groups) in the self: Self-expansion and intergroup relations. In J. P. Forgas & K. D. Williams (Eds.), *The social self: Cognitive, interpersonal and intergroup perspectives* (pp. 343–363). Philadelphia, PA: Psychology Press.

Wright, S. C., Brody, S. A., & Aron, A. (2005). Intergroup contact: Still our best hope for reducing prejudice. In C. S. Crandall & M. Schaller (Eds.), *The social psychology of prejudice: Historical perspectives* (pp. 115–142). Seattle, WA: Lewinian Press.

Wright, S. C., & Lubensky, M. (2009). The struggle for social equality: Collective action vs. prejudice reduction. In S. Demoulin, J. P. Leyens, & J. F. Dovidio (Eds.), *Intergroup misunderstandings: Impact of divergent social realities* (pp. 291–310). New York: Psychology Press.

Wright, S. C., & Taylor, D. M. (1998). Responding to tokenism: Individual action in the face of collective injustice. *Personality and Social Psychology Bulletin*, *28*, 647–667.

Wright, S. C., & Taylor, D. M. (1999). Success under tokenism: Co-option of the newcomer and the prevention of collective protest. *British Journal of Social Psychology*, *38*, 369–396.

Wright, S. C., & Tropp, L. R. (2002). Collective action in response to disadvantage: Intergroup perceptions, social identification, and social change. In I. Walker & H. Smith (Eds.), *Relative deprivation: Specification, development, and integration* (pp. 200–236). Cambridge, MA: Cambridge University Press.

Wright, S. C., & Tropp, L. R. (2005). Language and intergroup contact: Investigating the impact of bilingual instruction on children's intergroup attitudes. *Group Processes and Intergroup Relations*, *8*, 309–328.

Wright, S. C., & Van der Zande, C. C. (1999). *Bicultural friends: When cross-group friendships cause improved intergroup attitudes*. Paper presented at the annual meeting of the Society for Experimental Social Psychology, St. Louis, Missouri.

Wright, S. C., Van der Zande, C. C., Ropp, S. A., Tropp, L. R., Zanna, M., Aron, A., et al. (2000). *Cross-group friendships and intergroup attitudes: Experimental evidence for a causal direction*. Unpublished manuscript, University of California, Santa Cruz.

Yarrow, M. R., Campbell, J. D., & Yarrow, L. J. (1958). Acquisition of new norms: A study of racial desegregation. *Journal of Social Issues, 14*, 8–28.

Yinon, Y. (1975). Authoritarianism and prejudice among married couples with similar or different ethnic origin in Israel. *Journal of Marriage and the Family, 37*, 214–220.

Zagefka, H., Gonzalez, R., Brown, R., & Manzi, J. (under review). *To know you is to love you?: Longitudinal effects of intergroup contact and knowledge on intergroup anxiety and prejudice among indigenous and non-indigenous Chileans.* Psychology Department, Pacifica Universidad Catolica de Chile.

Zajonc, R. B. (1968). Attitudinal effects of exposure. *Journal of Personality and Social Psychology, 9*, 1–27.

Zajonc, R. B. (1980). Feeling and thinking: Preferences need no inferences. *American Psychologist, 35*, 151–175.

Zajonc, R. B., & Rajecki, D. W. (1969). Exposure and affect: A field experiment. *Psychonomic Science, 17*, 216–217.

Zanna, M. P., & Rempel, J. K. (1988). Attitudes: A new look at an old concept. In D. Bar Tal & A. Kruglanski (Eds.), *The social psychology of knowledge* (pp. 315–334). Cambridge, UK: Cambridge University Press.

Zebrowitz, L. A., White, B., & Wieneke, K. (2008). Mere exposure and racial prejudice: Exposure to other-race faces increases liking for strangers of that race. *Social Cognition, 26*, 259–275.

Zick, A. (1997). *Vorurteile und Rassismus: Eine sozialpsychologische Analyse.* [Prejudice and racism: A social psychological analysis]. Muenster, Germany: Waxmann.

Zick, A., Wolf, C., Kuepper, B., Davidov, E., Schmidt, P., & Heitmeyer, W. (2008). The syndrome of group-focused enmity: The interrelation of prejudices tested with multiple cross-sectional and panel data. *Journal of Social Issues, 64*, 363–383.

Zinn, H. (1964). *SNCC, the new abolitionists.* Boston: Beacon Press.

主题索引 *

---

* 本索引中所标页码为英文原书页码，即本书边码。——译者注

译后记

　　我在澳大利亚学习社会认同流派理论时，第一次阅读到接触理论的相关文献。在读博士期间我曾有幸见过琳达·特罗普（Linda Tropp）教授，听她讲过接触理论的前沿研究进展。虽然那时我就对接触理论很感兴趣，但没有专攻相关的研究。能得到这个机会与接触理论再续前缘，我感到十分荣幸。

　　社会心理学的理论一直保持着对现实生活的关切，力求为现实生活中的问题提供解释和解决方法。接触理论也是如此，是在整个学界都越来越多地关注偏见和歧视问题的时代背景下提出的。但自提出之日起，接触理论就掀起了广泛的讨论，也面对很多的误读。在"分属不同群体的成员随着彼此接触的增多，对对方所在群体的偏见也会逐渐减少"这个简单概括后面，是大量实证研究积累下来的坚实基础。在书中我们看到，群际接触问题十分复杂，既包括近年来受国内研究者们关注的间接接触与想象接触等问题，也包括处于不同社会地位的群体对接触情境的复杂理解，以及在宏观、微观等不同层面看待群际接触与群际隔离的不同方式的问题。本书对群际接触的相关研究和理论问题进行了全面总结，对于对群际关系感兴趣的学者来说，是一本很有价值的读物。尤其是在我们面对国家、群体关系剧烈动荡的时候，群际接触更能彰显其理论和实用价值。群际关系的研究在社会心理学领域中逐渐得到重视，但仍需要更多的关注。希望在我国心理学界也会出现越来越多相关的研究，尤其是与现实问题结合起来的研究。

感谢方文教授的邀请和中国人民大学出版社编辑张宏学的耐心和努力，使本书得以出版。因为本人水平有限，译稿中的错误依然难免。我诚恳地希望读者朋友不吝赐教！

林含章

2020 年 12 月 29 日

当代西方社会心理学名著译丛

《欲望的演化：人类的择偶策略》（最新修订版）

【美】戴维·巴斯 著

王叶 谭黎 译

ISBN：978-7-300-28329-6

出版时间：2020 年 8 月

定价：79.80 元

《归因动机论》

伯纳德·韦纳 著

周玉婷 译

ISBN：978-7-300-28542-9

出版时间：2020 年 9 月

定价：59.80 元

《偏见》（第 2 版）

【英】鲁珀特·布朗 著

张彦彦 译

ISBN：978-7-300-28793-5

出版时间：2021 年 1 月

定价：98.00 元

《努力的意义：积极的自我理论》

【美】卡罗尔·德韦克 著

王芳 左世江 等 译

ISBN：978-7-300-28458-3

出版时间：2021 年 3 月

定价：59.90 元

《情境中的知识：表征、社群与文化》

【英】桑德拉·约夫切洛维奇 著
赵蜜 译
ISBN：978-7-300-30024-5
出版时间：2022 年 1 月
定价：68.00 元

《道德之锚：道德与社会行为的调节》

【英】娜奥米·埃勒默斯 著
马梁英 译
ISBN：978-7-300-31154-8
出版时间：2023 年 1 月
定价：88.00 元

《超越苦乐原则：动机如何协同运作》

【美】E. 托里·希金斯 著
方文，康昕，张钰，马梁英 译
ISBN：978-7-300-32190-5
出版时间：2024 年 1 月
定价：198.00 元

北京市版权局著作权合同登记号: 01 - 2018 - 5211

图书在版编目（CIP）数据

偏见与沟通／（美）托马斯·佩蒂格鲁，（美）琳达
·特罗普著；林含章译. －－北京：中国人民大学出版
社，2022.1
（当代西方社会心理学名著译丛／方文主编）
书名原文：When groups meet：the dynamics of
inter-group contact
ISBN 978-7-300-30022-1

Ⅰ.①偏… Ⅱ.①托… ②琳… ③林… Ⅲ.①社会心
理学-研究 Ⅳ.①C912.6－0

中国版本图书馆 CIP 数据核字（2021）第 223654 号

当代西方社会心理学名著译丛

方文　主编

偏见与沟通

托马斯·佩蒂格鲁　　　著

琳达·特罗普

林含章　译

Pianjian yu Goutong

出版发行	中国人民大学出版社		
社　　址	北京中关村大街 31 号	**邮政编码**	100080
电　　话	010－62511242（总编室）	010－62511770（质管部）	
	010－82501766（邮购部）	010－62514148（门市部）	
	010－62515195（发行公司）	010－62515275（盗版举报）	
网　　址	http://www.crup.com.cn		
经　　销	新华书店		
印　　刷	北京昌联印刷有限公司		
规　　格	170 mm×240 mm　16 开本	**版　　次**	2022 年 1 月第 1 版
印　　张	21.75 插页 2	**印　　次**	2023 年 11 月第 2 次印刷
字　　数	426 000	**定　　价**	79.80 元